"十四五"时期国家重点出版物出版专项规划项目·重大出版工程规划

中国工程院重大咨询项目成果文库

能源战略

（2035）

谢克昌 等 著

科学出版社

北 京

内 容 简 介

本书是中国工程院重大咨询项目"能源战略（2035）"的研究成果。能源是我国经济社会持续健康发展的重要物质基础，对推动我国能源革命具有重要现实意义和深远历史意义。为此，以中国工程院"推动能源生产和消费革命战略研究"系列重大咨询项目成果为基础，先后出版发行了"推动能源生产和消费革命战略研究系列丛书"第一辑、第二辑、第三辑。"能源战略（2035）"是在项目第四期研究成果的基础上编纂完成的，结合新形势新要求，系统研究煤炭、油气、核能、水资源、电力、氢能、储能等主要能源的供应能力与发展潜力，在分析研究世界能源发展趋势与主要国家和经济体能源战略的基础上，提出以能源科技为重点，面向 2035 年中国能源发展的战略思路、目标、重点、路线图及相关政策建议，以期为国家能源战略提供有力的决策支撑。本书是在项目层面对课题研究成果的系统梳理与深化研究，是各课题研究成果的集中体现。

本书可为政府部门决策者提供参考，可供能源相关领域的行业管理人员、科研人员、大专院校师生阅读。

图书在版编目（CIP）数据

能源战略：2035 / 谢克昌等著. —北京：科学出版社，2023.6
"十四五"时期国家重点出版物出版专项规划项目
重大出版工程规划　中国工程院重大咨询项目成果文库
ISBN 978-7-03-074883-6

Ⅰ. ①能… Ⅱ. ①谢… Ⅲ. ①能源战略–研究–中国–2035 Ⅳ. ①TK018

中国国家版本馆 CIP 数据核字（2023）第 029707 号

责任编辑：陈会迎　王丹妮　陶　璇 / 责任校对：姜丽策
责任印制：赵　博 / 封面设计：有道设计

科学出版社 出版
北京东黄城根北街 16 号
邮政编码：100717
http://www.sciencep.com

涿州市般润文化传播有限公司印刷
科学出版社发行　各地新华书店经销

*

2023 年 6 月第 一 版　开本：720×1000　1/16
2025 年 8 月第三次印刷　印张：26 1/2
字数：530 000
定价：288.00 元
（如有印装质量问题，我社负责调换）

目 录

第一篇 能源战略（2035）综合研究报告

第三篇　中国氢能发展战略研究（2035）

第四篇　中国储能发展战略研究（2035）

第五篇　中国核能发展战略研究（2035）

第八篇　中国油气发展战略研究（2035）

第一篇　能源战略（2035）综合研究报告

第1章　新形势下推进能源革命需求更为迫切

　　"十三五"时期，我国经济社会发展取得新的历史性成就，2020 年，国内生产总值（gross domestic product，GDP）达到 101.6 万亿元，实现了 GDP 从不到 70 万亿元增加到超过 100 万亿元的历史性跨越。能源作为经济社会发展的物质基础和动力来源，"十三五"期间以能源消费年度低于3%的增速支撑了经济的中高速增长，为稳定经济社会发展、建设美丽中国、推进脱贫攻坚等做出了重要的贡献。当前，我国能源转型深入推进，清洁低碳发展步伐加快，能源供给质量不断提高。同时，能源科技创新成果丰硕，大规模储能领域创新也日趋活跃，能源领域"放管服"改革深入，油气体制改革全面启动，智能电网、电动汽车等能源新模式、新业态不断涌现。

1.1　我国能源发展成绩显著

　　"十三五"时期，我国能源发展取得积极成效，在能源总量、能源安全和能源结构、能源效率等方面都取得了长足的进步，具体如表 1-1 所示。

表 1-1　我国能源"十三五"规划目标完成情况

类别	指标	单位	2015 年	2020 年（预计）	指标属性	2020 年（实际）
能源总量	一次能源生产量	亿吨标准煤	36.2	40	预期性	40.8
	电力装机总量	亿千瓦	15.3	20	预期性	22
	能源消费总量	亿吨标准煤	43	<50	预期性	49.8
	煤炭消费总量	亿吨原煤	39.6	41	预期性	39.5
	全社会用电量	万亿千瓦时	5.69	6.8～7.2	预期性	7.51
能源安全	能源自给率		84%	>80%	预期性	82%
能源结构	非化石能源装机比重		35%	39%	预期性	43.3%
	非化石能源发电量比重		27%	31%	预期性	31.5%

续表

类别	指标	单位	2015 年	2020 年（预计）	指标属性	2020 年（实际）
能源结构	非化石能源消费比重		12%	15%	约束性	15.9%
	天然气消费比重		5.9%	10%	预期性	8.25%
	煤炭消费比重		64%	58%	约束性	56.8%
能源效率	单位 GDP 能耗降低比例			〔15%〕	约束性	21%
	煤电机组供电煤耗	克标准煤/千瓦时	318	<310	约束性	305.5
	电网线损率		6.64%	<6.5	预期性	5.62%
能源环保	单位 GDP 二氧化碳排放降低比例			〔18%〕	约束性	
能源生产	煤炭生产	亿吨	37.5	39		39
	原油生产	亿吨	2.15	2		1.95
	天然气生产	亿立方米	1346	2200		1925
	非化石能源生产	亿吨标准煤	5.2	7.5		7.89
	水电装机	亿千瓦	3.20	3.8		3.7
	核电装机	亿千瓦	0.27	0.58		0.50
	风电装机	亿千瓦	1.31	2.1		2.81
	太阳能发电装机	亿千瓦	0.42	1.1		2.53

注：〔 〕表示五年累计数值

1.1.1 能源总量：建成世界上最大能源生产和消费体系

在能源生产方面，2020 年煤炭产量达到 39 亿吨，较 2015 年的 37.5 亿吨，提升 1.5 亿吨，完成"十三五"的预期目标；原油及天然气的产量分别为 1.95 亿吨和 1925 亿立方米，原油产量较 2015 年的 2.15 亿吨有所下降，天然气产量有所增加（2015 年为 1346 亿立方米），与"十三五"规划的原油 2 亿吨和天然气 2200亿立方米的产量目标均还有一定差距。在非常规油气方面，"十三五"期间，新增页岩气、煤层气探明地质储量分别为 1.5 万亿立方米、500 亿立方米。2020 年页岩油产量超过 100 万吨，煤层气产量达 60 亿立方米，页岩气产量达 200 亿立方米，年均增长 30%以上。

2020 年末全国发电装机容量 22 亿千瓦，全年发电量 77 790.6 亿千瓦时，占世界发电总量的 29%。其中，火电、水电、核电装机容量 124 517 万千瓦、3.7亿千瓦、0.5 亿千瓦，分别是"十二五"末期的 1.26 倍、1.16 倍、1.85 倍。我国可再生能源资源丰富，风能、太阳能、水电资源潜力分别高达 30 亿千瓦、22 亿千瓦和 6.9 亿千瓦。到 2020 年底，并网风电装机容量 2.81 亿千瓦，并网太阳能发电装机容量 2.5 亿千瓦，分别是"十二五"末期的 2.15 倍、6.02 倍，装机容量实现快速增长，总体规模位居世界首位。截至 2021 年底，全国发电装机容量达到 237 692 万千瓦，其中，火电、水电、核电、风电、太阳能发电装机容量分别为 129 678 万千瓦、39 092 万千瓦、5326 万千瓦、32 848 万千瓦、30 656 万千瓦。

在能源消费方面，2020 年我国一次能源消费总量达 49.8 亿吨标准煤，占世界能源消费总量的 26.13%，自 2009 年以来连续 12 年成为全球最大的能源消费国，如图 1-1 所示。同时，中国也是全球最大的煤炭、水电及可再生能源消费国，2020 年煤炭、水电、核电、可再生能源消费总量为 28.16 亿吨标准煤、1.11 亿吨标准煤、4.01 亿吨标准煤、2.66 亿吨标准煤，消费量分别占世界同类型一次能源消费总量的 54.33%、13.55%、30.76% 和 24.56%。但从人均用能强度方面来看，虽然 2000～2020 年我国人均用能强度增幅 300%，但距发达国家仍有较大差距。2019 年中国人均用能 2.36 吨油当量，分别为同期美国、德国和日本的 34%、63% 和 67%。

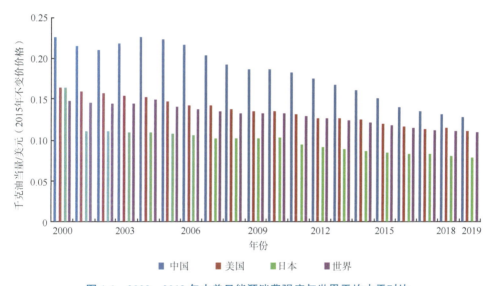

图 1-1　2000～2019 年中美日能源消费强度与世界平均水平对比

1.1.2　能源结构：清洁低碳转型步伐更快

我国能源结构不断优化，新能源在"十三五"时期得到快速发展，通过"三去一降一补"（去产能、去库存、去杠杆、降成本、补短板）工作，逐步淘汰落后产能，替补优质产能，能源清洁低碳化水平稳步提升。同时，伴随着我国煤改气、煤改电等燃煤替代工程的逐步推进，火电与煤化工产业的优化升级，以及新能源产业的不断发展，能源消费结构优化取得显著进展，清洁低碳转型步伐更稳更快。其中非化石能源装机比重由 2015 年的 35%提升至 2020 年的 43.3%，非化石能源发电比重由 2015 年的 27%提升至 2020 年的 31.5%，非化石能源消费比重由 2015 年的 12%提升至 2020 年的 15.9%，煤炭消费比重持续下降，且呈更快下降趋势，由 2015 年的 64%下降至 2020 年的 56.8%，均完成我国能源发展"十三五"规划目标。但要认识到，2020 年化石能源综合占比高达 84.1%，仍然是我国能源消费的绝对主体，清洁低碳转型任务仍然艰巨。同时，可再生能源的大规模发展还存在诸多制约，储能技术与能源系统的灵活性改造、电网配套规模和分布式能源用地等技术及配套政策问题都是我国可再生能源大规模发展亟待解决的问题。

1.1.3 综合能效：能源资源综合利用水平显著提高

国家稳步推进"提质增效"攻关工作，通过技术节能、管理节能、结构节能，将节能贯穿于经济社会发展各领域、各环节，能源资源综合利用水平显著改善。整个"十三五"期间，单位 GDP 能耗由 2015 年的 0.62 吨标准煤/万元下降到 2020 年的 0.49 吨标准煤/万元，降幅达到 21%，但仍是世界平均水平的 1.3 倍。大型煤矿原煤生产综合能耗 10.51 千克标准煤/吨，下降 11 个百分点；煤矸石及低热值煤综合利用发电装机达到 4200 万千瓦，年利用煤矸石达到 1.5 万吨。矿井水综合利用率、煤矸石综合利用处置率、井下瓦斯抽采利用率达到 78.7%、72.2%、44.8%，比 2015 年分别提高 11.2 个、8 个、9.5 个百分点。持续推进煤电机组超低排放改造，新增机组逐步向大容量、高参数等方向迈进，整体机组先进性提升明显，煤电机组供电煤耗由 2015 年的 318 克/千瓦时降至 2020 年的 305.5 克/千瓦时，降幅达到 4 个百分点，较国内最先进的 266 克/千瓦时仍有较大提升空间。可再生能源保持高利用率水平。2020 年，全国主要流域弃水电量约 301 亿千瓦时，水能利用率约 96.61%；全国弃风电量约 166 亿千瓦时，平均利用率 97%；全国弃光电量 52.6 亿千瓦时，平均利用率 98%。"三弃"电量显著减少，较"十二五"末期减少一半以上。

1.1.4 能源科技：自主创新能力迈上新台阶

"十三五"期间，我国能源技术自主创新能力和装备国产化水平显著提升，部分领域达到国际先进水平。当前，我国已经建立完备的水电、核电、风电、太阳能发电等清洁能源装备制造产业链，成功研发制造全球最大单机容量 100 万千瓦水电机组，具备最大单机容量达 10 兆瓦的全系列风电机组制造能力，不断刷新光伏电池转换效率世界纪录。建成若干应用先进三代技术的核电站，新一代核电、小型堆等多项核能利用技术取得明显突破。油气勘探开发技术能力持续提高，低渗原油及稠油高效开发、新一代复合化学驱等技术世界领先，页岩油气勘探开发技术和装备水平大幅提升，天然气水合物试采取得成功，攻关形成了以"双高"和"双复杂"三维地震采集处理解释、深层–超深层钻完井、深层测试、长水平井压裂技术等为代表的勘探（评价）技术。开发了煤炭绿色高效智能开采技术，大型煤炭企业采煤机械化程度提高到 98.86%。大型矿井建设、特厚煤层综放开采、煤与瓦斯共采、燃煤超低排放发电、高效煤粉型工业锅炉、现代煤化工技术等达到国际领先水平，主要煤机装备和大型粉煤气化技术实现了国产化，煤机装备制造规模位居世界前列。建成规模最大、安全可靠、全球领先的电网，供电可靠性位居世界前列。"互联网+"智慧能源、储能、区块链、综合能源服务等一大批能源新技术、新模式、新业态正在蓬勃兴起。在取得成绩的同时，在一些领域仍需持续攻关，集中力量突破重大关键技术瓶颈，为全面构建我国安全、绿色、低碳、经济和可持续的现代能源产业体系提供技术支撑。

1.1.5 体制机制：*市场活力得到进一步激发*

我国能源体制机制改革逐渐走入深水区，持续深化重点能源领域和关键环节市场化改革，全面启动油气体制改革，积极推进电力体制改革，逐步构建有效竞争的能源市场，完善主要由市场决定能源价格的机制，市场配置资源作用更为突出。

一是油气勘探开发市场有序放开，油气管网运营机制改革取得关键进展，实现管输和销售业务分离，全面贯彻落实《关于深化石油天然气体制改革的若干意见》取得显著成效。我国全面放开上游勘查开发市场，开展多轮油气探矿权竞争出让，取消石油、天然气、煤层气勘探开发对外商投资仅限于合资合作的限制，油气上游打破垄断，向外资和民营企业敞开大门，行业发展进入新阶段。组建独立运营的管网公司，推动形成上游油气资源多主体多渠道供应、中间统一管网高效集输、下游销售市场充分竞争的"X+1+X"油气市场体系，这是深化油气体制改革的重要一环，也是十分基础、关键的举措，能够更好地保障国家能源安全，促进油气行业高质量发展，满足人民美好生活需要。

二是全国统一电力市场体系建设积极推进，逐步构建起以中长期交易为"压舱石"、辅助服务市场为"稳定器"、现货试点为"试验田"的电力市场体系：8个现货市场试点平稳推进，中长期交易为主、现货交易为补充的电力市场体系初具雏形；首个监管周期输配电价顺利实施，初步建立了较为完善的输配电价体系；

售电侧放开平稳推进，初步形成了多买多卖的市场竞争格局；增量配电改革持续推进，试点范围基本实现地市全覆盖，总体来看，改革取得了明显成效。

三是"放管服"改革取得重大成效，取消下放了 72%的审批事项，市场主体和人民群众办事、创业更加便利。

1.1.6　能源安全：油气对外依存度仍较高的同时自我保障能力逐步提升

"十三五"期间，我国坚持立足国内、补齐短板、多元保障、强化储备，完善产供销储体系，已建成较为完备的油气政府储备和企业社会责任储备。截止到 2020 年，我国共建成舟山、舟山扩建、镇海、大连、黄岛、独山子、兰州、天津及黄岛国家石油储备洞库等 9 个国家石油储备基地，达到 8500 万吨，相当于 60 天石油净进口量，但与国际常用的 90 天的储备达标线差 30 天；稳步推进 14 个亿吨级煤炭生产基地建设，加强煤炭供应中长期合同签订，加强煤炭储备能力建设。形成多元拓展进口来源，建成中国–中亚天然气管道（A/B/C/D 线）、中俄和中缅油气管道、海上油气进口通道等，我国的西气东输三线主要供气源地就是中亚三国（土库曼斯坦、乌兹别克斯坦、哈萨克斯坦）。

持续加大煤制油化工科技攻关，形成具有自主知识产权的煤气化、煤直接液化、煤间接液化等成套工艺技术，装备国产化率达到 98%以上；稳步推进煤制油化工示范基地建设，煤间接液化、煤直接液化百万吨级示范项目均已实现平稳运行，煤制天然气项目逐步实现高负荷运行。2020 年我国煤制油产业产能约为 900 万吨/年，煤制气产能约为 51 亿立方米，传统油气替代的技术储备和产能储备作用初步显现，参与国际油气谈判平衡筹码逐步增强。

但同时油气对外依存度持续攀高，油气供给安全值得关注（煤炭、油气储能能力，权益产量当量）。2017 年我国超过美国成为全球第一大石油进口国，石油对外依存度已从 21 世纪初的 32%飙升至 2020 年的 73%。2007 年我国成为天然气净进口国，2018 年我国天然气进口超过日本，成为最大天然气进口国，2020 年对外依存度已达 43%。2020 年我国进口煤炭 3.04 亿吨，同比增长 1.5%，创 2014 年以来新高。随着全球地缘政治变化、国际能源需求增加和资源市场争夺加剧，我国能源安全形势严峻。总体能源自给率由 2015 年的 84%下降到 2020 年的 82%，尤其在未来较长时期，大国间博弈和逆全球化将加剧，外部政治经济风险全面增加，我国面临的能源安全形势仍然严峻。

1.2　新形势下推动能源革命需要把握的重大趋势

放眼国际，当今世界正在经历一场更大范围、更深层次的科技革命和产业变革，能源发展呈现低碳化、电力化、智能化趋势。新冠疫情影响广泛深远，国际能源市场波动加大，全球能源治理体系深度调整。这对我国建立清洁低碳、安全高效的能源体系提出了更高要求。看向国内，党的十八大以来，我国坚定不移走能源高质量发展新道路，贯彻落实"四个革命、一个合作"①能源安全新战略取得积极成效。我国经济长期向好的基本面没有改变，推动能源发展具有多方面优势和条件。能源转型两难多难问题叠加演变，发展中的不平衡不充分问题仍然突出，碳排放达峰和低碳化已经成为我国能源发展的硬约束。这对我国合理谋划能源转型路径，持续推动能源高质量发展提出了新的更高要求。

1.2.1　应对气候变化和推进绿色低碳转型成为当前国际社会能源发展的主旋律

在过去 100 多年间，人类文明的每一次重大进步都伴随着能源的重要变革。在能源利用总量不断增长的同时，能源结构也在不断变化。据统计，2019 年，世界一次能源消费 139.6 亿吨油当量，其中石油占比 33.0%，煤炭占比 27.1%，天然气占比 24.1%，水电占比 6.5%，核能占比 4.3%，其他可再生能源占比 5.0%。当前世界能源格局正在进行深刻调整，新一轮能源转型正在蓬勃发展。特别是全球各国积极开展应对气候变化行动，纷纷强化自主贡献行动目标，开展碳中和"竞赛"，必将加速推进世界范围内能源和经济的低碳发展转型。

应对气候变化的核心是减缓人为活动的温室气体排放，其中主要是化石能源消费的二氧化碳排放，由此推动了世界范围内能源体系的革命性变革和经济发展方式的低碳化转型。对"碳中和"普遍接受的一种定义是指通过碳封存和碳抵消平衡整体经济排放量，从而实现净零碳排放。据统计，2020 年已有超过 120 个国家和地区提出 2050 年实现碳中和的目标或愿景，其中也包括一些发展中国家如智利、埃塞俄比亚及部分小岛屿国家和最不发达国家。目前苏里南和不丹两个国家已实现碳中和，瑞典、英国、法国、丹麦等 6 个国家已立法，欧盟作为整体和加

---

① "四个革命"：推动能源消费革命，抑制不合理能源消费；推动能源供给革命，建立多元供给体系；推动能源技术革命，带动产业升级；推动能源体制革命，打通能源发展快车道。"一个合作"是指全方位加强国际合作，实现开放条件下能源安全。

拿大等 5 个国家和地区处于立法状态，瑞士、中国、日本、南非等 14 个国家发布了政策宣示文档。

能源行业发展受到气候目标、国家利益等影响，进入 21 世纪以来，特别是 2010 年之后，应对气候变化问题对欧盟能源政策的影响越来越大，欧洲国家在应对气候变化问题上的广泛共识成为推动其能源转型的基石。为应对气候变化、推动能源转型，欧盟致力于建立稳定可靠的能源政策框架，设定具有法律约束力的气候和能源发展目标。欧盟等发达国家在气候谈判中力推 1.5℃减排目标，并在其《欧洲绿色新政》中提出 2050 年实现净零排放目标；英国通过修改《气候变化法案》，把 2050 年碳中和纳入法律条款；包括加利福尼亚州、纽约州等覆盖美国人口和 GDP 60%以上的 24 个州组成的"美国气候联盟"，也大都提出 2050 年碳中和目标，美国总统拜登在执政第一天就宣布重返《巴黎协定》，并在国内进行大规模紧急投资，到 2050 年实现净零碳排放。不少国家和地区也提出在 2030～2050 年内实现 100%可再生能源目标，提出煤炭和煤电退出，以及淘汰燃油车的时间表。

1.2.2 国情和能力差异带来能源转型路径迥异

应对气候变化工作遵循共同但有区别的责任原则、公平原则和各自能力原则，世界各主要国家结合本国国情和能力调整能源发展战略，选择技术发展路径，能源转型取得显著成效。

美国以页岩油气革命为标志的能源独立战略取得了重大突破，引起了世界能源版图和政治、经济格局的变化。页岩油气革命在 2005 年前后取得成功，使美国油气产量增长明显：天然气从 2017 年开始实现净出口；石油对外依存度从约 66.4%的峰值下降到 2018 年的 19.2%。

欧盟坚持以发展大规模可再生能源为重点的低碳经济战略，是全球发展可再生能源最早、力度最大、成就最突出的经济体。2018 年，欧盟一次能源消费中，非化石能源占比已达 25.2%，煤炭占比仅 13.2%。欧盟为推进能源低碳转型，所制定的具体政策和行动方案可以归纳为三个方面，即制定政策法律文件、鼓励可再生能源技术研发、提高能源使用效率。2011 年，欧盟公布了《2050 年能源路线图》，确定欧盟能源战略的总目标为：到 2050 年在现有基础上降低温室气体排放至少 80%，可再生能源达到能源总消费量的 50%。

日本大力推进节能科技创新、产业升级和能源战略储备等举措，化解能源紧缺，保障能源供应安全。日本是世界上能源较为匮乏的发达国家之一，能源自给率很低，天然气对外依存度超过 97%，石油、煤炭对外依存度均超过 99%。日本大力发展节能科技，已经成为世界上节能水平最高的国家。2018 年，日本单位 GDP 能耗仅为世界平均水平的 57%，中国的 38%。2006 年，日本出台《新国家能源战略》，制定了节能领先计划、未来运输能源计划等，目标是到 2030 年，单位 GDP 能耗指数在 2003 年的基础上，至少再下降 30%。2016 年，发布《能源革新战略》，主要有两个目标：一是通过对能源供给系统的改革，扩大能源投资，实现 2030 年能源结构优化（其中可再生能源占比达到 22%～24%），从而进一步完成安倍政府 GDP 达 600 万亿日元的目标；二是提高能效、降低温室气体排放，实现 2030 年温室气体排放量与 2013 年相比减少 26% 的目标。

此外，新兴经济体在全球能源发展中的作用和地位日益凸显。中国的煤炭清洁高效利用和大规模可再生能源装机、俄罗斯的油气开发供应、巴西的海上石油开发和生物质能源推广应用等，都已对全球能源发展产生了举足轻重的影响。新兴经济体立足本国资源禀赋特点，借助其巨大的能源市场和建设能源基础设施的契机，有机会在未来革命性技术的推广应用中起到主要作用，逐步形成具有本国特色的能源转型发展之路。

1.2.3　我国必须加快推动能源革命以便更好应对气候变化

在全球化进程加快的背景下，随着我国工业化、城镇化、农业现代化、信息化、生态化的深度融合，能源资源约束趋紧、环境污染严重、生态系统退化，并成为我国生态文明建设的制约因素。这些既是机遇，也是挑战；既是压力，也是动力。只有抓住机遇，迎接挑战，才能变压力为动力，化被动为主动，顺应世界能源发展深度转型趋势。

当前国际社会正处于百年未有之大变局，疫情当前，国际社会舆论都在呼吁各国实现"绿色经济复苏"，我国一直把气候变化视作各国可持续发展的机遇，促进各方互惠合作，共同发展。2020 年 9 月 22 日，习近平在联合国大会上宣布"中国将提高国家自主贡献力度，采取更加有力的政策和措施，二氧化碳排放力争于 2030 年前达到峰值，努力争取 2060 年前实现碳中和"[1]。此后，习近平又在金砖国家领导人第十二次会晤[2]和二十国集团峰会的主题边会[3]上两次提到联合国气候变化大会上宣布的碳中和目标，并且在 12 月气候雄心峰会上提出"到 2030 年，中国单位国内生产总值二氧化碳排放将比 2005 年下降 65% 以上，非化石能源占一

---

① 《习近平在第七十五届联合国大会一般性辩论上的讲话（全文）》，http://www.xinhuanet.com/politics/leaders/2020-09/22/c_1126527652.htm[2020-09-22]。

② 《习近平在金砖国家领导人第十二次会晤上的讲话（全文）》，http://www.cidca.gov.cn/2020-11/18/c_1210892805.htm[2020-11-18]。

③ 《习近平在二十国集团领导人利雅得峰会"守护地球"主题边会上的致辞（全文）》，http://www.cidca.gov.cn/2020-11/23/c_1210899345.htm[2020-11-23]。

次能源消费比重将达到 25%左右"[①]，而此前中国提出的国家自主贡献目标（nationally determined contributions，NDC）包括：到 2030 年，中国单位 GDP 二氧化碳排放比 2005 年下降 60%～65%，非化石能源占一次能源消费比重达到 20%左右[②]。

因此，我国在"十四五"乃至中长期发展规划中需要充分借鉴主要国家能源发展战略和路径，结合我国能源发展客观实际，继续加强相关战略研究和顶层设计，持续深化能源革命内涵，构建清洁低碳、安全高效能源体系，加速绿色低碳转型进程，控制能源消费总量，深化能源供给侧结构性改革，优化能源消费结构，进一步降低二氧化碳排放强度，为实现碳达峰和碳中和目标打好坚实基础。

---

①《习近平在气候雄心峰会上的讲话（全文）》，http://www.cidca.gov.cn/2020-12/14/c_1210930656.htm[2020-12-14]。

②《强化应对气候变化行动 ——中国国家自主贡献（全文）》，http://www.scio.gov.cn/xwfbh/xwbfbh/wqfbh/2015/20151119/xgbd33811/Document/1455864/1455864.htm[2015-11-18]。

第2章 我国能源发展趋势的基本判断

二氧化碳排放力争于2030年前达到峰值,努力争取2060年前实现碳中和(以下简称碳达峰、碳中和),是以习近平同志为核心的党中央经过深思熟虑做出的重大战略决策,是我国实现可持续发展、高质量发展的内在要求,也是推动构建人类命运共同体的必然选择。能源作为碳达峰、碳中和的主战场,必须也必然要扛起绿色低碳转型发展的大旗,加快构建清洁低碳、安全高效能源体系,控制化石能源消费总量,大力推进新能源发展,实施清洁能源替代,逐步构建以新能源为主体的新型电力系统,在我国实现碳达峰、碳中和的历史进程中发挥"主力"作用。

2.1 可再生能源逐步成为我国电力增量主体,应因地制宜、多元发展

2.1.1 水电开发仍有潜力,但面临社会及生态环境成本较高的挑战,未来需优化布局,降低生态环境影响

我国水能资源丰富。截至2021年底,我国常规水电装机容量3.55亿千瓦,约占我国电源总装机容量的14.9%,占非化石电源装机容量的31.7%,抽水蓄能装机容量3639万千瓦。2021年,我国水电发电量13 401亿千瓦时,约占我国总发电量的15.7%,占非化石能源发电量的46.3%,2016~2021年我国水电发电量及占非化石能源发电量比重如图2-1所示。"十二五"期间我国常规水电装机容量年均增速约8.3%,从2013年起,常规水电装机容量增速逐年下降,2019年常规水电装机容量同比增长1.1%,为2000年以来最低水平。

截至2020年,我国水电的技术可开发程度已高于全球平均约28%的水平,但相比于德国、日本、美国超过67%,以及瑞士、法国和意大利超过80%的开发程度,我国依旧有很大的发展空间,特别是四川、云南、青海、西藏等地区的水资源开发还有潜力。

图 2-1　2016~2021 年我国水电发电量及占非化石能源发电量比重

　　我国水电越往河流上游和藏区开发，施工条件越差，建造技术难度越大，建设成本显著增加。同时水电的开发涉及生态环境保护和建设征地移民搬迁等问题。随着环保意识的提高，我国加强了水电站建设及运行中的环保措施，包括对珍稀植物移栽、集鱼过坝设施、鱼类增殖站、河道景观修复、下泄生态流量等；建设征地移民搬迁总体标准不断提高，但建设征地移民搬迁相关法律法规，以及建设规程规范、管理体制仍有待完善，这导致水电后续开发过程中的社会及生态环境成本较高。

　　水电技术未来发展应着力优化水电站的规划、设计和建设，减小对生态系统和社会生活的影响，减少水电项目土建工程。应深入推进"三江流域"（长江、黄河和澜沧江）大型水电基地建设，稳步推动藏东南水电开发。

2.1.2　风电发展迅速，但局部地区仍存在较为严重的弃风问题，未来应高效开发利用，大幅增加风电比重

　　我国风能资源丰富，陆上 50 米、70 米、100 米高度层年平均风功率密度大于等于 300 瓦/米^2 的风能资源技术开发量分别为 20 亿千瓦、26 亿千瓦和 34 亿千瓦；在不考虑海面规划应用（如养殖、航道等）的情况下，仅考虑 0~50 米海深、平均风功率密度大于 300 瓦/米^2 区域的开发面积，按照平均装机密度 8 兆瓦/千米^2 计算，海上风电装机容量可达到 30 亿千瓦。2010 年以来我国风电装机发展迅猛，从 2005 年到 2021 年总装机容量增加了 297 倍，2005~2021 年我国风电总装机容量如图 2-2 所示。2021 年底，全国风电累计装机 328.5 吉瓦，占全部发电装机的

13.8%。2021 年风电发电量 6556 亿千瓦时，占全部发电量的 7.7%。

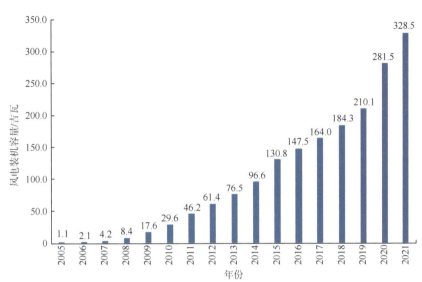

图 2-2　2005～2021 年我国风电总装机容量

我国陆上风能资源丰富区主要分布在东北、内蒙古、华北北部、甘肃和新疆北部。我国陆上风电装机与负荷具有逆向分布特性。"三北"地区（东北、华北和西北）负荷占全国总负荷的比例仅为 36%，但集中了全国 75%的新能源装机。我国电网输电能力与风能发展不匹配，远小于装机容量，跨省跨区输电能力不足，东北、西北电网 2015 年的跨区输电能力为 16.1 吉瓦，只有新能源装机容量（85.59 吉瓦）的 19%。

2021 年弃风电量 206.1 亿千瓦时，平均弃风率 3.1%，其中弃风率超过 5%的地区是新疆（弃风率 7.3%，弃风电量 43.2 亿千瓦时）、青海（弃风率 10.7%，弃风电量 15.6 亿千瓦时）和蒙西（弃风率 8.9%，弃风电量 50.6 亿千瓦时）。三个地区弃风电量合计 109.4 亿千瓦时，占全国弃风电量的 53.1%。

我国海风资源丰富，大部分近海海域具备较好的风能资源条件，近海风能资源主要集中在东南沿海及其附近岛屿，台湾海峡、广东东部、浙江近海和渤海湾中北部风能资源较为丰富，适合大规模开发建设海上风电场。2021 年我国海上风电新增并网容量达到 1690 万千瓦，截至 2021 年底，中国海上风电累计装机容量达到 2639 万千瓦，跃居世界第一位，但我国在面向深远海风力发电规模化开发利用等方面仍存在技术瓶颈。

未来我国将持续开发"三北"大型风电基地、东南沿海海上风电基地和东中部分散式风电，以高效、低成本、智能、融合和可持续发展为重点，大幅增加风电在能源生产和消费中的比重。通过技术创新降低成本，大力提高风能竞争力，为可再生能源规模继续快速增长及与化石能源并存提供技术方案，为加快推动我国能源体系向清洁低碳模式转变提供技术支撑。

未来应继续加强风力发电技术创新，持续做好降本增效工作，重点突破 100 米级及以上叶片设计制造技术，大功率陆上风机部件设计与优化，典型风资源特性与风能吸收方法研究与评估，10 兆瓦级及以上海上风电机组关键部件设计制造、控制系统与变流器开发、实时监测与运维关键技术，远海风电场设计建设技术，大型海上风电基地群控技术等。

2.1.3　光伏装机增长迅猛，布局持续优化，但仍存在弃光问题，未来须坚持集中式与分布式光伏并重

截至 2015 年底，我国光伏发电累计并网容量已达到 4318 万千瓦，成为世界光伏装机第一大国。"十三五"后，我国的太阳能发电的装机容量和所占比例进一步快速扩大，截至 2020 年底，全国光伏发电装机容量已达到 2.53 亿千瓦，五年间增长了近 5 倍，截至 2021 年底，全国光伏发电装机容量达到 3.06 亿千瓦。在年发电量方面，2020 年全国光伏发电量 2605 亿千瓦时，同比增长 16.1%；2021 年全国光伏发电量 3270 亿千瓦时，同比增长 25.5%。

光伏新增装机分布地域转移特征明显，全国光伏建设布局持续优化。2021 年，西北、西南地区新增装机降幅明显，华北地区新增装机小幅下降，华东和华中地区新增装机占比明显增加。截至 2021 年底，华中、华东、南方地区合计新增并网光伏装机 3525 万千瓦，占全国新增并网光伏装机容量的 64.2%。

近年来太阳能装机结构不断优化，弃光量逐渐下降。2021 年全国弃光电量 67.8 亿千瓦时，弃光率降至 2%。弃光现象主要出现在西北地区，主要原因一是就地消纳能力不足，二是电网运行灵活性和新能源外送能力明显不足，三是储能等先进新技术尚不成熟，难以为消纳太阳能发电提供支撑。

未来光伏发电必须坚持集中式和分布式并重。重点集中开发新疆、青海、内蒙古、西藏等西部大型太阳能基地，东中部 16 省太阳能发电装机以分布式为主。在光伏发电方面，应深入研究探索太阳能光伏发电技术发展路径，推动基础科学研究、应用基础研究、关键技术研发、产业化应用等持续取得突破，进一步降低光伏发电成本，提高发电量，实现平价上网。在光热发电方面，以提高吸热效率和使聚光器低成本化为核心，通过突破高性能吸热材料、传热储热材料的技术瓶颈，提高大规模高温吸热储热装备的可靠性及固体传热储热效率。

2.1.4　生物质能利用形式多样，生物质发电初具规模，但成本问题仍然突出，需加强顶层规划设计，大力发展循环经济，促进生物质能高效利用

我国生物质资源丰富，发展方向是高效清洁利用。生物质利用形式包括生物质发电、生物质燃气、生物液体燃料和生物质成型燃料等。生物质燃气方面，截至 2015 年，全国沼气理论年产量约 190 亿立方米，其中户用沼气年产量约 140 亿立方米。生物液体燃料方面，2020 年我国的燃料乙醇年产量约 33 亿升，占全球产量 3%，生物柴油年产量 128 万吨，在中国前景广阔。2020 年生物质成型燃料规划年利用量为 3000 万吨，替代煤炭消费量 1500 万吨标准煤。生物质发电方面，截至 2021 年底，我国生物质发电并网装机容量 3798 万千瓦，年发电量 1637 亿千瓦时。其中，生活垃圾焚烧发电和农林生物质发电为主要形式。

我国生物质发电行业经过发展，已经形成集原料收储运、科技装备、工程建设、投资运营于一体的完整产业链和较为完善的产业配套政策，但仍存在燃料成本过高等问题。

未来应加强顶层设计，进行系统设计规划，将发展生物质能技术与美丽乡村建设等国家重大战略相结合。通过构建智能化、规模化多原料来源的物理、化学、生物转化一体的农村废弃物综合利用系统，提高农村废弃物综合利用的有效性和经济性。通过生物燃料、肥料、饲料一体化设计，实现生物质全组分的高效转化与循环利用。

2.1.5　我国地热及海洋能资源丰富，具有较大潜力，但开发难度大，发展缓慢，未来需因地制宜开发利用

我国地热资源分布广泛，资源种类繁多，资源量丰富，总体分布不均匀。我国高温地热资源主要分布在藏南、滇西、川西和台湾岛地区；中低温地热资源主要分布在大型沉积盆地和山地断裂带。根据 2015 年调查结果，全国 336 个地级以上城市浅层地热能年可开采资源量折合 7 亿吨标准煤，其中宜于发电的高温地热能折合标准煤 100 亿～200 亿吨。截至 2015 年底，我国地热资源利用方式以直接利用为主，其中供热采暖占 32.7%，医疗洗浴与娱乐健身占 32.32%，养殖占 2.55%，种植占 17.93%，工业利用占 0.44%，地热发电仅占 0.5%，其他占 13.56%。

我国地热发电发展迟缓，2017 年我国颁布《地热能开发利用"十三五"规划》，

计划"十三五"期间新增地热发电装机容量 500 兆瓦，到 2020 年，我国地热发电装机容量达到 530 兆瓦。数据显示，"十三五"期间我国新增地热发电装机容量只有 18.08 兆瓦，与设定的发展目标相去甚远。

海洋能资源主要包括潮汐能、潮流能、波浪能、海水温差能、盐差能等。海洋能分布广泛且清洁无污染，我国近海海洋能资源总量较为丰富、种类齐全。资源潜在量约为 6.97 亿千瓦，技术可开发量约为 0.66 亿千瓦。

由于海洋能能量密度较低，对地域要求高，开发难度大，发展缓慢。潮汐能、潮流能主要集中在浙江、福建沿海，波浪能主要集中在广东和海南等沿海，温差能主要集中在南海海域。截至 2019 年 6 月，我国海洋能电站总装机达 7.4 兆瓦，累计发电量超 2.34 亿千瓦时。其中潮汐能电站总装机 4.35 兆瓦，累计发电量超 2.32 亿千瓦时；潮流能电站总装机 2.86 兆瓦，累计发电量超 350 万千瓦时；波浪能电站总装机 0.2 兆瓦，累计发电量超 15 万千瓦时。

未来将地热能高质量发展作为提升生态文明、推动能源革命、构建绿色能源体系的重要内容，因地制宜地开展地热能利用工作，重点突破干热岩地热提取等技术。针对海洋能的开发利用由单一能种向多能互补和综合利用的方向发展的总体趋势，采用引进吸收与"产学研用"相结合的方式，分阶段实施海上多能互补发电系统相关共性技术研发，重点关注波浪能和潮汐能的开发，注重多学科、多领域的交叉融合。

2.2　煤炭仍具有兜底保障作用，应持续做好煤炭清洁高效开发利用

我国煤炭开发利用正逐步向清洁化、大型化、规模化、集约化发展，并推动煤炭由单一的燃料属性向燃料和原料方向转变。实现高碳能源低碳化利用，主动发挥煤炭在碳达峰、碳中和目标中的主体支撑作用。

2.2.1　我国能源资源禀赋决定煤炭的基础地位

我国能源资源禀赋特点决定了必须长期坚持煤炭清洁高效利用道路。在全国已探明的一次能源资源储量中，油气等资源占 6% 左右，而煤炭占 94% 左右，是稳定经济、自主保障能力最强的能源。尽管煤炭在一次能源消费中的比重将逐步降低，2019 年降至 57.7%，但在相当长时间内（至少在 2035 年前），基础能源地位不会变化。要深刻认识我国能源资源禀赋特征及煤炭的兜底保障作用，在未来构

建现代能源体系和新型电力系统中持续发挥重要过渡作用，持续做好煤炭清洁高效开发利用这篇大文章。这是当前发展阶段下的现实选择，更是基本能情下的必由之路。

当前我国外部发展环境更加复杂，加之全球新冠疫情的影响，我国能源安全保障面临的不确定因素和挑战更多。因此，发展煤制油替代石油和煤制气替代天然气，是中国能源供应保障的战略选择。当前，以具有自主知识产权的煤直接液化、煤间接液化成套关键技术与装备产业化为代表的煤炭清洁转化创新突破，以及工业示范工程的安全稳定长期满负荷运行，对我国发挥煤炭资源优势、缓解石油资源紧张局面、保障能源安全、保护生态环境具有重要战略意义。

2.2.2　煤炭开发负外部效应突出，制约煤炭绿色、安全、可持续开发

新中国成立以来，我国煤炭工业经过七十余年的发展已取得巨大成就，煤炭生产量和消费量均已居世界第一，成为名副其实的煤炭资源开发利用大国。伴随勘查开发技术与装备的不断进步，我国探明煤炭资源量获重大提升；煤炭井工开采技术达到国际先进水平；煤炭产业布局优化，产业集中度不断提高，"走出去"步伐不断加快；煤炭行业从业人员规模持续扩大，人员队伍素质和薪酬水平稳步提升；煤炭行业管理体制机制逐步完善，市场化改革取得突破；煤炭产业成为中、西部地区社会经济发展的重要引擎。我国煤炭工程技术已经具备一定的全球竞争优势，为产业升级发展、走出国门创造了条件。

然而，我国煤炭开发负外部效应突出，严重制约了煤炭绿色、安全、可持续开发。我国煤炭产能布局集中于中、西部，东部煤矿受深部复杂条件影响，重大灾害仍时有发生，西部煤炭大规模开发与脆弱的生态环境矛盾日益突出。2021 年，山西、陕西、内蒙古的煤炭产量占我国煤炭产量的 72.1%，新疆、甘肃、宁夏、青海占 11.3%，安全事故等突发情况将致使全区域停工整改，国家煤炭安全稳定供应将面临挑战；西部矿区多为生态脆弱区，煤炭开发与环境保护矛盾突出；东部浅部煤炭资源日渐枯竭，东部深部煤炭资源是我国重要的后备资源，但深部矿井冲击地压等灾害难防难控；煤矿粉尘与职业健康问题始终突出，制约了煤炭的高效开发；然而，我国煤炭绿色开采和环境修复技术不足、冲击地压等重大灾害防控技术仍不成熟、技术装备智能化水平不高、低质煤大规模提质与清洁利用水平低且煤系伴生资源综合利用、流态化开采等刚刚起步，现有科技难以突破煤炭开发的限制因素，亟须加大科技投入。

未来应加强煤炭绿色安全智能开采，强化资源综合利用与生态保护；促进煤炭产业升级，推动智慧煤矿建设和智能化开采；引导煤炭行业多元化发展，健全

企业转型退出机制。应重点开展煤炭资源勘查与地质保障、大型现代化矿井建设、煤炭与共伴生资源协调开采、煤矿灾害防治、煤矿智能化与机器人研发、煤矿职业危害防治、资源综合利用与生态保护等重点领域的核心技术攻关。

2.2.3　煤电全球领先，在新型电力系统中灵活调峰作用更加凸显

我国一半的煤炭用于发电，近年来随着新能源开发规模不断增长，我国燃煤发电占比持续下降，但仍是最重要的电力供应来源。截至 2021 年底，我国燃煤发电装机容量达到 11.1 亿千瓦，占总发电装机容量的 46.7%；燃煤发电量达到 5.03 万亿千瓦时，占总发电量的 60.0%。我国燃煤发电机组大气污染物超低排放要求严于世界主要发达国家和地区，燃煤发电不是我国大气污染物的主要来源。我国持续推进煤电机组淘汰落后产能和节能减排升级改造，供电煤耗与污染物排放绩效持续下降，已步入世界领先行列。2021 年平均供电标准煤耗降至 302.5 克/千瓦时（相当于净发电效率 40.6%）。截至 2021 年底，我国实现超低排放的煤电机组累计约 10 亿千瓦，占总装机容量的 90.1%。

燃煤发电在未来相当长时期内仍是我国电力供应的主力，煤电除继续承担保障电力供应主体责任以外，还要为可再生能源大比例消纳提供灵活调峰服务。未来要大力推进燃煤发电向高参数、大容量、智能化发展，推进超高参数发电装备、新型动力循环系统、高灵活智能燃煤发电、燃煤高效低成本多污染物联合控制及资源化成套技术与装备实现产业化，促进电力装备技术升级和结构转型，提高电力制造业的国际竞争力，燃煤发电及超低排放技术达到整体国际领先水平，实现全国平均供电煤耗降至 290 克标准煤/千瓦时以下，机组具备自适应和自调节能力，能够适配智能电网，支撑大规模消纳可再生能源，探索研究基于富氧燃烧的超临界二氧化碳布雷顿循环发电及碳捕集技术、整体煤气化燃料电池联合循环发电技术。

2.2.4　煤炭转化的能源安全保障战略作用突出，园区化、基地化是发展方向

近年来，我国煤炭清洁高效转化利用技术取得一系列重大成就，具有我国自主知识产权的煤气化、煤直接液化、煤制烯烃、煤间接液化先后取得大规模工业化应用，2019 年可替代石油约 3000 万吨，已成为保障我国能源安全的一条重要战略路径。此外，我国在煤制乙二醇、煤制天然气、煤制芳烃、煤制燃料乙醇、煤

制低碳醇、煤经合成气直接制烯烃等技术发展和产业应用方面均取得重大突破，已建立起完整的现代煤化工产业技术创新体系，培养和造就了一支高素质的科技创新和产业运营人才队伍，引领全球煤化工产业发展。

现代煤化工是保障国家能源安全特别是石油安全的重要手段，面对我国对石油进口依存度较高的现实，要稳步推进以煤制油、煤制烯烃为代表的现代煤化工发展，加强技术创新，逐步推动煤化工产品向石油化工产品延伸，延伸产业链。现代煤化工是十分清洁的煤炭转化利用过程，可实现污水零排放，煤中的硫通过回收转化可实现资源化利用，现代煤化工项目建设只有在规模条件下，技术经济和环保性能才能得到充分体现。因此，要积极推进煤化工产业大型化、园区化和基地化发展建设；结合资源禀赋，稳步有序推进陕西榆林地区、内蒙古鄂尔多斯地区、宁夏宁东地区、新疆准东地区、新疆哈密地区大型现代煤化工基地建设。

2.2.5 大规模低成本碳捕集、利用与封存技术是煤炭低碳发展的重要出路

我国以积极姿态参与全球气候治理，宣布的自主贡献行动承诺无疑是全球应对气候变化的强心剂，已经得到了国际社会的广泛认可和赞誉。然而，我国能源系统能源消费持续增长、高碳能源占比高、碳排放规模大，面临的低碳转型挑战是史无前例的。这与很多发达国家早已越过碳排放高峰、碳排放强度较低形成了鲜明的对比。

我国碳达峰、碳中和目标的宣布，意味着能源系统低碳转型窗口期压缩，去碳化转型压力和成本前移，因此煤炭低碳转型发展任重道远，突破碳捕集、利用与封存（carbon capture，utilization and storage，CCUS）技术瓶颈是关键。应尽快开发出更低能耗、更加经济的 CCUS 技术，其中的"U"尤为关键，只有二氧化碳利用获得经济性、规模性突破，CCUS 才能充分发挥作用，需关注 CCUS 与相关能源系统的结合，有可能培育出 CCUS 发展新的技术经济范式。

2.3 油气保障能力持续增强，供给安全问题不容忽视

2.3.1 我国石油供应安全面临严峻挑战，对外依存度高将长期持续

2020 年，我国石油探明储量 35 亿吨（1.5%），储采比 18.2 年，世界石油探

明储量为 2444 亿吨，储采比 53.5 年，我国石油探明储量为世界第 13 位。2019 年和 2020 年我国原油产量分别为 1.91 亿吨和 1.95 亿吨，实现止跌回升，2020 年同比增长 2.1%，然而原油进口进一步增加，石油对外依存度超 73%；战略石油储备实际储量 8500 万吨，仅约 60 天石油净进口量，低于国际能源署（International Energy Agency，IEA）最低水平（90 天）。由此可见，我国石油供应面临严峻挑战。

我国石油安全供给也存在系列挑战。陆上油气资源日趋复杂，增储上产困难；海域开发面临外部因素制约，短期内难以实现规模增储；目前国际摩擦频繁，我国石油进口通道单一，能源安全外部形势不容乐观；工程科技虽然发展迅速，但总体上以跟跑和并跑为主，与国外先进技术存在较大差距；开发扶持政策不完善制约石油大规模勘探开发；石油战略储备不足、体制不完善；消费应急机制尚未建立。

我国石油供应具备恢复 2 亿吨的资源基础，但制约因素较多，具体来说包括：我国石油勘探程度较高，发现优质储量和大油田机会减少，陆上石油勘探已进入中期，资源品质逐渐变差，勘探难度不断增大；海域石油资源量丰富，勘探处于早中期，具备获得重大发现机会和规模增储潜力，但发展面临外部因素制约。

2.3.2 天然气需求持续走高，增储上产值得重视

2021 年，我国天然气探明储量 8.4 万亿立方米，产量 2075.8 亿立方米，实现大幅增长；消费超过 3000 亿立方米，对外依存度超过 43%。我国天然气探明程度低，常规气探明率 16%，非常规气探明率 3.4%，总体探明率为 13.5%，处于勘探早中期，具备持续年增 6000~9000 亿立方米储量潜力；储采比高，天然气储采比均在 40 年左右，处于快速上产阶段。

要强化常规气老区稳产，新区加强建产，可保持产量稳定增长。2030 年前，预计老区采收率可提高 9 个百分点达到 50%，增加可采储量 5000 亿立方米；2030 年前未开发储量可建成 325 亿立方米生产能力；2035 年前新增探明地质储量可建成 1155 亿立方米生产能力。

非常规天然气要重点突破页岩气深层和低煤阶，推进规模效益上产。2030 年前，页岩气老区增加可采储量 3500 亿立方米，未开发储量建成 67 亿立方米生产能力，待探明储量建成 258 亿立方米生产能力；煤层气 2035 年前全国总体具有上产 150 亿~200 亿立方米的潜力。

2.3.3　未来应加强油气勘探开发技术创新，构建油气开放灵活的安全保障体系

未来应强化理论认识创新，推动油气勘探持续取得突破发现。通过理论创新、认识深化，引领新领域拓展、战略接替区准备、重大区带和战略目标落实。加强盆地的基础研究、整体研究、领域目标研究，不断深化和创新地质认识，重点发展海相成藏、前陆成藏、陆相页岩油、深层富集四大地质理论认识，助推油气勘探不断取得新发现、大突破。持续加大七大盆地风险勘探力度，强化基础和目标落实，按近期突破、区带准备、深化研究三个层次，重点围绕海相碳酸盐岩、前陆冲断带、陆相页岩油、火山岩、深层−超深层、新区等重点领域和重点区带，培育战略接替区，努力寻找新发现、大突破，为保障国家能源安全夯实资源基础。

应构建油气开放灵活的安全保障体系；加大国内油气勘探开发力度，尽快实现非常规油气规模经济开发；持续推进战略储备库和天然气基础设施建设，增强应急保障能力；积极推动并深化多边、双边合作，通过国际合作保障国内油气安全供应；突出天然气在能源结构优化调整中的地位，理顺价格形成机制。

2.4　核电发展应立足自主创新，提升产业竞争力是重点

2.4.1　核电发展成就显著，核电占比总体不高

核能是清洁能源，不直接排放温室气体。我国承诺："二氧化碳排放力争于2030 年前达到峰值，努力争取 2060 年前实现碳中和"。这就要求我国大力发展可再生能源和清洁能源。核能既是战略核力量的技术基础和物质基础，也是可以大规模替代化石能源的清洁能源，肩负着保障国家安全和促进经济社会发展的双重使命。核能是可调度能源，可作为风电、光电等不可调度的可再生能源的支撑，有利于供电安全。2021 年 2 月美国得克萨斯州发生的大面积停电，表明了核电作为支撑电源的重要性。

截至 2021 年底，我国在运核电机组 53 台，总装机容量 5326 万千瓦，仅次于美国、法国，位列全球第 3 位；在建核电机组 16 台，总装机容量 1750 万千瓦，在建机组装机容量继续保持全球第一；核能发电量为 4071 亿千瓦时，约占全国累计发电量的 4.8%；核电平均利用小时数为 7777.85 小时，核电设备平均利用率为88.79%，是同期火电平均利用小时数的 1.75 倍。

2021 年，全球核电总计发电量达到 2800.3 太瓦时，占到全球发电总量的 10% 左右，贡献了约 1/3 的低碳电力。表 2-1 列出了我国与世界各国或地区核电装机和占比的比较情况。韩国、亚美尼亚、法国及一些其他欧洲国家的核能发电量占到本国总发电量的 25% 以上；美国、俄罗斯、西班牙等国的核能发电量也占到总发电量的 20% 左右。与主要核能利用国家相比，我国虽然核电总装机容量居前，但核电占比相对落后。

表 2-1　我国与世界各国或地区核电装机和占比的比较

国家或地区	可运行核电机组		核电占比	在建核电机组	
	数量	装机容量/兆瓦		数量	装机容量/兆瓦
法国	56	61 370	70.6%	1	1 630
斯洛伐克	4	1 814	53.9%	2	880
乌克兰	15	13 107	53.9%	2	2 070
匈牙利	4	1 902	49.2%	0	0
比利时	7	5 930	47.6%	0	0
保加利亚	2	2 006	37.5%	0	0
斯洛文尼亚	1	688	37.0%	0	0
捷克	6	3 932	35.2%	0	0
芬兰	4	2 794	34.7%	1	1 630
瑞典	7	7 740	34.0%	0	0
亚美尼亚	1	375	27.8%	0	0
韩国	24	23 172	26.2%	4	5 360
瑞士	4	2 960	23.9%	0	0
西班牙	7	7 121	21.4%	0	0
俄罗斯	38	28 437	19.7%	4	4 424
美国	95	97 154	19.7%	2	2 234
罗马尼亚	2	1 300	18.5%	0	0
英国	15	8 923	15.6%	2	3 260
加拿大	19	13 554	14.9%	0	0
中国台湾	4	3 844	13.4%	2	2 600
德国	6	8 113	12.4%	0	0
日本	33	31 679	7.5%	2	2 653
南非	2	1 860	6.7%	0	0
巴基斯坦	5	1 318	6.6%	2	2 028
阿根廷	3	1 641	5.9%	1	25
中国	53	53 260	4.8%	16	17 500

2.4.2 基本建成国际一流核电产业链，产业技术短板仍然存在

我国核电起步较晚，但具有后发优势，从第一座民用核电厂 30 万千瓦容量的秦山一期核电厂 1991 年投运，到 2021 年已经发展成为装机世界第三的核电大国。核电技术及核心装备早期以引进为主，2020 年以"华龙一号"和"国和一号"为代表的第三代最高核安全标准的核电成功实现商业化应用，标志着我国成为继美国、法国、俄罗斯等核电强国后又一个拥有独立自主三代核电技术和全产业链的国家。经过几十年不间断的努力，我国核燃料产业链和核电装备产业链已基本完成全面布局，建成两大核燃料生产基地，能自主供应各种核电机型的核燃料；建成了以东北、上海和四川为代表的三大核电装备制造基地，发展壮大了一批为核电配套的装备和零部件生产企业。压力容器、蒸汽发生器、堆内构件、控制棒驱动机构、主管道、数字化仪控等三代核电关键设备，以及大型锻件、核级钢材、核级焊材等核心材料陆续实现了自主设计、自主制造。核电设备国产化率达到85%～90%，尚有少量短板，如少量特殊材料、核测仪表、核安全级仪控设备、核安全级数字化控制系统等亟待攻克。

国际上首批三代核电 AP1000[①]、EPR（evolutionary power reactors，进化动力反应堆）在中国建成，我国自主设计建造的三代核电"华龙一号"已按计划成功建成并投入商业运行，出口巴基斯坦的首台"华龙一号"已于 2021 年 5 月投入商业运行。核电国际竞争力持续提升，美国 AP1000 和法国 EPR 的单位造价大约在6000～7000 美元/千瓦，俄罗斯 VVER（vodo-vodyanoi energetichesky reactor，水-水高能反应堆）单位造价约在 4000 美元/千瓦，我国"华龙一号"预算造价不到2500 美元/千瓦。"华龙一号"规避了美法两国三代机型开发建设成本高、周期长、风险高、工程延误、大幅超支等问题，成为三代核电机型中安全性高、经济性高的机型之一，大幅提高我国核电经济性。我国的核电建造队伍已全面掌握了自主建造核电站的关键技术，形成了全球领先的三代核电建造能力，能够为我国核电的安全建造提供有力支撑。

值得指出的是，海阳核电站首次实现了核电站热电联供，为取消燃煤供热锅炉做了示范，有利于减少冬季供热带来的碳排放。

我国已建和在建的核电厂全部在沿海地区，主要是因为改革开放后东部沿海地区经济发展快，又缺乏一次能源，加上华东和华南电网容量大，适于核电接入。

---

① AP100 是 advanced passive PWR（pressurized water reactor，压水反应堆）的简称，即先进非能动压水反应堆，1000 为其功率水平（百万千瓦级）。

我国经济发展正在从东部走向中部和西部，中、西部地区有些省份也缺乏一次能源，加上减排的要求，为支撑可再生能源，弥补火电减少的缺额，需要建设一定数量的核电站。

华中地区是长江经济带、国家重大战略的承担者，但是资源有限，面临能源需求增长与清洁低碳发展的矛盾。进一步优化核电产业布局，适时推进我国内陆核电建设，将是推进我国核电产业发展的一个重要战略步骤。

我国将遵循"安全、高效、积极、有序"的方针发展核电，随着三代核电规模化建设的进展和科学技术的进步，我国核电的安全水平、技术水平都将进一步提高。当前我国正在开展：严重事故机理及其预防和缓解措施的研究，实现从设计上实际消除大规模放射性外泄；耐事故燃料的研究开发，提高防严重事故的能力，防止氢爆、堆芯熔融事故的发生；人工智能和大数据的运用，提高核电的运行及管理水平；在我国核电设计、建造、运行及科研基础上，开发先进的核电分析设计软件。

2.4.3　加大基础研究是先进核能开发的重点

国际上开发的四代核电主要有六种堆型，而我国进行工业化建造的有钠冷快中子增殖反应堆和高温气冷堆。钠冷快中子增殖反应堆既能发电，又能增殖核燃料。高温气冷堆不仅可提供电力，还可提供高温热源，用于稠油开采和冶金工业。如果将氦气温度提高到约 1000℃，通过热化学工艺（碘-硫循环）制氢，将为氢能利用创造高效经济的途径。

近年来，可控核聚变研究领域已经取得重大进展，当今世界规模最大、影响最深远的国际大科学工程国际热核聚变实验堆（International Thermonuclear Experimental Reactor，ITER）计划由欧盟、中国、韩国、俄罗斯、日本、印度和美国共七个成员合作承担，我国自主设计的中国聚变工程实验堆（China Fusion Engineering Test Reactor，CFETR）也完成了物理和工程概念设计，我国将适时启动 CFETR 的全面建设。

四代核电及可控核聚变的开发研究涉及大量基础性科研，包括材料、工艺和设备等，有些基础性研究需要大科学装置和平台。"热堆—快堆—聚变堆"核能利用三部曲，是核能利用的共识，也是国际上的共同实践路线。

乏燃料后处理是完善核燃料闭式循环的关键。我国已建成后处理中试厂，正在建设后处理示范工程，在其基础上建设商业规模的后处理厂。后处理将从乏燃料中提取有用的铀和钚，作为快中子增殖堆的燃料，也可做成钚铀混合氧化物（mixed oxide，MOX）燃料，供压水堆核电站使用。乏燃料中的裂变产物，即核废物或高放废物，经后处理分离后玻璃固化，通过多重包装在 400～500 米以下与生物圈隔离的深地层处置。

裂变产物中还有有用的元素，如锌-237，分离后经中子辐照生成钚-238，它是同位素电池的原料，寿命极长，是空间技术的重要组成。其中次锕系元素半衰期极长，是国际上关注的问题，将它从裂变产物中分离出来，经快中子堆嬗变，其半衰期将缩减两个量级以上，有利于高放废物的最终处置。

2.5 氢能是未来现代能源体系的重要补充，需加强应用场景和高效低成本技术融合创新

2.5.1 氢能是实现碳达峰、碳中和目标的重要选项，可在诸多领域发挥作用

氢是一种洁净的二次能源载体，能方便地转换成电和热，转化效率较高，来源途径广，环境效益好。采用可再生能源实现大规模制氢，通过氢气的桥接作用，既可为燃料电池提供氢源，也可绿色转化为液体燃料，为实现碳达峰、碳中和承诺起到桥接作用。但必须认识到：绿氢是绿电的二次能源，是绿电的延伸，是高品位能源，如将其用于解决电能可以解决的问题领域，不符合热力学第二定律。

在电力领域，氢电融合保障安全稳定供电，大规模长周期储能保障电网安全稳定，同时长周期储能保障分布式可再生能源系统稳定供能；氢电并行开辟外送新通道，氢能输运可为受限可再生能源深度开发开辟外送新通道。

在交通领域，氢燃料电池汽车加注时间短、续航里程长，在大载重、长续驶、高强度的道路交通运输体系中具有先天优势，相比纯电动路线，氢燃料电池中、重卡更加符合终端用户的使用习惯。

在建筑领域，将天然气掺氢和燃料电池热电联产作为天然气热源的有力补充，解决天然气在时间和空间上的供需缺口，促进建筑领域供电供热的低碳转型。

在工业领域，在以可再生能源和绿氢供给为保障的基础上，我国冶金、化工、合成氨等基础工业行业将实现真正意义上的重构。

2.5.2 我国已形成氢能"制—储—运—加—用"完整产业链，但产业布局趋同、技术成本高、应用场景单一制约了产业健康发展

2017 年以来，我国已形成氢能"制—储—运—加—用"完整产业链，初步具

备规模化发展的基础。京津冀、长三角、珠三角、成渝、山东及环武汉等地区先发优势明显，辐射带动作用和对优势企业的吸引力逐步凸显，集聚效应初步显现。我国能源央企纷纷布局氢能业务，依托自身技术基础和资源优势，积极创新发展模式，推动与地方政府及企业间在氢能领域的战略合作，迅速成为加快推进我国氢能产业发展的重要力量。

我国制氢规模已位居世界首位，据中国煤炭工业协会统计，2012~2020 年，中国氢气产量整体呈稳步增长趋势，2020 年中国氢气产量超过 2500 万吨。全国有 14 个省份已实质性开展氢能产业布局与推广工作，并落地一批燃料电池或整车产业，推动加氢站建设，积极开展示范运营。截至 2020 年底，中国已建成的加氢站达到 128 座，氢燃料电池系统装机量约 79.2 兆瓦，氢燃料电池车保有量 7352 辆，实现了千瓦到兆瓦级燃料电池分布式发电系统的示范。

同时，我们也要认识到我国氢能发展仍面临产业布局趋同、技术成本高、应用场景单一等挑战。在产业布局方面，顶层设计缺位，产业发展缺乏统筹布局，导致地方政府规划趋同，资金、技术创新等资源配置囿于地方，重复建设现象已经凸显，膜电极、电堆及系统等产能过剩，不利于氢能全产业链技术创新与突破。在技术成本方面，部分关键材料、核心零部件和氢能装备依赖进口，技术自主化率低，同时推广应用规模化程度低，导致成本降低缓慢。此外电价优惠力度小、储运效率低及建站成本偏高的因素，使得氢气零售价格高昂。在示范应用方面，目前，我国氢能示范应用主要集中在交通领域，公交车为主要应用场景，以高成本采购与运营氢燃料电池汽车可能导致地方财政压力加大。此外，单一应用场景也不利于技术进步和全产业链成本降低。

2.5.3 我国氢能技术与国际先进水平仍有一定差距，未来将着力于实现全产业链贯通及终端应用产业化

近年来，我国高度重视氢能技术自主创新与产业化，关键技术取得较大突破，技术成果转化成效显著，但与国际先进水平仍有一定差距。目前氢气多由流程工业内部高碳制取，大规模可再生能源制氢相关工作还未展开，应解决电解槽在大电流密度下制氢的能耗问题；氢气温和条件液态化规模储备、高密度存储、长距离大规模运输、低成本快速加注等关键技术仍需突破；燃料电池应该突破催化剂、碳纸、智能装备等的关键技术。

氢能产业链主要包括氢的制取、储存、运输和应用等环节，氢能技术正朝着提高能效、降低成本的方向发展。在制氢领域，形成成熟的基于可再生能源的高效低成本制氢及其耦合发电技术理论并应用于大型及分布式发电系统。在氢的储

存和运输领域，形成有我国优势和知识产权的储氢材料和氢能应用技术。实现液氢大规模长期存储目标，通过绝热、制冷、再液化技术的综合使用，实现液氢的低蒸发损失甚至无损贮存目标。在用氢领域，发展出高效、低成本、稳定运行的燃料电池电堆和系统，实现电堆的关键材料、部件和系统中的核心部件完全自主化，掌握 70 兆帕储氢瓶和加氢站关键装备核心技术；同时开发氢的多种用途，如利用可再生能源制得的氢气与二氧化碳反应（可再生氢固碳），生成甲醇等化学品，实现碳循环利用。

2.6 储能已进入规模化发展阶段,加快推动新型储能产业发展

2.6.1 储能已迈入规模化发展阶段，但我国储能产业距离整体健康发展仍有距离

2015 年党的第十八届五中全会提出：建设清洁低碳、安全高效的现代能源体系。这是党中央、国务院积极应对气候变化做出的重大决策部署。储能是支撑新型电力系统的重要技术和基础装备，对推动能源绿色转型、应对极端事件、保障能源安全、促进能源高质量发展、实现碳达峰与碳中和具有重要意义。根据中关村储能产业技术联盟（China Energy Storage Alliance，CNESA）全球储能项目数据库的不完全统计，截止到 2020 年底，中国已投运的电力储能项目累计装机容量（包含物理储能、电化学储能及熔盐储热）达到 33.4 吉瓦，2020 年新增投运容量 2.7吉瓦，装机同比增长率为 136%，储能已从商业化初期迈入规模化发展的新阶段。但是在长效机制、标准体系、技术成本等方面还有待进一步提升。具体来说包括以下几个方面。

一是政策缺少长效机制，收益存在很大不确定性。与国外相比，我国的现货市场仍然以发电侧单边交易为主，价格信号无法传导到用户侧形成有效激励引导，从而造成商业模式无法形成闭环。目前"可再生能源+储能"成本主要由新能源开发商来支付，获得收益存在局限性。按照"谁受益、谁付费"原则，新能源企业并不是唯一的受益主体，权责并不对等，储能低价恶性竞争激烈。虽然各地出台了一些辅助服务政策，但交易品种单一，难以覆盖储能投资成本。有些地方政策没有长效机制，甚至"朝令夕改"，储能投资面临较大的风险，不利于行业长远发展。

二是技术和非技术成本高，储能电站成本居高不下。2020 年储能的度电次成

本在 0.5 元左右，按照目前的储能系统度电成本，距离规模应用的目标度电次成本 0.3～0.4 元还有不小差距。一方面由于储能尚未实现规模化应用，储能的技术成本较高；另一方面，国内储能电站开发、土地、接入、并网验收、融资等无形拉高了储能投资成本，非技术成本已经成为制约行业发展的主要因素之一。

三是标准体系尚未形成，影响行业快速健康发展。储能标准涉及设计、运输、安装、验收、投运、运维、灾后处理、电池回收等多个环节，储能系统标准体系不完善，无法保证储能产品质量与安全，直接影响储能产业健康、快速发展。目前系统集成设计、能量管理系统、电池管理系统、日常管理技术等储能相关标准全部处于空缺状态，储能系统并网验收标准也不够完善。部分地区要求光伏强制配备储能，但电网公司并没有明确储能如何参与调度，以及调度的频次，充放电次数、放电深度多少算合格，标准的缺位造成了当前储能系统门槛不一的局面。

四是系统集成设计参差不齐。储能集成系统是一个多学科、多领域的技术领域，包括系统控制、电气安全、直流侧管理、设备优化匹配、电池健康及安全联动保护管理等，无论哪个部分出现短板，都会影响整个系统，储能系统如何做到高安全、低成本、智能化和模块化，是目前储能产业亟待解决的问题。目前行业存在以动力电池代替储能电池、非专业集成化和堆砌化的"系统拼凑"、非一体化设计、未全面测试验证等行业乱象，不仅造成系统效率低下，还暗藏安全隐患。

2.6.2　电化学取得长足进步，但安全问题不容忽视

近年来，除抽水蓄能以外，新型储能技术快速发展，压缩空气、液流电池等长时储能技术进入商业化发展初期，飞轮储能、钠离子电池等技术逐步开展规模化试验示范。其中以锂离子电池为代表的电化学储能取得长足发展。

CNESA 发布的《储能产业研究白皮书 2020》统计数据显示：2019 年，在全球范围内，电化学储能的累计装机规模位居第二，为 9520.5 兆瓦（图 2-3）；在各类电化学储能技术中，锂离子电池的累计装机规模最大，为 8453.9 兆瓦。截至 2019 年底，我国电化学储能的累计装机规模为 1709.6 兆瓦，同比增长 59.4%；在各类电化学储能技术中，锂离子电池的累计装机规模最大，为 1378.3 兆瓦。《锂离子电池产业发展白皮书（2020 版）》中指出，2019 年我国锂离子电池出货量 131.6 吉瓦时，同比增长 15.4%，其中储能型锂离子电池出货量 8.6 吉瓦时，较 2018 年增长 23%，占比提升至 6.5%，逐年上一个台阶。国际上研发锂离子电池储能系统的公司主要有美国的特斯拉，日本的三菱重工业株式会社（以下简称三菱重工），韩国的三星集团、LG（Lucky Goldstars，乐金）集团；国内代表企业有比亚迪股份有限公司（以下简称比亚迪）、中航锂电（洛阳）有限公司（以下

简称中航锂电）、天津力神电池股份有限公司（以下简称力神）等。我国的锂离子电池研究项目一直是"863"的重点项目，经过二十多年的持续支持，大部分材料实现了国产化，由追赶期开始向同步发展期过渡，本土总产能居世界第一，储能电池已批量应用于示范项目。随着新能源产业蓬勃发展，锂离子电池在我国储能领域获得了广泛的应用，张北国家风光储输示范工程（一期）14 兆瓦磷酸铁锂电池储能系统已全部投产，工业和信息化部发布 2020 年 1～12 月电池行业生产情况，数据显示 2020 年全国锂离子电池产量 188.5 亿只，同比增长 14.4%；铅酸蓄电池产量 22 735.6 万千伏安时，同比增长 16.1%。

图 2-3　全球电化学储能市场累计装机规模（2000～2019 年）

电池储能系统安全性仍亟待提高。为解决安全问题，中国、美国、日本、韩国等国家相继制定储能安全战略性规划，并颁布了储能系统本体和安装要求的相关标准。但仍需对锂离子储能电池整装系统进行深入研究，掌握电池热失控机制，寻求创新型安全材料，提高锂离子电池安全性。具体主要从两个方面入手，即锂离子电池的本征安全和锂离子电池的系统安全。

本征安全方面，要提高电池材料的安全性。建议对负极材料的结构进行改进和调控，降低负极材料的比表面积和减少嵌入负极的锂，提高固体电解质界面（solid electrolyte interphase，SEI）膜的热稳定性。对于正极材料，通过体相掺杂、表面修饰及材料结构的改性，提升材料安全和稳定性，采用锂离子导体材料包覆正极材料。在材料制备的过程中，提高径向结构的强度，抑制分化、裂化。电解质方面，发展新型阻燃剂、开发难燃电解液和水系电解液。此外，采用本征不可燃的固态电解质（包括聚合物、氧化物和硫化物等固态电解质）取代原来的可燃碳酸酯类有机溶剂，将是解决与电解液相关的电池安全问题的终极方案。

在电池热管理系统方面，要在安全设计中重点考虑高效散热，通过合理的路径对电池系统内部的热量进行疏导。电池热管理系统首先需要进行隔热设计，以延缓热失控向相邻电池的蔓延速度。电池单体间的隔热材料还应满足低导热系数和高工作温度的要求。其次，热管理系统还需要对失效区域进行及时散热或冷却，以降低电池温度，防止热量累积。另外，电池热管理系统还应在热失控蔓延时通过外界指令或自发响应，抑制热失控蔓延。热管理系统应该需要保证电池系统在至少40分钟内不发热失控蔓延。最后，电池系统安全设计成本和热失控蔓延防控效果之间存在平衡关系，应重视仿真分析在平衡成本和防控效果方面具有独特的优势。

2.6.3　健全机制和强化技术攻关是储能产业化发展关键

碳达峰、碳中和目标下，要强化科技攻关，重点提高储能系统的运行效率、循环寿命和降低生产成本，做好储能系统的本征安全和能源管理，推进储能产业规模化发展，有利于推动可再生能源的大规模应用，更有利于推进我国在全球新一轮能源技术革命和产业变革中抢占先机。但只有技术支持并不足以支撑可再生能源产业发展，市场政策支持也很重要。从长远来看，我国发展储能的技术路线、商业模式及发展路径与欧美国家不一样，其中最大问题在于电力体制改革推进的进程和速度并不确定。因此，需要从顶层设计上统筹储能产业的发展，加强关键核心技术攻关，实现降本增效，建设更为健全的运行机制与电力市场机制，通过政策调整打通储能多重应用，加速储能商业化进程。

2.7　基于碳达峰、碳中和目标的初步多情景分析研判

2.7.1　新发展阶段我国面临错综复杂的国际环境，根据减碳目标设置双情景

进入新发展阶段，我国发展面临的环境更加深刻和复杂，同时充满各种变化。在这错综复杂的国际环境大背景下，《中共中央关于制定国民经济和社会发展第十四个五年规划和二〇三五年远景目标的建议》指出，"加快构建以国内大循环为主体、国内国际双循环相互促进的新发展格局，推进国家治理体系和治理能力现代化，实现经济行稳致远、社会安定和谐，为全面建设社会主义现代化国家开好局、起好步"。

结合我国经济社会发展、碳减排承诺及能源安全新战略，以 2035 年基本实现社会主义现代化远景目标和 2060 年前努力实现碳中和为目标导向，设置了基准情

景和强化低碳情景支撑推演我国实现碳中和目标的中长期能源低碳发展路径，如表 2-2 所示，2021 年新冠疫情得到有效控制，社会经济各方面恢复疫情前的发展水平；两个情景均保持同样的经济社会发展水平。

表 2-2　情景设置基本原则

情景名称	情景描述
基准情景	能源气候政策趋于严格；能源效率水平持续提高；能源低碳转型加快推进；能源技术创新成效显著；终端电气化与可再生能源发展提速；碳捕集与封存（carbon capture and storage，CCS）/CCUS 技术尚处于示范阶段
强化低碳情景	以 2060 年碳中和为目标导向；能源效率大幅提高；能源低碳转型强力推进；能源颠覆性技术取得突破；终端电气化与可再生能源高速发展；CCS/CCUS 技术在 2030 年前后规模应用

2.7.2　我国一次能源需求总量将在 2035 年前达峰，非化石能源占比快速上升

研究表明一次能源需求总量在 2030 年前以较快速度增长，2030 年后增速放缓，2035 年基准情景和强化低碳情景一次能源需求总量分别为 59.5 亿吨标准煤和 55.9 亿吨标准煤。一次能源需求预测结果与其他机构预测结果比较如图 2-4 所示。

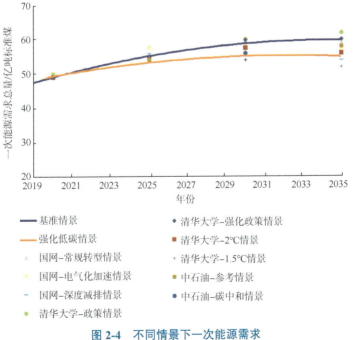

图 2-4　不同情景下一次能源需求

基准情景下非化石能源占比从 2019 年的 15.3%上升至 2035 年的 28.0%，强化低碳情景 2035 年非化石能源需求占比进一步上升至 32.0%，如图 2-5 所示。

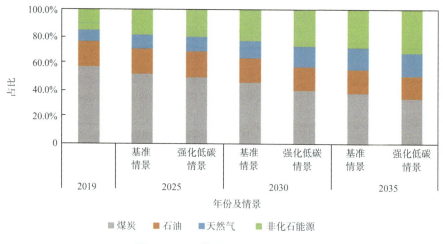

图 2-5 不同情景下能源消费结构

终端能源需求总量持续增长，2035 年终端能源消费总量为 43.4 亿～47.0 亿吨标准煤；终端能源需求结构不断优化，煤等固体燃料和液体燃料的需求降低，电力占比从 2018 年的 24.6%提升至 2035 年的 35.3%。2035 年前工业仍是终端能源消费主力部门，但终端能源消费逐渐向消费侧转移，交通和居民生活用能占比提高至 28.8%；工业用能在 2025～2030 年进入峰值平台期，交通和生活用能保持增长。

2.7.3 碳排放总量达峰时间和峰值的关键在于工业与发电部门

基准情景下能源领域二氧化碳排放在 2029 年达峰，峰值约 105 亿吨二氧化碳，强化低碳情景下二氧化碳排放达峰提前至 2025 年,峰值约 98.5 亿吨二氧化碳,2030 年后碳排放显著下降，如图 2-6 所示。能源相关二氧化碳排放强度不断下降，2030 年单位 GDP 二氧化碳排放相较 2005 年下降 68.8%～72.4%，能实现 2030 年单位 GDP 二氧化碳排放下降 65%以上的目标。

近期来看，提高能效和优化能源结构是对二氧化碳减排贡献最显著的措施。提高能效包括工业能效提升和分布式功能与智能微电网；到 2035 年，CCUS 应用、提高能效、优化能源结构、氢能及可再生合成燃料应用将对二氧化碳减排起着重要作用，如图 2-7 所示。

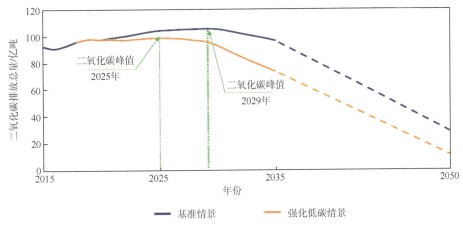

图 2-6　不同情景下二氧化碳排放总量预测

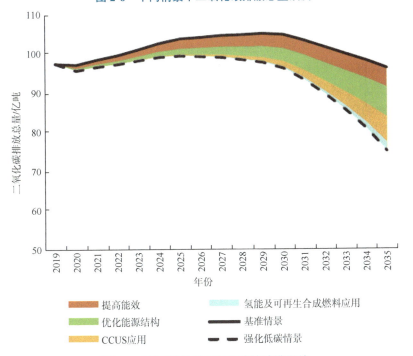

图 2-7　不同措施对二氧化碳的减排贡献

工业和发电两部门是碳排放的两大主力部门。基准情景下电力部门碳排放大约在 2030 年达峰，强化低碳情景下，电力部门碳排放达峰时间提前至 2024 年；高比例可再生能源接入电力系统、发电能效提高、清洁电力替代等技术的部署是未来电力部门脱碳的三大关键。提升工业能效、绿色清洁替代和推广 CCUS 是工业部门脱碳的三大重要措施；2030 年前，提升工业能效和绿色清洁替代是脱碳的主力，2030 年后，推广 CCUS 对工业脱碳发挥重要作用。

第 3 章　面向 2035 年的能源发展战略

3.1　指　导　思　想

以习近平新时代中国特色社会主义思想为指导，全面贯彻党的十九大和十九届二中、三中、四中、五中全会精神，坚持稳中求进工作总基调，立足新发展阶段，贯彻新发展理念，构建新发展格局，全面贯彻落实"四个革命、一个合作"能源安全新战略，按照《中华人民共和国国民经济社会发展第十四个五年规划和2035 年远景目标纲要》和中共中央、国务院有关重要精神和部署安排，坚持系统观念，以推动高质量发展为主题，以满足人民日益增长的美好生活需要为根本目的，统筹发展和安全，系统谋划面向 2035 年的能源发展战略，处理好发展和减排、整体和局部、短期和中长期的关系，以经济社会发展全面绿色转型为引领，以深化供给侧结构性改革为主线，以能源绿色低碳发展为关键，全面推进能源消费方式变革，构建多元清洁的能源供应体系，实施创新驱动发展战略，不断深化能源体制改革，持续推进能源领域国际合作，加快形成节约资源和保护环境的产业结构、生产方式、生活方式、空间格局，坚定不移走生态优先、绿色低碳的高质量发展道路，努力建设清洁低碳安全高效的能源体系，推动中国能源进入高质量发展新阶段。

3.2　战　略　思　路

按照国家碳达峰、碳中和工作总体部署安排，坚持节能优先，坚持化石能源控增量、优存量，推进煤炭清洁高效低碳利用，继续做好煤炭这篇大文章，继续发挥好在转型过渡期煤炭的"压舱石""稳定器"作用；坚持"稳油增气""常非并举"，稳步提升油气安全保障能力和水平。大力发展可再生能源，实施可再生能源替代行动，在安全的前提下，积极有序发展核电，加快构建以新能源为主体的新型电力系统。强化低碳技术创新，以能源技术为新一轮科技和产业革命突破口，抓紧部署低碳前沿技术研究，实现低成本光伏、大型风电、氢能、储能、燃料电池及节能和能效提升技术创新突破，超前谋划 CCUS 技术研究，加快推广应用减污降碳技术。建立完善绿色低碳技术评估、交易体系和科技创新服务平台。完善能源消费总量和强度双控制度，出台有利于绿色低碳发展的财税、价格、金融、土地、政府采购等政策，加快推进碳排放权交易，积极发展绿色金融，助力构建清洁低碳安全高效能源体系。

3.3　发 展 目 标

2021 年至 2030 年为能源转型和碳排放达峰阶段。届时，能源活动相关的二氧化碳排放达峰，排放量控制在 110 亿吨以内；一次能源消费达峰，约 60 亿吨；非化石能源迅速发展，占终端能源消费的比重达到 25.0%。

2031 年至 2035 年为能源平台和碳排放稳中趋降阶段。届时，在我国基本实现社会主义现代化进程中，能源支撑现代经济体系和美丽中国建设的作用更为突出。非化石能源快速增长，煤炭占比逐步下降，能源效率水平持续提高，能源技术创新成效显著，终端电气化水平与可再生能源发展提速，届时我国基本建成现代能源体系，碳排放达峰后稳中有降，能源相关二氧化碳排放降低至 100 亿吨以内，一次能源消费缓慢降至约 59.7 亿吨标准煤，其中非化石能源占比达到 28.0% 左右。

2036 年至 2050 年为能源稳步减碳和碳排放大幅减少阶段。届时，在我国建成富强民主文明和谐美丽的社会主义现代化强国的过程中，能源体系的快速变革发挥强有力的支撑作用。非化石能源实现跨越式发展，煤炭占比显著下降，终端能源利用效率水平显著提升，能源技术实现突破发展，能源相关的二氧化碳排放显著下降，总量降低至 29 亿吨以内，一次能源消费缓慢降至约 50 亿吨，非化石能源占比达到 60% 左右，届时我国成为能源强国，建成现代能源体系。2050 年后，我国将进入能源深度脱碳和碳中和阶段，最终努力争取到 2060 年实现碳中和，详细目标见表 3-1。

表 3-1　中长期能源低碳发展目标

指标	2025 年	2030 年	2035 年	2050 年
二氧化碳排放/亿吨	103.9	104.9	96.3	<29.0
单位 GDP 二氧化碳排放降幅（相较 2005 年）	60.2%	68.8%	77.4%	—
一次能源消费总量/亿吨标准煤	55.3	59.8	59.7	约 50.0

续表

指标		2025 年	2030 年	2035 年	2050 年
一次能源消费结构	煤炭	52.2%	42.0%	38.0%	约 15%
	石油	19.0%	18.0%	17.5%	约 12%
	天然气	10.2%	15.0%	16.5%	约 13%
	非化石	18.6%	25.0%	28.0%	约 60%

3.4　战　略　举　措

3.4.1　强化战略引领，全面推进能源转型发展

（1）控总量：控制能源消费总量，抑制不合理消费，减少 GDP 增长对能源的依赖，特别是减少对化石能源的依赖，提高经济发展质量。能源消费总量控制应以煤炭消费控制为重点，加快能源替代。

（2）降强度：降低单位 GDP 能源消耗强度，从源头减少污染物和温室气体排放，发展绿色经济。加强重点部门的耗能监测与控制，推进冶金、煤炭、钢铁、水泥、造纸、化工等高耗能产业转型升级和布局优化，提高产品附加值。

（3）去存量：坚决限制和有序淘汰能耗高、污染重、年限久和效率低的工艺、技术、设备和产能。建立退出机制，坚决退出煤电及重点部门过剩和落后产能，严格控制高能耗和产能过剩产业上新项目。

（4）强创新：一是强化技术创新，通过科技进步带动产业升级，并全面提升社会能源利用效率；二是强化管理创新，打破部门、行业分隔，以管理互补为抓手，以管理服务提升带动社会系统能效提升；三是强化机制创新，立足建立安全、高效、绿色、可持续的能源发展体系，形成自我约束、自主发展的良好机制。

（5）调结构：一是调整能源消费结构，大力发展新能源和可再生能源，提高优质清洁能源比例，通过减煤、稳油、增气举措调整化石能源内部结构，推动化石能源利用向低碳化发展；二是调整产业结构，降低重化产业比重，发展耗能相对较低的第三产业。

3.4.2　树立低碳化发展理念，大力发展低碳清洁能源

1. 加强水电输电网建设，推动水能资源有序开发

水能资源开发转向四川、云南、青海与西藏，加强水电开发技术攻关，构建

输电网络，科学有序地推动水能资源的开发。先易后难，近期重点开发四川、云南、青海地区，远期深度开发西藏地区。梳理总结针对西部地区，尤其是西藏的水电开发的技术难题，组织专家团队，重点对坝工建设领域世界级难题开展技术攻关，解决技术瓶颈。加强电网建设，保障西部地区电力安全可靠送出。建立稳健的水电输配管理机制。进一步优化我国能源电力的规划布局，建立跨区域、跨电网的水电输配机制。探索建立资产收益扶持、设立后续发展基金等水电开发利益共享机制，统筹区域经济发展，以水电开发促进移民致富。建立水能资源开发区域经济社会发展和生态补偿机制，用于扶持经济社会发展和帮助移民群众发展致富，解决水能资源开发带来的移民后续发展和生态环保等问题。

2. 全面提升并网消纳能力，推动风电与光伏跨越式发展

持续加速推进陆上风电的开发利用，稳步推进海上风电的有序开发；集中式与分布式光伏并举发展，推动太阳能电池技术突破，降低供电成本，推动光伏系统创新，将光伏技术与建筑、交通设施结合，增加光伏应用环境与场景。在规划阶段重视本地消纳途径及外送通道建设，以风电光伏基地为核心，储能、氢能等调节技术为支撑构建综合能源系统，提升本地消纳及提高外送稳定性。加快建设跨省跨区电网，提高外送能力，匹配风电、光伏发展。

3. 因地制宜，推动生物质等可再生能源规模化应用

考虑资源量、技术经济成本、本地需求等条件，因地制宜地推动生物质、地热海洋能等可再生能源的规模化利用，为地区能源系统低碳发展提供支撑。实现生物质能多样性利用，采用符合环保标准的先进技术发展城镇生活垃圾焚烧发电，推动生物质发电向热电联产转型升级。积极推进西南地区高温地热发电；加大中低温地热发电力度；创新地热能开发利用模式，开展地热能城镇集中供暖。积极推进海洋能装备集成设计，重点突破一批关键集成应用技术；积极推进潮流能、波浪能等海洋能技术研发和示范应用。

3.4.3　严控煤炭消费总量，持续推进煤炭产业清洁、安全、绿色、高效发展

1. 坚持总量控制，推进煤炭科学开发和转化利用

严格控制煤炭开发总量,力争将我国煤炭高峰产量控制在40亿吨以内,到2035年将科学产能比重提升到 95%以上。加快调整煤炭消费结构，提高煤炭消费集中度，加速淘汰各类能效低、污染控制水平差的小型燃煤设备，降低煤炭在工业和

民用部门的终端消费，增加发电用煤在煤炭消费中的比例。大力推进高灵活智能燃煤发电、燃煤高效低成本多污染物联合控制及资源化利用的成套技术创新，不仅继续承担保障电力供应主体责任，还要为可再生能源大比例消纳提供灵活调峰服务。稳步推进以煤制油、煤制烯烃为代表的现代煤化工发展，逐步推动煤化工产品高端化、高值化，延伸产业链，提升价值链，持续推进废水近零排放、固废减量化和资源化利用技术创新。

2. 耦合减碳技术，推进构建"零碳排放"的煤炭利用系统

加强新能源与煤炭协同开发利用模式研究，特别是加强能源电力、能源化工、能源冶金等零碳排放技术和工艺模式研发，支持如新能源制氢与煤化工耦合制取零碳排放化工品、绿氢直接还原炼铁工艺等应用技术研究和工程示范。突破 CCUS 技术瓶颈，探索二氧化碳定向转化新机制及其利用新途径，推进百万吨级/年 CCS/CCUS 关键技术研发和工程示范，出台配套产业政策和财政优惠政策，推进 CCS/CCUS 碳减排量核实研究，争取纳入碳市场认证交易。

3.4.4　坚持开发和合作并举，稳步提升油气安全保供能力

1. 坚持"稳油增气"，保障国家油气供应安全

加大完善政策支持力度，增加陆上和海域已有储量的动用规模；大力实施油气科技创新战略，突破低品质油气资源动用难题。攻克"卡脖子"技术、研发"短板"装备，形成全新一代油气勘探开发理论与技术装备体系，带动油气相关行业与制造业跨越发展，为我国实现石油产量2亿吨/年以上、天然气产量2600亿～3000亿米^3/年提供强有力的理论与技术引领和支撑。

2. 强化"一带一路"合作，提高国家油气安全风险应对能力

深化"一带一路"沿线的油气合作，加大政策支持，深化国际产能和装备制造合作，实现海外油气资源来源多元稳定，创造更加有利的发展环境，增强国际油气事务话语权。争取海外权益油气产量2.5亿～3.0亿吨/年。

3. 多措并举，推进油气行业节能提效和转型发展

建立油气节约、替代、创新体系，推广油气节约、替代、创新技术，促进油气行业节能提效和转型发展。全面提升国内油气生产能力、海外权益油气生产能力、装备制造与技术服务能力、油气战略储备安全能力和信息智能化高质量供给能力。在碳达峰、碳中和目标背景下，多措并举，推进油气绿色、低碳、转型发

展，协同优化油气业务链智能化。

4. 建立全国油气应急机制，保障极端情况油气供需平衡

完善石油储备建设政策法规，激励地方政府和企业积极参与国家战略储备建设，促进国储项目按计划实施；研究制定战略储备油品更新、轮换（动用）管理办法；尽快出台《国家石油储备条例》，明确企业义务储备范围、油种和标准；加强储气和调峰能力建设，完善调峰和应急机制，保障天然气供应安全。

3.4.5　提升核能在能源结构中的地位，安全稳妥推进核电基地建设

1. 科学规划布局，积极有序推进核电发展布局

统筹制定可再生能源和核电发展的规划，以使可调度电力与不可调度电力合理匹配。每年开建不少于 1000 万千瓦的核电机组或 6～8 台核电机组。稳步推进内陆核电建设，在"十四五"后期或"十五五"初期开展内陆核电示范工程建设，以取得设计建造的经验，验证设计及所采取的安全环保措施的合理性和可行性，以便"十六五"时期内陆开展核电的规模化建设。

2. 立足自主创新，推进核电全产业链发展

核电是战略性高科技产业，也是大国竞争的焦点，不能受制于人。发挥我国制度优势，以自主创新为主导，加强先进技术、关键材料、核心装备的研究开发；建立完整的核电产业链，从上游到下游，全部立足国内，自立自强。

3. 构建基础平台，推进核能产业科技领跑前行

目前我国核电已从跟跑进入并跑，要从并跑走向领跑，就必须加大基础研究，为重大创新奠定扎实基础。进行高精尖的基础研究需要有大型的科学研究装置和平台，如先进核燃料和新材料的开发就需要超高通量的试验考验堆，以验证其全寿期的辐照性能。

3.4.6　围绕氢能产业链布局创新链，稳步推进绿色氢能产业发展

我国目前氢能主要来自"煤制氢"，因此，在绿色氢能制取技术尚未取得突

破的时候，并未真正发挥氢能的"清洁、低碳"特点，不适宜大规模推广氢能技术。本书围绕推进绿色氢能产业发展，提出如下发展举措。

1. 加大科技攻关，推进氢能全产业链发展

依托行业骨干企业、科研机构与高校，联合组建氢能技术领域的国家工程技术研究中心、国家制造创新中心、国家技术创新中心等国家级研发平台，策划氢能与燃料电池国家科技重大专项，充分开发企业在资金、应用场地，以及高校、科研院所在人才等方面的优势，专注于制氢基础理论研究、关键技术和设备研发，储运加注基础理论研究，燃料电池基础理论研究、关键技术和设备研发等方面，坚持目标导向，补短板、强弱项，围绕氢源开发到氢能利用全产业链，开展科技协同攻关，突破一批"卡脖子"技术，实现氢能基础设施关键技术及装备的国产化。在基础材料方面，攻关突破质子交换膜（proton exchange membrane，PEM）、催化剂和碳纸并促进自主技术产业化；在核心部件方面，提高金属双极板、空压机、氢气循环系统等关键性能指标；在装备方面，重点研究 PEM 电解槽和固体氧化物电解槽（solid oxide electrolysis cell，SOEC）和离子压缩机，加快突破液氢、深冷高压及管道等储运技术。最终实现我国氢能技术研发水平进入国际先进行列，关键产业链技术自主可控。

2. 优化产业布局，推进氢能产业有序发展

当前，我国氢能产业同质化问题较为突出，制约产业高质量、可持续发展。为此，应尽快出台国家顶层设计，引导各个地区因地制宜、协同布局。同时，要统筹建立氢能管理机制：一是明确将氢能纳入能源管理范畴，前期可以参照天然气管理，后期逐步探索氢能管理机制；二是从国家到地方统一明确行业主管部门，理顺管理工作流程，统筹规划区域氢能产业发展，尽快制定相关技术标准和发展规划，系统提升管理效率。国有资本相关企业原则上应在原有产业的基础上适时、合理进入氢能产业，做前瞻性的战略布局。应做好相关企业的协同发展，避免一哄而上、无序竞争。应尊重市场规律、遵循市场规则，根据氢能产业链不同特点和应用场景，有序引导国有资本采用资本运作、产业运营、综合服务总包等各种灵活形式稳妥、有序布局氢能产业。

3. 强化创新示范，推进氢能产业示范区建设

利用已有优势加快产业聚集，布局一批具有引领作用的重大氢能示范工程。一是建设氢能产业示范区，创新体制机制，探索新商业模式，先行先试前沿技术及装备。二是支持国家燃料电池汽车示范城市群项目，挖掘应用场景，拓展氢能

在交通、储能、工业和建筑等领域的应用，探索在重型工程机械、轨道交通、船舶、无人机等领域示范应用。

3.4.7　加快源网荷储融合发展，推进先进储能技术产业化

1. 规划引领，推进源网荷储融合发展

统筹储能产业发展规划，制定国家储能产业"十四五"专项发展规划，在能源领域"十四五"规划及中长期发展战略规划中，明确储能行业发展目标、重点任务及实施路径，发挥规划引领作用，科学指导储能产业健康发展，规范发展；加强行业发展顶层设计指导，建立新型电储能国家规划体系；探索海上风电、陆上风电、集中式和分布式光伏配置储能的行业标准，更好地发挥储能在新能源消纳中的作用。

2. 市场引领，统筹推进储能与各类电力市场建设

在保障电力系统安全和市场平稳有效运行的前提下，推动各类市场尽早向储能开放市场准入，统筹推进储能与各类电力市场建设，引导开展市场化运营。鼓励储能参与辅助服务市场，推进将储能纳入电力现货市场，同时探索建立容量补偿机制或容量市场，促进储能获取稳定收益；明确储能在电力市场中的主体地位，使其能够参与调峰、调频等各类服务；完善储能市场化运营机制，鼓励储能电站开展电力现货和辅助服务市场，多渠道获取收益；电网侧储能设施参与调频辅助服务时，不收取过网费。用户侧储能系统在充放电时，充电过程和放电过程只计算一次可再生能源附加费；不与电网发生互动，仅配合分布式发电进行自发自用的，则不收取过网费。

3. 创新引领，推动储能应用和装备制造业协同发展

强化科技攻关，实现降本增效，推动储能应用和装备制造业协同发展、创新发展。抓住国家推进源网荷储一体化和多能互补发展的重要机遇，围绕产业链来部署创新链，解决"卡脖子"短板问题；围绕创新链布局产业链，培育具有国际竞争力的创新型企业；建设国家储能技术创新中心，设置可再生能源与储能研发和应用重大专项、重大项目，聚焦储能全产业链的关键核心技术，瞄准储能产业链缺失环节和关键环节，加强先进储能技术研发，在国家重点研发计划中，着力加强对先进储能技术研发任务的部署，集中攻克制约储能技术应用与发展的规模、效率、成本、寿命、安全性等方面的瓶颈技术问题，形成系统、完整的技术布局，在重要的战略必争技术领域占据优势，并形成新的具有核心竞争力的产业链；扶

持壮大电池组件、零部件、逆变器等装备工业，支持铅炭电池等新型电池在储能电站上的广泛应用，特别要关注上游关键材料的批量生产线，研制出符合市场需求的产品，使储能产业健康、可持续发展。鼓励有产业基础的重点地区建立储能技术产业园区，加快产业集群建设。通过重点地区的商业化示范运营，带动全产业链的成熟和完善，从而促进我国储能产业的全面均衡发展；研究探索信息技术、人工智能等前沿科技与可再生能源、储能领域的融合，推动数字技术和储能技术的深入融合，培育壮大市场主体，扩大储能产业规模。

第 4 章　保障措施和政策建议

4.1　加强顶层设计，制定国家碳达峰行动方案，加快出台重点行业有序、科学、稳妥的碳达峰指导意见

　　建议加快制定国家碳减排指导意见，明确碳达峰工作方向和节奏。构建推动地区能源低碳转型量化指标体系并纳入考核。合理评估能源生产、工业过程和终端消费等相关产业的脱碳能力与潜力，分类有序，加快研究制订分部门、分步骤脱碳计划。要重视加强碳达峰、碳中和进程中形成的能源安全新问题，特别是新能源产业蓬勃发展带来的铜、锂、镍、钴、石墨和稀土元素（钕、镝、镨、铽等）等关键矿物质需求的快速增长，这些矿物供应能否得到有效保障、价格波动和地缘政治因素将反过来影响能源转型的进程。

　　建议合理有序谋划碳达峰工作节奏，地方政府和企业在积极拥抱碳中和的同时，要尊重常识与客观科学规律，避免欧式"政治正确"，不"妖魔化"化石能源，不"逢碳必反"。坚持实事求是，一切从实际出发，科学把握工作节奏。在"实施以碳强度控制为主、碳排放总量控制为辅的制度"基础上，进一步明确碳排放强度、碳排放总量控制的关系，避免部分地区、部分行业、部分企业一味追求争先"表态式"碳达峰，避免一哄而上、急功近利给经济社会发展和能源电力安全带来的系统风险。尤其是能源央企要处理好企业内部的新建项目投资和存量资产改造的关系，在两者之间合理分配每年的投资总额，争取较高的投资效益；要处理好传统化石能源公司和新能源公司之间的关系。碳达峰、碳中和目标是国家的整体承诺，应在国家层面重视行业之间的平衡性与协同性，没有必要让所有的公司都去投新能源。尊重经济增长和产业发展的客观规律，统筹减排、安全及经济等综合效应，引导近中期有序、科学、稳妥实现碳达峰，打造中远期碳中和综合能力。

4.2　加强能力建设，建立适应低碳转型的长效机制和配套能力

能源工作重点围绕碳达峰、碳中和，2030 年前在推进产业结构优化和强化节能减排的同时，建议重点加强面向中远期碳中和的持续能力体系建设。建议加强能源低碳科技研发投入，重点支持具有战略性、颠覆性的低碳零碳先进能源技术研发布局，积蓄能源系统低碳转型的持续动能。建议加强碳排放基础和碳资产管理能力体系建设，摸清我国不同行业碳排放家底，培育基于市场导向的碳资产运营体系，培育基于市场机制的绿色低碳转型推动力。

建议进一步健全能源相关法律法规。建议加快明确氢资源能源属性定位，加快推进储能在能源电力供给、电网、需求侧的定位，制定配套政策，引导行业健康可持续发展。健全我国核电标准规范体系，加快如分布式能源、综合能源服务、光伏建筑一体化等新业态、新模式能源系统的标准体系制定，提高我国能源系统在法制层面的规范性和标准化。

4.3　加强机制保障，加快构建能源环境协同联动机制

围绕能源电力系统安全稳定底线、生态环保红线原则，加强政府引导，推动构建多层次保障体系。在新能源大规模接入大背景下，逐步健全和完善电力市场改革，建议重点建立电量市场、容量市场、调峰市场等电力市场机制；完善碳交易市场法律法规，建立国内碳交易金融中心，完善碳市场配套监督管理部门；电力市场要充分依托碳市场和绿证交易构建协同反馈机制，构建全社会引导新能源发电、火电协同良性发展新格局。建议加快构建新一代电网系统，为新能源大规模利用和能源供需格局变化提供安全稳定条件。

强化传统化石能源开发与生态环境影响机制研究。加强探明未动用储量管理和政策支持，进一步摸清家底，提高难采储量动用率。建议建立海上油气开发国家部委、地方政府间的海洋保护协调机制，统筹解决当前海洋功能区划叠合问题，由国家主管部门统筹用海专项规划。坚持总体效益和严控生态环境，加强煤炭资源开发与油气、铀矿等资源叠加研究和协调。

统筹解决风电光伏用地等"卡脖子"问题。建议合理论证国土空间规划，给光伏、风电预留足够的发展空间，建立光伏、风电用地"负面清单"，明确土地

利用核心限制性条件，进一步放开光伏、风电用地限制，鼓励和引导开展"风光互补""农光互补"等产业新模式。建议单列光伏、风电项目的建设用地指标，不纳入地方年度建设用地总规模管理，为光伏、风电大规模开发提供用地保障的绿色通道。

4.4 加大金融和财税支持力度，重点加强先进低碳技术研发布局

系统统筹能源系统绿色低碳转型。在保障国家能源电力安全稳定的前提下，建议在近中期继续秉持传统化石能源的"基石"作用，进一步推进煤炭清洁高效利用，加强节能减排与脱碳协同控制模式创新。制定鼓励油气新区勘探政策，探索设立国家风险勘探基金，加大油气勘探开发力度。

兼顾产业转型公平，确保传统产业有序稳定过渡。建议通过政府基金、绿色信贷、绿色债券等方式，加强对解决大就业、大民生问题的传统化石能源的支持力度，对冲其日益高企的环保成本和生产运营成本。通过专项资金，持续支持燃煤电厂节能和灵活性改造，持续支持退役机组的社会运维，为国家能源电力应急储备和应用提供支撑。

健全财税扶持与新能源定价市场机制，开展绿色金融顶层设计，出台推动能源金融发展的意见和具体措施；通过搭建投融资平台、丰富投融资产品、创新投融资模式、完善低息免息补贴政策、健全风险分担体系等方式，破解绿色金融发展面临的突出问题。利用融资优惠政策、财政税收优惠政策、直接资金补贴政策等多种补贴激励政策帮助区域能源互联网项目解决资金问题，制定鼓励清洁供热、供冷的价格政策及补贴政策，有序推进组织分布式发电市场化交易试点。

4.5 加强动能培育，壮大氢能、储能等战略性新兴产业

建议将氢能纳入我国"十四五"能源战略规划，研究发布氢能产业发展专项规划，研究制定我国氢能发展的技术路线图，明确氢能在各领域的定位。充分发挥氢能与可再生能源协同互补优势，鼓励"绿氢"产业发展；推进氢能在绿色工业、交通、建筑领域应用，积极探索利用氢能解决我国钢铁和化工领域等难脱碳领域的低碳技术路线；鼓励和支持氢能全产业链技术创新和装备自主研发，积极探索氢能在主要领域大规模发展的商业模式，落实对氢能基础设施产业链的补贴

政策及金融支持，建立健全产业政策、安全监管及技术标准体系。

建议研究发布储能发展规划，明确应用场景和功能定位，配套补贴政策，推动储能市场健康有序发展。重点加大对填补国内空白的核心材料与零部件核心技术企业支持力度。围绕产业发展重点、产业布局优化、政策措施制定等，加快制定储能总体规划和发展路线图，打造经济社会发展新动能，夯实能源电力安全新基础。继续推动建设一批储能国家技术标准创新基地，完善储能全产业链的技术和检测标准，进一步完善储能规划设计、技术制造、设备试验、并网检测、安全运维、消防等技术标准，推进储能技术创新与标准化协同发展。

建议加大推进信息技术与能源深度融合支持力度，健全智慧能源国家研发体系，依托 5G、大数据、互联网等信息新技术，持续创新能源发展新模式，引领能源持续增长和跨越式发展。

4.6　加强宣传引导，倡导新型生产生活方式

加强社会宣传引导，树立低碳转型是全社会共同责任的环境风尚。提高环境道德水平，提高全面低碳发展意识，引导全社会树立生态理念和生态道德观，构建文明、节约、绿色、低碳的消费模式和生活方式，加快形成生态文明建设的良好社会氛围。

加强重点行业节能减排指导，推动产业部门逐步形成低碳生产习惯。电力领域需要强化可比性碳强度下降考核，持续加大降低弃风、弃光、弃水力度，加强可再生能源的消纳。工业部门利用公共采购支持在公共投资的基础设施建设中使用零碳材料，加强对塑料分类和回收过程的监管，最大限度地发挥机械回收的潜力。建筑部门严格落实对新建建筑和既有建筑的节能标准，针对公共建筑和居住建筑的制冷及采暖，研究制定严格的标准法规；逐步淘汰燃煤和燃气供暖，转向全电气化解决方案，推广热泵技术。交通部门推动汽车向电动汽车转变，推进电动汽车规模发展和燃料电池车示范应用，建立健全氢燃料汽车长效补贴机制等。

第二篇　中长期能源需求与发展趋势研究

第5章　全球气候变化与能源发展基本形势

5.1　世界一次能源消费需求将持续增长，清洁低碳转型成为大趋势

5.1.1　全球一次能源消费总量持续上升，但增速明显放缓并将长期保持较低增长率

随着全球经济的快速发展与人类生活水平的提高，全球能源需求持续增加，能源消费总量整体上呈上升趋势。如图 5-1 所示，2019 年全球一次能源消费总量达 134.3 亿吨油当量，2000～2019 年平均年增长率为 2.09%。但随着能源技术创新

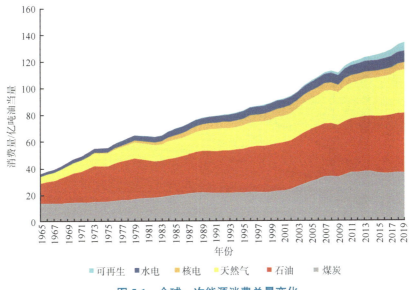

图 5-1　全球一次能源消费总量变化

带来的能效提升与消费强度下降，2010~2019 年能源消费总量增速明显放缓，平均年增长率仅为 1.6%。据多家机构预测，一次能源消费量将在 2040~2050 年进入平台期，2050 年全球一次能源消费总量在 120.3 亿~229.5 亿吨油当量。全球一次能源消费增速将长期保持较低水平。bp 公司预测，在实现控制全球升温低于 1.5℃的净零情景下，全球一次能源需求将在 2035 年前后达峰，2018~2050 年平均年增长率仅为 0.3%。中国石油集团经济技术研究院（Economics and Technology Research Institute，ETRI）预测，在实现全球升温低于 2℃条件下，2050 年前全球一次能源消费总量持续增加，平均年增速约 0.95%。

5.1.2　世界人均能源消费严重不均衡，增长的主力主要来自非 OECD 国家

发达经济体一次能源消费普遍已达峰，非经济合作与发展组织（Organization for Economic Co-operation and Development，OECD）国家一次能源消费仍保持快速增长。如图 5-2 所示，OECD 国家能源消费在 2005 年已经达峰，2005 年以后进入平台期，2008 年受全球金融危机影响，能源消费降低，2009 年恢复，2020 年受新冠疫情影响，能源消费明显下降。非 OCED 国家能源消费增速明显，尤其是 2000 年以后，能源消费增速明显提高，2020 年受新冠疫情影响，能源消费明显下降。综合来看，世界能源消费仍将保持快速增长，增长主力来自印度、非洲、拉丁

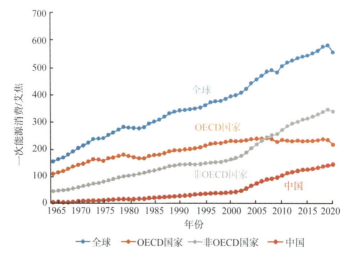

图 5-2　OECD 国家、非 OECD 国家、中国及全球一次能源消费趋势

美洲等非 OECD 国家和地区。中国作为世界上最大的发展中国家，能源需求持续增长。尤其是在 2001 年以后，中国加入世界贸易组织（World Trade Organization，WTO），经济增速加快，能源消费也显著增长，由于 2020 年中国快速克服了新冠疫情带来的影响，能源消费与 2019 年相比有所增加，并且仍将持续保持增长。

由于技术进步带来的能效提升与消费强度下降对能源需求增长的抵消作用，2000 年以来发达国家在能源消费结构中的占比连续下降，如图 5-3 所示，2019 年 OECD 国家能源消费在全球一次能源消费结构中的占比已不足 50%。中国和印度等新兴经济体能源消费发展趋势则与发达国家形成鲜明对比。如图 5-4 所示，2000 年以来，全球一次能源消费增量几乎全部来自非 OECD 国家（占比 98%）。中国和印度已成为主要增长点，贡献了全球 63% 的能源消费增量。其中，2019 年中国在全球一次能源消费总量中占比高达 24%，能源消费增量贡献率高达 52%，是全球能源消费增长的绝对主体。而美国、日本与欧盟等部分发达国家和地区能源消费量则出现负增长。全球能源消费增长引擎由发达经济体向新兴经济体转移的趋势已基本形成。bp 公司预测，截至 2050 年，新兴经济体能源消费量占比将高达 70%，印度将成为全球能源消费新的增长主体，能源消费增量贡献率达 40%。中国能源消费量增长将大幅放缓并在 2030 年前达峰，但仍将保持全球最大能源消费国地位，能源消费量几乎为印度的两倍。

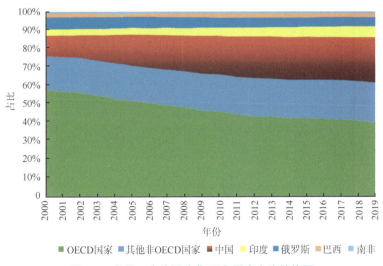

图 5-3　世界一次能源消费区域/国家占比结构图

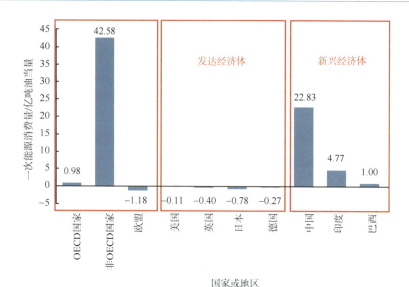

图 5-4   不同国家或地区 2019 年较 2000 年一次能源消费量变化情况

世界能源消费保持持续增长，但是国家之间人均能源消费严重不均衡。如图 5-5 所示，世界人均能源消费严重不均衡，2020 年，世界人均能源消费量是 73 吉焦，OCED 国家人均能源消费量为 160 吉焦，欧盟人均能源消费为 125 吉焦。美国作为世界上最大的发达国家，人均能源消费量是 265 吉焦。我国已成为全球最大的能源生产国与消费国，但人均用能强度较低，人均能源消费量为 103 吉焦，

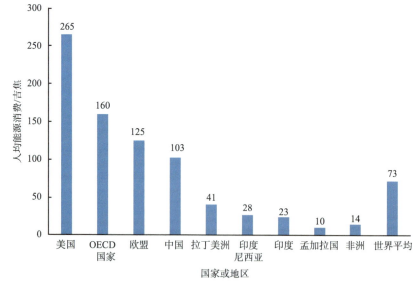

图 5-5   2020 年典型国家或地区人均能源消费量

资料来源：世界银行，《bp 世界能源统计年鉴（2021 年版）》

拉丁美洲人均能源消费量是 41 吉焦，印度尼西亚人均能源消费量为 28 吉焦，
印度人均能源消费量为 23 吉焦，非洲国家人均能源消费量是 14 吉焦，孟加拉
国人均能源消费量为 10 吉焦。美国人均能源消费是我国的 2.6 倍、拉丁美洲的
6.5 倍、非洲的 19 倍。

5.1.3　化石能源中长期内仍占主导地位，但能源系统的清洁低碳转型成为大趋势

综合全球 11 家主要机构对基准情景和强化情景的分析和预测结果，可以得到
在全球范围内减煤、稳油、增气和大力发展可再生能源成为能源转型的大趋势。
基准情景煤炭在能源消费结构中的比例逐年降低，石油的比例小幅下降，天然
气作为过渡能源在消费结构中的占比有所增加，非化石能源占比快速增加。综
合各家机构的结果，如图 5-6（a）所示，在基准情景下，一次能源需求持续增
长，到 2035 年全球一次能源需求为 236 亿吨标准煤，化石能源占比为 77.2%，
石油和天然气将持续保持全球第一和第二大能源的地位，其中煤炭占比为
22.3%，石油占比为 29.5%，天然气占比为 25.4%，非化石能源占比为 22.8%。
如图 5-6（b）所示，在强化情景下，一次能源需求持续增长，在 2040 年达到
平台期，2050 年能源需求略有下降，到 2035 年一次能源需求为 213 亿吨标准
煤，化石能源占比为 69.1%，其中煤炭占比 14.2%，石油占比 27.1%，天然气占
比 27.8%，非化石能源占比 30.9%。非化石能源占比将超过石油和天然气，成
为第一大能源。

（a）基准情景

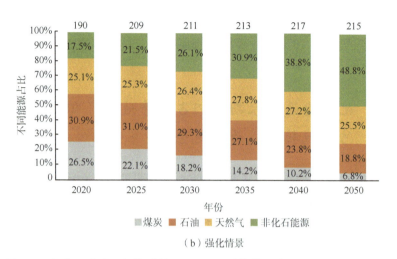

（b）强化情景

图 5-6　全球 11 家主要机构对基准和强化两种情景下能源需求的分析和预测
图中占比数据由于经过修约，加总可能不为 100%；图中上方数字为一次能源需求，单位为亿吨标准煤

5.1.4　全球能源结构仍以化石能源为主，但去碳化进程加速，非化石能源占比增速明显

2019 年全球一次能源消费量 134.3 亿吨油当量，其中煤炭占比 27%，石油占比 33.1%，天然气占比 24.2%，化石能源累计占比 84.3%，如图 5-7 所示。由此可见，化石能源在全球能源结构中仍居于主体地位，而石油仍是全球第一大能源种类。但由于气候环境约束趋紧与全球能源转型影响，从增长趋势上看，化石能源消费总量增速明显放缓，非化石能源尤其是可再生能源消费量增速明显。bp 统计数据显示，2010～2019 年全球煤炭消费量年均增速仅为 0.9%，石油增速为 1.4%，天然气增速为 3.0%；化石能源整体年均增长率由 2000～2009 年的 2.4%下降到 2010～2019 年的 1.6%。可见化石能源增长趋势明显放缓，而具有低碳优势的天然气则成为化石能源消费的主要增长引擎。非化石能源 2010～2019 年年均增长率为 3.6%，其中可再生能源年均增长率高达 13.4%。可再生能源已成为全球能源清洁低碳转型趋势下的时代新宠，极具发展潜力。bp 预测，在实现 1.5℃温控目标的净零情景下，截至 2050 年，化石能源在全球一次能源消费结构中占比仅 22%，而可再生能源占比高达 59%。

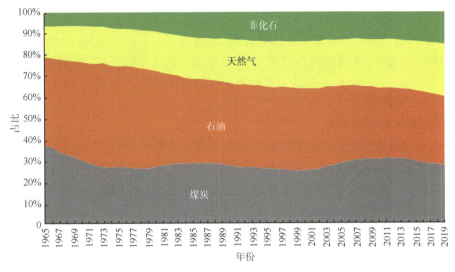

图 5-7　全球一次能源消费结构变化

5.1.5　全球能源发展趋势呈现"五化"特征

能源消费品种多元化。2000 年之前全球能源消费主要以化石能源为主，非化石能源占比仅为 13.9%，且主要依赖水电与核能，水电与核能占非化石能源消费结构的 96.3%，能源品种相对单一。2000 年后太阳能、风能、地热能与生物质能等非水可再生能源迎来蓬勃发展，2000~2019 年太阳能与风能消费量年均增长率分别高达 40%与 23%。这不但极大地丰富了能源品种，也为保障全球能源安全与加速能源清洁低碳转型指明了方向。bp 预测，要实现净零排放与 1.5℃温控目标，2050 年非水可再生能源在全球一次能源消费结构中的占比应达到 50%以上。国际可再生能源署（International Renewable Energy Agency，IRENA）预测，在能源转型情景下，到 2050 年全球非水可再生能源占比需要达到 66%。

传统能源利用清洁化。目前全球一次能源消费仍以化石能源为主，尤其是非 OECD 国家高碳化石能源煤炭与石油结构占比高达 65.4%。其中，最具能源消费增长潜力的中国与印度煤炭和石油消费占比分别高达 78%和 85%。因此传统能源的清洁化利用将对全球尤其是新兴经济体能源转型形成巨大影响。加强煤制油、煤制气等煤炭清洁转化及煤电超低排放技术攻关，提高燃油排放标准，对传统能源基础设施实施 CCUS 改造措施已成为传统能源的必然发展方向。IEA 预测，截至 2030 年全球二氧化碳排放量将有 80%来自化石能源燃烧，2050 年来自化石能源的二氧化碳捕集量占比仍高达 64%。

低碳能源发展规模化。在全球气候变化与碳中和目标约束下，低碳能源

发展已全面驶入快车道。"天然气+非化石能源"消费占比从 1990 年的 33.1%
提高到 2010 年的 35.9%，进而增长到 2019 年的 39.9%。在全球低碳转型发
展趋势下，低碳能源结构占比将进一步增加。IEA 预测，在实现 1.5℃温控
的净零情景下，2050 年全球"天然气+非化石能源"占比将达到 93%。ETRI
预测，2℃温控情景下全球"天然气+非化石能源结构"占比在 2030 年和 2050
年将分别为 45%和 60%。

终端用能电气化。电能是可再生能源向终端消费转化的主要途径，近年来随
着可再生能源的高速发展，全球能源消费终端用电比例呈明显上升趋势。IEA 统
计数据显示，电力在全球终端能源消费结构中的占比已从 2000 年的 15%增加到
2020 年的 20%。在 IEA 可持续发展情景下全球终端用电比例在 2040 年将达到 31%。
IRENA 预测在 2050 年全球终端用电比例将继续攀升至 50%，届时全球总电力消
费量也将翻倍。可再生能源将成为全球电力供应的主要来源，占比将由 2020 年的
26%增长至 2030 年的 57%及 2050 年的 86%。ETRI 预测 2℃温控情景下，2030 年
和 2050 年全球终端用电比例将分别为 28%和 45%。

能源系统智慧化。随着新能源与电气化进程不断发展，多元、分布式能源供
给将成为全球能源供应形式的主要发展方向。日益增多的分布式能源与终端用能
的高端电气化对能源整合与系统灵活性提出了更高要求，迫切需要提高能源与电
网系统的智慧化程度。2014 年以来，全球能源行业对电网投资总额的 15%以上用
于智慧电网研发，年均投资额超 2600 亿美元。通过开发人工智能与数字孪生等大
数据信息技术推动电网系统更加智能化和分散化，初步实现了多能互补、多网融
合的全新能源管理方式。

5.2　新冠疫情对全球能源消费的影响

5.2.1　大面积封城措施导致全球能源需求急剧下降

为控制新冠疫情蔓延,世界各国自 2020 年 2 月起采取了不同程度的封城措施,
直接导致 2020 年第一季度全球能源需求同比下降 3.8%，约 1.5 亿吨油当量，如图
5-8 所示。在持续封城等遏制病毒传播的措施影响下，2020 年全年能源需求总量预
计将减少 6%，为自 1950 年以来最大缩减幅度。新冠疫情对全球能源需求的影响
比 2008 年全球金融危机大 7 倍以上。

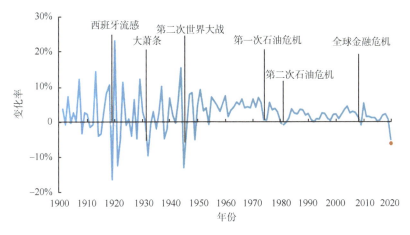

图 5-8　全球一次能源需求总量变化率

5.2.2　疫情对不同能源品种影响存在差异，助推全球能源结构向清洁低碳化阶跃式发展

从 2020 年全年来看，在煤炭、石油、天然气中，疫情对石油需求的影响最大，煤炭次之，天然气最小，可再生能源逆势增长。2020 年第一季度，煤炭需求较 2019 年同期下降 8%，需求的降低主要来自电力部门。同一阶段，全球石油需求下降近 5%，需求的降低主要来自全球交通和经济活动的减少。天然气需求下降约 2%，其中中国、欧洲和美国的下降幅度相对较大。值得注意的是，得益于 2019 年新增风能与太阳能装机容量的大幅增长，2020 年第一季度可再生能源需求仍然表现出了良好的增长势头。IEA 预测结果如图 5-9 所示，2020 年全年，除可再生能源外，

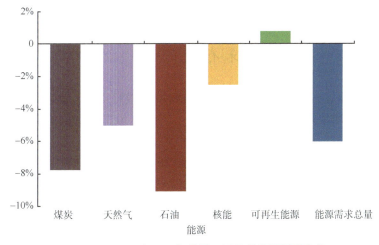

图 5-9　IEA 预测 2020 年世界不同品种能源需求变化

化石能源需求将面临近 70 年来最大萎缩幅度。其中，石油需求将下降 9%，重回 2012 年水平；煤炭需求将下降近 8%，天然气需求下降 5%，核能需求下降 2.5%，可再生能源需求增长 0.8%。化石能源与可再生能源此消彼长，疫情成为优化全球能源消费结构的推手之一。

5.2.3　疫情对交通运输行业的影响最为显著，行业恢复总体滞后于疫情防控

根据 IEA 的统计，2020 年 4 月世界、美国、欧洲和印度公路客运量分别下降 45%、45%、60%、80%左右；航空运输下降幅度更大。2020 年 1～5 月，中国货物周转量同比下降 12.3%，客运周转量同比下降 57%。其中，疫情严重的 1 月、2 月和 3 月货物周转量分别下降 16%、17%、12%，客运周转量分别下降 5%、86%、72%。

5.2.4　疫情对能源需求的影响呈现出一定的区域差异性

不同国家和地区能源需求的下降幅度主要取决于封城措施的严格程度。据 IEA 统计，采取全面封城措施的国家每周的能源需求平均下降 35%，采取部分封城措施的国家每周能源需求平均下降 18%。中国能源需求预计下降 4%以上，抵消了自 2010 年以来的能源需求增量。印度将首次出现能源需求负增长。而欧美等发达经济体将面临最大的能源需求缩减，下降幅度约为 10%，几乎是 2008 年全球金融危机影响的两倍。

5.2.5　能源需求萎缩导致全球二氧化碳排放量急剧下降，下降幅度前所未有

得益于煤炭、石油和天然气等化石能源消费抑制，2020 年第一季度二氧化碳排放量比 2019 年第一季度下降了 5%以上。中国、欧盟和美国是排放量下降幅度较大的国家或地区，降幅分别为 8%、8%和 9%。2020 年，全球二氧化碳排放量为 320.78 亿吨，较 2019 年减少 5.9%。这是自 2010 年以来全球排放量的最低水平。此次排放量削减幅度约为第二次世界大战以来所有排放量下降幅度总和的两倍，下降程度前所未有，如图 5-10 所示。

（a）能源相关二氧化碳排放量变化趋势

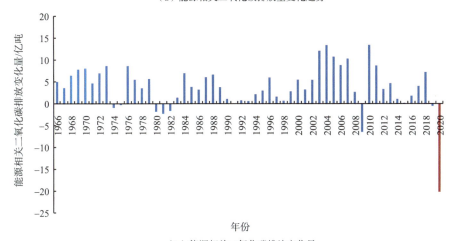

（b）能源相关二氧化碳排放变化量

图 5-10　全球能源相关二氧化碳排放量

5.3　全球应对气候变化行动

5.3.1　《巴黎协定》温控目标约束下，全球低碳减排任务艰巨，时间紧迫

　　1992 年通过了《联合国气候变化框架公约》，它的签署标志着全球应对气候变化的行动正式启动。《联合国气候变化框架公约》确立了全球应对气候变化的目标和原则，是全球气候治理最基础和最根本的法律文件。《巴黎协定》于 2015 年 12 月在巴黎气候变化大会上达成，是《联合国气候变化框架公约》下继《京都议定书》后第二份有法律约束力的气候协议。《巴黎协定》遵循《联合国气候变化框架公约》的原则，即公平和共同但有区别责任的原则、各自能力原则，确定

了 2020 年后全球应对气候变化的具体目标和机制,开创了全球应对气候变化新的里程碑。其明确指出,各方须加强对气候变化威胁的全球应对,把全球平均气温较工业化前水平升高控制在 2 ℃之内,并为把温升控制在 1.5 ℃之内而努力。而2018 年联合国政府间气候变化专门委员会（Intergovernmental Panel on Climate Change, IPCC）发布的《全球升温 1.5 ℃特别报告》强调了需要将全球变暖限制在1.5 ℃而不是 2 ℃或更高的温度,才可以避免一系列气候变化影响。而实现 1.5 ℃目标的条件则是全球二氧化碳中和的时间在 2050 年左右,温室气体中和的时间在2060 年左右。疫情下和疫情后世界范围深度脱碳的意愿与行动短期内可能会有所减弱,但长期能源和经济低碳转型的形势与趋势将越来越紧迫。

5.3.2 应对气候变化全球各国碳中和"竞赛",必将加速推进世界范围内能源和经济的低碳发展转型

应对气候变化的核心是减缓人为活动的温室气体排放,其中主要是化石能源消费的二氧化碳排放,由此推动了世界范围内能源体系的革命性变革和经济发展方式的低碳化转型。碳中和是指通过碳封存和碳抵消平衡整体经济排放量,从而实现净零碳排放。据统计,当前已有超过 120 个国家提出 2050 年实现碳中和的目标或愿景,其中也包括一些发展中国家,如智利、埃塞俄比亚,以及部分小岛屿国家和最不发达国家。苏里南和不丹两个国家分别于 2014 年和 2018 年实现碳中和,瑞典、英国、法国、丹麦等 6 个国家已立法,欧盟作为整体和加拿大等 5 个国家和地区处于立法状态,瑞士、中国、日本、南非等 14 个国家发布了政策宣示文档,如表 5-1 所示。

表 5-1 世界各地区碳中和"竞速"时间表

碳中和时间点	政策状态		
	发布政策宣示文档	处于立法状态	已立法
2035 年	芬兰		
2040 年	奥地利 冰岛		
2045 年			瑞典
2050 年	日本 德国 瑞士 挪威 南非 葡萄牙	欧盟 加拿大 西班牙 智利 斐济	英国 法国 丹麦 新西兰 匈牙利

续表

碳中和时间点	政策状态		
	发布政策宣示文档	处于立法状态	已立法
2050 年	哥斯达黎加 斯洛文尼亚 马绍尔群岛 韩国		
2060 年	中国		

　　能源行业发展受到气候目标、国家利益等影响,进入 21 世纪以来,特别是 2010～2020 年,应对气候变化问题对欧盟能源政策的影响越来越大,欧洲国家在应对气候变化问题上的广泛共识成为推动其能源转型的基石。为应对气候变化、推动能源转型,欧盟致力于建立稳定可靠的能源政策框架,设定具有法律约束力的气候和能源发展目标,如表 5-2 所示。欧盟等发达地区在气候谈判中力推 1.5℃减排目标,并在其《欧洲绿色新政》中提出 2050 年实现净零排放目标;英国通过修改《气候变化法案》,把 2050 年碳中和纳入法律条款;截至 2018 年 8 月,加利福尼亚州、纽约州等 24 个州组成的“美国气候联盟”也大都提出 2050 年碳中和目标,美国总统拜登执政后重返《巴黎协定》,并在国内进行大规模紧急投资,目标是 2050 年实现净零碳排放,并将再次领导世界。不少国家和地区也提出在 2030～2050 年内实现 100%可再生能源目标,提出煤炭和煤电退出及淘汰燃油车的时间表。

表 5-2　欧洲各国碳中和目标逐渐加码

年份	主要内容	2020 年目标	2030 年目标	2050 年目标
2020	10 月欧洲议会投票		较 1990 年温室气体降低 60%	
2020	《欧洲气候法》			法律层面实现碳中和
2019	《欧洲绿色协议》		较 1990 年温室气体降低 50%～55%	实现碳中和
2018	2030 年可再生能源和能效目标		可再生能源占比 32%,较 1990 年能效提高 32.5%	
2014	《2030 年气候与能源政策框架》		可再生能源占比 27%,较 1990 年能效提高 27%,较 1990 年温室气体排放量降低 40%	
2011	《2050 年能源路线图》			在 1990 年基础上排放减少 80%～90%

续表

年份	主要内容	2020 年目标	2030 年目标	2050 年目标
2007	《2020 年气候和能源一揽子计划》	可再生能源占比20%，较 1990 年能效提高20%，较 1990 年温室气体排放降低 20%		

然而由于各国利益诉求不同，欧盟在气候治理和能源转型的政策决策中，往往难以达成其偏好性的一致选择，尤其是中东欧国家，鉴于自身的经济、政治和自然资源状况，在能源发展等问题上有着独特的态度和立场，对欧盟整体的政策推行形成一定的牵制，也给欧洲的碳中和目标带来冲击。对于 2019 年底欧盟正式发布的《欧洲绿色协议》，在欧盟内部，以波兰为代表的严重依赖化石燃料的成员国，发起了强烈抵制，呼吁欧盟在制定政策时不要"一刀切"。波兰是中东欧大国，也是欧洲温室气体排放大户，其国内 80%的能源依赖煤炭，煤炭利益集团在波兰拥有强大的影响力，并且得到了煤炭工会的支持。波兰能源转型成本显然高于欧洲其他国家。波兰政府表示，波兰能源经济过渡需要数千亿欧元，因此希望欧盟允许严重依赖化石燃料的经济体在2050 年以后拥有额外时间向绿色能源过渡。在此前的第二十四届联合国气候变化大会上，波兰作为主办国提出了"一起转变"的口号，还向联合国提交了《团结和公正过渡西里西亚宣言》，呼吁世界各国保护受能源转型影响的产业工人。能源转型在大量使用燃煤的国家中引发的就业和社会问题由此可见一斑。考虑严重依赖化石能源的国家诉求，甚至还要考虑到这些国家由于各种社会问题在能源发展走向上存在的差异和分化，是欧洲推行整体能源政策、推动整体能源转型过程中面临的一大挑战。

5.3.3　中国将加速推进能源清洁低碳发展和经济社会发展全面绿色转型

面对气候变化、环境风险挑战、能源资源约束等日益严峻的全球问题，中国树立人类命运共同体理念，在气候变化领域已经展现出日益上升的影响力和协调能力。疫情当前，国际社会舆论都在呼吁各国实现"绿色经济复苏"，我国一直把气候变化视作各国可持续发展的机遇，促进各方互惠合作，共同发展。我国在气候治理理念和合作方式上展现出新型领导力和引领作用，越来越被世界各国所认同。2020 年 9 月 22 日，习近平主席在第七十五届联合国大会上宣布"中国将提高国家自主贡献力度，采取更加有力的政策和措施，二氧化碳排放力争于 2030 年前达到峰值，努力争取 2060 年前实现碳中和"[1]。此后，习近平主席又在金砖国家领导人第十二次会晤[2]和二十国集团峰会的主题边会[3]上两次提到碳中和目标，并且在 2020 年 12 月气候雄心峰会上提出"到 2030 年，中国单位国内生产总值二氧化碳排放将比 2005 年下降 65%以上，非化石能源占一次能源消费比重将达到 25%左右"[4]，而此前中国提出的国家自主贡献目标包括：到 2030 年，中国单位GDP 二氧化碳排放比 2005 年下降 60%~65%，非化石能源占一次能源消费比重达到 20%左右[5]。我国出台的"十四五"规划重点体现了绿色低碳发展理念，强化节能降碳等各项指标和政策，大力发展新能源和可再生能源，严格控制新建煤电站，实现节能和能源结构双重优化，进一步降低二氧化碳强度，为实现碳中和目标打好坚实基础。

5.4　资源禀赋与技术优势差异决定各国能源转型路径不同

美国化石资源丰富，通过页岩气革命大力发展天然气，同时大力发展新能源技术实现能源转型。天然气消费占比从 2000 年的 36%提升至 2019 年的 49%。欧盟煤油气资源匮乏，化石能源只能依赖进口，通过大力发展非化石能源实现能源转型，其非化石能源产量占比在 2010~2019 年提升近 10 个百分点。巴西可再生能源很丰富，通过大力发展可再生能源实现能源转型。2019 年其可再生能源消费占比高达 45%。印度煤炭资源丰富，油气资源匮乏，通过大力发展清洁低碳能源实现转型。2010~2019 年，印度煤炭消费占比持续超过 50%，其可再生能源消费占比从 7.2%提升至 9.4%。主要国家和地区能源转型发展趋势如表 5-3 所示。

---

① 《习近平在第七十五届联合国大会一般性辩论上的讲话（全文）》，http://www.xinhuanet.com/politics/leaders/2020-09/22/c_1126527652.htm[2020-09-22]。

② 《习近平在金砖国家领导人第十二次会晤上的讲话（全文）》，http://www.cidca.gov.cn/2020-11/18/c_1210892805.htm[2020-11-18]。

③ 《习近平在二十国集团领导人利雅得峰会"守护地球"主题边会上的致辞（全文）》，http://www.cidca.gov.cn/2020-11/23/c_1210899345.htm[2020-11-23]。

④ 《习近平在气候雄心峰会上的讲话（全文）》，http://www.cidca.gov.cn/2020-12/14/c_1210930656.htm[2020-12-14]。

⑤ 《强化应对气候变化行动 ——中国国家自主贡献（全文）》，http://www.scio.gov.cn/xwfbh/xwbfbh/wqfbh/2015/20151119/xgbd33811/Document/1455864/1455864.htm[2015-11-18]。

表 5-3　主要国家和地区能源转型发展趋势

国家和地区	化石能源剩储量占世界比例			1973年能源消费结构	2000年能源消费结构	2019年能源消费结构
	石油	天然气	煤炭	■煤炭　■石油	■天然气　■核电　■水电	其他可再生能源
中国	1.5%	4.2%	13.2%			
印度	0.3%	0.7%	9.9%			
澳大利亚	0.1%	1.2%	13.9%			
日本	—	—	—			
俄罗斯	6.2%	19.1%	15.2%			
美国	4.0%	6.5%	23.3%			
德国	—	—	3.4%			
欧盟	0.3%	0.3%	7.2%			
英国	0.2%	0.1%	—			
法国	—	—	—			
巴西	0.7%	0.2%	0.6%			
沙特阿拉伯	17.2%	3.0%	—			
世界平均						

5.4.1　美国：能源转型的核心是能源安全

美国能源转型战略为减少煤炭使用，大力发展页岩油气和可再生能源，其目的非常明确，即减少对能源进口的依赖，追求能源独立，确保能源安全。美国能源独立战略始于 1973 年，当时能源生产总量 16.0 亿吨油当量，消费总量 19.1 亿吨油当量，能源对外依存度 17%。消费结构中，石油、天然气、煤炭和新能源分别占 46%、30%、17% 和 7%。其中，石油产量 5.45 亿吨，消费量 8.62 亿吨，3.17 亿吨石油缺口成为能源安全"短板"。2019 年，美国能源生产总量 25.5 亿吨油当量，消费总量 25.2 亿吨油当量。其中，页岩油产量 3.86 亿吨，页岩气产量 7154 亿立方米，补齐了油气安全"短板"，化石能源实现全面净出口。2019 年，美国能源信息署（Energy Information Administration，EIA）正式宣布，自 1957 年伊始，美国 62 来能源产量首次超过消费量。1949～2019 年美国一次能源生产和消费变化如图 5-11 所示。

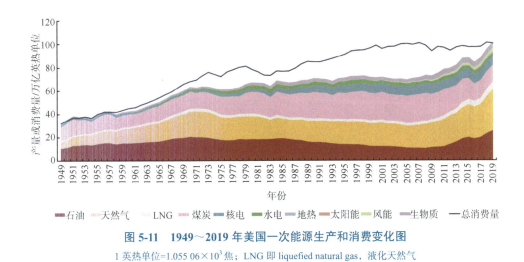

图 5-11　1949～2019 年美国一次能源生产和消费变化图

1 英热单位=1.055 06×10³ 焦；LNG 即 liquefied natural gas，液化天然气

　　1969～2019 年，美国追求能源独立战略目标贯穿始终，尼克松、卡特、克林顿、奥巴马、特朗普等数任总统一以贯之推动。按照"两条科技创新路线"，同步推动页岩油气和新能源"两个革命"，配套不同的政策法规加以强力扶持。第一条科技创新路线是推动"页岩油气革命"：1973 年正值第一次石油危机，尼克松总统首次提出能源独立计划，是一次能源安全战略思想的创新，并投入 100 亿美元开展相关研究，如图 5-12 所示。1976 年，美国国会通过《能源部重组法案》，设立天然气研究院（Gas Research Institute，GRI），主导非常规天然气研究项目。能源部设立"非常规天然气研究项目"，直至 2005 年项目结束，29 年间，持续投入 50 多亿美元支持油气科技项目，成为页岩油气关键技术创新的摇篮，奠定了美国"页岩油气革命"基础。美国在科技上采取"马蜂战术"，发动"大众创新"，通过减免税收和财政补贴等优惠政策，鼓励众多中小企业持续开展技术攻关与低成本竞争，极大提升了页岩油气商的勘探开发热情。与此同时，通过颁布《天然气政策法案》、436 号法令和 636 号法令等，以政策导向形势，构建了高度的市场化环境，维持页岩油气行业蓬勃发展。因而，供需、市场、政策和技术的共同作用推动"页岩油气革命"率先取得突破，加速了能源独立进程，极大超出了预期。

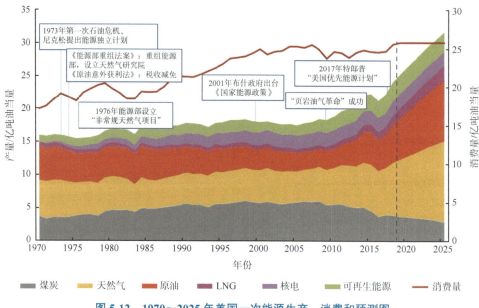

图 5-12   1970～2025 年美国一次能源生产、消费和预测图
资料来源：EIA

　　第二条科技创新路线是推动"新能源革命"：1980 年卡特签署了《能源安全法案》，创立美国合成燃料公司，联邦政府连续 5 年为其提供了 200 亿美元作为启动资金，同时推动核能发展达到高潮，目的是替代国内石油消费，增加替代能源，减少石油依赖。克林顿在任期间首次提出依靠可再生能源和节能等技术实现能源独立。2001 年 5 月 17 日，布什政府发布《国家能源政策》，提出发展氢能源并把氢能源作为美国未来主要能源的设想，之后出台了《美国向氢经济过渡的 2030 年远景展望报告》。2002 年 11 月出台《国家氢能发展路线图》，美国掀起"氢经济"革命。同时，布什还推动《2005 国家能源政策法案》《能源独立与安全法案》实施，减免光伏投资税，强制在汽油中添加乙醇，进一步锁定以新兴能源为核心的新能源发展战略；奥巴马全力推动可再生能源发展，在《2009 年美国复苏与再投资法案》《美国清洁能源安全法案》分别投资 230 亿美元、500 亿美元，开展绿色可再生能源和先进能源技术研发，强化新能源发展的地位。新任总统拜登竞选时承诺，将投资 3000 亿美元，专注清洁能源、人工智能和电动汽车电池技术，恢复关键技术领导地位。美国"新能源革命"也取得了战略性突破，超前储备技术，将持续巩固美国能源安全。

5.4.2　欧盟：大力发展可再生能源，电力系统能源转型成效显著

能源系统转型的关键是电力系统的转型，欧洲能源转型在电力方面进展迅速。能源转型的趋势是通过逐渐降低能源生产和消费中的碳排放，建立低碳甚至零碳的能源系统。零碳能源的实现，一方面是提高能源效率，减少化石能源消费总量，另一方面是发展可再生能源。能源系统转型的关键是电力系统的转型。来自 IEA 的评估报告指出，欧洲能源转型在电力方面进展迅速。根据 IEA 数据，2019 年欧盟温室气体排放量比 2005 年下降 17%，比 1990 年下降 23%，这意味着欧盟已经实现了到 2020 年减排 20%的目标。同时，欧盟还是全世界电力行业碳强度最低的地区。2019 年欧盟发电碳强度为 235 克二氧化碳/千瓦时，同比下降 35 克二氧化碳/千瓦时，发电排放强度明显低于其他大型经济体。欧洲统计局发布的数据显示，2018 年，可再生能源在欧盟终端能源消费总量中的占比达到 18%，与 2017 年相比提高了 0.5 个百分点，是 2004 年可再生能源占比的两倍以上。自 2004 年以来，可再生能源占比在所有成员国中都有显著增长。到 2018 年，瑞典的终端能源消费中一半以上（54.6%）来自可再生能源，其次是芬兰（41.2%）、拉脱维亚（40.3%）、丹麦（36.1%）和奥地利（33.4%）；可再生能源占比不足 10%的国家仅剩荷兰（7.4%）、马耳他（8.0%）、卢森堡（9.1%）和比利时（9.4%）。

可再生能源在终端能源消费中的占比增加对于实现欧盟的气候和能源目标至关重要。欧盟的目标是 2020 年可再生能源占比达到 20%，到 2030 年至少达到 32%。成员国也有各自的国家约束性目标。图 5-13 显示了 2018 年部分成员国可再生能源实际占比与其 2020 年国家约束性目标之间的差距（黑色线条即为约束性目标）。如图 5-13 所示，丹麦、爱沙尼亚、希腊、克罗地亚、拉脱维亚、芬兰和瑞典等国家已经达到或超过各自的 2020 年国家约束性目标。

能源转型需要各终端用能领域协调发展，欧洲能源转型虽然在电力部门进展迅速，但是在电力部门以外，能源转型才刚刚开始。在交通运输、建筑、工业等终端用能部门，欧盟能效和可再生能源部署结果不尽相同，能源转型进展相对较慢。能源效率提升使欧盟温室气体排放与能源消费"脱钩"。若非欧盟范围内能效的改善，2010～2019 年该地区的碳排放量和能源消耗量会更高。然而，欧盟能效提高速度已经放慢，IEA 的评估认为欧盟无法实现其 2020 年的能源效率目标。欧洲统计局数据显示，2004～2018 年可再生能源发电占比已从 14.2%增至 32%，同期可再生能源供热占比从 10.4%增至 19.7%，交通运输可再生能源利用占比从 1.4%增至 8%。在交通运输等终端用能部门，可再生能源的占比低于预期。到 2019

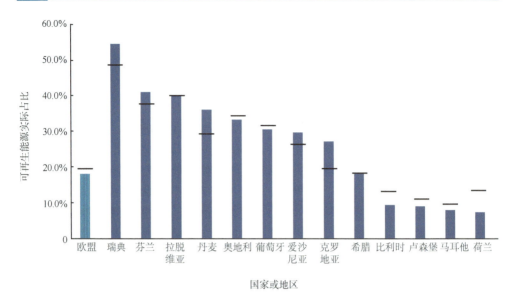

图 5-13　2018 年欧盟成员国可再生能源实际占比与其 2020 年国家约束性目标之间的差距

年底，交通运输部门（尤其是航空运输部门）和建筑部门碳排放量回升，建筑部门仍在密集使用化石燃料。道路和航空运输中不断增长的能源消耗是欧盟无法实现 2020 年能效目标的重要原因。工业部门没有任何关于能源效率或可再生能源的具体目标，该部门虽被纳入欧盟温室气体排放贸易机制，但并无实质性减排。2013～2018 年，欧盟工业部门碳排放量仅减少了 0.3%。

欧洲环境署分析指出，欧盟各成员国到 2019 年实施的国家措施还不足以实现欧盟到 2030 年比 1990 年减排 40% 的目标（绿色新政前的目标）。欧盟委员会认为，成员国提交的《国家能源和气候计划》是当前能源部门治理的核心，对于实现减排目标至关重要。欧盟需要实施相对目前更强有力的政策措施，同时在《国家能源和气候计划》框架下加强合作，以实现 2030 年温室气体排放、可再生能源和能源效率的目标，以及长期的脱碳目标。

5.4.3　日本：能源资源禀赋不具优势，通过推进氢能社会构建，实现能源供给多元化

日本能源匮乏，高度依赖化石能源，能源供应安全问题一直是日本能源发展的重要问题。2019 年日本能源消费 4.42 亿吨油当量，产量 0.6 亿吨油当量，自给率 13.6%，严重依赖进口。由于日本核电发展的停滞，日本能源自给率从 2010 年的 20% 下降到 2019 年的 13% 左右，在 OECD 国家中也是比例偏低的。2000～2019 年日本能源消费量如图 5-14 所示。同时，2015 年的《巴黎协定》确定了温升控制

在 2℃的目标，这意味着 2050 年全球温室气体排放总量必须下降 50%左右，21 世纪后半叶全球必须实现零碳排放。日本确定了温室气体排放到 2030 年要比 2013 年削减 26%，到 2050 年则要削减 80%的目标，因而面临着一定的减排压力。

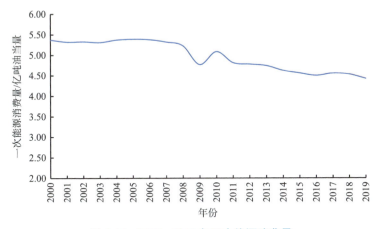

图 5-14　2000～2019 年日本能源消费量

资料来源：《bp 世界能源统计年鉴（2020 年版）》

面对复杂的能源形势，日本经济产业省制定了第五期《能源基本计划》，提出了面向 2030 年和 2050 年的能源中长期发展战略，主要是降低化石能源依赖度，加快发展可再生能源，重新制定核电发展新政策，大力推广节能、建设氢能社会、实现碳循环利用等行政管制式的综合措施，并制定了可再生能源、核电、煤电、气电"四分天下"的电力结构规划，推动日本能源转型。预计到 2030 年实现零排放电力占比 44%的目标，其中可再生能源在总发电量中的占比要提升到 22%～24%，核电占比要下降至 20%～22%，二氧化碳排放量下降至 9.3 亿吨，提高能源自给率到 24%。到 2030 年以发展氢能战略为基础，对相应的制度和基础设施等进行战略性的调整。

通过技术创新保核，实现核电装机增量。核电是公认的应对气候变化的一把利器。一台百万千瓦电功率核电机组每年可以减少二氧化碳排放 600 多万吨。福岛核事故后，尽管核电的安全性得到了很大的加强和保障，但核电站退役和核废料处理问题仍是一个难题。福岛事故前日本在运核电机组有 54 台，截至 2019 年实际只剩下 33 台，装机容量为 3300 万千瓦，若加上建设中的 2 台机组，则为 3600 万千瓦。2019 年，日本在运机组仅有 9 台，装机约 900 万千瓦。由于受制国内强大的反核舆论，日本政府出台的核电政策非常矛盾，一方面要尽可能减少核电依存度，另一方面则要将核电作为基荷电源，到 2030 年占比要达到 20%～22%。如果要实现此目标，按核电机组平均利用率达到 80%计算，核电装机容量至少要确保 3000 万～3600 万千瓦。2019 年 IEA 发布的《清洁能源系统中的核电：低碳发电的关键来源》报告指出，核电在发达经济体中的发电量可能出现急剧下降，这将威胁能源安全和气候目标。因此，日本强调核电是应对气候变化和能源安全保障不可或缺的，一方面通过延长机组寿命盘活装机存量，另一方面则在小堆和核聚变技术上下功夫，通过技术创新实现核电装机增量。

扩大煤炭清洁高效利用，保障基荷发电燃料。煤炭是最富有争议的能源，去煤与挺煤是左右政策的分水岭。去煤派认为煤电大量消耗不可再生的自然资源，高污染、高排放，是全球气候变暖最大的元凶。挺煤派认为煤炭蕴藏量丰富、成本低，可以实现清洁高效利用，并成为很多国家发电的主要燃料。日本是高度依赖煤炭进口的国家。2014 年第四期《能源基本计划》提出煤炭是安全、可靠、经济的重要基荷发电燃料，到 2030 年煤电占比将达到 26%。2018 年第五期《能源基本计划》继续将煤电确定为基荷电源，提出今后将扩大煤炭清洁高效利用，淘汰落后煤炭利用方式，开发和输出煤炭清洁高效发电技术装备。早在 2016 年 6 月，日本就出台了新一代火电技术路线图，提出 2025 年逐步推广煤气化燃料电池（integrated gasification fuel cell，IGFC）联合循环和燃气轮机燃料电池联合发电高效火电机组，2030 年逐步实现火电零排放。日本实现煤电零排放的一条路是 CCUS 技术路径，另一条路是煤制氢技术路径（与澳大利亚合作）。实际上，福岛核事故之后，日本政府加快煤电环评速度，导致《京都议定书》暂时停批的煤电再度掀起一个小高潮。2012 年至今，日本前后计划的新建煤电机组达到 50 台，装机容量共计 2332.3 万千瓦，截至 2019 年 8 月 1 日，日本在运煤电机组共计 122 台，装机容量 4471 万千瓦。

大力发展可再生能源，使之成为主力电源。发展和普及可再生能源是举世公认的一条能源转型康庄大道，但电网建设往往跟不上风电、光伏的发展速度，而且居高不下的可再生能源附加费是很多国家共同面临的问题。日本作为一个岛国，几乎没有与国际互联的电网，在可再生能源发电过剩时，只能通过抽水蓄能方式消纳，不像陆地国家那样，可通过电网将富余可再生能源发电输送给邻国，当遇到因气象条件发电不足时又可从邻国等周边国家进口电力。日本的可再生能源发展目标是到 2030 年可再生能源占比达到 22%～24%，尽管提出了可再生能源到 2050 年发展成为主力能源的目标，但并未设定具体的量化目标。2012～2016 年，可再生能源装机容量年平均增长率达到 22%，5 年间增长了 3 倍。到 2017～2018 财年可再生能源发电占比达到 16%，其中光伏 5.2%，风电 0.6%，地热 0.2%，生物质 2.1%，水力 7.9%。日本同样面临用电成本提高、电网容量不足和建设滞后的问题。要实现 2030 年目标，财政补贴规模预计将达到 3.7 万亿～4.0 万亿日元，2018 年就已累计达到 3.1 万亿日元，其中，可再生能源附加累计征收额也已达到 2.4 万亿日元，导致工业用电、居民生活用电成本比福岛事故前增加了 38%和 25%，可再生能源附加费分别占了电价的 16%和 11%。为此，日本正在积极研究，拟采取降低发电成本、改善市场环境、优化电网运行、提升调节能力等措施解决可再生能源并网难、并网贵和并网不公的难题，以期实现可再生能源成为主力电源的目标。

将节能减排与提高能效作为能源转型战略的第一选择。石油危机后，日本大力推广节能减排和提高能效战略，1973 年至 2017 年，GDP 增长了 2.6 倍，最终能源消费只增加了 1.2 倍，实现了经济增长与能源消耗的脱钩。到 2030 年单位 GDP 能耗目标要比 2012 年降低 35%。日本大力推动占本国能耗达 1/3 左右的建筑行业的能源转型，日本建筑物寿命较短，居民家庭家电消费较多，空调和热水需求量大，因此，推广新建建筑节能标准是重心。日本建筑节能目标是，到 2020 年一半以上的新建住宅实现零碳建筑标准，到 2030 年所有新建建筑全部实现零碳建筑标准。2018 年累计新建零碳建筑标准住宅达 5.3 万户，完成既定目标的 26.5%。日本是汽车制造大国，交通运输行业是能源转型的重点领域。日本交通运输行业节能目标是到 2030 年最终能源消费比 2013 年降低 14%，交通运输行业减排目标是 2030 年碳排放量比 2013 年减少 28%，2017 年碳排放量为 2.13 亿吨，比 2013 年的 2.24 亿吨减少了 4.9%。2019 年，日本车企碳排放水平为 122 克/千米，日本则主要采取严格限定传统燃油汽车油耗标准的措施，到 2030 年每升油可行驶距离为 25.4 千米，相当于一百千米油耗为 3.94 升，油耗水平将比 2016 年降低 32.4%。此外，日本还拟对电动汽车的电耗标准进行限制，将电力生产碳排放计入电动汽车电力耗能排放量，迫使电动车企提高能效，同时出台政策鼓励发展普及新能源汽车。日本在电动汽车市场普及方面远远走在其他国家前面，2017 年新售出的新能源乘用车已达 159.5 万台，占新车销售的 36.4%。到 2030 年新能源汽车新车占比目标要达到 50%~70%，其中，混合动力车达到 30%~40%，纯电动汽车和插电式混合动力汽车达到 20%~30%，燃料电池车达到 3%，清洁柴油车达到 5%~10%。

日本高度重视氢能发展，明确提出氢能战略和发展路线图，开发多元化应用技术，为构建可持续发展的氢能经济奠定基础。2013 年，日本政府推出《日本再复兴战略》，把发展氢能上升为国策。2014 年，在第四期《能源基本计划》中，日本政府将氢能定位为与电力和热能并列的核心二次能源，并提出建设"氢能社会"的愿景。同年，日本对外公布《氢能/燃料电池战略发展路线图》，其中详细描述了氢能研发推广的三大阶段及每个阶段的战略目标。第一阶段为 2014 年至 2025 年，旨在扩大氢能使用范围，到 2020 年增加燃料电池机组 140 万台，到 2030 年增加 530 万台；第二阶段为 2020 年年中至 2030 年年末，全面发展氢能发电产业，建立大规模氢能供应系统，全面利用海外未使用的能源生产和储存氢能；第三阶段从 2040 年开始，旨在建立零二氧化碳供氢系统，全面实现零排放制氢、储氢和运氢。2017 年，日本政府率先发布了《氢能源基本战略》，提出 2050 年愿景和 2030 年行动计划，在氢的供应和氢能利用方面提出了详细的目标。日本大力开展氢能应用研究并进行市场推广，在氢燃料电池汽车、民用氢燃料电池和氢能分布式发电等领域已取得技术优势。在氢燃料电池汽车领域，丰田 Mirai 和本田 Clarity 在技术上已保持领先地位。截至 2019 年 9 月，日本国内合计售出 3492 辆氢燃料电池汽车。加氢站建设也领先全球，2019 年商业化应用的加氢站总数达 109 座，基本构建起关东、中部、关西和九州几个聚集区。家用燃料电池项目从 2009 年开始已累计推广约 29 万套，每套设备售价下降明显，从 2009 年的超过 300 万日元降低到 2018 年的不足 100 万日元，政府补贴也从 140 万日元下降到 6 万日元。该系统采用热电联产模式，固体高分子型燃料电池综合效率高达 97%，700 瓦功率可基本满足一般家庭 60%～90% 的用电，还可满足热水等需求。在氢能发电技术方面，日本成功开发兆瓦级氢燃烧发电技术，氢混烧率可从 0 到 100%，并在 2018 年率先投运了 100% 氢燃烧城市热电联产项目。同时，日本也开发了 500 兆瓦级燃气轮机火力发电站氢混烧技术，实现了氢混烧率在 20% 以下时的稳定燃烧发电。这些技术对扩大氢能应用范围和逐步取代燃煤电厂基荷电源具有重要意义。

由于自然条件、资源禀赋、发展现状、社会文化和人口与经济的不同，各国能源转型战略选择了不同的转型道路。日本强调能源转型要实行多元化发展路径，除大力发展可再生能源之外，不排斥化石能源的清洁高效利用，积极开发核能、CCS 及氢能等清洁低碳技术。能源转型是各国所面临的一项长期的能源战略和气候战略，未来的能源转型一定是混合型的能源形态，而技术创新则是能源转型战略成功的关键。清洁低碳、经济高效、安全可靠、多样灵活必将成为新一轮全球能源转型的共同目标和方向。

5.4.4 巴西：依托强大资源禀赋基础，构建生态化清洁低碳能源发展路径

巴西能源资源禀赋基础强大，深海盐下油田、亚马孙河流域及发达的农业种植业家底是巴西能源资源基础的三大支柱。油气资源方面，巴西已探明石油资源 132 亿桶，海洋油气资源占比 90% 以上。其中，深海盐下油田被认为是全球最具潜力的含油气盆地，油气资源潜力高达 164 亿桶。水电资源方面，巴西水能资源蕴藏量高达 1.43 亿千瓦/年，位居全球第四位。其中，亚马孙河流域贡献了水能资源量的 74%。巴西 2019 年已建成和新增水电装机容量分列全球第一位、第二位，成为当之无愧的水电大国。此外，巴西还是全球第二大生物质能大国。凭借强大的种植业基础，巴西 2019 年生物燃料产量高达 1.62 亿桶油当量，占全球生物燃料总产量的 24%。

化石能源与非化石能源等量均分，能源消费结构清洁低碳化程度较高。在

资源禀赋特征基础上，巴西形成了以深海油气、水电和可再生能源三大能源为主体的消费结构，2019 年三者结构占比总和高达 94%。化石能源在一次能源消费结构中占比仅 53.9%。其中，由于巴西煤炭资源基础薄弱，煤炭消费占比仅 5%。2010～2019 年非水可再生能源消费增长势头强劲，年均增速达 10%。截至 2019 年，巴西一次能源消费结构已初步形成可再生能源与油气二分天下的格局，如图 5-15 所示。

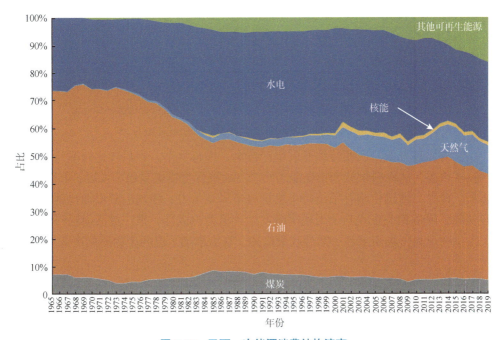

图 5-15　巴西一次能源消费结构演变

巴西富油、少煤和丰富的可再生资源基础在全球低碳转型趋势下极具发展优势。技术攻关、国际合作与政策推动是巴西实现能源转型的三大利器。

深海油气方面，20 世纪 80 年代以来，巴西长期实施 PROCAP[①]系列深海钻采技术与 PROPES[②]深海稠油技术等关键技术攻关，成功突破 3000 米超深水高效作业能力。通过石油法修正案破除巴西石油公司垄断地位，在上游勘探与下游输配环节全面形成开放的国际竞争格局。通过多轮招标强化盐下油田等国际合作开发，结合本土化附加条款，在推动深海油气资源利用最大化的同时有效带动本土工程技术和专业人才加速培育。2000～2019 年，巴西成功实现油气产量倍增发展，石油产量增长 245%，天然气产量增长 350%，基本实现油气自给，如图 5-16 所示。

---

① PROCAP 是 Program for Technology Capacitation in Deepwater Exploitation 的缩写。

② PROPES 是 Technological Offshore Heavy Oil Program 的缩写。

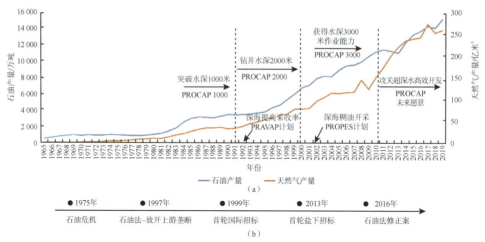

图 5-16   1965～2019 年巴西石油、天然气产量变化与重点措施时间节点

PRAVAP 是 Advanced Petroleum Recovery Program 的缩写

　　生物燃料方面，巴西持续开展生产技术、燃料汽车、燃料转化效率与新型燃料技术攻关，从原料供给和市场需求两个方面确保生物燃料稳步发展，如图 5-17 所示。此外，通过价格补贴维持生物燃料市场竞争力、强制乙醇添加比例培养用户基础、降低相关企业与个人税率激发生产消费积极性、推广灵活燃料汽车着力扩大生物燃料市场需求等一系列政策措施，有力推动了巴西生物质能产业发展。

图 5-17   1990～2019 年巴西生物燃料产量变化

5.4.5   印度：能源对外依存度高，目标通过发展风光新能源技术实现能源转型

　　印度作为煤炭大国，2015 年已向全世界承诺，到 2030 年，其 40% 的发电能力

将来自非化石燃料，到 2022 年将完成 175 吉瓦的可再生能源装机，其中包括 100 吉瓦太阳能项目、60 吉瓦风能项目和 10 吉瓦的小水电项目等。

印度是煤炭生产大国，水能、风能、太阳能资源丰富。长期以来，印度的能源供给与消费之间的不均衡制约了本国经济更快、更可持续的增长。印度和我国都是能源生产、消费大国，在保障能源供给、降低能源对外依存度、提高能源定价权、加快能源转型、推动能源体制改革等方面，印度和我国都面临相似的问题。

从储量看，印度煤炭资源丰富，截至 2020 年底，煤炭储量位居全球第 5，达 1110.52 亿吨，占全球煤炭总储量的 9.61%。油气资源较为贫乏，印度石油探明储量 6 亿吨，占全球石油总储量的 0.3%；天然气探明储量 46.6 万亿立方英尺，占全球天然气探明储量的 0.7%。

从能源供应看，印度能源生产保持稳定增长。2007～2017 年印度一次能源供应总量增长了 55%，主要由化石能源提供；2017 年，化石能源占印度一次能源供应总量的 3/4 以上。印度煤炭公司是世界最大的煤炭生产商，2019 财年煤炭产量达到 6.07 亿吨。

印度能源消费以煤炭为主，煤炭、石油、天然气、水能及核能在一次能源消费结构中分别占比 55.9%、29.5%、6.2%、3.9% 和 1.1%。在国内生产急剧下降的情况下，一次能源供应与需求缺口较大，石油进口一直在以恒定的速度增长，天然气进口也在迅速增长，能源供应高度依赖进口。

目前，印度发电装机主要来自煤电；截至 2019 年底，印度规模以上燃煤发电装机容量 205.25 吉瓦，在发电总装机容量中的份额达到 55.66%。为保障本国能源供给安全，缓解对化石能源的依赖，印度推进能源转型，2015 年提出了雄心勃勃的可再生能源发展规划，自此以后，非水可再生能源装机增速较快。

截至 2019 年底，印度规模以上非水可再生能源装机已达到了 85.91 吉瓦，在发电装机中的占比仅次于煤电，达到 23.29%。但由于中央政府和邦政府在可再生能源项目上缺乏协调、国有配电公司（Discoms）的付款延迟，以及适得其反的进口太阳能组件贸易关税、输电网扩展缓慢等问题，2017～2018 年两个财年可再生能源装机增长的势头有所放缓。2013～2018 年印度可再生能源装机容量及同比如图 5-18 所示。

2018 年印度发电量为 1561.1 太瓦时，同比增长 6.2%，2014～2018 年发电量增速均值达到 6.4%。太阳能和风能在发电结构中的占比稳步上升，其中 2014～2018 年太阳能发电量复合增长率为 58.18%，风能发电量复合增长率为 15.87%。

尽管印度在公路建设、通信基础设施、机场和港口基础设施方面取得了重大进展，但是印度电力发展仍然面临着严峻的挑战。中央和国家支持的项目之间的拍卖与征地等方面存在混乱、延误及管理不善；印度的电网正遭受着全世界最大的电力损失，输配电损失占全国发电量的近 20%，是世界平均水平的两倍多；国有配电公司负债累累，造成相关基础设施建设严重滞后；能源发展政策摇摆，可再生能

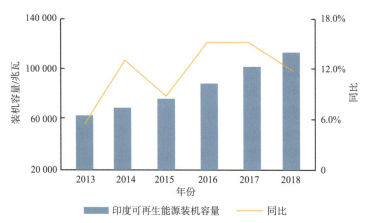

图 5-18   2013～2018 年印度可再生能源装机容量及同比

源发展受到多方面制约，煤电装机受政策影响出现波动，电力短缺问题仍然严重。

印度是全世界太阳能新增装机增长较快的国家之一。从政策支持方面看，印度已向全世界承诺，到 2030 年，其 40%的发电能力将来自非化石燃料，到 2022 年将完成 175 吉瓦的可再生能源装机容量（包括 100 吉瓦太阳能项目、60 吉瓦的风能项目和 10 吉瓦的小水电项目等）。

2018 年 6 月初，印度政府宣布，将超额完成上述目标，并将在规定时间内完成 225 吉瓦可再生能源装机。印度先后制定了太阳能公园和超大型太阳能发电项目（印度中央财政援助）建设规划、国防设施和准军事部队光伏配套项目规划、屋顶太阳能并网方案、渠岸及渠顶并网光伏发电发展规划、PM-KUSUM（Pradhan Mantri Kisan Urja Suraksha evam Utthaan Mahabhiyan）规划（相当于农民能源保护和福利规划）等政策。

2019 年 3 月，印度中央政府还批准了 858 亿卢比（约 12 亿美元）的中央公共部门事业二阶段计划，该计划旨在通过提供可行性缺口资金支持，推动政府生产商建成 12 吉瓦的并网太阳能光伏发电项目。

从自身发展条件方面，印度可再生能源发展潜力巨大，特别是太阳能光伏发电。根据印度品牌资产基金会测算，该国的自然条件可提供 900 吉瓦的可再生能源装机潜力用于商业开发。太阳能被认为是印度最有前途的可再生能源，新增发电装机潜力达到 750 吉瓦，其次是风能（102 吉瓦）、生物质能（25 吉瓦）和小型水利工程（20 吉瓦）。在该国 28 个州和 8 个联邦领土中，太阳能发电的潜力差别很大。

印度国家太阳能研究所的数据显示，拉贾斯坦邦的太阳能光伏发电潜力最高，其次是查谟和克什米尔、马哈拉施特拉邦和中央邦，这四个地区占印度太阳能潜力的一半以上。

第6章 我国能源发展现状及能源转型趋势

6.1 我国已经形成内循环为主的经济发展格局

6.1.1 金融危机后，外贸占 GDP 比重逐年下降，内循环已占主导

改革开放以来，随着经济持续增长和其他方面条件的变化，我国要素禀赋持续改变。劳动力净增长从缓慢到停滞再到下降，2018 年劳动力占全球的比重降至 20%；投资能力持续快速增长，资本成为最富裕要素，我国资本形成总额占全球资本形成总额的比重已经高达 26%，研发投入紧跟其后达到 21.2%，两者的比重都超过了劳动力。石油、淡水等自然资源要素的短缺则更为突出。

与此同时，我国已积累了比较雄厚的物质基础，综合国力位居世界前列。从经济总量看，2019 年我国 GDP 总量已接近 100 万亿元，成为世界第二大经济体，有了超大规模的经济基础。从产业体系看，我国是世界唯一拥有联合国产业分类中全部工业门类的国家。从消费需求看，我国是全球第二大市场，中等收入群体超过 5 亿人，人均 GDP 超过 1 万美元，可以提供国内产业所需要的各类市场。从科技能力看，我国的科技水平不断提升，研发规模达世界第二位，大规模生产能力可以有效分摊高额研发费用，使更多的创新在成本上可行。此时，更多依靠国内市场促发展，具备了现实条件和可能性。

同一时期，全球产业链也在进行调整，部分向发达国家回缩。数字技术发展导致劳动力成本在收入中的贡献度下降，提高了将生产活动从劳动力丰富的发展中经济体重新转移到发达经济体的可能性。使外包加速向发达国家回流，推进了近岸外包和价值链区域化趋势，导致制造业活动从发展中国家回流到发达国家。技术进步如 3D（3 dimension，三维）打印（增材制造）要求实时执行从原材料到最终产品的所有制造步骤，意味着技术不可分割，削弱了全球价值链的两个传统驱动力（劳动力成本套利和规模经济），降低了对有效技术规模的最低要求，因

此，以分布式生产为特征的小规模本地化生产网络兴起，区域内价值链长度变短，全球分工程度下降。

受上述多种因素影响，2010年以后，外循环在我国经济中的地位较改革开放后的前30年相比有较为明显的下降。首先是加工贸易比重有明显下降，从改革开放后的前30年高达50%的比重，降到30%左右，表明这个特殊贸易方式在全球价值链中的地位下降。2008年以后，受国际金融危机后国际环境趋紧、国内成本上升、国产化逐步提高等多种因素的影响，我国加工贸易占比呈较快下降趋势。2009~2018年，中国加工贸易占对外贸易的比重快速下降，从41.18%下降到27.41%。其中，加工贸易出口占比从48.84%下降到32.04%；加工贸易进口占比从32.04%下降到22.01%。

其次，外贸依存度也有明显下降，从2008年的57.61%下降到2019年的35.68%。同期，出口依存度从32.6%下降到18.42%；进口依存度从25.01%下降到17.26%。

图6-1显示了我国贸易总额占GDP比重的变化，在改革开放以前，我国内循环经济占主导地位，改革开放以后逐渐形成以外循环为主的双循环经济模式，从2001年中国加入WTO以后，我国贸易额飞速增长，GDP占比在2006年达到最高值63.97%。2008年以后，受全球金融危机影响，占比下降。从2014年以后，我国贸易重新回到以内循环为主导的经济模式，2020年我国外贸GDP占比为31.65%。

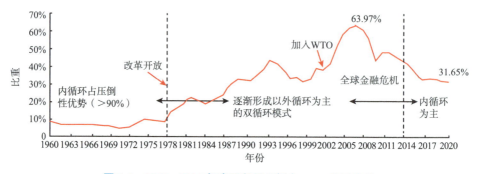

图 6-1　1960~2020 年我国贸易总额占 GDP 比重变化

6.1.2　立足高质量发展，推动能源消费增速逐步回落

改革开放四十多年来，我国经济迅速增长，已成为世界第二大经济体，但与此同时也出现了能源过度消耗、环境污染等问题。我国作为以煤为主的一次能源消费大国，能源消费结构不合理、供需矛盾突出等已成为制约经济发展的关键因

素。习近平总书记在党的十九大报告中指出，"我国经济已由高速增长阶段转向高质量发展阶段"[①]。2017 年中央经济工作会议指出"推动经济高质量发展是当前和今后一个时期的根本要求"。经济高质量发展是创新、协调、绿色、开放、共享的新发展，包括经济、社会、环境等领域的共同进步。

我国多煤、缺油、少气的自然资源禀赋特点，决定了以煤为主的一次能源消费结构。新中国成立初期，煤炭占一次能源消费结构的比重达 90%以上，随着石油、天然气、一次电力及其他能源的发展，截至 2020 年，煤炭的消费比重下降到了 56.8%，而石油的消费比重上升至 18.9%左右，天然气的消费比重上升到了 8.4%，一次电力及其他能源的消费比重上升到了 15.9%。1980～2020 年我国能源消费变化趋势如图 6-2 所示。

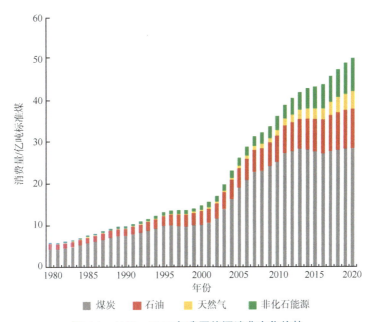

图 6-2　1980～2020 年我国能源消费变化趋势

从能源消费总量和一次能源消费量的角度，可将新中国成立以来我国的能源消费结构变迁分为四个阶段。

第一阶段（1949～1978 年），这一阶段的特点是构建完善的工业体系。工业体系的建设带来了能源消费总量快速增长，在此期间，我国能源消费总量年均增长率高达 9.89%，其中，煤炭、石油、天然气、一次电力及其他能源的年均增长率分别为 8.63%、18.03%、26.23%、12.72%，增长率为新中国成立以来的最高水平。

① 《习近平：决胜全面建成小康社会 夺取新时代中国特色社会主义伟大胜利——在中国共产党第十九次全国代表大会上的报告》，http://www.gov.cn/zhuanti/2017-10/27/content_5234876.htm[2017-10-27]。

第二阶段（1979～2000 年），这一阶段的特点是随着社会主义市场经济体制的确立，技术创新水平逐渐提高。改革开放政策不仅带来了经济增长，同时也促进了我国的技术进步，提高了能源利用效率。在此期间，虽然我国能源消费总量不断增加，但年均增长率却降低到了 4.48%，其中煤炭、石油、天然气、一次电力及其他能源消费的增长速度都有所下降，年均增长率分别为 4.28%、4.52%、2.48%、8.05%。

第三阶段（2001～2012 年），这一阶段的特点是推动经济快速增长。为了加快经济增长速度，我国提高了全社会固定资产投资力度，使得重工业增长加快且比重提高，尤其是钢铁、建材、电解铝等高耗能产业迅速扩张，导致能源消费总量急剧增加。在此期间，我国能源消耗总量年均增长率上升到了 9.79%，其中煤炭、石油、天然气、一次电力及其他能源年均增长率也分别上升为 10.01%、7.41%、16.21%、11.18%，增长率达到改革开放以来的最高水平。同时，能源的大量消耗导致了污染物排放量的增加，环境污染问题逐渐突出。

第四阶段（2013 年至今），这一阶段的主要特点是转变经济发展方式，走新型工业化道路。在多种改革政策的作用下，该阶段能源消费总量的年均增长率下降为 2.51%，煤炭消费自改革开放以来首次出现了负增长，石油消费年均增长率下降 4.45%，而天然气和一次电力及其他能源消费的年均增长率分别为 9.94%、11.35%，远高于煤炭、石油等传统能源。整体来看，我国的能源消费结构进入优化调整时期。

6.1.3　碳中和背景下我国能源高质量发展机遇与挑战并存

2006 年后，中国成为世界二氧化碳第一排放大国。2019 年，世界二氧化碳排放量排在前六位的国家和地区分别是：中国 98.26 亿吨、美国 49.65 亿吨、欧盟 41.11 亿吨、印度 24.80 亿吨、俄罗斯 15.33 亿吨、日本 11.23 亿吨。由此计算显示，中国的碳排放总量已经超过美国和欧盟的总和，即将达到美国、欧盟和日本的总和，并且还未达峰。但按人均二氧化碳排放量计算，中国约为美国的一半，与欧盟和日本的水平相当。2019 年，世界能源消费结构中，煤炭、石油、天然气、可再生能源（包括水电）和核电的比例分别为 27.0%∶33.1%∶24.2%∶11.4%∶4.3%；而中国的能源消费结构中的比例分别为 57.6%∶19.7%∶7.8%∶12.7%∶2.2%。如果去除中国的影响，世界能源消费结构中的比例变为 17.19%∶37.39%∶29.46%∶10.99%∶4.97%，煤炭的占比下降近 10 个百分点。在二氧化碳排放总量大、人均排放量小和能源结构中煤炭占比大等情况下，既要实现碳中和的目标，又要实现能源高质量发展，中国面临着巨大挑战。

挑战一：中国能源需求总量和二氧化碳排放量还会继续增加。从发达国家人均能源消费和人均二氧化碳排放量达峰时的人均 GDP 来看，美国大约是在 20 000 美元时达到峰值，以英国、法国和德国为代表的欧洲发达国家及日本大约在 15 000

美元时达到峰值。中国是世界上最大的发展中国家，改革开放四十多年来，经济持续高速增长，2019 年，中国 GDP 现价总量为 98.65 万亿元，是世界第二大经济体，但人均 GDP 刚突破 10 000 美元，世界排名仅为 66。预期到 2035 年，中国基本实现社会主义现代化，人均 GDP 达到中等发达国家水平。为了支撑中国经济的发展，未来一段时期内，能源消费总量和二氧化碳排放量还将不断增加。

挑战二：中国提出的碳中和目标相比其他国家更具挑战性。美国作为世界第二大碳排放国，仅提出 2025 年在 2005 年基础上碳减排 26%～28%，2030 年电力行业二氧化碳排放量比 2005 年减少 32%；并且美国是世界上第一个退出《巴黎协定》的国家，在拜登当选总统后又重新加入《巴黎协定》，重提 2050 年实现碳中和。欧盟在气候雄心峰会上提出比之前国家自主贡献中更为积极的减排目标，即 2030 年在 1990 年的基础上二氧化碳排放量至少减少 55%，到 2050 年实现碳中和，其中德国、法国、爱尔兰和匈牙利等主要国家的目标与欧盟的整体目标一致，部分国家的目标比欧盟整体的目标更积极一些。日本在《巴黎协定》的国家自主贡献中提出，2030 年在 2005 年的基础上碳减排 25.4%。日本政府宣布 2050 年实现碳中和，加快可再生能源部署，并支持 CCS 及绿氢的发展。俄罗斯在《巴黎协定》的国家自主贡献中提出，2030 年在 1990 年的基础上减排 25%～30%，2050 年相对 1990 年减排 50%。印度是世界第二大发展中国家，在《巴黎协定》的国家自主贡献中提出，2020 年二氧化碳排放量比 2005 年下降 20%～25%，可再生能源装机容量到 2022 年达到 175 吉瓦。2020 年，印度政府计划到 2030 年实现 450 吉瓦的可再生能源目标。可见，尽管欧盟、美国和日本的二氧化碳排放总量现在已经处于下降阶段，但它们提出到 2050 年才实现碳中和；俄罗斯和印度没有给出碳中和的时间。中国是世界上第一大发展中国家，二氧化碳排放总量居世界第一，并且还没有达到峰值，但中国却非常有诚意地提出 2060 年前实现碳中和的目标，比发达国家仅晚 10 年。

挑战三：中国能源结构转型相比其他国家更困难。进入 20 世纪以来，世界能源结构转型主要经历了三个阶段，从以煤炭为主阶段到以油气为主阶段，目前正从以油气为主向以非化石能源为主转型；即经历了从高碳到低碳的转变，目前正在由低碳向零碳转型。2019 年，美国一次能源结构中，煤炭、石油、天然气和非化石能源（可再生能源+核电）的比例为 12.0%：39.1%：32.2%：16.7%，是典型的以油气为主的能源结构。以德国为例，德国提出到 2050 年，可再生能源在终端能源的占比为 60%，占全部发电量的 80%，是典型的向非化石能源（主要是可再生能源）转型。即使是一些富油国家，也在寻求向可再生能源转型。例如，沙特阿拉伯提出 2030 年可再生能源装机占比要达到 30%，阿拉伯联合酋长国提出 2050 年可再生能源占比达 50%。也有不少国家明确了煤炭和煤电退出及淘汰燃油车的时间表。而中国，自 2012 年以来，原煤年产量保持在 34.1 亿～39.7 亿吨；原油年产量保持在 1.9 亿～2.1 亿吨；天然气产量从 2012 年的 1106 亿立方米增长到 2021

年的 2075.8 亿立方米；水电、风电、光伏等可再生能源发电累计装机容量均居世界首位；截至 2021 年底在运核电装机容量 5326 万千瓦，居世界第三，在建核电装机容量 1750 万千瓦，居世界第一。能源生产的国情造就了能源消费结构，使得中国的能源转型路径不会走从以煤炭为主到以油气为主，再到以可再生能源为主的发展路径，而是将从以煤为主过渡到煤炭、石油、天然气（含非常规天然气）、可再生能源和核能并存的多元能源结构，最终实现以可再生能源为主体的能源结构。这也预示着中国将面临用 40 年的时间，将 56.8% 的煤炭、84.1% 的化石能源碳排放降低到能与碳汇（包括碳移除）相中和。

机遇一：倒逼能源高质量发展。改革开放四十多年以来，中国经济飞速发展，人民生活水平不断提高，但化石能源粗放的生产和消费模式，也带来了生态破坏、环境污染、温室气体减排压力加剧等一系列问题。碳中和目标既是温室气体减排的目标，也是消除生态破坏和环境污染的目标，因为虽然污染排放和温室气体排放是两个不同的概念，但在中国能源结构以化石能源为主的情况下，它们基本同根、同源、同步，走向绿色和走向低碳采取的实际行动是高度一致的。根据中国对外承诺，到 2030 年，非化石能源占一次能源消费比重将达到 25% 左右，风电、太阳能发电总装机容量将达到 12 亿千瓦以上。如果要实现 2060 年碳中和的目标，则到 2050 年，非化石能源占比将要达到 70%，甚至 85% 以上。而截至 2021 年底，中国风电和光伏发电仅分别为 3.28 亿千瓦和 3.06 亿千瓦。可再生能源巨大的缺口，将会形成巨大的产业链条，在助推能源高质量发展的同时，也是推动中国经济发展的新动能。为此，碳中和目标的本质是推动能源低碳转型和高质量发展，促进新型经济增长点，最终实现经济、能源、环境和气候几个方面得到发展和改善的多赢局面。

机遇二：抢占技术制高点。能源技术进步是能源转型和高质量发展的关键驱动力。一直以来，中国煤炭开采技术世界领先。近年来，随着智能技术的发展，中国煤炭绿色高效智能开采技术处于世界前列。未来，随着煤炭在一次能源消费中占比的下降，以及环境污染和二氧化碳排放的约束，煤炭清洁高效利用等技术迎来较大发展机遇。在油气领域，中国常规油气资源贫乏，但煤层气、页岩气、页岩油和天然气水合物等非常规油气储量丰富，而非常规油气的开发利用技术国际竞争激烈，目前中国页岩油气勘探开发技术和装备水平大幅提升，天然气水合物试采成功，为未来在碳中和目标下抢占技术制高点带来了机遇。在可再生能源领域，中国成功研制出世界上最大单机容量的水电机组，最大单机容量的各种系列风电机组，太阳能光伏电池的转换效率也不断得到提高，生物质能源利用和固体废物资源化利用技术处于世界前列。未来，随着全球特别是中国可再生能源的迅猛发展和可再生能源成本的大幅下降，可再生能源高技术领域的竞争会越来越激烈。而中国可以借助自身优势，抢占可再生能源技术制高点。此外，作为一种低碳甚至零碳能源，核电技术的竞争也非常激烈。而中国已建成世界上最先进的三代核电站，在高温气冷堆等第四代核电方面也走在世界前列。这些优势和需求为中国在能源领域抢占技术制高点带来了巨大机遇。

机遇三：树立良好的国际形象。应对气候变化是全球治理的重要内容，关乎人类未来的命运。为解决人类共同面对的难题，构建"人类命运共同体"，中国提出碳达峰和碳中和的目标赢得了全世界的赞赏。对于发达国家来说，它们经过了二氧化碳排放高速增长时期、碳达峰时期，目前这些国家已经处于碳排放下降期，但它们提出到 2050 年才能实现碳中和的目标。美国是世界二氧化碳排放第二大国，但在履行《京都议定书》和《巴黎协定》时几经反复，2020 年 11 月退出《巴黎协定》，给全球应对气候变化带来了负面影响，2021 年 2 月重返《巴黎协定》，后续如何，还有待进一步观察。对于发展中国家来说，它们正处于快速发展时期，能源消耗和经济发展还未脱钩，何时碳达峰也没有定论，更不用说碳中和目标。以世界第二大发展中国家印度为例，印度仅提出了近期碳强度下降目标和中期的可再生能源利用目标，没有提出具体的碳达峰和碳中和目标。而中国却在没有实现能源消费和二氧化碳排放脱钩的情况下，从大局出发，提出了碳达峰和碳中和目标的雄心壮志。这不仅彰显了中国的大国气度和负责任的大国形象，更为全球应对气候变化和提振各国信心奠定了坚实基础。

6.2　我国能源消费增速放缓，增量以天然气和非化石能源为主

我国能源消费增速放缓，增量以天然气和非化石清洁能源为主。我国一次能源消费增速回落，从 2001~2010 年的 11.1%，下降至 2011~2020 年的 3.2%。我国煤炭消费进入稳定平台期，增速从 2001~2010 年的 11.3%降低至 2011~2020 年的 0.5%。我国石油消费增速放缓，增速从 2001~2010 年的 8.4%，降至 2011~2020 年的 4.7%。我国天然气消费保持快速增长，2001~2010 年年均增速为 18.5%；2011~2020 年年均增速为 11.3%。非化石能源消费保持快速增长，2001~2010 年年均增速为 12.6%，2011~2020 年年均增速为 11.8%。

6.2.1　能源总量上，中国已成为全球最大的能源生产国与消费国，多项能源产量与装机量世界第一，但人均用能强度较低

国家统计局数据显示，2021 年我国一次能源生产总量达 43.3 亿吨标准煤，约

占世界能源生产总量的 21%，已成为全球最大的能源生产国，如图 6-3 所示。截至 2021 年底，我国多项能源生产量与装机量位居世界首位：煤炭产量 41.3 亿吨，占世界总产量的 50.8%；全年发电量 8.5 万亿千瓦时，占世界发电总量的 30.0%；火电装机 12.97 亿千瓦，约占世界总装机量 30%；可再生能源发电总装机容量 10.64 亿千瓦，约占全球可再生能源发电总装机量的 30%，其中，水电、风电、光伏发电、生物质发电装机容量分别达到 3.91 亿千瓦、3.28 亿千瓦、3.06 亿千瓦、3797 万千瓦，均位居世界首位；在运核电装机容量 5326 万千瓦，居世界第三，在建核电装机容量居世界第一。

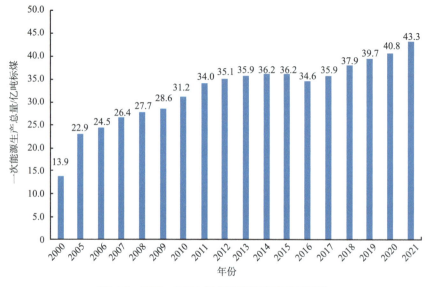

图 6-3   2000～2021 年中国能源生产总量变化

2021 年我国一次能源消费总量达 52.3 亿吨标准煤，约占世界一次能源消费总量的 26.5%，自 2009 年以来连续 13 年成为全球最大的能源消费国。同时，中国也是全球最大的煤炭、水电及可再生能源消费国，消费总量分别占世界一次能源消费总量的 52%、30% 和 23%。但从人均用能强度方面来看，虽然近二十年我国人均用能强度增幅 300%，但距发达国家仍有较大差距。2019 年中国人均用能 2.36 吨油当量，分别为同期美国、欧盟和日本的 34%、67% 和 63%，如图 6-4 所示。bp 预测，到 2050 年中国仍将作为全球最大的能源消费国，一次能源年均消费量 48 亿吨标准煤，占世界总的 29%。人均用能强度与发达国家的差距将会缩小，约为 2.44 吨油当量，分别为同期美国和欧盟的 58% 和 103%。

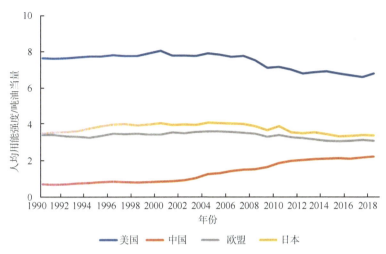

图 6-4　1990～2019 年中国与欧盟、美国、日本人均用能情况变化

6.2.2　一次能源需求增速持续放缓，能源需求总量接近达峰

1990～2020 年，我国一次能源消费保持较快增长，特别是 21 世纪的第一个十年间，在工业化进程的推动下，我国一次能源消费年均增速高达 8.5%。但 2010 年以来，我国能源消费增速逐步回落，"十三五"期间年均增速仅为 2.2%。IEA、ETRI、bp、Shell（Royal Dutch /Shell Group of Companies）和 Equinor 等多家机构预测，由于技术进步带来的能效提升与消费强度下降，中国一次能源需求将长期保持低速增长，并于 2030 年至 2035 年间提前达峰。上述机构预测结果显示，中国一次能源需求总量峰值为 39 亿～40 亿吨油当量，较 2019 年增长 13%～19%，达峰前年平均增速为 2%。到 2050 年，中国一次能源消费总量的预测结果主要集中在 33 亿～40 亿吨油当量。如图 6-5 所示。

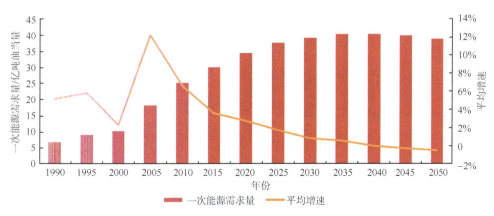

图 6-5　1990～2050 年中国一次能源需求总量及平均增速变化

6.2.3 能源消费结构仍以化石能源为主，煤炭占比高，低碳转型难度大

2020年，我国煤炭与化石能源消费总量分别为28.3亿吨和41.9亿吨标准煤，在能源消费结构中占比分别为56.8%和84.1%。化石能源仍是我国能源消费的绝对主体。但近年来随着我国煤改气、煤改电等燃煤替代工程的逐步推进，火电与煤化工产业的优化升级及新能源产业的不断发展，能源消费结构优化取得显著进展，如图6-6所示。相较2007年，2020年我国煤炭消费占比下降15.7个百分点，但较全球平均结构占比仍明显偏高。但需要注意的是，2010~2020年，由于化工及钢铁等重工业对煤炭的需求持续增强，我国煤炭消费量自2016年后出现回弹。且中国2018年后的燃煤电厂在建量超过全球其他国家在建燃煤电厂的总和，中国对煤电的依赖仍在继续。庞大的能源消费体量与较高的煤炭消费占比，导致我国二氧化碳排放量也高居世界首位。2020年我国二氧化碳排放约99亿吨，占比全球总排放量的30.7%。在气候环境约束条件下，2060年碳中和目标对我国能源低碳转型与二氧化碳减排提出了更高的要求。高碳结构下的能源转型需要更加强有力的政策及技术手段。ETRI预测，在碳中和情景下，2050年中国煤炭消费结构占比将下降至12.2%，化石能源占比下降至34.4%，能源相关碳排放降至24亿吨左右并在2060年接近零排放。

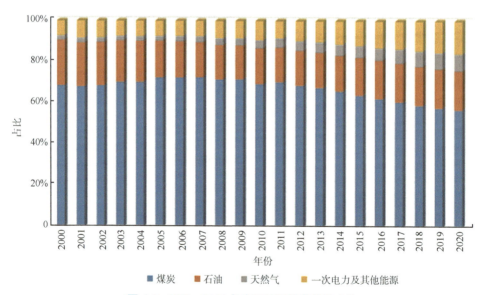

图6-6　2000~2020年中国能源消费结构变化

6.2.4　可再生能源发展迅猛，但高比例发展面临挑战

我国可再生能源资源丰富，风能、太阳能、水电资源潜力分别高达 30 亿千瓦、22 亿千瓦和 6.9 亿千瓦。近年来，我国可再生能源取得飞速发展，消费量年均增速高达 34%，开发利用总规模与多项装机容量跃居世界首位。2021 年可再生能源发电总装机容量 10.64 亿千瓦，约占全球可再生能源发电总装机容量的 30%。其中，水电、风电、光伏发电、生物质发电装机容量分别达 3.91 亿千瓦、3.28 亿千瓦、3.06 亿千瓦和 3797 万千瓦，均位居世界首位。可再生能源在一次能源消费结构和电力结构中占比均有明显提升，分别为 14.2% 和 28.7%（非水可再生能源在电力结构中的占比为 13.5%）。同时，可再生能源电力利用率显著提升，2021 年全国平均风电利用率达 96.9%，光伏发电利用率达 98.0%，主要流域水能利用率达 97.9%。可再生能源已成为中国能源需求的主要增长点和能源清洁低碳转型生力军。但可再生能源的大规模发展还存在诸多制约，电网配套规模、储能技术与能源系统灵活性、分布式能源用地和可再生用电成本等都是我国可再生能源大规模发展亟待解决的问题。

6.2.5　能源消费强度高，能源基础设施存量大、新度高，能效提升受到制约

我国能源消费强度自 2000 年来持续下降。2019 年我国能源消费强度为 0.128koe/$2015p（按 2015 年美元固定购买力平价计算的 GDP 能源强度，koe 为千克油当量），已较 2000 年下降 44%，但仍高出世界平均水平 17%，分别是同期日本和德国的 162% 和 180%。低能效、高能源消费强度，已成为我国从能源大国向能源强国转变的主要制约因素。我国已建成世界上最大的能源生产和消费体系，能源基础设施存量庞大，短时间内整体能源效率的大幅提升难度较大。而且，我国工业化进程时间较短，能源基础设施普遍"年轻"，燃煤电厂平均投运年限仅 13 年（欧洲 35 年、美国 40 年），如图 6-7 所示，大量年轻存量基础设施已成为制约我国能效提升空间的主要问题。

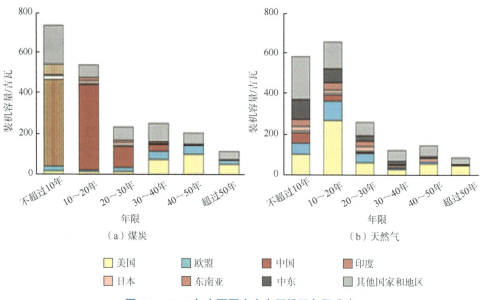

图例：

□ 美国	□ 欧盟	■ 中国	■ 印度
□ 日本	■ 东南亚	■ 中东	■ 其他国家和地区

图 6-7　2020 年主要国家火电厂投运年限分布

第 7 章　变革性技术对全球能源转型的影响

7.1　德尔菲法技术调查及结果分析

本章通过德尔菲问卷的研究方法对我国面向 2035 年的能源需求及相关技术支撑进行专业调查预见,问卷回收统计的相应结果作为能源需求预测部分的情景支撑。

7.1.1　调查问卷设计及调查专家组成

本章在分析文献资料及访谈有关专家的基础上,设计了德尔菲调查问卷。问卷共分为三大部分,分别为专家信息调查、中长期能源需求愿景参数设定、支撑该愿景的技术调查及技术参考,包括化石燃料、可再生能源、储能、氢能、智能电网与新型能源系统、能源高效利用、核能 7 个领域的 31 项技术应用。其中,在中长期能源需求愿景参数设定部分,以"构建清洁低碳、安全高效能源体系"为发展愿景,邀请调查专家以 2019 年为基准年数据,结合自身专业领域,给出 2025 年、2035 年我国能源需求的愿景参数,包括能源需求总量、能源需求结构、电能占终端能源需求比重、非化石能源发电量占总发电量比重等。同时,邀请调查专家就给出的能源需求愿景提出相应的支撑技术,并评价这些技术对未来能源需求的贡献和影响,包括提高能效、改善能源结构、保障能源安全、降低碳排放等。最后,邀请调查专家对这些重要支撑技术预计应用的时间进行展望。

本次德尔菲调查问卷共发送了 147 份,回收问卷 35 份。其中,被调查的专家均具有高级职称,来自高校的专家占比 78%,来自企业的专家占比 7%,来自政府部门的专家占比 4%,来自研究院所及其他机构的专家占比 11%。参与问卷调查的专家构成情况见图 7-1。

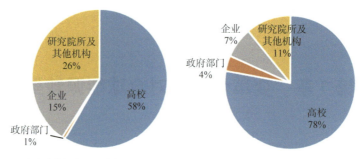

（a）发放问卷调查专家构成情况　　　（b）回收问卷调查专家构成情况

图 7-1　德尔菲问卷调查专家构成情况统计

7.1.2　问卷结果分析

1. 关于中长期能源需求愿景相关参数

调查专家根据问卷提供的 2019 年数据为参照，给出了他们对我国中长期能源需求愿景的参数。总体来看，参与调查的专家较认同：我国能源需求总量到 2035 年将达到 54 亿～60 亿吨标准煤；在能源结构方面，我国能源需求结构中煤炭和非化石能源需求占比在 2025 年分别为 51%～53% 和 20%～24%，2035 年煤炭和非化石能源占比分别为 39%～41% 和 30%～34%；在终端电气化方面，2025 年电能在终端能源需求总量的比重为 32%～34%，2035 年达到 36%～40%；从非化石能源发电比重来看，2025 年我国非化石能源发电占发电总量的比重为 35.5%（水电将占比 18%，风电将占比 7.5%，光伏将占比 5%，核电将占比 5%）；2035 年非化石能源发电占比将为 46%（其中，水电将占比 14%，风电将占比 12%，光伏将占比 12%，核电将占比 8%）。

2. 对 2035 年能源需求有重要贡献和影响的技术及预计应用时间

（1）对 2035 年能源需求有重要贡献和影响的技术：调查专家在提出对我国未来能源需求愿景的基础上，又选出了支撑这些愿景的能源技术。其中，超过半数的调查专家认为，新型高效低成本太阳能光伏电池技术对我国 2035 年能源需求有重要的贡献和影响。有 40% 以上的调查专家认为，可再生能源与储能相融合的技术、先进核能技术及煤炭清洁转化技术对能源需求也有重要的贡献或影响。另外，超过 1/3 的专家认为 CCUS 技术、工业能效提升技术、页岩油/气高效大规模开采技术、深远海风电关键技术也对我国中长期能源需求具有重要的贡献和影响。详细意见统计见图 7-2。

图 7-2　对 2035 年能源需求有重要贡献和影响的技术的专家意见统计

（2）有重要贡献和影响的技术预计应用时间：对于上述支撑技术的应用时间，参与调查的专家也给出了相应的展望，详细意见统计见图 7-3。其中，46.7%的专家认为，新型高效低成本太阳能光伏电池技术有望在 2021~2025 年实现大规模应用。对于 CCUS 技术，有 70%的调查专家认为，在 2031~2035 年才会实现大规模的应用。对于工业能效提升技术，83.3%的调查专家认为，在 2021~2025 年就会实现规模化应用。对于氢能利用技术，1/3 的专家认为其可以在 2026~2030 年实现规模化应用，其余专家则认为 2030 年以后氢能才可能实现规模化应用。

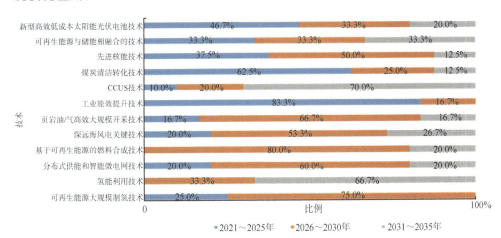

图 7-3　有重要贡献和影响的 12 项技术预计应用时间的专家意见统计

7.2 影响能源转型的主要变革性技术

7.2.1 传统工业低碳转型需要提高能效与 CCUS 改造技术

1. 能效是第一能源，将在未来能源转型中具有重要作用

提升能效技术成为保障能源可持续供应、能源安全、减少当地环境污染和全球温室气体排放的优先选择。能源效率问题在全球范围持续备受关注，提高能源效率在世界各国能源战略中均具有重要位置。在各国纷纷加速进行低碳转型背景下，能效提升在未来能源转型中具有重要作用。根据 IEA 的可持续发展情景，若想在 2050 年实现能源转型目标，能源效率将会贡献约 37% 的比重，超过可再生能源 32% 的比例。中国能源强度较高，与欧美等发达国家和地区还有很大差距。2018 年中国能源强度为 0.301×10^{-3} 吨油当量/美元，而同期世界平均水平为 0.174×10^{-3} 吨油当量/美元，可见中国提高能效还有很大空间。能源效率贯穿在能源系统的各个环节，从能源资源开发、生产、输送、加工转换直到终端利用，而能源转换和终端用能是提高能效最重要的两个领域。

（1）在能源转换领域，发电部门是节能减排重点领域。中国燃煤电厂能效提升技术已经位于世界前列，进一步提升能效需要进行化石能源的替代。自 2011 年起中国一直占据全球最大电力生产国位置，2021 年中国全年发电量 8.5 万亿千瓦时，占全球发电总量的 30.0%。但因中国资源禀赋限制，以煤为主的火力发电依然占据主导地位，2021 年中国煤炭发电占比为 60% 左右。由于可再生能源具有波动性、间歇性等特点，且技术不够成熟无法在短时间内完全取代燃煤电厂，因此燃煤电厂在近年还将发挥作用。虽然我国目前的火电设备制造和电厂运行管理大都已处于国际先进水平，但对现有燃煤机组进行技术改造仍有部分空间。我国已经掌握国际领先的燃煤电厂重要能效提升技术，相关项目如上海外高桥第三发电厂进行的节能技术改造。近年来，火电厂高效清洁利用煤炭技术进一步升级。比如，国家能源集团江苏泰州电厂采用世界最先进的超超临界机组，代表目前全球煤电技术最高水平，其发电煤耗 256 克标准煤/千瓦时，发电效率 47.95%，环保指标也是"世界最优"。根据统计，2018 年全国发电厂平均煤耗为 307.6 克标准煤/千瓦时，同年火电发电量为 49 249 亿千瓦时，若全国燃煤电厂都按照最先进煤电技术改造，全国每年可节约 2.5 亿吨标准煤。但是在火电厂技术其他方面的很多单项技术突破确实已经没有更多空间，据测算到 2030 年，以现有电力生产的技术进步水平，中国电力生产的技术进步节能减排潜力或许不会超过 20%。因此，中国电力生产需要实现以煤为主的化石能源消费电力生产转型，即化石能源替代实现革命性的技术进步，通过大力发展可再生能源发电等措施进一步提升电力系统能效。

（2）在终端用能领域，工业、交通、住宅是重点能耗部门。在工业领域，钢铁部门若要实现能源低碳转型，进一步实现节能减排，除了发展传统能效提升技术还应采用新的生产方法，如使用电炉替代高炉炼钢；水泥行业低碳节能具有一定潜力，强化余热回收利用技术，使用替代能源协同生产来替代化石燃料技术等将进一步提升能效。

对于钢铁行业，近年来，中国钢铁生产的能源效率已经得到显著提高，根据《"十三五"节能减排综合工作方案》，到 2020 年钢铁单位能耗将进一步降低到每吨钢铁 560 千克标准煤。中国钢铁行业还有一定的节能技术推广、能效提高的空间，余热回收（高炉煤气余压回收透平等技术）、高级干熄焦技术等仍然可以帮助落后钢铁企业提高能效。其他新兴技术还包括喷射式碱性氧气转炉技术，全球数据显示，这项技术可以减少 60% 的电力消耗、37% 的焦炉煤气消耗和 16% 的煤炭消耗。持续地推动钢铁行业能效提高工作是至关重要的，但是考虑到中国整体已经达到了相当高的能效水平，进一步的节能改进不太可能使吨钢能耗和排放减少 15%～20%。要实现净零碳排放目标，中国还需要采用全新的初级钢铁生产方法，如使用电炉而非高炉炼钢。由于电炉钢生产的碳强度远低于高炉生产，因此电炉钢生产份额的增加将自动造成钢铁生产平均碳强度的降低。即使按照目前中国电力系统的碳排放强度（596 克二氧化碳/千瓦时）计算，电炉钢生产路线的碳排放强度也只有每吨钢铁 0.5 吨左右二氧化碳，而高炉钢生产路线的碳排放强度约为每吨钢铁 2.1 吨二氧化碳。随着电力系统的脱碳，电炉钢生产路径的碳排放强度将可逐渐下降至零。

对于水泥行业，经过 40 年的持续技术创新，中国已经成为世界水泥生产领域高能效的先行者。大多数水泥厂都配备了先进的干法窑炉，而不是能耗较大的湿法窑炉。2020 年，中国水泥熟料的热耗强度为每千克 3600 千焦，如图 7-4 所示。中国生产每吨水泥的电耗强度也低于每吨水泥 90 千瓦时，如图 7-5 所示，中国水泥行业的目标是在 2050 年前，能效水平进一步提升 13%～16%。

余热发电领域也存在着巨大的潜力。截至 2020 年底，中国已有 80% 的水泥窑利用余热发电，总装机达 4950 兆瓦，每年可回收 350 亿千瓦时电，相应地减少了 260 万吨二氧化碳排放，几乎是水泥工业间接排放的 1/3，且余热发电的效率还有进一步提升的空间。来自丹麦的工程公司 FLSmidth 已取得突破性的进展，每吨熟料发电量可达 40 千瓦时。中国的目标是到 2050 年实现每吨熟料发电 56～60 千瓦

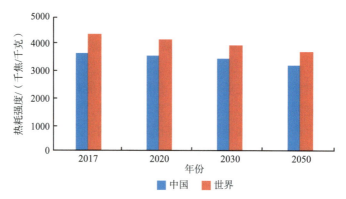

图 7-4   中国和世界水泥熟料热耗强度

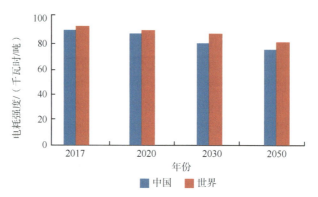

图 7-5   中国和世界水泥生产电耗强度

时，达到 2020 年水平的两倍，领先于世界其他国家。中国已制定了到 2035 年实现熟料生产完全不依赖外部电力的目标。使用替代能源协同生产来替代化石燃料也是提升能效的途径。2020 年，德国和荷兰的热替代率（thermal substitution rate，TSR）分别高达 70%和 90%。主要发达国家现在的目标是实现 100%的 TSR。尽管起点 TSR 只有 1.2%，但中国已承诺到 2020 年实现 15%的 TSR，并且有研究认为中国 TSR 到 2050 年可以达到 70%。中国还有可能达到更高的 TSR 值，与 TSR 值达到 90%～100%的水泥行业实力较强国家的水平相当。

在交通领域，节能降碳的主要措施是交通电气化，加速推进电动汽车对燃油汽车的替代。在使用原有发动机和燃料的情况下，能源效率提高空间有限，根据能源转型委员会的一份全球报告，道路交通的未来发展方向将是完全电动化——纯电动汽车或燃料电池汽车等形式。这反映了电动发动机固有的能源效率，因为电动车从本质上比内燃机车效率更高，后者消耗的能量有 60%～80%将以热量的形式被浪费掉，而没有转换为动能。因而，电动化可以使得中国的公路和铁路交通在出行需求大量增长的条件下实现最终能源消费量减少。中国也有条件比其他发达国家更快地完成电气化转型。在中国目前的发电结构下，电力碳排放强度为590 克二氧化碳/千瓦时，电动车完整使用寿命周期内可减少 20%～33%的排放。据能源转型委员会全球报告分析，电动车使用的全生命周期成本预计到 2020 年将低于内燃机汽车。随着中国电网可再生能源的比例越来越高，电动车的减排比例还将进一步增加。

在建筑领域节能降碳，可在建筑供热和制冷、建筑保温等关键领域提高建筑能效，大量普及热泵技术、高效制冷技术，推广使用被动房技术等。2020年，中国的建筑部门每年的二氧化碳排放达 21.3 亿吨，约占全国碳排放总量的 20%。然而，随着更多建筑节能技术的应用，如热泵、高效空调和被动式房屋等的推广，建筑部门的能源消耗将大幅下降。中国的能效提升还有很大潜力，根据估测，到 2050 年，中国建筑部门能效的提高将使建筑能耗强度降低 50%～60%。

在供暖方面，热泵技术以电力为驱动力，可从低温空气中吸收热量，提供供热服务（与空调制冷原理恰好相反）。在–3～10℃温度范围内，空气源热泵的制热能效比（coefficient of performance，COP）为 3～3.5（即投入 1 千瓦时电力，加上从低温空气中吸收的 2～2.5 千瓦时热量，可供热 3～3.5 千瓦时）。制热能效比随着空气热源温度上升而增高。由于水和土壤的蓄热能力较好，水源热泵和地源热泵也可具备较高的制热能效比。空气源热泵具有适应性广、限制少的特点，可以满足中国南方地区逐渐增长的供热需求。可逆热泵更可以代替空调，同时作为夏季制冷和冬季制热的设备。

制冷也是提高建筑能效的关键领域。虽然中国是最大的室内空调市场和生产国，但中国的平均制冷能效只能达到当前可用最佳技术的 60%。报告认为到 2050 年，通过提高制冷能效标准最低值，中国的制冷能效可以进一步提高 30%。

推广使用被动房技术加强建筑保温性能可大幅提升建筑能效，中国可借鉴德国被动房案例经验。中国建筑的保温要求已显著加强，但仍有进一步能效提升的潜力，使用被动房技术和一体化设计解决方案等，可实现建筑的近零或净零能耗。欧洲国家如德国在建筑节能领域走在世界前列，如德国被动房技术。被动房通常是指供暖和供冷能源需求极低、室内所需能源基本上以被动方式供给的建筑。德国被动式低耗能房技术即能满足以下几个被动房性能参数：所采用的建筑节能技术热量需求小于 15 千瓦时/米^2，初始能源消耗小于 120 千瓦时/米^2，密封性 n50＜0.6 h-1（n50 表示室内外压差为 50 帕，h-1 为建筑物每小时的换气数），最大供热功率＜10 瓦/米^2。被动房的主要特点有保温隔热性能良好、充分利用太阳辐射、高效产能输配送系统、气密性及合理的新风系统设计等，相比常规建筑，被动房供暖能耗通常可以降低 75%。欧洲已经开始走向被动房 2.0 时代，也就是在原来被动房 1.0 的基础上，加上光伏屋顶等可再生能源做补充，使建筑取暖和制冷的能耗在 90% 以上的节能基础上，对化石能源的消耗接近于零。德国的被动房 3.0 已经出现，利用对可再生能源的储电或储热技术，除了解决住宅的取暖和制冷能量消耗外，开始解决热水、照明和做饭的能量，使得住房向全面零能耗和碳中性方向发展，对于欧洲的整体能源转换、应对全球气候变化意义重大。该案例对我国建筑领域节能有启示作用，我国应借鉴欧洲国家如德国被动房技术经验，与德国进一步加强合作，强化建筑节能。

能效提升是能源低碳转型实现可持续发展目标的重要组成部分。在发电部门，中国的火电厂能效技术水平领先世界，如上海外高桥第三发电厂。若要实现电力部门清洁转型，单靠火电厂改造潜力有限，还需关注可再生能源如风能、太阳能技术的发展，进一步实现能效的提升。在工业领域，钢铁部门若要实现能源低碳转型，进一步实现节能减排，除了发展传统能效提升技术，如余热回收、高级干熄焦技术、喷射式碱性氧气转炉技术，还应采用全新生产方法如使用电炉替代高炉炼钢；在水泥行业，使用替代能源协同生产来替代化石燃料技术等将进一步提升能效。在交通领域实现能效提升主要依靠电气化，推动电动汽车对燃油汽车的替代。在建筑领域能效提升技术如热泵技术、被动房技术等将发挥重要作用。需要认识到，节能技术的发展只是能效提升的一部分，还有标准制定、消费者行为等一系列重要影响因素会影响能效提升，这些因素在能源转型中同样起到重要作用。

2. CCUS 将成为传统能源和化工行业清洁低碳转型的主要支撑技术

CCUS 技术将在全球能源转型与实现碳中和目标过程中发挥重要作用。IEA 将 CCUS 技术与电气化技术、氢能技术和生物质能技术并列为全球净零排放能源系统的四大主要技术。IEA 可持续发展策略中，全球 15% 的减排量来自 CCUS 技术，如果净零排放时间点从 2070 年提前到 2050 年，则须额外部署 50% 的 CCUS 项目。CCUS 技术重要性主要体现在以下四个方面。

（1）处理现有能源和工业设备的二氧化碳排放。在全球庞大的能源供需体系下，已建成的基础设施存量庞大，且投运年限相对"年轻化"。据统计，全球 40% 的钢铁厂和 60% 的电厂可运行到 2050 年，其二氧化碳排放量占全球累计排放量的比例将高达 76%，即存量设备将成为今后全球二氧化碳排放量的最主要贡献者。但由于存量资产的"年轻化"，强制关停或提前停运都将产生巨大的经济和社会问题，因此 CCUS 改造成为解决存量设备碳排放问题的最优解。IEA 预测，在电力和工业部门中由 CCUS 改造带来的二氧化碳减排贡献率在 2030 年达到 70%，到 2070 年逐步下降至 22%。

（2）为重工业与长距离运输等难减排领域提供技术可能。净零碳排放目标的实现要求对能源化工行业各部门进行全面碳减排约束，但如钢铁、水泥、化工生产等重工业部门和长距离运输部门的碳减排在现有技术条件下仍难以实现。其中，重工业部门碳排放量占总排放量的比例高达 20%，减排难题亟待解决。CCUS 是目前针对钢铁、水泥等重工业碳减排的唯一有效方法，也是天然气处理和化肥等工业部门碳减排最为经济的方法。IEA 预测，截至 2070 年，CCUS 在水泥、钢铁和化工领域的减排贡献率将分别高达 60%、30% 和 30%，成为重工业领域最为依赖的单项减排技术。此外，CCUS 技术还可为航空等长距离运输行业的合成烃燃料提供碳源，满足航空燃料的清洁低碳原料需求。

（3）为低碳制氢提供技术平台。天然气和煤炭是目前低碳制氢过程中碳元素的主要来源。CCUS 技术能够从天然气和煤炭处理过程中捕捉碳源，为低碳制氢提供源源不断的碳素供给。装有 CCUS 的化石能源制氢成本仅为电解制氢成本的50%，在推动低碳制氢规模发展方面具有明显优势。IEA 预测，2070 年全球氢气年产规模将达到 5.2 亿吨，其中 60% 来自电解水，40% 来自装有 CCUS 技术的化石能源生产。

（4）负排放技术成为实现碳中和的唯一技术路径。以 CCUS 技术为基础的生物质能碳捕集与封存（bioenergy with carbon capture and storage，BECCS）技术和空气直接捕集（direct air capture，DAC）技术将使除传统生态方法之外的负碳技术成为可能。由于部分难减排行业几乎不存在达到零排放的可能，因此 CCUS 负排放技术必将成为实现全球净零排放目标的必要且唯一技术手段。

全球范围内 CCUS 发展规模不容乐观。截至 2019 年，全球 CCUS 设备共 21套，总处理量仅 4000 万吨/年。已投运 CCUS 项目主要集中在美国，占比 50% 以上。近年来，澳大利亚、巴西、加拿大、中国等 CCUS 投产规模逐渐发展，但整体投资规模在清洁能源能效技术投资中占比持续低于 0.5%。

CCUS 关键技术成熟度低，主要应用方向单一。CCUS 关键技术环节包括捕集、运输、储存和再利用。其中，捕集环节仅化学吸附技术达到商业应用水平，运输环节尚局限于管道运输和车载，储存技术只有提高油气采收率已进行大规模应用，再利用环节则以肥料生产为主。已成熟技术在关键技术结构中占比极低，而减排贡献率占比则主要集中在待开发技术领域。IEA 预测，2030 年前，1/2 排放量的捕集都将主要依赖基础的化学吸附方法。截至 2070 年，全球二氧化碳减排量的 2/3来自目前还处于原型和展示阶段的待开发技术，而已成熟和早期应用技术贡献占比不足 1/3，CCUS 关键技术攻关亟待加强。

CCUS 技术将在全球能源低碳转型中发挥重要作用。IEA 预测，截至 2070 年，通过 CCUS 技术可减排的二氧化碳有 36% 来自电力部门，32% 来自工业生产部门，28% 来自燃料转化过程，其中 57% 的排放量来自天然气和煤炭等化石能源消费。

燃煤和燃气电厂中 CCUS 比重逐步增加，2070 年基本实现 CCUS 100%替代。CCUS 技术将分三个阶段实现全球减排目标：第一阶段重点处理现存能源基础设施产生的二氧化碳排放，并在 2030 年实现处理规模 10 亿吨/年；第二阶段重点解决水泥、钢铁等重工业部门和天然气电厂二氧化碳排放，并在 2050 年实现处理规模 57 亿吨/年；第三阶段处理规模增量主要来自 BECCS 和 DAC 等负排放技术，在 2070 年实现处理规模 103 亿吨/年。

IEA 数据显示，截至 2020 年全球二氧化碳需求量约 2.5 亿吨/年，IEA 预测到 2025 年全球二氧化碳需求量将达到 2.7 亿吨/年。目前二氧化碳的利用主要集中在尿素/化肥生产及油气提高采收率领域，分别占比 57%和 34%。二氧化碳利用方式大体上分为直接利用和转化利用两种。直接利用即不经过氧化还原等化学反应，仅通过改变其相态等简单物理参数对其进行直接利用，主要方向为食品饮料生产、金属制造、医疗保健、提高采收率及超临界二氧化碳发电等方面。转化利用则是通过一系列氧化还原反应将二氧化碳转化成燃料、化工制品或建筑材料等。清凉地球创新论坛预测，到 2030 年，建筑材料、合成燃料、混凝土固化、甲醇与聚合物合成将成为二氧化碳利用最具前景的应用领域，加速情景下减碳规模将分别达到 36 亿吨、21 亿吨、14 亿吨、0.5 亿吨和 0.02 亿吨。

二氧化碳合成燃料及合成化工中间体过程需要较高的能量，且多以电解制氢为载体；而合成聚合物、固化/合成建筑材料及促进农作物生长等方式所需外界能量较小，但取决于基础设施建设运输成本。二氧化碳利用的有利区域应最好同时具备以下条件：充足的低成本二氧化碳气源、充足反应原材料（水、建筑材料、废物垃圾）、低成本低碳能源资源丰富、储运及加工基础设施完善、有利政策扶持等。目前，合成建筑材料、合成聚合物化工产品及促进农作物生长由于前期投入低、能耗小、技术相对成熟等优势，具备早期优先发展条件。合成燃料、化学中间体及 BECCS 和微藻等生物利用手段高度依赖低成本电力、低成本碳源等技术突破，短期内不具备规模发展基础，长期（2050 年）发展前景取决于技术进步与碳市场建设完善程度。

7.2.2 可再生能源利用将逐渐取代传统化石能源成为主力电源

目前全球经济和社会的前进发展是由传统资源推进的，但传统资源的稀缺性和不可再生性必然导致能源发展转型。转型的本质是从不可持续的发展方式走向可持续的发展方式，从资源依赖走向技术依赖。技术进步可以推动持续发展和降低发展成本。历史上数次能源革命虽有力助推了人类文明和进步，但不可避免地引起了环境污染和能源公平问题，因而，追求更加清洁、安全和高效的能源和能源技术是人类发展的大趋势，可再生能源不可避免地将由增量主体逐渐取代传统化石能源成为未来的主导能源。在我国，未来发电能源占一次能源消费的比重将逐步提高，新增发电用能将主要来自非化石能源，尤其是光伏和风电。太阳能和风能发电的度电成本持续下降、装机规模大幅增加、海上风电技术逐渐成熟，推动了能源转型和可持续发展。

1. 低成本光伏技术将领跑新一轮能源发展

随着全球经济发展，多国能源供应安全和生态环境受到挑战。因而，加强开发清洁能源的研究和利用是各国为获取满足发展能源需求和应对气候变化的必经之路。太阳能是清洁可再生能源的重要组成部分，开发利用太阳能低成本光伏技术是解决全球能源危机的一种有效途径。

清洁能源发展需要迅速吸收和使用多项技术，然而，技术的变革需要时间。光伏技术是指利用光伏材料和设备将阳光转化为电能。单个光伏设备称为电池，由不同的半导体材料制成。自 1954 年第一块实用光伏电池问世以来，光伏技术进展较缓慢，但取得了长足的进步。技术进步主要来自对电池材料的探索、能效的提升和成本的下降。对电池材料的探索和能效提升主要经历了几个重要的时间节点，如图 7-6 所示。未来光伏技术的发展趋势是更为高效可靠的石墨烯电池、钙钛矿电池及有机光伏电池等技术，以期进一步提升转化效率，降低光伏成本。随着技术的发展，最终转换效率可达到 30%～50%。

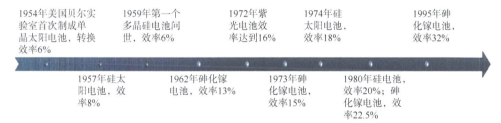

图 7-6　光伏电池材料和能效提升的重要演化阶段

我国光伏发电技术取得了新突破，晶硅电池片转换效率处于世界领先水平。2019 年规模化生产的单晶、多晶电池平均转化效率达到 22.3% 和 19.3%。钝化发射极及背面电池（passivated emitter and rear cell，PERC）技术成为各类电池制造的主流工艺，转换效率达到 20% 左右，PERC-P 型单晶电池转换效率达 22.3%。

光伏发电也逐渐取代传统化石能源成为主力电源。2009～2019 年，全球光伏装机容量年平均增速为 42.3%，2019 年全球光伏发电量达 724.1 亿千瓦时，其中我国光伏发电量达到 2243 亿千瓦时，同比增长 26.3%，如图 7-7（a）所示。全球光伏发电总装机容量前四位分别为中国（35%）、美国（10.6%）、日本（10.5%）和德国（8.3%），如图 7-7（b）所示。

　　光伏技术的发展使得电池效率提升、发电规模扩大及成本进一步下降。2019年，我国光伏发电的度电成本为 0.29～0.8 元/千瓦时，平均度电成本为 0.389 元/千瓦时，与 1976 年相比下降了 99.6%，2010～2020 年技术发展迅猛，成本降低了89%。我国光伏发电的度电成本具有明显的地方差异性，呈现北低南高、西低东高的趋势。"十四五"期间，预计我国陆上光伏发电度电成本下降至 0.22～0.462 元/千瓦时。随着材料技术进步和转化效率提高，预计到 2050 年，光伏发电成本还会下降 60%。

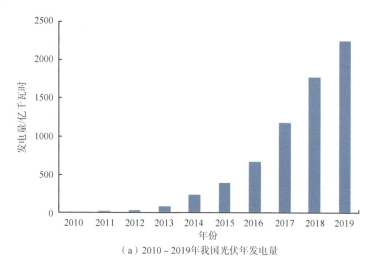

（a）2010～2019年我国光伏年发电量

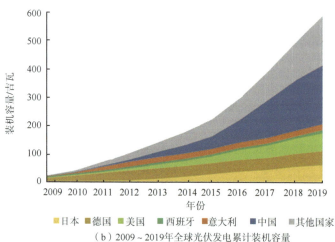

（b）2009～2019年全球光伏发电累计装机容量

图 7-7　我国光伏发电量及全球光伏累计装机容量

可再生能源，尤其是光伏，将成为未来发电装机量增长最快的电源类型。全球光伏发电量从 2008 年的不到 0.01%增长到 2018 年的 2%以上。根据 IEA 发布的《世界能源展望 2019》，随着制造和部署成本的进一步下降，以及受气候变化的政策影响，2018～2040 年，光伏年装机增速为 8.8%，发电量增速为 9.9%，将远超传统能源发电，如图 7-8 所示。光伏发电在 2035 年以后将成为全球装机规模最大的发电类型，2035 年将达到 2476 吉瓦，占全球发电装机规模的 21%。

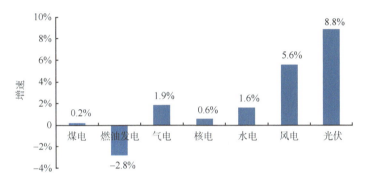

图 7-8　2018～2040 年全球各类型发电装机平均增速
资料来源：IEA《世界能源展望 2019》

长期能源前景的预测需要对学习速率和技术进步做出重要假设，因而不同机构对太阳能发电前景的预测有所差异。Shell Sky（壳牌的天空）显示出最快的增长，到 2040 年全球太阳能发电量将超过 12 000 亿千瓦时（并在随后的几十年中继续快速增长）。bp、Equinor 和 IEA 提出的雄心勃勃的气候情景也显示了太阳能的迅速崛起。

未来太阳能发电将在哪里进行？2018 年，以中国和日本为首的亚太地区占全球太阳能发电量的 43%。2020 年大多数机构预测显示，全球新能源继续呈现大国领跑特征，主要集中在中国、日本、欧洲、印度和美国等国家和地区。

我国未来电力系统将逐步成为能源生产、输送和消费的中心。发电用能占一次能源消费的比重将迅速上升，其中新增发电用能将主要来自非化石能源，清洁能源发电到 2035 年将占据总发电量的半壁江山，如图 7-9 所示。太阳能发电和风电将迅速发展，到 2035 年装机量达到约 7 亿千瓦和 9 亿千瓦，2050 年达到约 12 亿千瓦和 16 亿千瓦。

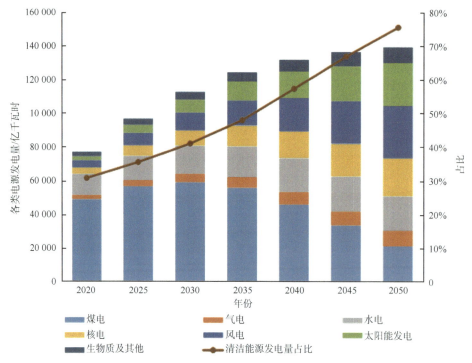

图 7-9　2020～2050 年我国清洁能源发电量比重预测
资料来源：国网能源研究院有限公司

2. 风电技术迅猛发展，海上风电将成为未来发展方向

与传统能源相比，风能资源储量十分丰富，资源潜力超过 30 亿千瓦；能源结构中含碳量极少，对环境污染和影响较小；同时分布十分广泛，从海上到陆地均可以开发，有利于小规模分散式开发利用。

风能发电主要是利用风力涡轮机，将风的动能转化成为电能。现代商用风力涡轮机是通过使用旋转能驱动发电机来发电，由叶片、转子及机舱外壳组成，外壳位于高塔顶端含有动力传动系统。最普遍的风力涡轮机叶片长度约为 40 米，连接到约 80 米的高塔上。小涡轮机可用于单个房屋供电，而风力电厂是将许多涡轮机组合在一起，从而提供较大能量。

现代风力涡轮机越来越具有成本效益和更可靠的性能，并且已经扩大到几兆瓦的额定功率，大型化已经成为我国风电机组发展的主流趋势。自 1999 年以来，涡轮机的平均发电量持续增加，到 2019 年，4～5 兆瓦的机型已经成为我国陆上风电的主要机型，很多厂家的风机功率已经超过 5 兆瓦。我国海上风电机组规模也在持续扩大，5 兆瓦的机型已经成为我国海上风电招标的主流机型，7 兆瓦的机组已经实现商业运行，10 兆瓦的机组正在加快国产化进程。

　　风电技术在 2009～2019 年发展迅速，海上风电将成为下一步的发展方向。自 2009 年到 2019 年，十年间，全球风电装机容量年平均增速为 17.2%。2019 年全球风力发电量达 1420.5 太瓦时，其中我国风力发电量达到 405.3 太瓦时，同比增长 10.9%，如图 7-10（a）所示。2019 年全球风电总装机容量为 621.3 吉瓦，海上风电约占总装机量的 4%，且比例逐年增长如图 7-10（b）所示。2019 年全球总装机容量前四位分别为中国（33.8%）、美国（16.6%）、德国（9.8%）和印度（6%）。

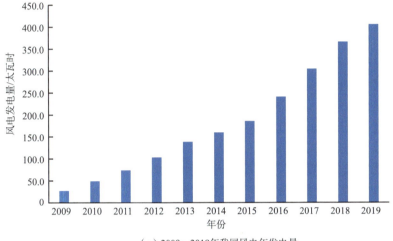

（a）2009～2019年我国风电年发电量

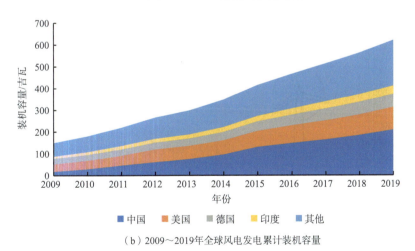

（b）2009～2019年全球风电发电累计装机容量

图 7-10　2009～2019 年我国风电年发电量和全球风电发电累计装机容量

　　2019 年全球风电新增装机量超过 60 吉瓦，比 2018 年增长 19%。陆上风电市场的新增装机量达到 54.2 吉瓦，而海上风电市场超过了 6 吉瓦的里程碑，占全球新增的 10%，是截止到 2019 年的最高水平。2019 年全球新增装机量排名前五的市场是中国、美国、英国、印度和西班牙，这五个市场合计占了70%全球新增装机量。就累计安装量而言，前五个市场是中国、美国、德国、印度和西班牙，占总数的72%。

中国作为全球最大的风电市场，2019年并网了23.8吉瓦的陆上风电，陆上安装总数增加到230吉瓦。2018年和2019年，我国陆上风能行业经历了监管改革的重要时期。2019年，国家发展和改革委员会为"无补贴"陆上风电制定了明确的路线图。从2021年1月1日开始，所有新批准的陆上风电项目将进入电网平价，陆上风电新装置将由无补贴项目（主要驱动力）和分布式风电驱动。

风电技术的成本逐年降低，2009~2019年风电成本降低近70%，仍有较大的下降空间。2019年，我国陆上风电的度电成本为0.315~0.565元/千瓦时，平均度电成本为0.393元/千瓦时。截止到2019年，西北地区是我国风电度电成本最低的地区，东北和西南大部分地区的度电成本较低。然而，受到风能资源、土地和开发成本因素的限制，中东部、西藏和广东地区的度电成本相对较高。"十四五"期间，预计我国风电的度电成本下降至0.241~0.447元/千瓦时。预计到2050年，风电发电成本还会下降25%。

考虑到资源充足性、巨大的市场潜力和成本竞争力，陆上风电有望在2020~2030年推动全球多个地区的可再生能源总体增长。根据IRENA预测，在2019~2050年，全球陆上风电装置的年均累计年装机容量增速将超过7%，如图7-11所示。这意味着，相较2018年的542吉瓦，到2030年，全球陆上风电的总装机容量将增长两倍以上，至1787吉瓦；到2050年将增长近九倍，接近5044吉瓦。

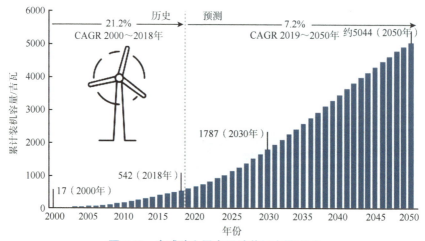

图7-11 全球陆上风电累计装机容量预测

资料来源：IRENA 2019年报告

CAGR 即 compound annual growth rate，复合年均增长率

在 2020～2050 年，海上风电市场将迅速增长，根据 IRENA 预测，全球海上风电总装机容量将从 2018 年的 23 吉瓦增长到 2030 年的 228 吉瓦，到 2050 年将近 1000 吉瓦，如图 7-12 所示。到 2050 年，海上风能将占全球总装机容量 6044 吉瓦的近 17%。这反映了接下来的三十年平均年均累计装机容量增速为 11.5%。

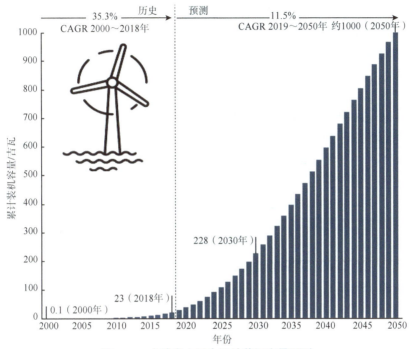

图 7-12　全球海上风电累计装机容量预测

资料来源：IRENA 2019 年报告

7.3　智慧能源综合利用系统

7.3.1　智能电网是全面推进能源转型、构建分布式供应与集中消纳高效能源体系的保障

智能电网就是电网的智能化，也被称为"电网 2.0"，是建立在集成的、高速双向通信网络的基础上，通过先进的传感和测量技术、先进的设备技术、先进的控制方法及先进的决策支持系统技术的应用，实现电网的可靠、安全、经济、高效、环境友好和使用安全的目标，其主要特征包括自愈、激励和保护用户、抵御攻击、提供满足用户需求的电能质量、容许各种不同发电形式的接入、推动电力

市场及资产的优化高效运行。

发展智能电网是社会经济发展的必然选择。为实现清洁能源的开发、输送和消纳，电网必须提高其灵活性和兼容性。为抵御日益频繁的自然灾害和外界干扰，电网必须依靠智能化手段不断提高其安全防御能力和自愈能力。为降低运营成本，促进节能减排，电网运行必须更为经济高效，同时须对用电设备进行智能控制，尽可能减少用电消耗。分布式发电、储能技术和电动汽车的快速发展，改变了传统的供用电模式，促使电力流、信息流、业务流不断融合，以满足日益多样化的用户需求。

全球智能电网市场规模快速增长，电网分散化和数字化进一步增强。数据显示：近年来全球智能电网市场规模快速增长，预计智能电网市场规模从 2018 年的 238 亿美元增长至 2023 年的 613 亿美元。2018～2023 年 CAGR 为 20.8%。世界各地的公司都采用了更先进的技术，包括人工智能和数字孪生。美国监管机构似乎正在推进基于绩效的监管，欧盟委员会推出了清洁能源一揽子计划，其中包括一系列措施，以帮助电网运营商部署更智能的技术。

电网投资整体下降，但技术变得更加智能。2019 年，电网投资连续第三年下降，比 2018 年的水平下降 7%，仅略低于 2750 亿美元。相比之下，对全套数字技术的投资，包括高级计量基础设施、自动化设备和电动汽车充电基础设施，占电网总投资的 15%以上。2019 年，美国 10 年来首次超过中国，成为电网投资的领头羊。继 10 年前开始的持续上升趋势之后，美国的投资增长了 12%。需要加大力度升级老化的基础设施，将交通和供热等行业数字化和电气化，并确保电网免受自然灾害和网络攻击。在欧洲，投资稳定在近 500 亿美元，随着可再生能源和电气化变得更加重要，用于升级和翻新现有电网的支出也在增加。

智能电网的投资仍然集中在硬件上，从数字变电站到智能计量和其他电力工程设备。虽然对软件支出的报告还不常见，但是世界各地的案例已经表明，它们正在越来越多地采用复杂的软件工具。欧洲[Iberdrola(西班牙伊维尔德罗拉公司)、ENEL（意大利国家电力公司）、RTE（法国输电网公司）和 E.ON（德国意昂集团）]和美国[Exelon（爱克斯龙）、Duke Energy（杜克能源）和 Edison International（爱迪生国际）]的公用事业和电网公司报告了软件方面的创纪录支出。

智能电网既是电网技术发展的必然趋势，也是社会经济发展的必然选择。智能电网是电网技术发展的必然趋势。通信、计算机、自动化等技术在电网中得到广泛深入的应用，并与传统电力技术有机融合，极大地提升了电网的智能化水平。传感器技术与信息技术在电网中的应用，为系统状态分析和辅助决策提供了技术支持，使电网自愈成为可能。调度技术、自动化技术和柔性输电技术的成熟发展，为可再生能源和分布式电源的开发利用提供了基本保障。通信网络的完善和用户信息采集技术的推广应用，促进了电网与用户的双向互动。随着各种新技术的进一步发展、应用并与物理电网高度集成，智能电网应运而生。发展智能电网是社会经济发展的必然选择。为实现清洁能源的开发、输送和消纳，电网必须提高其灵活性和兼容性。为抵御日益频繁的自然灾害和外界干扰，电网必须依靠智能化手段不断提高其安全防御能力和自愈能力。为降低运营成本，促进节能减排，电网运行必须更为经济高效，同时须对用电设备进行智能控制，尽可能减少用电消耗。分布式发电、储能技术和电动汽车的快速发展，改变了传统的供用电模式，促使电力流、信息流、业务流不断融合，以满足日益多样化的用户需求。

7.3.2　高效安全储能技术是可再生能源规模发展的必要基础

随着全球能源格局正在发生由依赖传统化石能源向追求清洁高效能源的深刻转变，全球能源结构也正经历前所未有的深刻调整。无论是从电力能源总量结构，还是从装机增量结构及单位发电成本构成看，可再生能源等清洁能源发展势头迅猛，已成为全球能源转型的核心引擎。但由于风能、光能等分布式非水可再生能源主要以电能为终端用能载体，且具有源头不可控性，如何维持庞大配套电力系统的经济性、灵活性和运行可靠性，推动可再生能源的电网高比例融合将成为可再生能源规模发展面临的首要难题。在能源系统电气化的推动下，电网转型需要额外的庞大储能能力，以满足电网灵活性需求，储能产业和储能技术将成为解决上述问题的核心支撑。储能技术的创新突破将成为带动可再生能源加速发展及全球能源格局革命性、颠覆性调整的重要引领技术。储能设施的加快建设将成为构建更加清洁低碳、安全高效的现代能源产业体系的重要基础设施。

目前全球仍以抽水储能为主，电化学储能将迎来高速发展。截至 2019 年底，全球已投运储能项目累计装机规模 183.1 吉瓦，同比增长 1.2%。其中，抽水蓄能占比 92.6%，电化学储能占比 5.2%。电化学储能结构中以锂电池为主，占比 88.8%。由于抽水储能能量密度低，受地形限制严重，且存在建设周期长、建设成本高、无法满足分布式用户储能等应用场景，未来发展空间受限。电化学储能具有不受自然条件影响、锂离子电池能量密度高、工作电压大等诸多优势，将成为储能行业未来发展的重要方向。

在全球范围内，储能装机容量继续以指数速度增长。IEA 数据显示，2017 年至 2018 年，全球产能翻了一番，达到 8 吉瓦时；2019 年全球已投运电化学项目累计装机规模为 9520.5 兆瓦，较 2018 年同比增长 43.7%。抽水蓄能仍是主要的储能方式，抽水蓄能装机容量占全球储能装机规模的 92.6%，如图 7-13 所示。紧随其后的是最有潜力的电化学存储器（电池）。电动机械存储也存在巨大的潜力。IEA 预测，截至 2040 年，全球抽水蓄能容量将较 2019 年增加 2/3。电化学储能增速更具优势，届时电池蓄能容量将与抽水蓄能平分秋色。

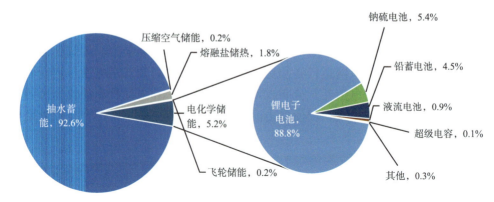

图 7-13 2019 年全球储能项目结构分布

2019 年储能项目容量增速放缓，但长期增长趋势向好。据 IEA 数据，2019 年安全问题频发导致全球新增储能装机容量近十年来首次下降，如图 7-14 所示。2019 年全球电力系统储能装机容量新增约 3 吉瓦，较 2018 年下降接近 10%，结束了近十年的连续增长势头。这归因于储能领域关键技术相对处于早期阶段，且储能项目只集中在少数国家和地区，政策依赖性强。其中，韩国储能新增装机容量较 2018 年下降 80%，欧洲储能装机容量增长率同比下降 40%。为实现可持续发展目标，全球储能市场将迎来高速增长，年均增速需维持两位数以上。彭博新能源财经预测，截至 2040 年，全球储能累计装机规模将高达 1095 吉瓦，是 2019 年装机容量的 122 倍。其中中国、美国和印度将成为主要增长点，2040 年装机容量占比接近 50%。储能发展区域集中化程度持续加强，包括中国、美国在内，排名前十的国家

图 7-14 2013～2019 年全球储能新增装机容量

装机容量总和占全球总量高达 75%。IEA 预测，截至 2040 年，全球电池储能装机容量将达到 220 吉瓦，为 2019 年电池储能装机容量的 10 倍。分布区域主要集中 5 在中国、印度和美国，占比约 64%。

全球储能项目分布相对集中，中国、美国、日本为储能项目发展大国。截至 2019 年底，全球储能项目装机主要分布在亚洲的中国、日本、印度和韩国，欧洲的西班牙、德国、意大利和法国，以及美国，上述国家总装机容量占比超过 80%。其中美国、中国的储能项目累计装机容量分居全球前两位，分别为 33.4 吉瓦和 32.3 吉瓦。电化学储能方面呈现出相同趋势，2019 年全球新增投运的电化学储能项目主要分布在 49 个国家和地区，我国装机规模排名第一，排名前十位的国家分别是中国、美国、英国、德国、澳大利亚、日本、阿拉伯联合酋长国、加拿大、意大利和约旦，规模合计占 2019 年全球新增总规模的 91.6%。在储能技术创新发展方面，日本、欧盟、美国和韩国处于绝对领先位置，创新成果在全球占比高达 85%，中国占比约为 6%。

储能项目成本持续降低，新能源电站储能空间广阔。2019 年一个完成安装的、4 小时电站级储能系统的成本范围为 300~446 美元/千瓦时，处在一个持续下降的阶段。根据彭博新能源财经的预测，2025 年储能项目总成本有望降至 203 美元/千瓦时，2030 年储能项目总成本有望降至 165 美元/千瓦时，相对于 2019 年分别降幅为 38.7%、50.2%。同时，随着可再生能源成为全球能源系统的主要发展方向，新能源电站储能将迎来广阔的发展空间。为保障可再生能源配套电网充分消纳，储能配置需求有望快速释放。

氢能作为一种潜在的长周期、高灵活性的储能方式，构成与可再生能源发展的完美互补。一方面，近年来由于风能和光能发电成本的急剧下降，间接降低了电解制氢成本，激发了全球能源行业对可再生能源低碳制氢的广泛热情。2015~2019 年全球电解制氢装机容量增量较 2010~2014 年增长 110%，电解制氢项目平均规模也从 0.45 兆瓦攀升至 6 兆瓦。2014~2023 年全球电解制氢装机容量年增量变化与趋势如图 7-15 所示。2019 年全球低碳制氢产量为 0.36 兆吨，约为 2010 年年产量的 9 倍，如图 7-16 所示，在规划项目 2023 年年产量将达 1.45 兆吨。IEA 预测，到 2030 年全球低碳制氢年产量将高达 792 万吨，平均年增长率约 45%。另一方面，氢作为一种长期、大规模储能介质，能够完美解决风光等可再生能源对季节性调峰的需求。IEA 计算结果显示，若储能的充放电维持时间大于 50 小时，氢气是最具价格优势的储能方式。

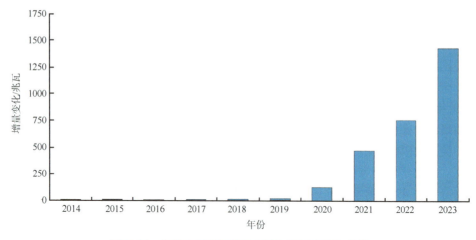

图 7-15　全球电解制氢装机容量年增量变化与趋势

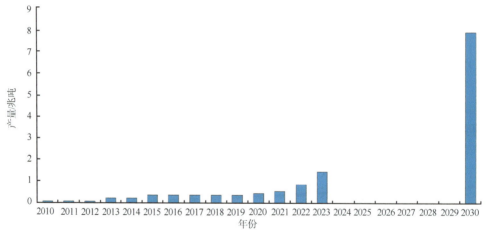

图 7-16　全球电解制氢年产量变化与趋势

2024～2029 年数据未显示

　　从国际来看，在全球监管机构、投资者和消费者转向脱碳的支持下，氢能正受到前所未有的关注和投资。麦肯锡数据显示，在 2021 年初，30 多个国家发布了氢路线图，宣布了两百多个氢项目和雄心勃勃的投资计划，世界各国政府承诺了七百多亿美元的公共资金。这种势头存在于整个价值链，并加速降低氢气生产、传输、分销、零售和终端应用的成本。目前，整个价值链上有两百多个氢能项目，其中 85% 的全球项目起源于欧洲、亚洲和澳大利亚，美洲、中东和北非的活动也在加速。如果所有项目都取得预期成果，到 2030 年，在氢能产业链方面的总投资将超过 3000 亿美元，相当于全球能源资金的 1.4%。在政府财政支持和监管的支持下，全球向脱碳的转变支持了这一势头。例如，占世界生产总值一半以上的 75 个国家有实现净零碳排放的雄心，三十多个国家有专门针对氢的战略。各国政府已经承诺投资七百多亿美元，并包括新的产能目标和部门层面的监管，以支持这些氢计划。例如，欧盟已经宣布了到 2030 年电解槽产能达到 40 吉瓦的目标（2019 年还不到 0.1 吉瓦），超过 20 个国家已经宣布在 2035 年前禁止内燃机汽车的销售。

　　从国内来看，根据《2021 年中国氢电产业发展蓝皮书》，截至 2020 年底，我国在建和已建加氢站共 181 座，已经建成 124 座，其中 2020 年建成加氢站 55 座，如图 7-17 所示。现有加氢站主要分布在广东、山东、江苏和上海等地，加氢站保有量均在 10 座以上。从加氢站的功能来看，国内合建站占比逐年提高。国内正积极探索加氢站与加气充电站、加油站等联合建设和运营模式。2019 年到 2020 年，中国石油化工集团有限公司、中国石油天然气集团有限公司、中国海洋石油集团有限公司、国家能源集团、国家电力投资集团有限公司等央企在加氢站上的建设投入开始增大。国内加氢站建设运营主体由前期的燃料电池企业、加氢站设备总成企业等逐渐向央企、各地方能源型企业转移。

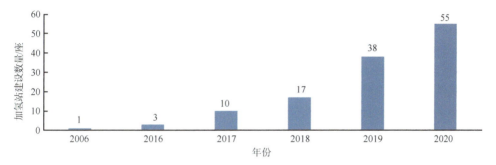

图 7-17　2006～2020 年中国加氢站建设数量分布

第8章　我国中长期能源需求预测

　　近年来伴随着全球能源格局的深化演变，以清洁、高效、可持续为特征的能源技术革命加速推进，绿色低碳发展理念逐渐深入人心。"绿水青山就是金山银山"和"建设生态文明"的理念已经成为中华民族永续发展的根本大计，能源结构转型和清洁利用是我国既定发展方针。2020年9月22日，习近平总书记在第七十五届联合国大会上提出，"中国将提高国家自主贡献力度，采取更加有力的政策和措施，二氧化碳排放力争于2030年前达到峰值，努力争取2060年前实现碳中和"[①]。2020年11月12日，习近平主席在第三届巴黎和平论坛致辞中再度表明"中国将提高国家自主贡献力度，力争2030年前二氧化碳排放达到峰值，2060年前实现碳中和"[②]。随后在二十国集团领导人利雅得峰会"守护地球"主题边会上进一步表示"中国言出必行，将坚定不移加以落实"[③]。2020年12月12日，习近平主席在气候雄心峰会上进一步宣布，"到2030年，中国单位国内生产总值二氧化碳排放将比2005年下降65%以上，非化石能源占一次能源消费比重将达到25%左右，森林蓄积量将比2005年增加60亿立方米，风电、太阳能发电总装机容量将达到12亿千瓦以上"[④]。这一目标对我国能源结构调整提出了更高的要求，也带来了深远的影响。党的十九届五中全会通过的《中共中央关于制定国民经济和社会发展第十四个五年规划和二〇三五年远景目标的建议》对能源、环境、生态和气候变化都提出了具体的发展要求。由此，中国能源发展进一步向清洁、低碳、安全、高效、方向转型的路径已经非常清晰。

　　能源转型需要有先进的能源技术作为支撑，因为能源技术是引领能源产业变

---

　　① 《习近平在第七十五届联合国大会一般性辩论上的讲话（全文）》，http://www.xinhuanet.com/politics/leaders/2020-09/22/c_1126527652.htm[2020-09-22]。

　　② 《习近平在第三届巴黎和平论坛的致辞（全文）》，https://baijiahao.baidu.com/s?id=1683161218719654610&wfr=spider&for=pc[2020-11-12]。

　　③ 《习近平在二十国集团领导人利雅得峰会"守护地球"主题边会上的致辞（全文）》，http://www.cidca.gov.cn/2020-11/23/c_1210899345.htm[2020-11-23]。

　　④ 《习近平在气候雄心峰会上的讲话（全文）》，http://www.cidca.gov.cn/2020-12/14/c_1210930656.htm[2020-12-14]。

革、实现创新发展的原动力。环顾当今世界可以看到，新一轮科技革命突飞猛进，信息技术、生物技术、制造技术、新材料技术、新能源技术等领域的颠覆性技术不断涌现，人工智能、互联网、大数据等新兴技术与传统能源技术相结合，孕育出以绿色、智能、泛在为特征的能源领域重大技术变革。这些变革将促进我国能源体系朝着清洁低碳、安全高效、智能多元、便利经济的方向发展，从而助力我国经济社会的高质量发展。

　　鉴于上述背景，本章主要内容是结合当前国内外发展形势，在对能源领域先进技术和变革性技术进行预见的基础上，以全面建成社会主义现代化强国为远景目标，采用情景分析等方法对我国中长期能源需求进行预测，并提出我国中长期二氧化碳减排路径，以期为我国新时代的能源高质量发展提供政策建议。

8.1　研　究　方　法

8.1.1　总体思路

　　图 8-1 为研究思路示意图。自改革开放以来，我国抓住经济全球化机遇，参与国际经济大循环，推动经济持续快速增长。进入新发展阶段，我国发展面临的环境更加深刻和复杂，同时充满各种变化。在这错综复杂的国际环境大背景下，《中共中央关于制定国民经济和社会发展第十四个五年规划和二〇三五年远景目标的建议》指出，"加快构建以国内大循环为主体、国内国际双循环相互促进的新发展格局，推进国家治理体系和治理能力现代化，实现经济行稳致远、社会安定和谐，为全面建设社会主义现代化国家开好局、起好步"。这为新时代的中国经济发展进一步指明了方向。国家主席习近平向国际社会提出的碳减排承诺体现了大国担当。碳减排承诺的提出不仅对我国能源的高质量发展提出了更高的要求，也为中国的能源低碳转型坚定了前进的方向。本章的总体思路是结合我国经济社会发展、碳减排承诺及能源安全新战略，以能源技术创新作为驱动力设计不同情景预测我国中长期能源需求，进而推演我国实现碳中和目标的中长期能源低碳发展路径。

　　本章首先在社会经济驱动和能源技术驱动基础上预测我国不同行业的终端能源需求，其次在社会经济和能源技术双驱动下预测我国不同能源转换部门的供能潜力，并对我国一次能源供应做出预判。综合考虑能源政策约束和气候政策约束，结合能源技术进步设立基准情景和强化低碳情景来描绘我国中长期能源需求及碳排放情形，并从碳中和目标导向和能源转型问题导向视角提出我国中长期能源低碳转型路径。研究采用的方法主要包括计量经济相关方法、专家分析法、德尔菲问卷法和情景分析法等。

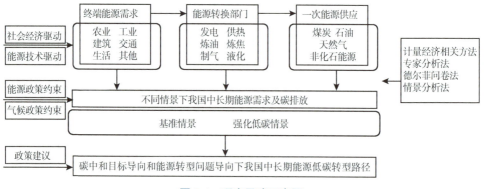

图 8-1　研究思路示意图

8.1.2　情景设置

如表 8-1 所示，本章主要设置了基准情景和强化低碳情景两个情景。情景设置的指导思想是以 2035 年基本实现社会主义现代化远景目标和 2060 年前努力实现碳中和为目标导向。党的十九届五中全会统筹中华民族伟大复兴战略全局和世界百年未有之大变局，提出了"十四五"时期经济社会发展主要目标和到 2035 年基本实现社会主义现代化远景目标，包括"关键核心技术实现重大突破，进入创新型国家前列；基本实现新型工业化、信息化、城镇化、农业现代化，建成现代化经济体系""广泛形成绿色生产生活方式，碳排放达峰后稳中有降，生态环境根本好转，美丽中国建设目标基本实现""人均国内生产总值达到中等发达国家水平，中等收入群体显著扩大，基本公共服务实现均等化，城乡区域发展差距和居民生活水平差距显著缩小""人民生活更加美好，人的全面发展、全体人民共同富裕取得更为明显的实质性进展"，2021 年新冠疫情得到有效控制，社会经济各方面恢复疫情前的发展水平；两个情景均保持同样的经济社会发展水平。

表 8-1　情景设置基本原则

情景名称	情景描述
基准情景	能源气候政策趋于严格，碳排放于 2030 年达峰，2060 年实现碳中和；能源效率水平提高；能源低碳转型推进；能源技术创新发展；终端电气化与可再生能源稳步发展；CCS/CCUS 技术示范应用
强化低碳情景	能源气候政策更加强化，碳达峰和碳中和时间均有所提前；能源效率大幅提高；能源低碳转型强力推进；能源颠覆性技术取得突破；终端电气化与可再生能源快速发展；CCS/CCUS 技术在 2030 年前后开始规模应用

基于上述目标，两大情景的主要设置原则见表 8-1。两大情景的设置都是基于我国经济社会发展保持在同样的水平。基准情景和强化低碳情景二者根据能源技术的发展水平和推广应用力度进行区分。例如，在基准情景，能源技术创新取得显著成效，终端电气化和可再生能源稳步发展，CCS/CCUS 技术处于示范应用阶段。在强化低碳情景，能源颠覆性技术取得突破，终端电气化和可再生能源快速发展，CCS/CCUS 技术在 2030 年前后开始规模化应用。

8.1.3　主要参数

1. 宏观经济社会参数

（1）人口。诸多研究表明，我国人口预计在 2030 年增速放缓，逐步进入峰值平台期。综合各类研究，本章假设 2025 年我国人口达到 14.4 亿人，2030 年为 14.6 亿人，2035 年达到 14.68 亿人，如图 8-2 所示。2015～2019 年，中国人口年均增长率为 0.5%，预计"十四五"期间人口年均增长率为 0.4%，"十五五"期间人口年均增长率为 0.3%，"十六五"期间人口年均增长率为 0.1%。

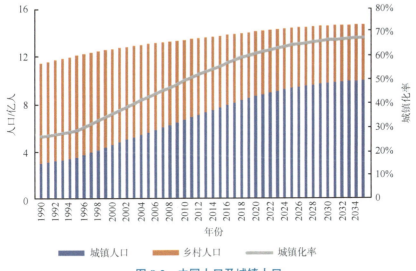

图 8-2　中国人口及城镇人口

我国新型城镇化深入推进，加速促进资源要素的开放和流动，不断缩小城乡差距，使得城镇化水平持续稳步提升。预计 2025 年城镇化率为 65%，2030 年城镇化率为 67%，2035 年城镇化率达到 68%，城镇人口数量分别达到 9.36 亿人、9.78 亿人和 9.98 亿人。2015～2019 年，中国城镇人口年均增长率为 2.4%。预计"十四五""十五五""十六五"期间中国城镇人口年均增长率分别为 1.5%、0.9% 和 0.4%。

（2）经济。2020 年新冠疫情的全球大流行，给全球经济运行带来了很大的不确定性。受新冠疫情冲击，2020 年我国经济走过跌宕起伏的一年：第一季度大幅下挫 6.8%；随着疫情防控取得成效和复工复产的推进，第二季度我国经济恢复到 3.2%的增长；第三季度经济增速走高至 4.9%；第四季度经济增长 6.59%，2020 年全年我国经济增速为 2.3%。在疫情进入下半场之际，尽管各国为应对疫情出台了大规模刺激政策，但全球经济在 2021 年仍存在很大的不确定性。对中国而言，2021 年我国加快构建以国内大循环为主体、国内国际双循环相互促进的新发展格局，如扩大内需、要素市场化改革、"卡脖子"项目攻关有望进一步推进，这为我国经济的平稳增长提供了更为扎实的基础。2020 年 6 月，国际货币基金组织（International Monetary Fund，IMF）预测 2020 年中国经济增长速度为 1.0%，2021 年经济增速提至 8.2%；2020 年 10 月，IMF 将中国 2020 年的经济增速上调至 1.9%，2021 年仍维持在 8.2%。2020 年，中国宏观经济论坛预测 2021 年我国在经济的持续复苏和基数因素驱动下，各类宏观参数将全面反弹，经济增速将达到 8.1%。ETRI 预判 2021～2035 年我国经济年增速保持在 5%。综合各方预测，本章对中国 2020～2035 年经济增速的预判如下：2022～2025 年保持在 6.0%的水平；2025～2030 年中速增长，年均增速约为 5.5%；2030～2035 年的年均增速保持在 5.0%左右，如表 8-2 所示。

表 8-2　中国经济增速

指标	2022～2025 年	2025～2030 年	2030～2035 年
经济增速	6.0%	5.5%	5.0%

（3）产业结构。进入 2020 年后，经济高质量发展促使产业结构持续优化升级成为我国经济结构调整的主旋律，第三产业的比重持续上升。第一产业生产力水平进一步提升，产业增效、产品提质、生态改善、制度创新等多管齐下加速推进农业农村生态化。黑色金属、有色金属等高耗能行业发展总体处于峰值平台期，数字经济蓬勃兴起，互联网、大数据、人工智能与制造业深度融合助推第二产业持续向新型工业化、信息行业等第三产业转型。"新型基础设施建设"的发展助力服务业数字化转型，第三产业对经济的支撑作用更加明显。如图 8-3 所示，农业和工业在产业结构中的占比下降，建筑业和交通运输业的占比保持平稳趋势，其他第三产业的占比呈快速增长态势。综合预判，2020 年我国第一产业、第二产业和第三产业的比重为 7.3∶39.3∶53.4；2025 年第一产业、第二产业和第三产业的比重为 6.5∶37.0∶56.5；2030 年第一产业、第二产业和第三产业的比重为 6∶34.5∶59.5；2035 年第一产业、第二产业和第三产业的比重调整至 5.5∶30∶64.5。

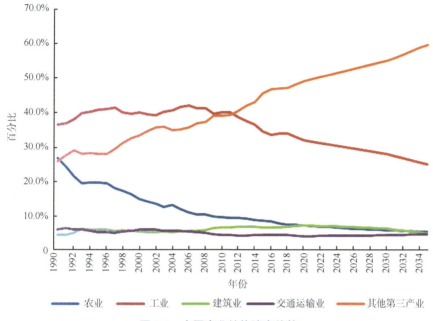

图 8-3　中国产业结构演变趋势

2. 能源技术参数对比

表 8-3 为两个情景的主要参数设置。在能源利用效率方面，基准情景下终端各部门和能源转换部门的能源利用效率均有所提升，强化低碳情景下能源利用效率的提升幅度有所增加。在能源技术方面，两个情景下可再生能源的发展力度都持续加强。例如，强化低碳情景下可再生合成燃料技术、可再生能源大规模制氢等关键技术取得突破使得氢能、可再生燃料等在交通运输业、工业等领域的替代效益增强。再如，强化低碳情景中 CCUS 等技术将在 2030 年后开始大规模应用。

表 8-3　情景主要参数设置

参数设置	基准情景	强化低碳情景
经济社会	2021 年新冠疫情得到有效控制，经济增速恢复至 8.0%，2022～2025 年经济增速保持在 6.0%，"十五五"和"十六五"期间经济年增速分别为 5.5% 和 5.0%。人口总量保持缓慢增长，"十四五""十五五""十六五"期间人口年均增长率分别为 0.4%、0.3% 和 0.1%，城镇化率分别为 65%、67% 和 68%	
能源效率	工业能源强度"十四五""十五五""十六五"期间分别每年下降 1.5%、2.0% 和 3.0%；建筑能源强度分别下降 1.5%、2.0% 和 3.0%；其他第三产业能源强度平均每年降低 4.0%；交通部门综合能源强度平均每年下降 1.5%	工业能源强度"十四五""十五五""十六五"期间分别每年下降 2.8%、3.0% 和 2.6%；建筑能源强度分别下降 2.0%、2.2% 和 1.6%；其他第三产业能源强度平均每年降低 4.6%；交通部门综合能源强度平均每年下降 2%

续表

参数设置	基准情景	强化低碳情景
能源技术	煤炭清洁转换技术在"十四五"期间进一步发展；风、光等可再生能源技术竞争力提升，低成本太阳能光伏技术在 2025 年取得关键进展；分布式供能和智能微网技术在 2025 年后具备应用竞争性；电动汽车按照现阶段规划持续推进，氢燃料电池技术稳步发展；CCUS 技术示范应用	低成本光伏和深远海风电关键技术在 2025 年后取得突破并加以应用；可再生能源与储能相融合的技术在 2030 年前后取得突破；先进核能技术在"十五五"期间取得突破；可再生合成燃料技术、可再生能源大规模制氢等关键技术在 2030 年前后取得突破；CCUS 在 2030 年后规模化商业应用
碳排放约束	2030 年前碳达峰	2060 年前实现碳中和

8.2　中长期能源需求预测结果

8.2.1　一次能源需求

1. 一次能源需求总量

经济社会的发展需要能源作为推动力，同样，经济社会的高质量发展也需要能源来提供高质量的动力。图 8-4 为不同情景下我国一次能源需求总量。基准情景下，我国一次能源需求总量在 2025 年将达到 55.3 亿吨标准煤，2035 年达到 59.6 亿吨标准煤。强化低碳情景下，2025 年我国一次能源需求总量为 54.1 亿吨标准煤，2035 年达到 55.6 亿吨标准煤。能源需求总量的大小受经济社会、能源技术、政策

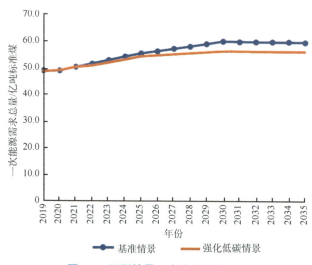

图 8-4　不同情景一次能源需求总量

因素等多方综合影响。2019 年，我国一次能源消费总量为 48.7 亿吨标准煤，相比 2005 年增长了 47.8%，能源消费总量保持 4.5% 的年均增长速度。在碳中和政策目标的驱动下，2019~2035 年我国一次能源需求总量的增速放缓，基准情景下一次能源需求总量的年均增速为 1.3%，强化低碳情景下一次能源需求总量的年均增速为 0.9%。

2. 化石能源需求总量

未来化石能源需求减少是顺应碳中和目标的必然趋势。基准情景下，化石能源需求从 2019 年的 41.3 亿吨标准煤提高至 2027 年的 46.1 亿吨标准煤，2028 年化石能源需求进入峰值平台期后开始缓慢下降，2030 年化石能源需求降低至 44.9 亿吨标准煤，2035 年进一步降低至 42.9 亿吨标准煤，如图 8-5（a）所示。强化低碳情景下，化石能源需求到 2025 年为 43.3 亿吨标准煤，2030 年化石能源需求降至 41.0 亿吨标准煤，2035 年进一步降低至 38.1 亿吨标准煤，如图 8-5（b）所示。可见，基准情景下化石能源需求总量在 2027 年左右进入峰值平台达峰趋于稳定，2030 年开始缓慢下降；强化低碳情景化石能源需求在 2025 年左右实现达峰。具体到品种来看，煤炭需求的变化趋势同化石能源需求的变化趋势一致，基准情景下煤炭需求在 2025 年左右达峰，随后开始下降，强化低碳情景下煤炭需求持续下降。从天然气的需求变化趋势看，基准情景下天然气的需求在 2019~2030 年保持年均 7.9% 的增长速度，2030~2035 年天然气的需求量保持稳定增长，年均增速保持在 1.8%，2035 年为 9.8 亿吨标准煤；强化低碳情景下天然气的需求在 2030 年前保持年均 7.6% 的增速，2035 年需求量降至 9.5 亿吨标准煤。

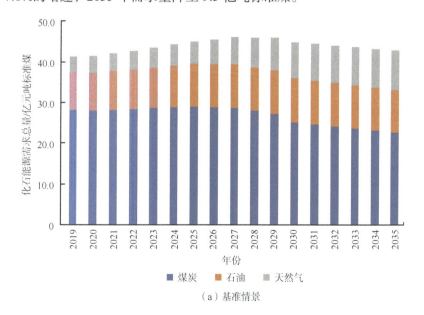

（a）基准情景

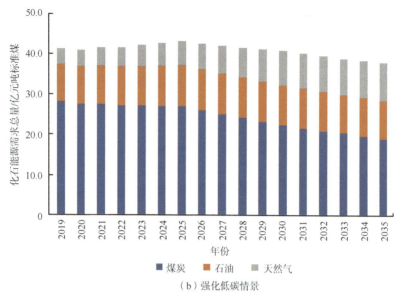

（b）强化低碳情景

图 8-5　不同情景化石能源需求总量

3. 一次能源结构

现阶段，推动绿色产业复苏成为引领经济增长的新一轮增长点，绿色产业复苏的更快发展推动非化石能源的竞争力不断增强。从能源结构看，未来我国能源结构持续向低碳方向深入发展。如图 8-6 所示，我国煤炭占一次能源的比重持续下降，非化石能源消费的占比稳步上升。2019 年，我国一次能源消费结构中煤炭占比为 57.8%，石油占比为 18.9%，天然气占比为 8.0%，非化石能源占比为 15.3%。基准情景下，2035 年我国一次能源结构中煤炭、石油、天然气和非化石能源的占比分别为 38.0%、17.5%、16.5%和 28.0%。强化低碳情景下，2035 年我国煤炭、

（a）基准情景

（b）强化低碳情景

图 8-6 不同情景一次能源结构

石油、天然气和非化石能源占能源需求的比重分别为 34.0%、17.0%、17.0%和 32.0%。可见，2035 年非化石能源占比相比 2019 年会提高 12.7～16.7 个百分点，天然气占比也将提高 8.5～9.0 个百分点。

4. 能源效率

图 8-7 为不同情景下我国单位 GDP 能耗。从图 8-7 中可以看出，基准情景下我国单位 GDP 能耗从 2019 年的 0.515 吨标准煤/万元降低至 2035 年的 0.276 吨标

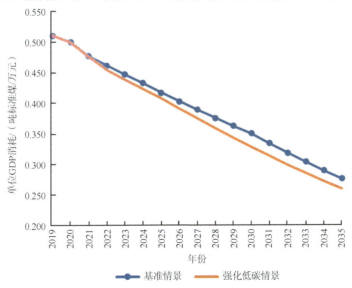

图 8-7 不同情景下我国单位 GDP 能耗（以 2018 年不变价计）

准煤/万元，平均每年降低 3.8%。强化低碳情景下我国单位 GDP 能耗在 2035 年降至 0.259 吨标准煤/万元，平均每年降低 4.2%。预计"十四五"期间，我国单位 GDP 能耗降幅为 19.6%～21.9%，"十五五"期间我国单位 GDP 能耗降幅为 16.1%～19.6%，"十六五"期间我国单位 GDP 能耗降幅为 21.1%～21.3%。

图 8-8 为不同情景下我国人均用能趋势。从图 8-8 中可知，基准情景下我国人均用能从 2019 年的 3.50 吨标准煤升高至 2035 年的 4.27 吨标准煤，平均年增长速度为 1.3%；强化低碳情景下我国人均能耗先缓慢增长，到 2030 年左右达到峰值 4.02 吨标准煤后趋于稳定，2035 年小幅降低至 4.01 吨标准煤。发达国家的经验表明，当人均 GDP 在 2 万～4 万美元时人均用能达峰进入平稳期，随着人均 GDP 的进一步增长，人均用能开始下降。2019 年我国人均 GDP 刚突破 1 万美元，人均用能在未来还会有一定的上涨空间。预计"十四五"期间我国人均用能增幅保持在 11.6%～14.9%，"十五五"期间人均用能增速保持在 3.7%～8.1%，"十六五"期间我国人均用能增速开始下降，降幅约 0.2%～0.4%。

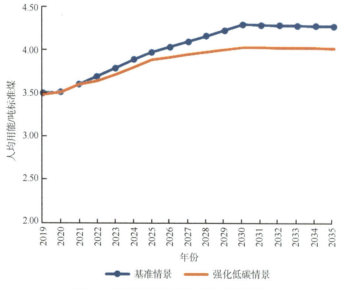

图 8-8　不同情景下我国人均用能趋势

5. 一次能源峰值研判

表 8-4 总结了不同研究机构对我国一次能源峰值的研判。清华大学气候变化与可持续发展研究院发布的《中国长期低碳发展战略与转型路径研究》指出，强化政策情景下我国一次能源需求在 2035 年达峰，峰值约 60 亿吨标准煤，2℃情景下，一次能源需求在 2030 年达峰，峰值约 57.5 亿吨标准煤，1.5℃情景下，一次能源达峰时间提前至 2025 年，约 54.5 亿吨标准煤。国网能源研究院有限公司发布

的《中国能源电力发展展望 2020》认为常规转型情景下我国一次能源需求在 2030 年达峰，峰值约 59.5 亿吨标准煤，电气化加速情景下峰值降低至约 58 亿吨标准煤，深度减排情景下一次能源达峰时间提前至 2025 年，峰值约 56 亿吨标准煤。ETRI 在《2050 年世界与中国能源展望（2020 版）》中指出参考情景下我国一次能源需求总量在 2040 年前进入峰值平台期，峰值约 58 亿吨标准煤，碳中和情景下一次能源需求在 2030～2035 年达峰，峰值约 55.9 亿吨标准煤。中国煤控研究项目组认为我国能源消费峰值将在 2035 年达峰，化石燃料消费峰值会在 2030 年前出现。本章认为基准情景下我国一次能源需求将在 2030 年左右达峰，峰值约 59.8 亿吨标准煤，强化低碳情景下我国一次能源需求达峰提前至 2025 年。综上可见，碳中和目标下我国一次能源需求降低、增速放缓是大势所趋。

表 8-4　不同研究机构对我国一次能源达峰的研判

研究机构	一次能源达峰研判
清华大学气候变化与可持续发展研究院	政策情景：2050 年前趋于稳定，基本达峰，约 62 亿吨标准煤。强化政策情景：2035 年达峰，约 60 亿吨标准煤。2℃情景：2030 年左右达峰，约 57.5 亿吨标准煤。1.5℃ 情景：2025 年达峰，约 54.5 亿吨标准煤
国网能源研究院有限公司	常规转型情景：2030 年达峰，约 59.5 亿吨标准煤。电气化加速情景：2030 年达峰，约 58 亿吨标准煤。深度减排情景：2025 年达峰，约 56 亿吨标准煤
ETRI	参考情景：2040 年前进入峰值平台期，峰值约为 58 亿吨标准煤。碳中和情景：2030～ 2035 年达峰，峰值约为 55.9 亿吨标准煤
中国煤控研究项目组	2025 年：石油消费峰值。2030 年前：化石燃料消费峰值。2035：能源消费峰值
本章	基准情景：2030 年左右达峰，约 59.8 亿吨标准煤。强化低碳情景：2025 年达峰，峰值约 56.1 亿吨标准煤

8.2.2　终端能源需求

1. 终端能源需求总量

终端部门是用能的直接部门。在"双循环"新发展格局的大背景下，我国的经济增长将更依赖于新型产业，经济高质量发展将促使产业结构持续不断升级。图 8-9 为不同情景下终端能源需求总量。总体上，我国终端能源需求总量仍将持续增长。基准情景下终端能源需求总量将从 2018 年的 34.1 亿吨标准煤增长至 2035 年的 47.0 亿吨标准煤，平均年增长速度为 1.9%。强化低碳情景下终端能源需求总量在 2035 年将增至 40.4 亿吨标准煤，平均每年增长约 1.0%。

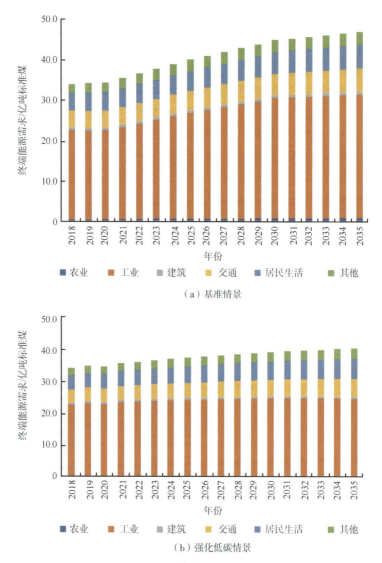

图 8-9 不同情景终端能源需求

从终端分部门来看，工业仍是 2020～2035 年终端能源需求的主要部门。2018年工业用能（含非能源投入）约 22 亿吨标准煤，占终端用能总量的 64.5%，基准情景下工业用能缓慢提高至 2030 年的 27.9 亿吨标准煤后开始缓慢下降，2035 年工业用能下降至 27.3 亿吨标准煤，占终端能源消费总量的比例降至 58.1%左右。强化低碳情景下工业用能缓慢上升，2030 年达到 24.1 亿吨标准煤后，随后缓慢下降至 2035 年的 24.0 亿吨标准煤，占终端能源消费总量的比重降至 59.4%。相反，交通、居民生活和其他部门的用能需求则持续上升，基准情景下三部门的用能占比从 2018 年的 31.5%升至 2035 年的 34.5%，强化低碳情景下三部门的用能占比到

2035 年提升至 37.4%。可见，终端能源消费逐渐由供能侧向消费侧转移。

2. 终端分燃料类型能源需求

从终端能源需求结构来看，如图 8-10 所示，终端能源需求结构不断优化，固体燃料的需求缓慢下降。基准情景下煤等固体燃料的需求从 2018 年的 11.8 亿吨标准煤缓慢增至 13.4 亿吨标准煤，但在终端用能总量的占比从 2018 年的 34.8%降至 2035 年的 30.5%。强化低碳情景下煤等固体燃料的需求持续下降，2035 年降至 9.9 亿吨标准煤，在终端用能总量中的占比进一步降至 24.6%。石油等液体燃料的需求增速也放缓，基准情景下石油等液体燃料的需求总量从 2018 年的 8.5 亿吨标准煤缓慢增至 2035 年的 9.8 亿吨标准煤，占比从 2018 年的 25.0%降低至 2035 年的 22.3%。强化低碳情景下液体燃料的需求总量缓慢下降，占比进一步降低至 2035 年的 20.6%。两种情景下，天然气的需求量均不断增大，基准情景下的天然气占比从 2018 年的 8.4%增加至 2035 年的 9.3%，强化低碳情景下天然气的需求相比基准情景略有降低。电力在终端用能中的比例快速提高，基准情景下 2035 年电力需求从 2018 年的 8.4 亿吨标准煤增至 2035 年的 11.8 亿吨标准煤，占比从 24.6%提高至 2035 年的 26.9%。类似地，强化低碳情景下终端用能中电力的需求增至 2035 年的 14.2 亿吨标准煤，相应的占比提高到 35.3%。此外，氢能在终端中的替代作用进一步显现，基准情景下 2035 年氢能利用将达到 0.7 亿吨标准煤，占终端用能中的比例为 1.7%，强化低碳情景下 2035 年氢能利用规模达到 1.4 亿吨标准煤，在终端用能中的比例进一步提高到 3.5%。

（a）低碳情景

（b）强化低碳情景

图 8-10 不同情景终端能源需求

8.2.3 二氧化碳排放

1. 二氧化碳排放总量

数据表明，能源引起的二氧化碳排放是温室气体排放的绝对主力。控制温室气体排放、实现碳中和目标在很大程度上就是控制能源相关的二氧化碳排放。图 8-11 为不同情景下我国能源相关的二氧化碳排放变化趋势。由图 8-11 可知，基准情景下能源相关二氧化碳排放在 2025 年前会继续增加，随后进入峰值平台期趋于稳定并开始下降，2029 年达到峰值（约 105 亿吨），2035 年二氧化碳排放降低至 96 亿吨。

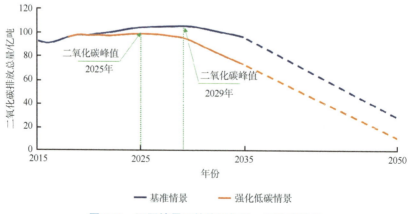

图 8-11 不同情景下的能源相关二氧化碳排放

强化低碳情景下能源相关二氧化碳排放在 2025 年前后能实现达峰,峰值约 98.5 亿吨,2035 年能源相关二氧化碳排放进一步降低至 73 亿吨。在 2035 年基本实现社会主义现代化远景目标和 2060 年前努力实现碳中和的目标导向下,我国能源领域的二氧化碳排放必须得到有效控制并快速减少。

2. 二氧化碳排放强度

图 8-12 为不同情景下我国单位 GDP 二氧化碳排放强度。两种情景下,我国单位 GDP 二氧化碳排放强度均持续降低。基准情景下单位 GDP 二氧化碳排放从 2019 年的 1.021 吨二氧化碳/万元降低至 2035 年的 0.445 吨二氧化碳/万元,强化低碳情景下 2035 年的单位 GDP 二氧化碳排放进一步降低至 0.339 吨二氧化碳/万元。相较 2005 年,两种情景下我国 2030 年单位 GDP 二氧化碳排放强度分别下降了 68.8% 和 72.4%,能实现 2030 年单位 GDP 二氧化碳排放下降 65% 以上的目标。2035 年我国单位 GDP 二氧化碳排放相较 2005 年分别下降 77.4% 和 82.8%。

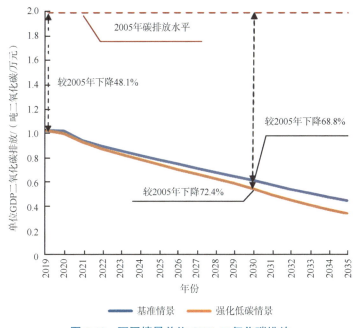

图 8-12　不同情景单位 GDP 二氧化碳排放
以 2019 年为不变价

3. 二氧化碳排放达峰研判

表 8-5 总结了不同研究机构对我国能源相关二氧化碳排放达峰的研判。清华大学气候变化与可持续发展研究院发布的报告中指出,政策情景和强化政策情景下

我国二氧化碳排放均在 2030 年前达峰，峰值分别为 110 亿吨和 105 亿吨，2℃情景下我国二氧化碳排放在 2025 年左右达峰，峰值约 100 亿吨，1.5℃情景下二氧化碳达峰达峰时间提前至 2020 年。国网能源研究院有限公司认为，我国能源消费产生的二氧化碳排放将于 2025 年前后达峰，峰值有望控制在 110 亿吨以下，深度减排情景峰值大约为 101 亿吨。ETRI 的报告表明，参考情境下我国二氧化碳排放峰值出现在 2030 年前，峰值大约为 105 亿吨，碳中和情景下，我国二氧化碳排放将于 2025 年前后达峰，峰值约 100 亿吨。中国煤控研究项目组认为我国二氧化碳排放峰值在 2025 年左右，2030 年碳排放开始下降，2035 年后碳排放显著下降。本章认为，基准情景下我国二氧化碳排放于 2025～2030 年进入峰值平台期并达峰，峰值约 105 亿吨，强化低碳情景下二氧化碳排放达峰将提前至 2025 年前，峰值约 98.5 亿吨。综上可见，二氧化碳排放在 2030 年前达峰是目标，也是共识，在 2060 年碳中和的目标约束下，二氧化碳排放达峰甚至还有可能提前至 2025 年以前。

表 8-5　不同研究结构对我国（能源）二氧化碳排放达峰的研判

研究机构	（能源）碳排放达峰研判
清华大学气候变化与可持续发展研究院	政策情景：2030 年前二氧化碳排放达峰，约 110 亿吨。强化政策情景：2030 年前达峰，约 105 亿吨。2℃情景：2025 年左右达峰，约 100 亿吨。1.5℃情景：2020 年达峰，约 100 亿吨
国网能源研究院有限公司	能源消费产生的二氧化碳排放于 2025 年前后达峰，峰值有望控制在 110 亿吨以下，深度减排情景峰值约为 101 亿吨
ETRI	参考情景：2030 年前达峰，约 105 亿吨。碳中和情景：2025 年前后达峰，约 100 亿吨
中国煤控研究项目组	2025 年：碳排放峰值。2030 年：碳排放下降。2035 年后：碳排放显著下降。2050 年：碳近零排放。2060 年：温室气体中和，碳负排放
本章	基准情景：2025～2030 年二氧化碳排放进入峰值平台期并达峰，约 105 亿吨。强化低碳情景：2025 年前达峰，峰值约 98.5 亿吨

8.2.4　能源技术创新下的低碳发展路径

1. 不同技术措施对二氧化碳减排的贡献

上述研究结果表明，碳中和目标下，我国能源相关二氧化碳排放必须走一条持续下降的道路，并尽可能使二氧化碳排放尽早达峰。图 8-13 为不同措施的应用对我国能源相关二氧化碳排放的影响。提高终端各部门的能源利用效率（如工业部门能效提升技术等）、能源转换部门的利用效率（如火力发电效率等）、能源生产过程的效率可显著降低二氧化碳排放。"十四五"末提高能源利用效率将贡献 59.5%的二氧化碳减排量，"十五五"末提高能源利用效率将贡献 41.6%的二氧化碳减排量，"十六五"末提高能源效率对二氧化碳减排量的贡献有所降低，为23.1%。优化能源结构使得能源结构向可再生能源转型可进一步降低二氧化碳排放。"十四五"末优化能源结构可贡献 32.4%的二氧化碳减排力度，"十五五"末优化能源结构对二氧化碳减排的贡献提高至 38.2%，"十六五"末优化能源结构对减排的贡献收缩至 35.8%。

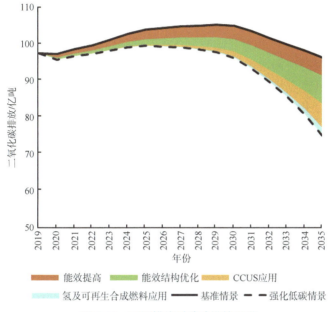

图 8-13　不同措施对碳减排的贡献

　　能源技术的进步对二氧化碳减排起着重要的作用。随着能源技术的进步，未来能源领域有关的先进技术和变革性技术也会给能源领域碳减排带来深刻影响。例如，CCUS 将在 2030 年后给能源领域减排带来重要贡献。"十五五"末，CCUS将减少约 1.4 亿吨二氧化碳排放，贡献 16.4%的减排量。"十六五"末，CCUS 将进一步减少二氧化碳排放 6.6 亿吨，对二氧化碳减排的贡献提升至 30.8%。中长期来看，CCUS 将在发电行业（主要是煤电机组）和高能耗工业行业（钢铁、冶金、水泥等）发挥固碳、减碳的作用。

　　氢能利用技术也将在我国中长期能源结构中崭露头角并发挥重要作用。当前，我国比较成熟的氢气制取技术主要包括焦炉煤气制氢、天然气重整制氢、水电解制氢和太阳能电解水制氢。2018 年，我国电解水制氢的能耗为 4.8 千瓦时/标准立方米，水电解效率大约为 75%～85%。工业行业的用氢主要来源于煤基制氢（煤气化、焦化、煤化工副产氢）、氯碱副产氢、天然气及石油基制氢，电解水氢气仅占 0.44%。当前，我国生产的氢气主要应用于合成氨、甲醇、石油炼制、煤制油和其他领域，占比分别为 55%、27%、10%、6% 和 2%。未来，随着技术的进一步突破，氢能制取和氢能应用的范围将会更广。可再生能源大规模制氢的突破将会改写氢能的原有生产和利用路线。预计"十五五"末，氢能应用对二氧化碳减排的贡献为 3.8%，到"十六五"末，氢能应用对二氧化碳减排的贡献将进一步提升至 10.3%。

2. 重点部门能源低碳发展路径

2060 年前实现碳中和对我国而言意味着低碳能源快速、大规模扩大的同时，能源消费总量保持缓慢增长。我国能源有关二氧化碳排放达峰路径的落实需要从各个部门特别是重点排放部门去落实能源低碳转型与碳减排路径。从终端各部门的二氧化碳排放来看，发电和工业部门是我国能源相关二氧化碳排放的重点部门，如图 8-14 所示。2019 年我国发电部门排放的二氧化碳大约是 41.7 亿吨，基准情景下发电部门的二氧化碳排放在"十四五"期间会继续增加，"十五五"期间发电部门二氧化碳排放开始缓慢下降，到"十六五"末发电部门的二氧化碳排放进一步下降至 38.1 亿吨。强化低碳情景下发电部门通过降低煤耗、降低线损、发展可再生电力、CCS 等技术的应用，使得二氧化碳排放快速下降，到"十六五"末二氧化碳排放降至 33.6 亿吨。

工业是二氧化碳排放第二大的部门，工业部门特别是一些高耗能行业亟须通过一些措施为实现碳中和做出贡献。与发电部门类似，基准情景下工业部门的二氧化碳排放仍是先缓慢增长再下降，强化低碳情景下工业部门的二氧化碳排放下

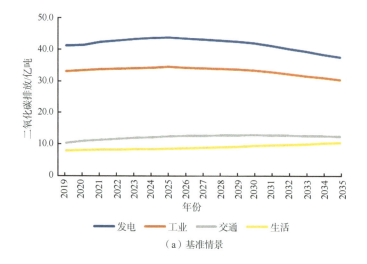

（a）基准情景

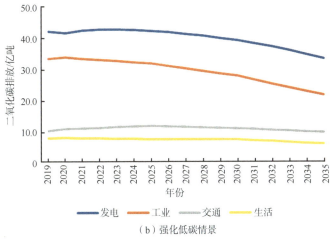

（b）强化低碳情景

图 8-14　重点部门二氧化碳排放

降速度加快。这主要得益于技术的进步，使得工业能源大幅提升、工业领域气替代和电替代的加速，以及 CCS 的规模化应用等。重点部门能源转型路径如表 8-6 所示。中长期来看，交通部门、居民生活部门、建筑部门的电气化加速都将促进二氧化碳排放的降低。

表 8-6　重点部门能源转型路径

部门	提高能效	加大可再生利用	电气化加速	氢能利用	CCS
发电	√	√√			√
工业	√√	√	√√	√	√
交通	√	√√	√√√	√	
建筑	√	√	√√√		
居民生活	√	√	√√		
农业	√	√	√		
其他三产	√	√	√		

综上可见：发展清洁能源是改善能源结构、保障能源安全、推进生态文明建设的重要任务；绿色建筑、绿色交通、清洁供暖等清洁能源利用新方式大规模推广，可再生合成燃料技术、可再生能源大规模制氢等可再生能源新型利用技术将持续促进能源转型升级，并对我国在 2060 年前实现碳中和目标起着决定性作用。

8.3 小 结

改革开放以来，能源的快速发展在支撑我国经济中高速发展的同时，也给生态环境和人类生活带来了一定的负面影响。在经济全球化的今天，应对气候变化已成为全球共识，能源领域的减排行动刻不容缓。在实现碳中和的目标下，我国应尽早制定相关减排行动方案并加以落实推进，力争 2030 年前达到碳排放峰值，确保实现我国政府的承诺。表 8-7 和表 8-8 总结了基准情景和强化低碳情景下我国 2021~2035 年的发展目标，并对 2050 年进行了展望。

表 8-7 基准情景下我国中长期能源低碳发展目标

指标		"十四五"	"十五五"	"十六五"	2050 年
GDP 增速		6.0%	5.5%	5.0%	约 3.5%
单位 GDP 能耗降幅		19.6%	16.1%	21.3%	—
二氧化碳排放/亿吨		103.9	104.9	96.3	约 29.0
单位 GDP 二氧化碳排放降幅（相较 2005 年）		60.2%	68.8%	77.4%	—
一次能源消费总量/亿吨标准煤		55.3	59.8	59.7	约 50
一次能源消费结构	煤炭	52.2%	42.0%	38.0%	约 15.0%
	石油	19.0%	18.0%	17.5%	约 12.0%
	天然气	10.2%	15.0%	16.5%	约 13.0%
	非化石能源	18.6%	25.0%	28.0%	约 60.0%

表 8-8 强化低碳情景下我国中长期能源低碳发展目标

指标		"十四五"	"十五五"	"十六五"	2050 年
GDP 增速		6.0%	5.5%	5.0%	约 3.5%
单位 GDP 能耗降幅		21.9%	19.6%	21.1%	—
二氧化碳排放/亿吨		98.5	92.8	73.3	约 14.1
单位 GDP 二氧化碳排放降幅（相较 2005 年）		62.3%	72.4%	82.8%	—
一次能源消费总量/亿吨标准煤		54.1	56.1	55.9	约 48.0
一次能源消费结构	煤炭	50.0%	40.0%	36.0%	约 10.0%
	石油	18.9%	17.6%	17.0%	约 7.0%
	天然气	11.0%	15.5%	17.0%	约 13.0%
	非化石能源	20.1%	26.9%	30.0%	约 70.0%

　　党的十九大报告指出，我国经济已由高速增长阶段转向高质量发展阶段，正处在转变发展方式、优化经济结构、转换增长动力的攻关期。"十四五"时期是我国全面建设社会主义现代化国家的开局起步期，也是世界百年未有之大变局的加速演进期。能否在"十四五"期间落实相关减排行动方案直接关系着未来能否顺利实现碳中和。"十四五"期间力争单位 GDP 能耗降低 19.6%～21.9%，"十五五"期间降低 16.1%～19.6%，"十六五"期间降低 21.1%～21.3%。在二氧化碳排放方面，确保二氧化碳排放在"十四五"和"十五五"期间达峰，"十六五"期间二氧化碳排放开始下降，如此才能实现 2030 年单位 GDP 排放相较 2005 年降低 65%以上的目标。能源消费总量方面，确保通过提升能效、优化结构等方式，将一次能源消费总量在"十四五"末控制在 54.1 亿～55.3 亿吨标准煤，"十五五"期间一次能源消费总量尽可能达峰，"十六五"期间一次能源消费总量开始下降。在能源结构方面，继续控制煤炭消费总量，确保"十四五"末煤炭在能源消费总量中比例在 50.0%～52.2%，"十五五"末煤炭占比维持在 40.0%～42.0%，"十六五"末煤炭占比保持在 36.0%～38.0%。继续发展清洁能源，确保"十四五"末非化石能源在一次能源消费结构中的占比为 18.6%～20.1%，"十五五"末非化石能源占比提高至 25.0%～26.9%，"十六五"末非化石能源占比进一步提高到 28.0%～30.0%。

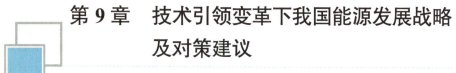

第 9 章　技术引领变革下我国能源发展战略及对策建议

9.1　我国中长期能源发展思路与目标

9.1.1　发展思路

坚持能源清洁低碳转型发展理念，在保障能源安全与经济发展的前提下，积极推动能源生产与消费革命，构建清洁低碳、安全高效的现代化能源体系。

在生产端，抓好两个重点：重点解决化石能源总量控制与存量优化，重点推动可再生能源及配套设施规模发展。化石能源方面，一是要坚持减煤、稳油、增气原则，在控制消费总量不变的条件下逐步优化内部结构；二是强化清洁利用和低碳关键技术攻关，提高化石能源生产的清洁低碳程度，有效降低存量设施碳排放强度与能耗。非化石能源方面，一是通过发展分布式能源促进可再生能源高比例发展，力争可再生能源发展规模满足一次能源消费增量需求，逐步提高可再生能源结构占比；二是强化基础设施配套，加强储能与低成本关键技术研发，加速构建安全、高效、高可靠性的多元化能源供应体系。

在消费端，提高终端用电比例，加速实现氢能终端利用，完善智慧电网基础设施建设，推动能源技术与信息技术深度融合，全面提高电力系统对可再生能源的接纳能力。通过创新管理机制，优化管理体系，提高传统高能耗行业用能效率，优化产业结构，淘汰高能耗低效率产业。加大低碳文化宣传，树立节能意识，构建节能社会。

9.1.2　发展目标

总体目标：基于我国能源资源基础与基本国情，建立能够满足我国能源发展需求、符合全球低碳发展趋势、具备国际竞争力与可持续发展前景的清洁低碳、安全高效的现代化能源体系。

（1）以煤炭发电能效提升、落后产能淘汰与交通领域燃油替代等措施为抓手，加速高碳化石能源消费减量发展，逐步脱钩煤炭和石油消费主体地位。

（2）以构建清洁低碳、安全高效的可持续发展能源体系为目标，促进分布式可再生能源规模发展，以可再生能源为主体实现能源需求增量供应，增加可再生能源结构占比并逐步实现对化石能源的有序替代。

（3）加快以电气化和氢能为主的终端用能体系建设，加大可再生能源发电结构占比。确保电气化程度与智能电网、储能等配套设施技术匹配可再生能源发展规模与用能需求。

（4）突破 CCUS、能效、储能与智慧电网等颠覆性关键技术，为建成清洁低碳、安全高效和高可靠性的智慧能源供应消费体系提供技术保障。

（5）通过能源技术进步与能源结构优化，逐步有序推动能源消费和碳排放量达峰。通过 CCUS 技术攻关与设备改造，重点解决化石能源基础设施存量碳减排问题，2030 年实现能源相关碳排放量达峰。

9.1.3　技术路线图

我国能源发展技术路线图如图 9-1 所示。

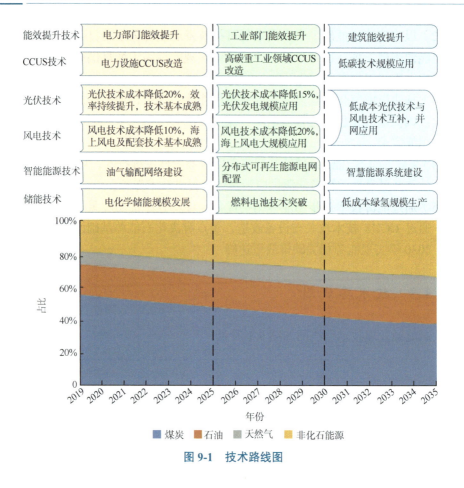

图 9-1 技术路线图

9.2 战 略 举 措

9.2.1 强化战略引领，能源转型要统筹考虑碳减排、能源安全与经济发展

　　双循环发展格局引领能源发展新方向。加快构建以国内大循环为主体、国内国际双循环相互促进的新发展格局，是我国实现第一个百年奋斗目标之后的新的战略部署。从全球来看，我国积极融入国际大循环，基本形成了以欧美作为研发消费中心、中国作为生产制造中心和其他资源大国作为资源供应中心的全球大循环模式。从国内来看，根据欧美等发达国家和地区发展经验可以得出，国家一旦发展到一定阶段，必然从外向型发展模式转为内向型为主的发展模式。双循环发展格局下，我国能源转型发展应立足国内大循环，挖掘自身潜力，以内在驱动为

主，推动国内能源结构持续优化、能源持续均衡发展。

碳达峰、碳中和引领能源发展新动能。实现碳达峰、碳中和是党中央经过深思熟虑做出的重大战略部署，也是全球应对气候变化做出的庄严承诺。实现碳达峰、碳中和是一项复杂的系统工程。其中，我国高碳高耗能产业结构占比高，经济发展对第二产业依赖程度偏高，导致我国单位 GDP 能源消耗与碳排放强度较世界平均水平明显偏高。我国作为"世界工厂"，已建成全球最完整的制造业产业链体系，在尚未完成工业化进程的情况下，实现高强度减碳控碳约束下的产业结构调整和能源结构调整是关键。碳达峰、碳中和目标的提出，将有力驱动我国能源转型步伐提速。

能源安全新战略打开能源安全新局面。2014 年 6 月 13 日，在中央财经领导小组第六次会议上，习近平总书记发表重要讲话，提出"推动能源消费革命，抑制不合理能源消费""推动能源供给革命，建立多元供应体系""推动能源技术革命，带动产业升级""推动能源体制革命，打通能源发展快车道""全方位加强国际合作，实现开放条件下能源安全"[①]的重要论述。"四个革命、一个合作"能源安全新战略的提出，代表了我国能源战略理论创新的新高度，是新时代指导我国能源转型发展的行动纲领。能源行业在践行实现碳达峰、碳中和目标和能源转型进程中，面临能源结构和能源系统的巨大变革，应坚定不移推动能源安全新战略，构建清洁低碳、安全高效能源体系。

第四次工业革命引领能源发展新速度。第四次工业革命是以人工智能、新材料技术、分子工程、石墨烯、虚拟现实、量子信息技术、可控核聚变、清洁能源及生物技术为技术突破口的工业革命。大数据、人工智能、新材料、能源互联网等技术的快速发展必将推动能源体系加速变革，我国应抓住第四次工业革命技术变革机遇，以技术创新支撑我国能源转型新形势与新要求。

9.2.2　实施四大工程，推动能源清洁低碳转型加速发展

1. 能效提升工程

节能提效是实现碳中和的优先手段。2019 年，我国单位 GDP 能耗 0.49 吨标准煤/万元，是世界平均水平的 1.4 倍，发达国家平均水平的 2.1 倍。按照不完全测算，2035 年，我国单位 GDP 能耗将达到世界平均水平，可节约 13.9 亿吨标准煤；2050 年，我国单位 GDP 能耗将达到世界先进水平，可节约 7.2 亿吨标准煤。实现节能提效，一是要加强"节能是第一能源"理念宣传，发起全民自觉节能行动，

---

① 《习近平：积极推动我国能源生产和消费革命》，http://jhsjk.people.cn/article/25147206[2021-03-16]。

变"要我节能"为"我要节能"，加强全社会节能宣传引导，培育全社会节约能源和使用绿色能源的生活方式和消费模式，全面提升节能意识。二是要利用"双循环"新发展格局建设契机，加快压减高耗能产业，有序推进产业结构调整、转型升级和向西迁移，提升整体用能效率，通过严控煤炭产量、稳油增气举措及大力开发可再生能源等推进结构节能。三是加强高效节能技术设备研发及替代，加强新一代数字技术、信息技术与能源行业深度融合，依靠技术创新推进行业用能效率提升，全面深化技术节能。四是通过建立健全节能提效法律法规，全面推行"能效领跑者"计划，强化政府示范，加大奖惩力度，保障节能减排管理工作长期有效运行。

2. 绿色替代工程

一是推动化石能源清洁利用。化石能源仍是我国能源主体，基础设施存量庞大，其中75%以上火电厂建于2000年后，极大地制约了能源低碳转型整体进程。一方面，推进煤炭高效清洁利用。提升煤炭发电用途占比，强化煤电布局优化与技术提升，积极开展煤炭深加工产业化示范与规模发展，全面提升煤炭清洁利用水平。另一方面，稳步开展对现有火电与工业基础设施的全面CCUS改造，加强CCUS重点技术突破式发展，建立重点地区CCUS改造示范基地，推动规模化商业利用。加速基于CCUS的负碳技术研发，推动负碳产业规模发展，在实现碳中和目标前提下最大化利用我国富煤资源基础。着力提升工业和建筑等重点领域存量基础设施能效技术，通过能效提升减少化石能源使用和碳排放强度，推动低碳转型加速发展。二是大力发展新能源和可再生能源。通过提高终端用能电气化程度、持续推动科技进步与成本降低、完善供需体系配套等方式加速发展风光水核等非化石能源。加强示范基地与产业配套建设，强化太阳能光伏发电、太阳能热发电与热能利用等多元化利用。遵循集中供应与分布式供应并举、海陆并进的方式，推进风电产业全面发展。坚持安全第一、生态优先和绿色发展原则，稳步推进水电、核能与生物质等可再生能源有序发展。不断提高非化石能源消费总量与结构占比，形成多元化的清洁能源供应体系。三是稳步构建现代能源系统。统筹发展煤油气电等多种能源储存与运输方式，构建互联互通能源输配网络，提升系统应急与灵活调峰能力。完善天然气管网、储气库与LNG（liquefied natural gas，液化天然气）接收站等储运体系，适应天然气增量发展条件下国产气与进口气的储存与调度需要。完善与可再生能源发展规模相匹配的新增储能与电网体系建设，发展电化学、氢能等多元储能方式，构建灵活高效智能电网体系，确保可再生能源高速发展。

3. 碳封存工程

一是系统开展二氧化碳运输管网规划与优化设计技术、大排量压缩机等管道输送关键设备、安全控制与监测技术研究，集中开展二氧化碳埋存选址理论及关键技术攻关，推动二氧化碳驱油、驱煤层气、化工、生物利用等二氧化碳利用技术及工艺的创新开发和应用。发挥能源行业如石油工业独有优势，按照攻关示范、推广应用、全面实施"三步走"路线，大力发展 CCUS 等负排放技术示范。二是政府牵头理顺企业风险投融资体制，在财政、税收等方面采取激励措施，鼓励企业开展 CCS/CCUS 技术开发和商业化应用。

4. 科技支撑工程

大力攻关煤炭清洁高效利用等技术，稳步推进化石能源清洁低碳转型；持续攻关低成本风管发电技术，支撑未来风管大规模开发利用和安全运行；稳步发展安全高效、低成本氢能技术，完善氢储能与配套管网输配技术；大力发展高效率、低成本现金储能技术，保障以新能源为主体的新型电力系统安全稳定运行。突出颠覆性技术研发，推动能源碳排放尽早达峰、如期净零。

9.2.3　加大政策支持，确保能源转型发展顺利推进

一是完善法律法规，加快建立以碳市场为核心的相关法律法规，成立国家发展和改革委员会牵头、相关部委参加的国家能源低碳开发管理委员会，统筹协调能源绿色低碳开发利用问题；建立多源、多级、差异化财税支持体系，扶持传统能源企业和主产区低碳转型发展。

二是加快全国碳排放权交易市场建设，尽快出台碳排放权交易管理条例，持续完善碳交易、碳配额相关机制；借鉴沪港通、深港通等建设经验，探索建立"碳市通"境内外交易体系，充分发挥碳交易市场激励、约束两大功能。

三是探索建立绿色金融改革实验区，鼓励金融机构参与碳市场交易，丰富碳市场交易品种，引导金融资源助推碳市场发展和有国际影响力的碳定价中心建设。

9.3　政　策　建　议

9.3.1　明确碳排放约束下，可再生能源对高碳化石能源替代是必然过程

在能源转型与新基建背景下，明确煤炭减量发展基调，逐步淘汰电力与工业部门煤炭落后产能，最大限度避免新煤电设施建设。能源消费达峰前，力争新增

能源需求主要以可再生能源为供给主体,新建基础设施与电力体系配套优先向满足清洁可再生能源发展需求倾斜,促进可再生能源消纳,在构建多元互补能源体系的同时,逐步提高可再生能源结构占比。能源需求达峰后,力争实现可再生能源发展对淘汰落后产能的有序替代,逐步确立以可再生能源为主的能源结构体系。

9.3.2 提升可再生能源规模发展战略地位

建议建立国家新能源技术研发中心,加快新能源技术进步和产业发展,开展新能源科学研究、技术开发和产业化,整合现有的新能源技术资源,培育完整的新能源设备制造与技术应用体系,提高新能源技术创新能力和服务水平,促进技术进步与产业发展。加强推广应用,建立低成本光伏和海上风电示范区。

9.3.3 明确智能电网发展方向，建立健全电力系统与电网机制

面对不断变化的电力能源结构,以及大量新增的电网建设需求,应确立智能电网为未来电网的发展方向,积极推进形成统一的智能电网标准体系,加强能源与数字技术的集成创新与融合应用,建立新能源与智能电网示范城市。推动智能电网与新能源技术协调发展,解决风电、光伏发电等不稳定电源上网的技术问题。推进电力市场建设,健全输配电价监管体系,改变电网企业营利模式,为加快推进电力市场化改革奠定基础。

9.3.4 培育多元化能源供给主体，在保障能源安全的基础上构建高度灵活、有效竞争的能源市场体系

大力培育多元能源市场主体,放宽能源准入条件,允许煤炭、石油、天然气与可再生等电力能源公平有序竞争,构建统一开放、公平竞争的能源市场体系,为清洁低碳可再生能源发展创造环境。推动现代化煤炭化工产业建设,深化油气勘探与管网改革,加强储能、氢能与 CCUS 等关键重点技术政策扶植,积极推进全国统一电力市场和全国碳排放权交易市场建设。

第三篇　中国氢能发展战略研究（2035）

第 10 章　氢能在我国能源战略中的重要性

2020 年，习近平总书记多次在国际会议上强调在第七十五届联合国大会一般性辩论上的讲话中提出的"二氧化碳排放力争于2030年前达到峰值，努力争取2060年前实现碳中和"[①]的目标，凸显了党中央坚定推进我国清洁能源转型，构建清洁低碳安全高效现代能源体系的决心和信心，为中国能源产业发展明确了方向和任务，更为我国新兴能源产业快速发展带来了新的历史机遇。

能源保障是社会发展的基石，继续落实推动能源消费、能源供给、能源技术和能源体制四方面的革命，推动能源清洁低碳安全高效利用，仍将是"十四五"期间能源发展的重要工作方向。随着经济社会持续发展，"十四五"期间，我国居民能源消费水平将保持增长，能源消费总量增长空间大。与此同时，2019 年我国原煤消费接近 40 亿吨，煤炭消费占比超过 57.7%，原油进口依赖度超过70%，天然气进口依赖度超过 40%，碳排放总量超过 100 亿吨。我国能源发展面临着化石能源消费带来的环境污染和碳排放问题突出，以及化石能源进口依赖度日益提高带来的国家能源安全基础薄弱双重压力。我国可再生能源资源丰富，加快可再生能源开发和消纳，推动能源消费"减煤减碳"将成为未来能源发展的主要方向。

10.1　可再生能源和氢能将重塑我国能源禀赋

受"多煤少油缺气"能源禀赋影响，我国能源消费长期依赖煤炭，石油和天然气消费多年持续增长。与其他主要产煤国家相比，我国煤炭资源开发强度偏大。2019 年世界煤炭可开采储量 1.07 万亿吨，储采比 132 年，美国、澳大利亚和俄罗斯储采比分别为 390、294 和 369，而我国可开采储量不足 1300 亿吨，储采比仅为37，远低于其他产煤国家。由于国内煤炭资源高强度的开发，基础储量增速跟不

---

① 《习近平在第七十五届联合国大会一般性辩论上的讲话（全文）》，http://www.xinhuanet.com/politics/leaders/2020-09/22/c_1126527652.htm[2020-09-22]。

上生产开发扩张的速度。我国煤炭进口规模 2019 年已经达到近 3 亿吨。

在油气领域，截至 2019 年底，全国石油剩余技术可采储量 35.73 亿吨，储采比为 18.7，如果按照经济可采储量 25.33 亿吨算，则可开采时间不足 13 年。全国累计探明天然气地质储量 14.22 万亿立方米，剩余技术可采储量 5.52 万亿立方米，储采比为 41 年。如果按照剩余经济可采储量 3.91 万亿立方米储量计算，现有天然气资源仅能维持不足 30 年。我国的油气资源储量及生产已经不能支撑国内庞大的消费需求。

正确认识资源禀赋，用好资源禀赋，是我国科学制定碳中和路径的前提。随着技术进步，尤其是碳中和目标的明确，不能再沿用传统的"多煤少油缺气"能源资源禀赋观。我国"三北"地区丰富的风、光资源，广泛分布的地热资源，沿海地区的海上风资源，都应该被重新认识，并纳入我国资源禀赋范围。我国陆上 80 米高度年平均风功率密度大于等于 150 瓦/米^2 的风能资源技术可开发量达到 103 亿千瓦，近海 100 米高度、水深不超过 50 米范围内的风电技术可开发量约为 5 亿千瓦。太阳能资源可开发储量是 147×10^{14} 千瓦时，最佳斜面总辐射量超过 1200 千瓦时/米^3 的可开发量约为百亿千瓦级别。按此计算，当前我国风电开发比例仅为 2.3%，光伏发电开发比例仅为 2.5%。把这些丰富的可再生能源资源禀赋利用起来，开发出来，不但可以推动减煤减碳，还可以提高我国能源自给水平，夯实我国能源保障安全基础。所以推动我国建立"新型资源禀赋观"，是碳中和目标导向下重新认识能源资源禀赋的基础。

习近平总书记提出到 2030 年"风电、太阳能发电总装机容量将达到 12 亿千瓦以上"[①]。制订行动计划，提高我国能源供给侧可再生能源比例，推动能源行业减煤减碳，是我国能源行业近期的核心工作之一。但是受风电、光伏发电间歇性、波动性，以及用电负荷峰谷差影响，我国可再生能源发电目前仍面临着突出的消纳问题。氢能具有大规模、长时间存储，便于远距离输运的优点，利用可再生能源发电，并通过电解制氢生产零碳排放的绿色氢能，有助于破解电量消纳和外送瓶颈下的可再生能源开发困局。预计到 2030 年，将有 5000 万千瓦陆上风电、1 亿千瓦光伏发电和 1000 万千瓦海上风电专门用于离网模式制氢，合计可以提供绿氢约 800 万吨/年，能够有力支撑 2030 年前氢能产业的大规模发展；预计到 2060 年，将有 4 亿千瓦陆上风电、8 亿千瓦光伏发电和 3 亿千瓦海上风电专门用于离网模式制氢，合计可以提供绿氢约 7000 万吨/年，有望支撑氢能产业在中长期的持续快速发展，推动 2060 年碳中和目标实现。

---

① 《习近平在气候雄心峰会上的讲话（全文）》，http://www.cidca.gov.cn/2020-12/14/c_1210930656.htm [2020-12-14]。

10.2　发达国家氢能发展战略及启示

10.2.1　欧盟

欧盟通过制定《2030 年气候与能源政策框架》《2050 年迈向具有竞争力的低碳经济路线图》等战略，将氢能作为能源系统的重要组成部分。截至 2020 年底，欧洲已经部署了 200 座加氢站，其中德国 100 座、法国 34 座，并计划到 2025 年建设超过 750 座加氢站。2020 年 7 月发布的《欧洲氢能战略》中明确把"绿氢"作为未来发展的重点，并设定了阶段性目标：2024 年前，支持在欧盟范围内建成 600 万千瓦的绿氢产能，绿氢年产量达到 100 万吨；2030 年前，在欧盟范围内建成近 4000 万千瓦的绿氢产能，绿氢年产量达到 1000 万吨，绿氢成本达到灰氢水平；2050 年，绿氢技术完全成熟，并将大规模用于难以通过电气化深度脱碳的领域。预计到 2050 年，氢能在欧盟的终端能源占比达到 24%，绿氢应用达到成熟，并在所有难以脱碳的领域（如航空、海运、货运交通等领域）大规模部署。

欧盟在 2020 年出台了《欧盟氢能战略》，并成立了"欧洲清洁氢能联盟"。在《欧洲绿色协议》背景下，促进氢在化工、钢铁和交通运输等行业的应用。2021 年 4 月 21 日，欧盟就《欧洲气候法》达成临时协议，指出 2030 年的二氧化碳目标减排量为 2.25 亿吨。该协议还将改革欧盟碳交易市场、实施更严格的汽车二氧化碳排放标准，以及征收进口产品的二氧化碳排放关税。当前欧盟已经开展碳边境调节机制的评估，措施出台后可能对国际货物和气候治理等领域的多边规则构成冲击。作为欧盟最大贸易伙伴，我国应提前做好政策性风险的准备，强化主要出口商品生产制造领域的低碳转型和绿氢替代技术突破。

10.2.2　德国

德国的石油和天然气资源储量有限，2019 年德国生产原油约 190 万吨，进口约 8600 万吨；生产天然气 22.3 万太焦，进口约 389.2 万太焦，原油和天然气进口率超过 90%。近年来原油消费占比稳定在 33% 左右，逐步淘汰燃煤发电站使得煤炭消费占比从 1990 年的 37% 下降到 2019 年的 18%，全面关闭核电站使得核能消费占比从 1990 年的 11% 下降到 2019 年的 6%，天然气消费增长，可再生能源消费占比显著提高至 16%；可再生能源发电量占比从 2000 年的 7% 稳步提升到 2019 年的 45%，2020 年第一季度达到 51.9%，能源转型在欧洲各国中处于领先地位。但是，近年来交通运输领域石油消费仍然居高不下，占比由 2005 年的 49% 增长到 2019

年的近 60%，天然气消费的主要领域——工业（占比约为 35%）和建筑行业（占比约为 58%）的天然气消费持续增长。可再生能源在终端消费领域的推广速度缓慢，德国能源安全和低碳转型进程挑战巨大。

氢能和燃料电池与可再生能源相互融合发展在德国可持续能源系统中扮演重要角色。德国积极推动融合可再生能源与氢能的低排放建筑、零排放交通系统及工业过程的综合能源系统。德国于 2020 年 6 月确定"绿氢"在国家氢能战略中的优先地位，氢能将主要应用于船运、航空、重型货物运输、钢铁和化工行业。

氢能是德国能源未来的发展方向，加速实现氢能和燃料电池技术的商业化是建设更清洁、可持续能源结构的重要途径，同时可以保障清洁且可靠的能源供应，助力德国最终成为全球氢能领军国。当前德国已累计部署氢能热电联供系统约 1 万套，在全欧洲的占比超过 50%。德国北部的五个州发起的"HY-5"倡议当前实现了 20 个电解水制氢的 Power-to-Gas（可再生能源制氢并转化为气体燃料）示范项目运营，计划到 2025 年实现 50 万千瓦绿氢产能，其中汉堡港的 10 万千瓦级"绿氢港"将实现 30 吨/天的绿氢产能；到 2030 年实现 500 万千瓦的绿氢产能，到 2035 年基本实现绿氢经济。德国蒂森克虏伯集团公司也已经开展了氢气替代现有高炉中部分焦炭的规划，预计未来每个高炉将形成 2 万吨的绿氢需求。

10.2.3 日本

日本的石油和天然气等资源贫乏，2018 年日本原油、LNG 和煤炭的进口依赖率分别约为 99.7%、97.5%和 99.3%。2017 年化石能源消费占比约为 87.4%，其中 LNG 消费占比从 2010 年的 18.3%增长到 23.4%，煤炭消费从 22.7%增长到 25.1%；可再生能源和核能消费占比仅为 11.1%和 1.4%。可再生能源发电量占总发电量的 16%，发电总量居全球第六，其中光伏发电量为全球第三。受福岛核事故影响，日本能源自给率大幅下降最低至 6.4%，2017 年稍回升至 9.6%，能源供应安全仍然存在较大威胁。自 2012 年补贴发展可再生能源发电以来，2019 年居民用电附加费用上涨到了 2012 年的 13 倍。另外，2018 年日本人均二氧化碳排放量为 9.8 吨/年，高于欧盟（欧盟的人均二氧化碳排放量 8.4 吨/年）。能源自给率低、电力成本增加和人均二氧化碳排放量增加是 2011 年东日本大地震以后日本能源系统面临的突出问题。

日本选择氢能作为低碳技术创新的重要方向之一，致力于打造"氢能社会"，在替代石油和其他资源方面发挥氢能的核心作用，促进能源结构向多元化发展：通过发展氢燃料电池汽车降低原油和成品油进口，提高日本的能源自给率；率先推出以家用燃料电池为主的小型热电联产系统及工商业级燃料电池，有效提高能源利用效率，并促进发电成本平价；氢燃料发电替代火力发电实现发电领域的深度脱碳，通过推动天然气掺氢到纯氢燃气轮机的技术发展和商业示范，已实现了兆瓦级纯氢燃料热电联产示范项目测试运营。多元化的氢能应用场景为能源供应安全提供有力的技术保障。

日本以"氢能社会"战略为基础，氢能产业链趋于完善，已是全球氢能市场的顶尖竞争者。截至 2020 年底，日本已经部署了 142 座加氢站，加氢站数量全球第一；丰田 Mirai 氢燃料电池汽车全球销量超过 9000 辆。截至 2018 年底，日本 Ene-Farm 家用燃料电池项目已实现超 30 万套家用燃料电池设备的推广应用，其中 PEM 燃料电池技术路线部署占比为 75%；三菱日立含氢燃料 30%～90%的燃气轮机已达 29 台，并成功在 700 兆瓦重型燃气轮机上进行了含氢 30%的混合燃料测试。

10.2.4　美国

2019 年美国探明原油储量约占全球的 4%，储采比约为 11.1 年；探明天然气储量约占全球的 6.5%，储采比约为 14 年；探明煤炭储量约占全球的 23.3%，储采比约为 390 年。以页岩气革命为代表的非常规油气开采量爆发式增长，推动美国成为全球最大的油气生产国。2019 年，美国自 1952 年以来首次实现能源出口数量大于进口数量，实现了能源独立。从能源消费来看，近年来天然气和可再生能源大量代替煤炭，2005～2019 年天然气消费占比从 23%增至 32%，可再生能源消费占比由 1%增至 11%；2019 年原油、煤炭和核能的消费占比分别是 37%、11%和 8%。交通和工业是主要的能源消费部门，均超过能源消费总量的 35%，其中交通部门 91%的能源消费为石油，工业部门 34%的能源消费为石油；天然气消费约占工业用能和建筑用能的 40%。当前高度依赖石油和天然气的消费方式不可持续，同时美国在 2021 年初重回《巴黎协定》后，要实现在 2030 年碳排放水平较 2005 年降低 50%的目标，需要采取加大力度的强化行动。

美国在"能源独立"的前提下，把天然气作为与可再生能源并重的过渡能源，推动能源结构清洁化。美国发展氢能和燃料电池技术，目的在于通过迅速兴起和发展的氢经济扩大其在全球能源和技术创新领域的领导地位。美国能源部引领氢能研发计划的实施和产业发展，长期且持续地对氢能和燃料电池技术研发予以支持。

美国注重氢能全产业链发展，积极促进商业化应用。美国氢能和燃料电池产业链齐全，各环节参与企业包括整车企业、化工巨头、机械设备领军企业和燃料电池企业，已拥有多个掌握关键技术的世界领先技术公司。2020 年美国拥有了全球一半以上的燃料电池汽车和数量最多的燃料电池叉车。截至 2020 年底，美国已经部署了 75 座加氢站，大多数位于美国加利福尼亚州，其中 2020 年合计建成 49 座加氢站。100～250 千瓦的固体氧化物燃料电池发电系统已被应用于大型数据中心和公共建筑领域，截至 2020 年底装机容量超过 32.8 万千瓦。

10.2.5 启示

在第三次全球能源革命背景下，受到资源禀赋和应对气候变化的双重驱动，发达国家通过发展多元化的绿色低碳能源技术，为解决资源保障、结构调整、利用效率和二氧化碳排放等重大问题提供技术手段和解决方案，实现经济社会的可持续发展。氢能作为关键能源创新技术，与可再生能源融合互补，能够增强能源供应安全、提高能源利用效率，促进交通、建筑及工业领域的深度脱碳，这是已经形成的国际共识。

发达国家的氢能发展战略注重因地制宜。德国倡导可再生能源与氢能深度融合，保障清洁可靠的能源供应，通过天然气掺氢和燃料电池汽车降低天然气和石油的进口依赖。日本通过发展氢燃料电池汽车和高效燃料电池发电技术，促进能源结构向多元化发展和提高能源系统效率。美国持续支持氢能和燃料电池技术创新和产业化，巩固其在全球能源和技术创新领域的领导地位。

当前煤炭仍然是我国能源结构中的主导能源；现行能源系统能源效率水平低，化石燃料依赖进口；可再生能源产业已经取得长足发展，但相比化石能源的主导地位，仍然有待于进一步发展并应对新的挑战。我国应借鉴发达国家氢能发展战略，通过可再生能源和氢能融合发展支撑高比例可再生能源电力系统，发展氢燃料电池汽车替代现有高污染柴油汽车，以及天然气掺氢作为天然气的有益补充，有效降低化石能源进口，并在钢铁、化工等高度依赖煤炭的传统工业领域开展绿氢替代，加快建设低碳清洁安全高效的现代化能源体系，支撑美丽中国的战略目标实现。

10.3 我国为什么要发展氢能

发展绿氢是实现碳达峰、碳中和目标的必由之路。实现碳达峰、碳中和承诺，未来需要在电力、交通、建筑和传统工业部门中电气化难度大的关键领域大规模减少二氧化碳排放量，加速推进低碳转型。

10.3.1 支撑高比例可再生能源电力系统建设和安全运行

加快风电、光伏等可再生能源开发，推动我国能源供给侧和需求侧实现低碳化，是实现碳达峰、碳中和目标的必由之路。

可再生能源长时间高出力给电力系统消纳、安全和储能技术带来极大挑战；在低出力时段，电力系统需要常规能源等非可再生能源机组实现功率平衡。未来电力系统灵活调节能力至关重要，直接关系着电力系统平衡安全全局的能力，决定着可再生能源消纳利用水平。发挥氢气可大规模、长时间存储优势，大规模部署电解水制氢储能并将其作为灵活性资源，跟踪可再生能源波动性，实现可再生能源电力时间、空间转移，有效提升能源供给质量、提高可再生能源消纳利用水平。

同时，我国绝大部分可开发风电光伏资源位于华北、东北、西北，"三北"地区拥有我国 80%以上的风电光伏资源。加快"三北"地区可再生能源资源转化，是推动我国碳达峰、碳中和目标实现的重要途径。但因电源侧与负荷侧不匹配，"三北"地区可再生能源发电装机在经历早期大规模、高速度增长的开发阶段后，便受到外送通道建设滞后、本地消纳能力不足的影响，进入开发瓶颈期。为解决"三北"地区可再生能源电量消纳问题，我国提出优化调整开发布局，集中规划建设特高压输电线路，但"三北"地区特高压外送线路发挥的作用远低于预期。2019年，"三北"地区 10 条外送通道规划新能源年输送电量 5200 亿千瓦时，实际输送电量 2079 亿千瓦时，仅为设计输送量的 40%，受综合因素的影响，部分线路输送比例不到 20%。受风、光发电间歇性、波动性影响，在建及规划的特高压线路，需要配套必要的火电调峰容量，这与碳达峰、碳中和目标相违背，并导致特高压输电线路可再生能源电量输送能力进一步降低。截至 2019 年底，我国已投运的 20条特高压线路年输送电量为 4485 亿千瓦时，其中输送可再生能源电量 2352 亿千瓦时，占比约 52%，扣除水电因素外，非水可再生能源的输电量为 574 亿千瓦时，仅占对应线路年输电量的 29%。在本地消纳和外送受限问题未得到有效解决之前，"三北"地区风电、光伏发电实现规模化开发仍存在诸多风险。

此外，针对我国东部发达地区的电力消费，通过特高压线路将"三北"地区风电光伏电量送出的单一发电送电模式，无法有力支撑东部地区碳达峰、碳中和目标实现。作为能源低碳转型的主战场，发展海上风电具备较好的资源优势。大规模的海上风电投产后，解决海上风电的并网及消纳问题需求迫切。以广东为例，到 2030 年将建成 3000 万千瓦海上风电，成为全国海上风电发展大省。预计到 2030年，以广东、福建、浙江、江苏等为代表的东南沿海省份，有望实现 1000 万千瓦海上风电用于离网方式制氢，同时推动海上风电发电成本初步实现平价，度电成本降低至 0.45～0.50 元/千瓦时水平。平价的海上风电也将进一步推动海上风电制氢技术和产业的快速发展。通过海上风电制氢，所获得的"绿氢"无碳、可储存、可运输；利用海上风电直接制备氢气，并通过液氢或高压氢的储运技术，输送至氢能利用端，使得海上风电开发跨越电力输送的渠道，成为与石油和天然气类似的、绿色的、优质能源战略能源类型。

发挥氢能清洁低碳、便于大规模长时间存储的优势，将我国丰富的可再生能源发电潜力转化为"绿氢"，有利于丰富能源消费侧，破解电量消纳和外送瓶颈下的可再生能源开发困局。规模化可再生能源制氢所提供的充足绿氢保障，有助于构建"氢-电结合"的终端能源消费结构，加大可再生能源供应和消费占比，推动我国能源领域供给侧和消费侧同步减煤减碳。

10.3.2　氢能发展促进我国终端能源消费革命

氢能和燃料电池技术是实现碳达峰、碳中和目标的关键能源创新技术，助力交通、建筑和传统工业部门的能源消费低碳转型，促进能源消费革命。

在道路交通领域，当前重型载货汽车保有量约为汽车保有量的 3%，据测算，2020 年重型载货汽车二氧化碳排放占我国道路交通二氧化碳排放的 40%～55%。综合考虑我国物流业蓬勃发展和电力系统清洁化趋势，在氢燃料电池技术市场渗透率较低的情况下，仅依靠柴油发动机能效提高、纯电动汽车和天然气汽车三种技术路线，现有政策延续的预计结果是 2030 年前道路交通领域碳达峰无法实现。氢燃料电池汽车在大载重、长续驶、高强度的道路交通运输体系中具有先天优势，较纯电动路线，氢燃料电池中重卡更符合终端用户的使用习惯。结合低碳氢和绿氢生产，氢燃料电池汽车是推动我国道路交通领域碳排放达峰的主要途径之一。

在建筑领域，2020 年我国建筑运行过程二氧化碳排放超过 20 亿吨，约占全国总排放量的 20%。目前我国人均建筑面积和建筑能源服务水平低，公共建筑和城镇居民自建房集中供热需求量大，但采暖热源结构仍然以煤为主。未来随着城镇化进一步推进，供热低碳转型面临严峻挑战。通过天然气掺氢方式进入天然气供电供热领域，降低天然气在建筑领域的终端消费，同时发展结合氢能分布式发电技术的风光氢电热城市能源供给站，将其作为天然气热源的有力补充，为建筑领域的低碳清洁转型提供新的技术路径。

在钢铁领域，降低钢铁工业煤炭消耗的核心是改变现有以煤炭为主要还原剂和燃料的高炉炼铁工艺。我国粗钢产量超过世界产量 50%，90%以上的粗钢由高炉-转炉长流程工艺生产，每年煤炭消耗约 6.4 亿吨，占到我国总消耗量的 17%。以氢为主要还原剂的氢冶金短流程生产的高纯净度产品是生产各种高端高附加值材料的基材。对标首钢京唐钢铁联合有限责任公司绿色低碳钢铁生产流程和瑞典纯氢冶金 HYBRIT（hydrogen breakthrough ironmaking technology，突破性氢能炼铁技术）项目，吨钢能耗降幅为 16.79%，吨钢二氧化碳排放降幅达到 98.85%。结合绿氢的氢冶金技术，是钢铁产业绿色低碳发展的终极方向。

在化工领域，其深度脱碳需要发展工业流程的电能和氢能替代及碳捕集和利用技术。2018 年化学原料和化工制品制造业煤炭消费合计 1.12 亿吨标准煤，占工业用煤的 21.94%。当前全球在运营的二氧化碳封存能力从 2012 年 2000 万吨/年发展到 2020 年的不到 4000 万吨/年。考虑到二氧化碳封存对地下构造要求较高，且建造时间高达数年，单一技术路线无法满足碳中和的需求。通过绿色合成氨、二氧化碳加氢制备甲醇、乙醇等燃料，合成乙烯、丙烯、芳烃等有机材料，有效降低二氧化碳排放或解决二氧化碳碳捕集后的规模化利用问题，是化工领域实现碳中和目标的重要途径。

10.3.3　降低原油和天然气进口依赖，拱卫国家能源安全

当前能源安全形势严峻复杂。从国际看，能源领域战略博弈持续深化，能源秩序深刻变化。疫情在全球传播蔓延，世界经济深度衰退，国际油价低位震荡运行，未来能源安全面临的风险因素将进一步增加。从国内看，我国面临能源需求压力较大、能源供给制约较多、能源生产和消费对生态环境损害较严重、能源技术水平总体落后等挑战，疫情叠加带来的阶段性挑战进一步加剧。中国是世界第二大炼油国和石油消费国，第三大天然气消费国，但受制于能源分布不均和能源结构不合理，自 2011 年起，我国的能源自给率呈明显下降趋势，数据显示，2020年我国石油进口依存度已攀升至 73%，天然气约为 43%。

交通运输业是石油最大的单一消费领域，2017 年，交通运输业石油消费占石油消费总量的 57.7%，其中道路交通领域的石油消费在交通运输部门当中占有绝对比重，达到了 83%。未来较长一段时间内降低交通领域的石油进口依赖和发展替代能源将是重中之重。"十四五"期间能源安全面临新挑战。发展氢能是深入贯彻 "四个革命、一个合作"能源安全战略的重要手段，作为全球最大的氢气生产国，我国凭借资源禀赋，发展可再生能源制氢潜力巨大，这可在根本上对能源安全起到关键作用。

10.3.4　绿氢发展推动传统工业转型和工业体系重构

除了能源属性，发挥氢的原料属性，对推动我国传统工业结构转型和工业体系重构，具有重要的支撑作用。以化工行业为例，化工行业是我国基础工业，氢气是我国化工行业传统原料，全球 90%以上的氢气被作为工业原料使用，主要用于炼油、化工等领域，包括炼化行业加氢脱硫、加氢裂化、合成甲醇、合成氨等。目前原料氢气主要来自煤制氢、天然气制氢。通过发展以可再生能源制氢为主的绿氢产业，并用绿氢替代化工生产过程中所需要的氢气，实现绿色原料替代，尤其是在不改变既有工艺主线的前提下，仅通过绿氢替代，就可以实现传统化工行

业的绿色转型，这对于减少原料带来的工艺碳排放，具有重要的价值和意义，有助于推动我国化工行业实现低碳发展和实现以绿氢为支撑的工业结构重构。仅此一项每年可以促进我国以煤制氢为主要制氢方式的化工行业实现减少碳排放30%~35%，这将大幅度推进我国化工产业升级，摆脱煤化工制氢带来的高能耗、高污染束缚，有助于推动我国"三北"可再生资源丰富地区建立低碳发展路径下的新型高载能产业发展。

当前，在吉林白城等二类及以上风光资源地区，孤网制氢的直接成本已经控制在20元/千克以内，近中期有望突破15元/千克，届时绿色合成氨与传统合成氨的市场价将持平。宝钢集团新疆八一钢铁有限公司和宣化钢铁集团有限责任公司等企业已开始布局氢冶金，主要采用富氢/纯氢气体为还原剂，并积极开展纯氢冶金技术研发，后续依托新疆和张家口地区丰富的绿氢资源，有望率先实现百万级纯氢冶金的突破。

我国"三北"地区风光资源丰富，在西部可再生能源开发利用的基础上，产业随着资源走，从而推动我国包括化工行业在内的"三高"产业脱胎换骨，成为"三新"产业。在此基础上，进一步扩大"三北"地区可再生能源开发和就地消纳，在西部地区建设以可再生能源为支撑的高载能产业发展，在可再生能源资源富集区建设新型工业体系，这有助于推动传统资源匮乏的地区加快实现可再生能源价值化。

第 11 章　氢能发展现状和面临的关键问题

11.1　氢能发展现状

国家层面，近年来国家对氢能发展的支持政策出台频繁。2019 年氢能首次被写入《政府工作报告》，该报告提出"推动充电、加氢等设施建设"；2019 年国家统计局的《能源统计报表制度（2019 年统计年报和 2020 年定期统计报表）》，将氢和煤炭、天然气、原油、电力、生物燃料等一起，纳入 2020 年的能源统计；2020 年国家能源局发布《中华人民共和国能源法（征求意见稿）》，氢能被列入能源范畴；2020 年国家发展和改革委员会发布《关于 2019 年国民经济和社会发展计划执行情况与 2020 年国民经济和社会发展计划草案的报告》，提出要制定国家氢能产业发展战略规划；2020 年 9 月财政部、工业和信息化部、科学技术部、国家发展和改革委员会、国家能源局五部委联合发布《关于开展燃料电池汽车示范应用的通知》，采取"以奖代补"方式，鼓励燃料电池汽车关键核心技术产业化，鼓励氢源供应特别是绿氢供应。我国氢燃料电池汽车产业化发展进入快车道。

地方层面，各地政府积极推动氢能产业发展，并陆续发布氢能产业发展政策，呈自下而上的推动态势。据统计，已有浙江省、四川省、河北省、上海市、武汉市、苏州市、佛山市等多个地方政府发布了氢能产业发展规划/实施方案/行动计划。山东省政府发布的《山东省氢能产业中长期发展规划（2020—2030 年）》，明确指出了山东省未来氢能产业发展路径与目标（2023 年到 2025 年"氢能产业总产值规模突破 1000 亿元"）。张家口市发布的《氢能张家口建设规划（2019—2035年）》明确指出，"2021 年、2025 年、2030 年、2035 年全市氢能及相关产业累计产值分别达到 60 亿元、260 亿元、850 亿元和 1700 亿元"。

产业方面，在地方政府的积极规划引导下，目前已初步形成京津冀、长三角、珠三角和华中地区等主要氢能产业集群。京津冀区域聚集了多家一流科研机构，在科技研发、协同创新上拥有突出优势，具备整车及制储运氢等产业基础。长三角区域汇集了大量龙头企业及相关研究机构，在燃料电池、燃料电池汽车整车等领域处于全国领先地位，是统筹推进氢能基础设施建设的先行区域。珠三角依托超前的布局、强有力的政策和雄厚的制造业基础，已初步完成了制氢、储运、加注及应用的全产业链布局，是国内氢能推广应用较好的地区之一。

11.1.1 氢能供应发展现状

1. 氢能制取领域

我国氢气来源主要包括以煤炭、石油、天然气为代表的化石能源重整制氢；以焦炉煤气、氯碱尾气、丙烷脱氢为代表的工业副产提纯制氢；以电解水制氢为代表的可再生能源制氢。生物质直接制氢和光解水制氢等目前产收率较低，仍然处于实验室研究阶段，尚未达到规模制氢要求。

化石原料制氢目前技术路线十分成熟，平均价格相对较低，但环境污染和碳排放问题突出。2020 年我国煤炭产量达 38.4 亿吨，假设 2%的煤炭用于煤制氢，我国煤制氢潜力约为 960 万吨/年。2020 年我国天然气生产总量约 1900 亿立方米，按 2020 年天然气用于制氢的占比 60%计算，我国天然气重整制氢潜力约为 306 万吨/年。但由于天然气制氢价格挂钩天然气价格，和我国"多煤少油缺气"的资源禀赋特点，长期内不适用于作为氢能供应源。

工业副产氢主要来自焦炉煤气制氢、氯碱副产品气制氢和醇类制氢。2020 年我国焦炭产量 4.71 亿吨，每吨焦炭可产生焦炉煤气 350～450 立方米，如果一半焦炉煤气用于制氢，其中氢气量为 55%～60%，则可副产氢气约 382.6 万吨。2020年约 55%的副产氢气被焦化厂或钢厂自用，45%可用于氢能产业发展供应，约 172万吨。2020 年我国烧碱产量 3643.2 万吨，生产每吨烧碱会产生 25 千克氢气，我国氯碱副产氢的潜力约为 91 万吨。多数工业副产氢气经提纯后直接进入工艺环节，目前约 30%以上的副产物氢气直接被放空排放，没有得到有效利用。如果这 30%用于氢能产业领域，则氢气供应量在 30 万吨/年。甲醇及合成氨工业、丙烷脱氢项目的合成气含氢量达 60%～95%，通过纯化技术可制取满足燃料电池应用的氢气。2017 年我国甲醇产能约为 8351 万吨/年，按生产 1 吨甲醇产生 122 立方米尾气计算，其中氢气约占 63%，制取甲醇副产氢量约 57.3 万吨/年。我国合成氨产能约 1.5亿吨/年，按生产每吨合成氨产生 200 立方米驰放气，驰放气中氢气含量按 50%计算，合成氨驰放气可回收氢气约 133.9 万吨/年。2017 年我国丙烷产量约 185 万吨，1 吨丙烷产氢率约为 3.8%，则共计可生产氢气约 10.6 万吨/年。因此，工业副产氢及化工制氢量约为 675.4 万吨，但由于绝大多数副产氢气重新进入工艺流程，我国可供氢能产业发展所需的副产氢气主要为焦炉煤气制氢和氯碱制氢，共计约 200万吨。

可再生能源电解水制氢方面，2020 年全国弃风电量 166.1 亿千瓦时，弃光电量 52.6 亿千瓦时，全国主要流域弃水电量约 301 亿千瓦时，如果这些可再生能源全部用于电解水制氢发电，以 5 千瓦时/标准立方米制氢效率计算，可再生能源制氢产能约 92 万吨。

2020 年我国氢的产量约为 2400 万吨，可外供氢能产业发展的氢气量约 200 万吨，无法为我国未来氢能规划提供支撑。未来氢能发展方向，将主要依赖于氢气产能增量部分的结构导向。在碳达峰、碳中和目标下，煤制氢、天然气制氢等"灰氢"的发展空间已经受到限制，大规模"蓝氢"开发也将受到碳捕集和封存成本问题制约，面临更多不确定因素。受碳中和目标指引和氢能产业强劲发展双重驱动影响，利用可再生能源发电，为电解制氢提供廉价电源，成为目前最受瞩目的制氢路径。电解水制氢所获得的氢气纯度和品质相对较高，但电力成本高一直是电解水制氢目前面临的最关键问题。随着我国太阳能发电和风能发电成本的持续降低，可再生能源电解水制氢已经迎来"拐点"。以我国 II 类光照地区为例，综合考虑制氢设备固定投资和运行维护费用后，风电、光伏发电孤网制氢已经可以实现成本低于 20 元/千克（表 11-1），进一步规模化后有望降至 15 元/千克。

表 11-1　当前不同制氢路线成本分析表（单位：元/千克）

类别	制备成本	提纯成本	脱碳成本	最终成本
煤制氢	10	12～20	8	30～38
天然气制氢	18	—	3	21
可再生能源制氢	<20	—	—	<20

2020 年我国部分地区的光伏发电度电成本已经接近 0.2 元，并有望继续降低。在风电方面，根据远景能源的预测，到 2023 年"三北"高风速区域可实现平均 0.1 元的度电成本。统筹考虑提纯、脱碳后的综合成本，可再生能源制氢已经成为我国风光富集地区最具成本优势的制氢工艺。

2. 氢能储运领域

氢气储运是氢能产业的中间环节，联结着产业链前端的制氢和后端的氢能应用环节。氢气作为一种高度环保的能源至今尚未大规模推广，氢气大容量安全储运是关键问题之一。目前国际上主要氢气储运技术包括气态储运、低温液态储运、固态储运、有机液体储运和复合储运技术等。其中，气态储运氢技术又分为高压气态储氢、高压气态运氢和天然气掺氢管道输送和纯氢管道输送等。

高压气态储运技术以其技术成熟度高、成本低等特点，成为现阶段主要应用技术。我国在固定式高压储氢技术方面处于国际先进水平，而高压气态运氢技术落后于国外。目前，国外已实现 50 兆帕碳纤维缠绕高压储氢容器输运技术应用，我国高压氢气输运压力仅为 25 兆帕，为提高储运效率，开展适用于高压力储运氢容器的内胆材料及低成本高强度碳纤维复合增强材料体系技术开发，发展 50 兆帕高压储运技术是其主要方向。国内天然气掺氢技术和管道掺氢技术尚处于起步阶段。低温液氢储运方面，国外已有成熟技术及应用，但国内技术尚处于航空用阶段，并且在液氢储运安全性与管理方面技术薄弱，在液氢工厂、相关产业化及标准法规方面起步较晚。有机液体储运方面，我国有机液体储氢材料与工艺技术的研发在国际上一直处于领先地位，在有机液体储氢技术市场化方面与发达国家持平，但在加氢和脱氢装备方面落后于先进国家。固态储运技术方面，我国与国际水平相当，目前基本处于小规模试验和示范阶段，该技术在大规模安全储能、分布式发电等领域具有较大应用潜力，在氢气输运领域应用的前提是轻质、高容量储氢材料载体的开发。在储运领域，提高氢能储运效率、降低成本是氢能储运技术的发展重点。针对不同储氢场景、输运距离、输运规模，高压气态储运、管道输送、液氢储运、有机液体和固态储运均有适用场景与技术需求。为保障氢能产业的迅速发展，需根据不同储氢技术的技术发展阶段，开展技术攻关，解决成本问题，进行示范试验及推广应用。

3. 氢气加注领域

截至 2020 年底，我国累计建成 118 座加氢站（不含 3 座已拆除加氢站），在建/拟建加氢站 167 座。其中，101 座建成的加氢站已投入运营，待运营 17 座，投用比例超过 85%。从地区分布看，广东建成的加氢站累计达到 30 座，山东和上海分别建成 11 座和 10 座，天津和湖南实现零的突破均建成了 1 座加氢站。从在建/拟建加氢站分析，广东以 29 座居榜首，上海 28 座，河北 21 座，湖北和浙江也在开展布局。

11.1.2　氢能利用发展现状

氢的传统消费领域集中在石油炼化、化工和钢铁领域，电解水制氢主要用于浮法玻璃和电子行业等领域。其中，合成氨、甲醇、炼厂用氢和现代煤化工对氢气需求量超过传统消费领域总量的 80%。

新兴的氢能利用方式主要在交通领域。截至 2020 年底，我国燃料电池汽车累计推广数量为 6002 辆，以商用车为主，氢燃料电池公交车和物流车累计接入量分别为 2222 辆和 3153 辆，分别占保有量的 37.02% 和 52.53%。氢燃料电池汽车的主要运营区域分布于广东、上海和北京等地，广东累计推广 2415 辆，排在第一位，上海和北京分别为 1376 辆和 370 辆。在轨道交通领域，2019 年首列商业运营的氢能源有轨电车示范项目在广东佛山高明区上线。在船舶应用领域，2019 年 12 月，中国船舶集团有限公司发布了自主设计研发的全国首艘 2000 吨级定点航线内河自卸货船设计方案。在燃料电池叉车应用上，截至 2020 年还处于起步示范阶段，仅有天津、上海、广东等地区企业有一些推广。

在氢能发电应用上，辽宁营口在 2016 年投入了 2000 千瓦的 PEM 燃料电池发电系统，热电联供效率达到 75%。在燃料电池备用电源领域，2014 年中国联合网络通信集团有限公司采购了燃料电池备用电源 200 多台。当前，我国累计实现了数百台燃料电池应急备用电源产品推广，具有一定的产业基础。

我国在氢能冶金应用领域相关的研究刚刚起步，正在逐步推动。2019 年 1 月，中国宝武钢铁集团有限公司与中国核工业集团有限公司（以下简称中核集团）、清华大学签订《核能–制氢–冶金耦合技术战略合作框架协议》，三方将共同打造核冶金产业联盟。2019 年 11 月，河钢集团与意大利特诺恩（Tenova）集团共同研发、建设全球首例 120 万吨规模的氢冶金示范工程。2020 年 5 月，京华日钢控股集团有限公司与中国钢研科技集团有限公司签订了《年产 50 万吨氢冶金及高端钢材制造项目合作协议》，将建设具有我国自主知识产权，进行系统性、全链条的创新开发的新示范项目。

总体来看，我国的新兴氢能应用场景较为单一，主要集中在氢燃料电池商用车领域，具有一定规模化优势。但我国在氢燃料电池乘用车、轨道交通、船舶、无人机等领域的应用上还处于起步阶段，在氢能发电、家用热电联产、氢储能等领域的应用推广还存在短板和空白。

11.1.3　氢能技术和装备发展现状

1. 可再生能源制氢

电解槽是电解水制氢的核心设备，电解水制氢技术可具体分为碱性电解水（alkaline water electrolysis，AWE）、PEM 电解水、阴离子交换膜（anion exchange membrane，AEM）电解水和 SOEC 制氢技术。AWE 制氢是目前最成熟的大规模制氢方法，该方法工艺过程简单，易于操作；我国 AWE 制氢技术与装备水平基本达到世界先进水平，形成氢气产量 0.5～1000 标准立方米/时、工作压力 1.5～4.0 兆帕系列产品。PEM 电解水制氢具有环境友好、纯度高、效率高等优点，发展潜力很大，但制氢规模较小，成本也较高，目前还处于示范阶段；我国 PEM 电解水制氢技术尚处于从研发走向商业化的前夕，与国外差距较大。SOEC 制氢虽然具有较高的电解效率，但是技术仍处于研发阶段，距离工业应用尚有距离。

我国已经在可再生能源耦合制氢的模拟研究方面取得了突破进展，但是工艺缺乏规模化验证，必须依赖示范实证，并开展跟踪研究。借助国家燃料电池汽车示范应用规划，有选择性地开展规模化可再生能源发电孤网制氢示范，对促进关键技术完善，进一步优化方案，降低建设造价，实现更廉价的氢气开发，都具有重要的积极意义。

2. 氢能储运领域

1）气态储运氢技术

高压气态储运方面，我国已研制出 87.5 兆帕钢质碳纤维缠绕高压大容积储氢容器；开发出拥有自主知识产权的钢带错绕结构固定式高压储氢设备，并建立了 1 项国家标准；开发出了 3.0 倍安全系数的玻璃纤维增强气瓶和 2.5 倍安全系数的碳纤维增强气瓶，单车氢气运输量由不足 390 千克提升到 500 千克，这有效提升了长管拖车的氢气运输效率，降低了运输成本。天然气掺氢管道输送技术方面，编制输送富氢天然气用高钢级（X70、X80）管线钢的技术标准，并形成了输送煤制气介质用高钢级管线设计技术；完成了国内首个电解制氢掺入天然气应用示范项目——朝阳可再生能源掺氢示范项目第一阶段工程，部分验证示范了氢气"制取—储运—掺混—综合利用"产业链关键技术。纯氢管道输送技术方面，我国对氢气管道管材设计选型、管材老化开裂等方面进行了基础性研究，并建成了"巴陵—长岭""济源—洛阳"两条氢气输送管线。

我国输运用高压气态储氢罐在压强和质量储氢密度方面均低于国外技术水平，国外已实现 50 兆帕碳纤维缠绕高压储氢容器输运技术应用，我国高压输运技术的最高压力仅为 35 兆帕，高品质高压缠绕氢瓶所需的主要原材料碳纤维仍主要依赖进口。

我国在氢气长输管道相关规范方面基础薄弱，现有氢气长输管道基本参照油气输送管道和工业管道标准及国外氢气管道标准（ASME B31.12）设计建造。对于天然气管道掺氢输送的相关研究有一些，对于在役天然气管道改造用于输送纯氢、氢气输送管道用高强钢的相关研究极少。

2）液态储运氢技术

在低温液态储运氢技术方面，我国已研制出民用 40 英尺超低温罐式集装箱及车载小型液氢储氢瓶，开发出国产氢膨胀机，完成针对引进国外 5 吨/天以上的氢液化工艺包进行国产适应性优化，完成配套燃料电池重卡的液氢供氢系统制造与测试。2021 年，三项民用液氢国家标准获批：《氢能汽车用燃料 液氢》（GB/T 40045—2021）、《液氢生产系统技术规范》（GB/T 40061—2021）、《液氢贮存和运输技术要求》（GB/T 40060—2021），填补了国内民用液氢标准空白，开启了我国民用液氢规模化发展的新局面。

3）有机液体储运技术

在有机液体储运技术方面，我国已开发出一批性能优于 N-乙基咔唑的新型有机液体储氢材料，可在常温常压下安全高效地储存和运输氢，材料体积储氢密度约为 60 千克/米^3；开展了有机液体规模化加氢与运氢示范，载氢状态的有机液体模块化生产设备日产能大于等于 200 千克；成功开发 1～100 千瓦量级（配套燃料电池功率）脱氢设备，并初步具备生产能力；建设完成了千吨级液体有机储氢载体的生产线及催化剂中试生产线。

4）固态储运技术

我国已研制出 500 立方米 Ti-Mn 系合金固态储氢罐，其有效重量储氢率质量分数可以达到 1.5 wt%，体积储氢密度可达 57 千克/米^3，与 30 千瓦风电电解水制氢装备配套，为 5 千瓦燃料电池发电系统供氢。开发出基于低成本 Ti-Fe 合金的 1000 立方米固态储氢系统，放氢纯度达 99.9999%。开发了燃料电池客车用 15 千克固态车载储氢系统，并在全球首台低压储氢燃料电池公交车上进行了示范应用，无须建立高压加氢站，在 5 兆帕氢压下 15 分钟左右即可充满氢，已累计运行 1.5 万千米。在高效储能的同时，可实现氢的增值应用。开发出基于 Li-Mg-B-N-H/ZrCoH$_3$ 复合材料的 2.5 立方米储氢罐，其重量储氢率达 2.4 wt%，体积储氢密度达到 44 千克/米^3。形成了 3 项相关国家标准。

传统储氢合金体积储氢密度高，安全性好，但重量储氢密度仍偏低，适用于固定式的氢气储存和供给、燃料电池商用车、特种车辆，以及加氢站的氢气储存和加注。开发轻质、高容量的固态储氢材料，降低材料使用温度，并实现材料的批量化生产是实现固态储氢技术在氢气储运领域广泛应用的重要保障。目前，我国在固态储运氢技术方面总体与国际保持同步，在部分储氢材料与技术的研发和产业化方面甚至具有一定的优势。

3. 氢气加注领域

加氢站作为氢能供应和氢能应用的连接节点，技术发展与氢供应链和燃料电池电动汽车用氢需求密不可分。我国"十三五"期间重点发展燃料电池商用车，采用 35 兆帕的 III 型瓶用于车载储氢，氢能供应以 20 兆帕的高压管束形式为主，尚无民用液氢使用许可，因此我国当前建成的加氢站绝大多数为高压气态储氢的 35 兆帕加氢站，尚无液氢形式的加氢站。随着我国燃料电池车的规模化应用，我国加氢站将逐步由当前的低负荷、粗放式加氢运行状态过渡至高密度、快速加氢的全负荷运行状态；燃料电池车在大重载、长续航场景下拓展应用，将出现储氢密度更高的 70 兆帕加氢需求。我国加氢站技术与美国、日本、欧洲等国家差距明显，一方面，现役 35 兆帕加氢站尚未经历高负荷加氢工况下的性能和可靠性验证，存在较大优化空间，35 兆帕加氢站关键装备的核心零部件依赖进口，有待深入开发；另一方面，70 兆帕加氢站关键装备完成攻关后，仍需经过加氢站应用验证，进一步提高性能与可靠性，从而实现核心零部件国产化，提高竞争力；此外，用于大规模加氢的液氢站技术有待开发。

4. 燃料电池系统零部件、车载供氢系统及核心零部件方面

燃料电池电堆材料及部件主要涉及 PEM、碳纸、催化剂、双极板、膜电极等。目前我国大功率（超过 100 千瓦）、高功率密度（超过 3 千瓦/升）、长寿命（超过 5000 小时）电堆技术已趋成熟，但在可靠性、工程化及实车验证等方面仍有较大进步空间。电堆核心材料部件双极板、膜电极制备及应用已实现自主化及国产化。PEM、催化剂及碳纸仍处于开发及产品培育期。

燃料电池系统和车载供氢系统方面，国内空压机技术和工程化能力发展迅速，性能与产能已基本覆盖当前商用车使用需求，氢气循环系统的技术研发也在稳步推进，国产化率逐步提升；35 兆帕车载供氢系统已基本实现全国产化，但在乘用车方面与国外先进水平仍有一定差距。未来重点攻关方向是：高转速、高压比、大流量、低功耗、低噪音空压机；全工况的大引射能力、耐低温、低泄漏、高耐久性的氢气循环系统；70 兆帕高压IV型储氢瓶、加氢口、主阀等车载供氢系统核心部件。

11.2 面临的关键问题

11.2.1 氢能的能源定位尚未明确

我国"氢"的能源属性不明确，氢能发展和规范管理存在政策障碍。"氢"属于 2011 年发布的《首批重点监管的危险化学品名录》产品，在 2015 版和 2018 版《危险化学品目录》中均被列入。相比于其他同被列入《危险化学品目录》的天然气、汽油、柴油、石油、液化石油气、煤油等物质，氢始终以危险化学品属性为主，能源属性尚未被定义。

2020 年 4 月发布的《中华人民共和国能源法（征求意见稿）》附则的"术语的法律解释"，将氢能与煤炭、石油、天然气等列为同类；2020 年 9 月财政部、工业和信息化部、科学技术部、国家发展和改革委员会、国家能源局五部委发布

的《关于开展燃料电池汽车示范应用的通知》的"示范内容"，提出"要明确氢的能源定位，建立健全安全标准及监管模式，确保生产、运输、加注、使用安全，明确牵头部门，出台加氢站建设审批管理办法"。2020 年，国家统计局也首次将氢气纳入能源统计。但目前氢仍按危险化学品管理，并未在立法层面上真正确立氢的能源属性，尚未理顺和建立起一套适合氢能的管理、监管体系，也没有明确的管理部门，从而导致各地涉氢项目审批建设存在诸多掣肘，各相关部门之间存在着互相钳制的问题，这严重阻碍了氢能产业的发展。

11.2.2　国家氢能中长期发展战略规划尚未出台

从 863 计划电动汽车重大专项设立新能源汽车"三纵三横"的路线开始，我国氢能基本都是围绕燃料电池汽车来发展，我国也在新能源汽车相关的路线图中，出台了燃料电池汽车发展路线图。但是目前氢能产业发展的形势已经不仅局限于交通领域，而是涉及传统石化能源、可再生能源、新型化工、低碳交通、低碳建筑、规模化储能等领域的大氢能概念，是上升到国家战略高度的发展线路问题；同时虽然当前各个地方政府支持氢能产业发展的热情高涨，但是已经呈现出各自为战的局面，存在项目盲目上马和低水平重复建设等问题。

与国外发达国家相比，我国亟须出台正式的、从能源角度定位的、国家层面的氢能中长期发展战略规划。规划的出台，一方面有利于从"全国一盘棋"的角度统筹规划，另一方面可以保障氢能产业发展的连续性。

11.2.3　氢能应用区域与氢源富裕区域错位

我国绿氢氢源富裕区域主要集中在"三北"地区。在当前技术水平下，"三北"地区风能资源储量就超过 40 亿千瓦，太阳能资源储量超过 50 亿千瓦，制氢潜力约 2 亿吨/年，完全满足我国氢能产业发展对大规模绿氢资源的需求。

但目前我国氢能应用区域主要集中在东南沿海地区，远离绿氢氢源富集区域；同时副产氢源主要集中在城市周边的化工园区，而氢燃料电池汽车示范地区通常在人口密集的城区，运输距离动辄近百千米。氢能应用区域与氢源富裕区域的严重错位，造成氢能储运成本居高不下。

长距离管网可大规模输送绿氢。因当前缺乏长距离纯氢管线案例，所以用天然气长输费用类比，如表 11-2 所示，我国现有天然气长输管道压力为 10～12 兆帕，西气东输管道万千米的运输费用为 0.012～0.024 元/米^3。近期运营的中俄东线天然气管道工程实现了关键设备与技术的全部国产化，已运行的北段每一万千米的运输费用大约为 0.018 元/米^3。通过应用端就近资源转移和发展低成本的氢气储运技术，绿氢进入平价时代的瓶颈问题可以得到解决。

表 11-2 输氢管线和天然气跨省输送管道情况

	线路及类型	距离	年输送能力	途经地区	含增值税费用
炼化短途用气	济源-洛阳输氢管线	25 千米	10.04 万吨	—	0.08 元/标准立方米
	巴陵-长岭输氢管线	42 千米	5 万吨	—	0.12 元/标准立方米
西气东输管道	西一线西段（新疆轮南—宁夏中卫）	1924 千米	170 亿立方米	新疆、甘肃、宁夏、陕西、山西、河南、安徽、江苏、上海	0.014 元/（米³·万千米）
	西一线东段（宁夏中卫—上海）	2627 千米			0.024 元/（米³·万千米）
	西二线西段（新疆霍尔果斯—宁夏中卫）	2325 千米	300 亿立方米	新疆、宁夏、甘肃、陕西、河南、湖北、湖南、江西、浙江、上海、广东、香港	0.014 元/（米³·万千米）
	西二线东段（宁夏中卫—广东广州）	4458 千米			0.024 元/（米³·万千米）
	西三线（新疆霍尔果斯—福建福州，广东广州）	7378 千米	300 亿立方米	新疆、甘肃、宁夏、陕西、河南、湖北、湖南、江西、福建、广东	0.012 元/（米³·万千米）
中俄东线天然气管道	中俄东线天然气管道工程北段（黑河—长岭）	728 千米	380 亿立方米	黑龙江、吉林、内蒙古、辽宁、河北、天津、山东、江苏、上海	0.018 元/（米³·万千米）

注：天然气跨省管道运输价格来自 2019 年 3 月国家发展和改革委员会官方网站数据；短距离输氢管线数据来自调研结果

11.2.4 氢能应用推广的商业模式和市场化运营经验有待探索

以政策牵引和规模化效应，推动氢燃料电池汽车成本快速下降是近期氢燃料电池汽车产业化发展的关键。传统燃油车辆和纯电动车推广采用融资租赁等方式，通过以租代购方式降低终端用户的一次性购置成本。当前用氢成本依然较高，融资租赁方式无法解决燃料电池汽车日常的经济性运营问题，通过该方式向终端用户直接推广难度较大。亟待对标相同吨位的柴油车车辆总体用车成本，加快探索物流服务一体化、以油养车和制储运用一体化等燃料电池汽车商业化运营模式，一方面减少购置车辆的一次性费用和运营成本，另一方面通过稳定的运营收入保障加氢站和燃料电池汽车商业化运营，带动规模化发展。通过积累市场化运营经验，促进氢燃料电池汽车更大范围的应用推广，显著优化制氢、储氢、运氢、加氢各个环节的资源配置，在运维环节有效降低能耗、减少维修保养次数和优化人员配置，进一步促进成本下降，为整个氢能的发展铺平道路。

同时，在建筑供热、热电联产、绿色化工、氢冶金等氢能应用领域，氢能应用较现有技术的使用成本高。一方面要加快技术研发突破和试点示范，另一方面可以借鉴现有综合能源服务的商业模式，通过电力市场化交易、碳交易等市场化手段，实现项目收益渠道多元化，对标现有技术路线，不断提升市场竞争力。

11.2.5　部分关键材料、零部件及装备技术水平有待提高

在燃料电池方面，目前国内氢燃料电池系统的 PEM、催化剂、碳纸等核心材料对外依存度总体较高，与国外先进水平相比还有一定差距，研发成果产业化尚待提升。碳纸也是军用物资，我国燃料电池汽车商业化所用的碳纸需求急剧增大，加剧了国际碳纸市场对我国的禁运风险。在燃料电池膜电极制备的主流智能设备方面，国际上是日本和德国领先，国内虽有开发，实力尚有差距，存在"卡脖子"风险。国内普遍关注的空压机领域，国产空压机已得到小批量应用验证，基本实现国产化；部分空压机及相关企业介入氢气循环系统的开发，国产化水平逐步提升。DC/DC（direct current/direct current，直流电升压转换器）是目前已完全国产化的产品，大批量得到应用。生产增湿器的企业非常少，进口依赖仍然严重。集整车控制、电源管理、驱动系统控制的综合控制系统一体化分组控制单元（packet control unit，PCU）是未来研发重点。另外，系统管阀件及空气过滤器等辅助部件也需要提高国产化率。

在氢能储氢、运氢、加氢方面，实现 35 兆帕、70 兆帕储氢瓶用碳纤维材料、内胆材料和瓶口组合阀国产化，是高压气态储运亟待突破的技术方向；低温液态储运氢亟须突破正仲氢转化催化剂材料结构增强和大规模制备技术，大口径液氢转注管道及阀门制备技术，大型液氢容器、氢透平膨胀机、冷箱内调节阀、高效换热器、高效正仲氢转化器、液氢罐箱、罐车、液氢转注及增压加注泵等关键装备技术；我国绝大多数加氢站加注能力仅为 35 兆帕，加氢装备的核心零部件，包括高精度高压氢气质量流量计、传感、调压阀及高可靠加氢枪等均依赖进口，压缩机的可靠性尤其是关键零部件的寿命有待进一步提高。这些都是目前亟待解决的"卡脖子"问题。

在车用储氢装备方面，重卡储氢问题尚未解决。国内目前普遍使用 35 兆帕高压氢瓶，如果按照氢能重卡的实际应用需要，一辆重卡需配备多个高压氢瓶，这对实际载货能力，即物流运输的毛利水平影响很大。因此发展适用于重卡的高密度储氢技术，是氢能重卡产业推广的前提。

第 12 章　氢能中长期（2021～2035 年）发展战略

12.1　指　导　思　想

以习近平新时代中国特色社会主义思想为指导，全面贯彻党的二十大精神，全面贯彻落实新发展理念，以实现碳达峰、碳中和承诺为目标，找准氢能优势定位，把发展氢能作为实现碳达峰、碳中和目标的必然选择、应对气候变化的重要引擎，坚定不移发展绿氢，大力加强技术研发，提升装备制造水平，适当超前布局，构建新型氢能产业生态，加快示范推广应用，夯实安全环保基础，为建设美丽中国提供重要支撑。

12.2　发　展　目　标

到 2025 年，完善我国可再生能源制氢技术链，建立绿色制氢示范试点项目，形成绿氢大规模制备的成熟可靠技术体系，如表 12-1、图 12-1、表 12-2、表 12-3 所示。绿氢总产量达到 45 万吨，电解槽装机容量约为 840 万千瓦。氢燃料电池汽车保有量 5 万～10 万辆，以货运和客运商用车为主，商用加氢站数量超过 1000 座。油氢合建站成为主流，70 兆帕加氢站增多，站内制氢站比例增多。建成天然气掺氢和绿色合成氨示范工程，推进绿色甲醇和绿色冶金工程化示范研究。氢能储运以 20 兆帕高压长管拖车储运氢为主，开展特定区域小范围纯氢管道、掺氢管道、超高压长管拖车、液氢、固态储氢等技术的试点。建立氢能开发及综合利用技术和装备完善标准体系。

表 12-1　产业总体发展目标

指标	2021～2025 年	2026～2030 年	2031～2035 年
氢气总产量	3500 万吨	3715 万吨	4500 万吨
绿氢总产量	45 万吨	840 万吨	2500 万吨

续表

指标	2021～2025 年	2026～2030 年	2031～2035 年
电解槽装机容量	约 840 万千瓦	新增约 1.42 万千瓦	新增约 2.7 亿千瓦
绿氢在氢能总需求量中的占比	—	22.6%	55.6%
氢能占终端消费能源比例	4%	5%	7%

注：①氢气总产量和氢能占终端消费能源比例数据来自《中国氢能源及燃料电池产业白皮书 2020》

②制氢小时数按照 3000 小时/年计算，电解槽效率近期按照 5 千瓦时/米^3、中期按照 4.8 千瓦时/米^3、远期按照 4.5 千瓦时/米^{3}计算；对于利用小时数高于常规风电、光伏利用小时数的情况下，考虑使用风光互补、储能和储氢的技术路线作为补充

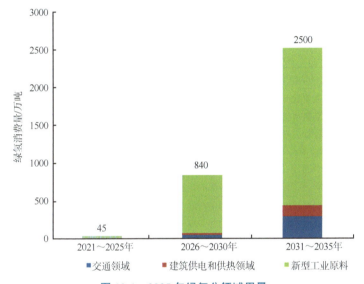

图 12-1　2035 年绿氢分领域用量

表 12-2　各应用领域目标

领域	2021～2025 年	2026～2030 年	2031～2035 年
可再生能源制氢	规模化集中式可再生能源制氢和分布式电解水制氢加氢一体站在多地区开展试点	规模化集中式与分布式可再生能源制氢相结合	继续推进大规模集中式制氢和分布式制氢相结合
绿氢生产直接成本	20 元/千克	15 元/千克	12 元/千克
氢能储运	以 20 兆帕高压长管拖车储运氢为主，开展特定区域小范围纯氢管道、掺氢管道、超高压长管拖车、液氢、固态储氢等技术的试点	以 30 兆帕及以上高压长管拖车运输为主，扩大纯氢管道、掺氢管道、液氢、固态储氢等技术的试点范围	短途运输以高压长管拖车运输为主，开辟多条长距离、规模化纯氢、掺氢管道和液氢运输线路

续表

领域	2021～2025 年	2026～2030 年	2031～2035 年
基础设施	建设城际间加氢站网络，商用加氢站数量超过 1000 座，油氢合建站成为主流，70 兆帕加氢站增多	区域性加氢站网络建成，商用加氢站数量超过 2000 座，站内制氢站比例增多，液氢加氢站试点建设	跨区域间加氢站网络初步建成，商用加氢站数量超过 5000 座，大容量液氢加氢站数量快速上升
交通领域用氢	交通领域用氢规模 40 万吨以上，以工业副产氢为主	交通领域用氢规模达 200 万吨，工业副产氢仍占据主流，制氢方式多样化，绿氢比例大幅提升至 25%	交通领域用氢规模超过 500 万吨，氢能来源多样化，绿氢占比达到 60%
交通领域氢气终端价格	35 元/千克	30 元/千克	25 元/千克

表 12-3 技术路线

领域	近期目标 （2021～2025 年）	中期目标 （2026～2030 年）	远期目标 （2031～2035 年）
氢能制取	积极利用工业副产氢，大力发展可再生能源电解水制氢示范，开展站内电解水制氢示范，煤制氢+二氧化碳捕集和利用试点示范，生物质、有机固体废弃物制氢示范；开展长寿命、高效率、低成本电解槽技术攻关，以及大功率、宽负荷电解制氢装备研究示范	大力发展规模化可再生能源电解水制氢，站内电解水制氢技术成熟，开展煤制氢+二氧化碳捕集和利用、生物质、有机固体废弃物制氢推广	可再生能源电解水制氢成为氢气需求增量的主体，大力发展生物制氢、煤制氢+二氧化碳捕集和利用等多元化氢源供应体系
氢能储运	以 20 兆帕长管拖车输氢为主，突破 50 兆帕长管拖车运输技术、70 兆帕高压储氢瓶技术，开展低温液氢储运、固态储氢、有机液体储运技术示范；建立管道输氢、天然气掺氢技术标准和规范，开展特定区域示范应用；开展低成本、大规模储氢技术示范	实现 50 兆帕长管拖车推广应用，扩大纯氢管道、天然气掺氢、低温液氢、固态储氢、有机液体储运等技术的示范应用范围	多种氢气储运技术在不同细分市场协同应用，形成完善的氢气储运网络，实现氢气的高安全、大规模储运
交通领域	氢燃料电池汽车保有量 5 万～10 万辆，以货运和客运商用车为主，在环卫、工程等特种车辆领域开展多方位示范；开展叉车、工程车辆和船舶等在特定区域示范	氢燃料电池汽车保有量达到 50 万辆，货运商用车为主，占比约为 80%，其他商用车辆形成规模化应用，乘用车小规模推广应用；开展叉车、工程车辆船舶等推广应用	氢燃料电池汽车保有量超过 120 万辆，货运商用车规模继续扩大，占比超过 70%，乘用车市场快速增长
绿色化工	开展合成氨和合成甲醇绿氢替代示范，开展炼化领域的绿氢替代技术研究	合成氨和炼化领域绿氢替代规模化推广，合成甲醇绿氢替代技术日趋成熟，探索其他领域的绿色氢能替代	绿色化工初具规模

续表

领域	近期目标（2021～2025 年）	中期目标（2026～2030 年）	远期目标（2031～2035 年）
绿色冶金	在高炉喷吹富氢、富氢气基竖炉等工艺方面会取得工业化的进展；开展氢冶金的示范研究	实现亿吨喷吹富氢的高炉炼铁产能；实现 1000 万吨级富氢气基产能；实现纯氢冶金的规模化应用	扩大纯氢冶金和富氢冶金的产能规模
建筑供电和供热领域	积极开展城市燃气掺氢示范、分布式PEM 热电联产示范，配套中低压纯氢管网建设；开展兆瓦级燃氢燃机技术研究、加速高温燃料电池发电技术攻关	建成 2～3 个城市燃气掺氢、分布式热电联产示范城市；开展兆瓦级高温燃料电池和燃氢燃机联用示范项目	天然气掺氢逐步成为天然气资源的有益补充，分布式热电联产示范城市不少于 10 个；形成兆瓦级高温燃料电池和兆瓦级燃氢燃机成熟技术

到 2030 年，持续推动可再生能源资源富集地区绿氢产业发展，建立以绿色能源开发、绿色原料保障为路径的新兴经济发展模式，建设以绿色资源支撑的新兴产业基地。绿氢总产量达到 840 万吨，新增电解槽装机容量约 1.42 万千瓦。氢燃料电池汽车保有达到 50 万辆，货运商用车占比约为 80%，乘用车小规模推广应用。区域性加氢站网络建成，商用加氢站数量超过 2000 座，站内制氢站比例增多，液氢加氢站试点建设。受到碳交易和电力市场化改革影响，绿氢及其应用经济性相对提高，天然气掺氢、绿色合成氨和石油炼化规模化推广加快，受欧洲碳边境调节税影响绿色冶金市场需求开始释放，绿色甲醇技术满足规模化推广技术要求。氢能储运以 30 兆帕及以上高压长管拖车运输为主，扩大纯氢管道、掺氢管道、液氢、固态储氢等技术的试点范围。

到 2035 年，推动化工和冶金等传统工业领域通过绿氢替代实现低碳转型，助力我国减碳难度较大的传统工业领域实现科技引领下的体系重构。绿氢总产量达到 2500 万吨，新增电解槽装机容量约 2.7 亿千瓦。氢燃料电池汽车保有量超过 120 万辆，货运商用车规模继续扩大，占比超过 70%，乘用车市场快速增长。跨区域间加氢站网络初步建成，商用加氢站数量超过 5000 座，大容量液氢加氢站数量快速上升。低成本绿氢在天然气掺氢、合成氨、石油炼化和氢冶金领域的市场规模持续扩大，绿色甲醇技术逐步开展工业化示范。氢能储运方面，短途运输以高压长管拖车运输为主，开辟多条长距离、规模化纯氢、掺氢管道和液氢运输线路。

12.3　发　展　任　务

12.3.1　明确能源定位，完善氢能管理体系

建议参考天然气的管理办法构建氢能管理体系，在考虑氢气危险化学品属性的同时，重点突出其能源定位。由政府机构负责制定宏观监管政策，行业协会及第三方独立机构负责具体监管执行。在科学论证研究的基础上，构建与科技进步和社会发展相匹配的氢能管理法规体系，建立有利于氢能发展趋势的技术标准化体系和安全标准化体系。

完善氢能制备、储藏、运输、使用等各环节法律法规和安全技术标准，建立完备的氢能产品检验认证和监督体系。研究突破现有的标准法规制约，包括制氢项目须入化工园区、氢气输运长管拖车 20 兆帕压力等级限制等问题；研究制定可再生能源制氢、商用液氢、管道供氢等发展方向的标准和法规；明确加氢站建设审批、监管流程，包括氢气输送、氢气存储、氢气加注的安全与消防等方面的技术要求。从全流程、全方位建立有效的事故缓解方法和应急安全响应机制，为我国氢能发展提供支撑。

12.3.2　制定国家氢能中长期发展战略规划

首先，从国家层面制定我国的氢能战略发展路线图，开拓全新的思路，跨部门、跨行业、跨学科协同，改变过去单一学科、单一产业、单一部门归口的模式，明确阶段性目标和分步实施的重点；其次，要建立健全管理体制机制，明确牵头主管部门，建立有力的跨部门协调机制，统筹氢能战略落地实施，统筹区域布局和应用示范避免产业趋同。按照"全国一盘棋"原则，结合各地资源禀赋与协同发展优势，合理选择氢能资源丰富、氢能产业集聚的区域，或将经济发达、环保压力大的区域作为国家级示范区，分层次、有重点开展全产业链的区域示范。

我国制定氢能的发展战略规划，可以从近、中、远期分阶段实施。近期发展定位为技术和体制创新阶段。通过燃料电池汽车城市群的示范应用，打通氢能全产业链，加快氢能和燃料电池的技术进步，研究和示范各种先进技术，推动氢能全产业链技术创新，同时建立健全氢能产业的标准和法规体系，推动氢能体制机制创新。中期发展定位为规模化推广应用阶段。绿氢成为主要的氢气增量之一，开展多元化储运氢技术的示范，燃料电池汽车规模显著扩大，同时氢能在电力、工业、建筑等领域得到推广应用，氢能全产业链的经济性显著提升。远期发展定

位为商业化发展阶段。绿氢成为主要的氢气来源，建成大规模的氢能源供销体系，氢能终端应用进入大规模商业化运营阶段，成为我国重要的终端能源组成部分。

12.3.3　加快构建绿氢供应保障体系

加快可再生能源耦合制氢示范实证，并开展跟踪研究，规模化验证工艺。有选择性地开展规模化可再生能源发电制氢示范，促进关键技术完善，进一步优化方案，降低建设造价，实现更廉价的氢气开发。

在东部沿海等当前氢能应用的主要区域，2035 年前我国东部地区的氢源保障体系由工业副产氢、可再生能源制氢和化石能源制氢+二氧化碳捕集组成。考虑到长距离管道运输的经济半径，建议建设北方和西南两大绿氢供应基地。由松辽、冀北和黄河几字弯清洁能源基地组成的北方绿氢供应基地将为京津冀地区和长三角地区的氢能发展提供绿氢保障。由金沙江上游、雅砻江流域和金沙江下游清洁能源基地组成的西南绿氢供应基地，将为珠三角地区氢能发展提供绿氢保障。

加快大规模、低成本、高安全性氢气储运技术开发，突破绿氢低成本储运瓶颈。针对低成本工业副产氢和可再生能源制氢等的规模储运需求，发展低温液氢、天然气管道掺氢输送技术及低压氢气管道输送技术，后期针对更大规模氢气输送需求，发展高压氢气管道输送技术。最终形成高效可靠的绿氢储输网络，夯实氢能产业发展基础。

12.3.4　加速燃料电池汽车市场化进程

氢燃料电池汽车示范应用规模化。氢燃料电池汽车推广运营商业模式基本成熟，氢燃料电池轻型物流车、重型货车、多功能乘用车等实现万辆级应用，氢燃料电池客车实现千辆级应用，至 2025 年完成 5 万～10 万氢燃料电池汽车的示范应用。

基础设施便捷化。建立规模化、标准化的氢气制、储、运、加体系，推动化石能源制氢、工业副产氢、生物制氢、分布式能源电解水制氢等多源互补，加快加氢站、"油-氢"合建综合能源补给站的布局规划与建设，完善氢气制、储、运、加的配套资源。

优化氢燃料电池汽车产业链条整合力，加快产业发展。氢燃料电池客车、货车、重卡、乘用车等多类型产品实现上市销售，供应链上下游安全可控，重点打造长续航里程的燃料电池重卡，加快产业发展。

12.3.5　攻克氢能产业链"卡脖子"的核心材料和关键零部件技术

突破氢能产业链上"卡脖子"的核心材料。氢能储运方面，开展大规模氢液化技术研究及液氢运输用关键装备开发，实现液氢储运技术及装备的国产化。开展安全可靠的纯氢管道输送技术及安全评价技术研究，开展天然气管道掺氢输送与终端应用技术研究，建立完善的管道输氢技术体系及标准规范体系，为大规模、低成本氢气输送奠定技术基础。

燃料电池方面，逐步摆脱对国外进口材料和部件的依赖，补强短板，实现 PEM、催化剂、碳纸等关键材料自主可控。突破高性能长寿命的低铂膜电极组件，高性能超薄石墨双极板、金属双极板，高一致性催化剂等关键技术，实现关键技术的自主知识产权。掌握膜电极流场设计、成型工艺、封装工艺等核心技术，开展金属双极板精密成形、超快激光焊接、高性能复合纳米涂层等量产技术，掌握低成本超薄轻质极板、低铂载量膜电极批量制造技术，实现双极板超精密制造和膜电极超长寿命服役，大幅降低电堆成本；实现 PEM、催化剂、碳纸等关键材料自主可控，建立核心材料测试验证能力和批量制造能力。

攻克氢能产业链的关键零部件技术。持续突破整车与动力系统集成技术、加快攻克百千瓦级的大功率燃料电池系统核心部件关键技术，攻克宽温域、长寿命、高功率密度电堆，大流量高压比、低噪音的空气压缩机，高效低成本、耐低温、低泄漏、高耐久性的氢气循环系统，大流量、低流阻、增湿性能强的增湿器，高度集成化、高可靠性的车载供氢系统。突破基于 SiC 功率器件的高功率密度 DC/DC 设计技术，提升制造工艺水平。突破高功率、高效率、高集成度的一体化 PCU 集成技术，打造集整车控制、电源管理、驱动系统控制的综合控制系统。

攻克氢能重卡高密度储氢技术。开展 70 兆帕级Ⅳ型储氢瓶国产化技术开发，突破 70 兆帕瓶口组合阀的轻量化设计技术、70 兆帕储氢瓶用碳纤维研制技术及碳纤维缠绕技术。开展低温液氢瓶、深冷高压储氢瓶、液氢转注及增压加注泵等关键装备技术研究；进行深冷高压氢瓶内胆用碳纤维增强复合材料及其工艺研究，实现车载深冷高压储氢和大流量快速加注。利用重型车辆重量敏感度较低的特点，开展高安全低压、高密度车载固态储氢技术研究；创建快速吸放氢的高密度储氢装置；研究燃料电池系统氢热耦合设计方法与制备技术。

第 13 章　近期（2021～2025 年）发展举措

13.1　氢能科技创新领域

围绕碳中和目标，发掘绿氢在碳中和目标中的特殊价值，扩大绿氢的规模化开发和利用，开展可再生能源规模化绿氢制备技术，突破绿氢的低成本和大规模储运技术、绿色化工技术、氢能发电技术、绿氢冶炼技术的研究，是氢能领域接下来的重点攻关方向。

第一，加快绿氢替代技术研究，推动传统化工产业的绿色改造。开展炼化行业加氢脱硫、加氢裂化、合成甲醇、合成氨等绿氢替代技术的研究和示范应用，提高我国化工产业绿色发展水平，摆脱煤化工制氢带来的高能耗、高污染束缚，摆脱能源行业发展过程中面临的煤炭依赖和进口依赖。

第二，推动绿氢与碳捕集技术的结合，助力火电机组碳中和目标实现。虽然未来火电机组的逐步退出成为必然，但是在绿氢资源丰富的地区，发挥技术和成本优势，通过碳捕集技术和绿色化工技术的结合，可以为存量火电机组提供一条可循环的碳减排解决路径。

第三，发展大规模、低成本、高安全性氢气储运技术，夯实氢能产业发展基础。着力发展液氢存储、运输技术和装备，实现大规模液氢技术自主掌握，建设大型液氢装置和大规模液氢示范系统。进行液氢罐箱、液氢罐车、液氢转注装备的国产化研制开发，建立液氢运输的安全管理评价体系，促进我国液氢生产、储存、运输到加氢站应用全产业链的商业化和规模化。深入开展管道材料及装备氢致损伤领域的应用基础研究，形成并完善输氢管道适用性评价、氢气输送管道材料开发及失效后果、氢气管道全尺寸试验等关键技术，并逐步建立健全输氢管道标准规范，形成具有竞争力的管道输氢集成应用推广技术，突破高压输氢管道新材料开发及应用技术，提升管道输氢领域核心竞争力和综合实力，促进国家氢能储运产业的快速发展。

第四，加快研究氢能发电技术，提升绿色电力保障水平。开展高温燃料电池、燃氢燃机的技术攻关，构建绿色能源供应体系。在现有的燃气机组中，通过添加氢气，可以有效减少天然气的消费；开发纯氢燃机，在发挥纯氢燃机灵活性响应的同时，减少天然气需求和碳排放；通过开发以氢为燃料的燃料电池-燃氢机组混合发电系统，构建发电效率高达 70% 的现代高效发电系统。

第五，加快氢气在绿色冶炼领域应用技术研究，以能源替代促进冶炼产业升级。黑色金属冶炼及压延加工业能源消耗占全国能源消耗比重为 14%，其中钢铁工业能源消耗占全国能源消耗比重为 11% 左右、碳排放量占中国总碳排放量的 15% 左右。近期主要开展富氢气体加热、气基还原装备的开发，同时提前布局纯氢冶金的工艺、技术和核心装备开发。

第六，扩大氢气在民生供热领域的应用研究，加快试点示范研究。在现有天然气消费系统中，掺入 5%～15% 的氢气，在不影响现有设备使用的情况下，有效降低碳排放。在现有家庭和建筑供能系统基础上，发挥氢气大规模长时间存储优势，在居民社区建设以氢为耦合介质，涵盖"储氢—燃料电池—供热"的能源微网系统，在城市建立城市电网和燃料电池双供能的能源保障系统，推动建立我国民生领域绿色供能供热生活方式。

13.2 政策环境和标准规范体系建设

建议国家尽快出台中华人民共和国能源法正式版，把氢能明确列入能源范畴，加快制订"十四五"氢能产业发展规划。国家能源局发布的《2020 年能源工作指导意见》中两次提到氢能产业发展方向，即"稳妥有序推进能源关键技术装备攻关，推动储能、氢能技术进步与产业发展"和"制定实施氢能产业发展规划，组织开展关键技术装备攻关，积极推动应用示范"。

建议应急管理部尽快出台全国性的氢能安全监管办法。河北张家口市已经率先出台了全国首个地方性的氢能产业安全监督管理办法——《张家口市氢能产业安全监督和管理办法》，需要尽快出台全国性的安全监管办法，防范化解重大风险，确保氢能产业安全稳定发展。

建议财政部进一步扩大氢能补贴范围。目前财政补贴主要集中于氢能在道路交通领域的应用，对整个氢能产业链的完善和车辆推广应用起到关键作用，但氢能的应用面需要进一步扩展，如船舶、工程机械等非道路车辆适合氢能应用的场景，同时更应关注的是鼓励绿氢生产和下游应用。建议通过财政手段对氢能终端多方面应用和绿氢产业链做适当补贴。

建议自然资源部支持加氢站建设，降低加氢站用地成本。土地限制是目前阻碍商用加氢站建设的重要因素之一，特别是一些经济发达、土地紧张的城市用地成本高昂，造成加氢站建设批地困难。建议对符合要求的加氢基础设施项目优先安排用地，运用租赁、先租后让、租让结合等多种方式供地的支持政策，降低加氢站用地成本。

13.3　加速培育氢燃料电池汽车产业生态

在现有五部委燃料电池汽车示范城市群"以奖代补"支持政策体系下，瞄准燃料电池汽车的应用场景，对标相同吨位柴油车总体用车成本，探索燃料电池汽车示范的有效商业运营模式，重点攻关"卡脖子"技术、基础设施与标准体系建设，构建完整的产业链，这对促进氢燃料电池汽车商业化运营和规模化推广，加速培育氢燃料电池汽车产业生态，不断提高经济性具有重要意义。

13.3.1　积极响应国家政策，发展氢燃料电池汽车

积极响应财政部、工业和信息化部、科学技术部、国家发展和改革委员会、国家能源局五部委联合发布的《关于开展燃料电池汽车示范应用的通知》和中国汽车工程学会发布的《节能与新能源汽车技术路线图 2.0》，并根据中国的实际情况，在交通领域先发展氢燃料电池商用车，后发展氢燃料电池乘用车。在 2010～2020 年，在产业补贴和国家支持政策等措施的激励下，中国氢燃料电池客车、物流车等商用车的应用已领先于其他氢燃料电池车型。

13.3.2　支持核心新材料研发生产

依托重点企业、高校与科研机构开展核心材料的研究，重点攻关碳纸、PEM、催化剂及储氢核心材料技术，支持核心材料研发生产。在碳纸方面重点攻关碳纤维编织设备，突破碳纤维编织、树脂浸渍、气相沉积、微孔层涂覆工艺等核心工艺技术；开发超薄、高化学稳定性和低尺寸变化率的 PEM，强化物化特性和衰减机理，以及卷对卷的工程化制造技术及装备研究，突破规模化制备中低张力涂布、热处理等关键技术；催化剂方面，重点解决铂用量高、活性差、苛刻工况运行适应性差、耐久性差等问题，加大新型低铂合金催化剂、非铂催化剂的研发；突破70 兆帕以上高压储氢材料（碳纤维复合材料、塑料内胆）技术，试点开展研发低温液氢储氢材料及固态金属储氢材料，通过核心材料逐步国产化，实现降低成本及产业自主可控的目标。

13.3.3 推进燃料电池系统、关键零部件技术攻关及产业化发展

结合燃料电池汽车示范项目，积极鼓励企业及科研院所进行核心技术攻关，分步推进燃料电池发动机系统和关键零部件产业化和规模化；强化氢燃料电池系统集成与控制技术，高比功率氢燃料电池技术，实现可靠性、耐久性等系统性能全面提升；结合核心材料突破及生产工艺提升，提高氢燃料电堆功率密度与使用寿命，通过技术攻关与规模化应用，降低氢燃料电池堆与关键零部件成本；加大辅助系统关键零部件技术研发力度，重点突破车载供氢系统等关键零部件技术，即高转速、高压比、大流量、低功耗、低噪音空压机，全工况的大引射能力、耐低温、低泄漏、高耐久性的氢气循环系统，70兆帕高压Ⅳ型储氢瓶、加氢口、主阀等技术，进一步完善关键零部件技术链和产业链。

13.3.4 提升氢燃料电池整车设计开发能力

围绕燃料电池汽车在不同环境下的商业化应用要求，重点攻关燃料电池商用车，做优做强燃料电池客车、物流车及重型卡车的整车设计开发，加快乘用车在特定领域和应用场景的车型研发，实现与纯电动车辆的优势互补。强化车型平台开发、电驱动系统平台开发，优化燃料电池电堆、发动机及动力总成集成与控制技术，优化储氢系统和散热系统集成设计，提升整车控制策略及热管理水平，实现燃料电池无辅热低温冷启动，满足整车高可靠性、高安全性、高环境适应性等核心共性技术要求，全面提升整车设计开发水平。

13.3.5 推广燃料电池商用车示范应用，探索氢燃料电池乘用车示范推广

以客车和城市物流车为切入领域，鼓励"车-站-景"联动，精准发掘客车、物流车商用场景，重点在可再生能源制氢和工业副产氢丰富的区域推广中大型客车、物流车，实现规模化示范推广。以京津冀、长三角、珠三角等交通便利、物流配送网络发达区域为切入点，使用氢燃料电池物流车将物资派送至京津冀、长三角、珠三角区域内的各城市，从而带动示范运营。鼓励物流公司短期和长期租赁，发展汽车金融，促进氢燃料电池汽车的示范应用，牵引产业发展。

在交通领域，逐步实现氢燃料电池车更大范围的应用。在此过程中，进一步提高燃料电池汽车低温启动、可靠耐久、使用寿命等性能并降低整车成本，逐步

扩大燃料电池系统产能。

13.3.6　加大示范应用规模，构建氢燃料电池产业链

推进"商乘并举，双轮驱动"整车推广路径，重点示范燃料电池货车，加快推广燃料电池乘用车和客车。围绕各示范城市的电动汽车示范区、物流枢纽、机场、化工区、港口及码头、钢铁工业园区，开展重型运输、物流货运、网约租赁、公交通勤、市政环卫等多应用场景示范，扩大氢燃料电池汽车的应用规模，至 2025 年氢燃料电池汽车的保有量达到 5 万～10 万辆级规模。

13.4　其他重大领域氢能示范工程建设

把握科学技术部"氢进万家"科技示范工程的有利时机，带动氢能供应体系建设，为加氢站等配套设施建设和氢能关联产业发展打下基础。针对我国氢的获取途径少、加注成本高、利用方式单一的现状，实施"氢进万家"科技示范工程——选择富氢地区，集成氢能和燃料电池创新链研发成果，有效支撑燃料电池汽车示范应用，探索出更广泛的氢能用户方案，为氢能的大规模推广应用奠定基础。

13.4.1　氢源开发领域

我国在电解制氢产业领域尚未形成有效商业化模式和规模化市场。由河北建设投资集团有限责任公司投资建设的沽源风电制氢项目是国内首个风电制氢工业应用项目，项目依托 20 万千瓦风电场建设 1 万千瓦电解水制氢系统，核心制氢系统采用进口设备，95%风力发电送入电网。在可再生能源制氢产业化方面，目前国内各相关企业均处于起步阶段，各大型能源企业均将可再生能源制氢作为未来发展新的主战场。由中国大唐集团有限公司投资建设的大同年产 180 吨光伏离网制备绿氢项目和吉林洮南风光互补 1 万千瓦孤网制氢项目，是我国首批规模化"零碳排"绿氢制备项目。

13.4.2　氢能储运领域

1. 大规模氢液化装置及氢储运示范

液氢的高纯度品质和高密度储运已经被全球所认可，我国已突破了液氢制备

及储存用关键装备及部件相关技术，具备了 5 吨/天以下氢液化系统设计与制造能力，拥有航天用液氢大流量加注/转注系统，但与国际上 30 吨/天的氢液化能力和 3800 标准立方米液氢储罐、液氢加氢站技术相差较远。因此，在突破大规模氢液化及储运技术的同时，必须开展大规模氢液化装置及氢储运示范，以示范项目为基础，健全液氢标准体系与安全评价系统，推进我国液氢产业高端制造、液氢储运、液氢加氢站全产业链建设，促进我国液氢生产、储存、运输到加氢站应用全产业链的商业化、规模化。

2. 天然气管道掺氢输送技术示范

欧洲地区已开展了局部范围内的多处掺氢示范项目，掺氢比例为 2%～20%，掺氢量最大为 285 标准立方米/时。多个国家针对天然气管道中掺氢含量做出了规定。法国天然气输送公司（Gaz Réseau Transport，GRTgaz）、法国天然气分销网络公司（Gaz Réseau Distribution France，GRDF）、Elengy 及其他天然气管道运营商建议政府到 2030 年允许混入 10%的氢气，2030 年后混入的比例可达 20%。德国意昂集团的子公司 Avacon 计划将其天然气管道网的掺氢比例提高到 20%。国内浙江大学在掺氢天然气与管材相容性研究、临氢材料寿命预测等方面取得了一定成果。但总体而言，我国在研究掺氢对终端用户的影响、完整性管理等方面与国外存在明显差距，亟须进行系统、深入的研究。目前国内掺氢天然气管道实际运营经验极少，仅有国家电力投资集团有限公司主持的"朝阳可再生能源掺氢示范项目第一阶段工程"为一个用户供气，无法有力支撑验证相关理论研究成果。管道掺氢输送示范项目是介于掺氢输送应用基础研究与工业应用之间的重要阶段，通过示范项目可以验证掺氢输送的可靠性及稳定性，积累管道掺氢输送经验，建立健全掺氢技术标准及管理规范，同时也可提高公众对掺氢输送的认可程度，为天然气管道掺氢输送推广奠定基础。

13.4.3　加氢网络领域

按照规划目标，依据各燃料电池汽车示范群的区位优势、交通便利、车辆投入数量、示范运营线路等实施合理布局，根据由点及面、由专用向公用、由城市向城际的发展思路，统筹"油-氢"合建综合能源补给站的布局规划与建设，逐步完善加氢站的配套资源；加快制定加氢站建设、审批、管理等办法，鼓励"油-氢"合建综合能源补给站的建设。结合车辆落地运营的市场需求，兼顾土地供应、交通便利等条件，同步落地车站，提升加氢站利用率，有效降低运营成本。综合运用专项资金等支持手段，鼓励具备加氢能力的企业支持示范运营，充分整合企业自有加氢站，鼓励支持企业加大加氢站设备的研发，提高国产化比例，降低加氢站建设成本。择机探索更高压力等级的氢气运输、液氢储运应用，降低氢气储运成本。

13.4.4　氢能应用领域

1. 燃料电池船舶

船舶作为交通领域的重要组成部分，是温室气体和其他污染物的主要来源之一，全球船舶每年排放 9.4 亿吨二氧化碳，占总排放量的 2.5%。发挥氢燃料电池优势，以绿色船舶推动清洁航运，是实现船运行业绿色发展的重要途径之一。

国际海事组织（International Maritime Organization，IMO）规划到 2050 年全世界海运二氧化碳排放量需减少至 2008 年水平的一半。长期来看，全球船舶用燃料电池的市场容量大约有 1.6 万千瓦，氢能在船舶领域的应用市场广阔。

围绕碳中和目标，我国船舶行业有必要在未来的发展中明确坚持增量船舶零碳排或低碳排技术。加快燃料电池船舶的研究，到 2025 年实现十万瓦级氢燃料电池在内河船舶和海峡渡轮的工程应用，到 2035 年初步实现兆瓦级氢燃料电池在沿海运输船舶和远洋运输船舶的应用。通过搭建协作平台，推动大型船用兆瓦级燃料电池系统的技术开发，并力争在 2030 年前后实现示范应用。在固定航线加快建设加氢基础设施，明确财政补贴，通过船级社加快制定行业标准和船级规范，对船舶进行评估认证，提供海事咨询等。

2. 非交通运输领域

鼓励开展牵引车、叉车、矿用车、有轨电车、环卫车辆等非道路交通多场景应用。

开发燃料电池机场行李牵引车、引导车、作业清扫车等专用车辆与设备，充分满足各主要机场的需求。行李牵引车要求 24 小时工作，燃料补充时间短，大功率重载应用，环境温度适应性好，燃料电池车辆完全能够满足上述要求，高度契合此类应用场景。

在京津冀、长三角、珠三角等区域，率先试点成立燃料电池智能叉车联合创新中心。在港口、码头、商超基地，试点氢燃料电池叉车，满足高强度、24 小时不间断的搬运与装卸工作需求。

在矿产区域，采用氢燃料-锂电池混合能源系统，探索开发氢燃料电池矿用车，提升节能效果，节约柴油，减少二氧化碳排放。

与中国中车股份有限公司、中国国家铁路集团有限公司合作，开发试点氢燃料电池有轨电车，满足长续航里程、高强度的要求，契合此类应用场景。

3. 备用电源领域

目前通信基站一般采用铅酸蓄电池作为备用电源，与铅酸电池相比，燃料电池在相同效果下，占地面积较小，有利于通信基站的场地布置。虽然氢燃料电池备用电源初期投入价格较高，但其运行成本仅为铅酸电池的 1/3，根据使用寿命及铅酸电池维护所需的用电成本来计，使用燃料电池备用电源可将使用费用降至铅酸电池的 1/5，且无铅酸电池对环境的污染性。随着我国 5G 建设的加速，通信基站对备电电池需求量激增。据测算，实现全国 5G 网络信号全覆盖需要基站 770 万个，单个 5G 基站备用电源典型值是 4G 基站的 2 倍以上，2020 年中国基站备用电池需求量为 1440 万千瓦时，2021 年将达 2120 万千瓦时。采用氢燃料电池替代传统铅酸电池作为备用电源，可有效推动我国燃料电池装备及部件、材料产业的发展。此外，燃料电池备用电源除成本优势外，较高的比能量密度使其续航时间明显提高，可实现对通信基站设备的长时供电，有利于提高通信基站的稳定性。

13.4.5　综合示范工程

1. "柴改氢"示范工程

京津冀地区物流货运严重依赖重型货车为主的公路运输，柴油重卡的排放治理是京津冀"蓝天保卫战"的重要方向。唐山市公路运输发达，环渤海湾地区港口物流运输密集，重卡需求市场广阔。在唐山市海港经济开发区打造燃料电池重卡产业集群建设，推行重卡"柴改氢"应用示范，依托周边地区丰富的副产氢基础资源，通过构建良好的氢能产业投资环境，吸引包括整车企业、燃料电堆企业、涉氢装备制造企业等一批具有先进技术的新兴企业落地。考虑按照 2025 年和 2030 年不同车辆渗透率，并适度考虑技术进步和产业化情况，构建燃料电池重卡产业集群，推行"柴改氢"应用示范，将年均减少约 2600 万吨二氧化碳、0.78 万吨二氧化硫和 13 万吨氮氧化物排放，脱碳减排效果显著。

2. 零排放工业园区

在保证工业生产正常进行前提下，通过利用氢能技术、减源、增汇等措施，实现净碳排放总量不断减少且趋于零，并且探索建设可供复制推广的零碳排放工业园区。拟以燃料电池系统生产工厂所在的氢能特色园区为实施对象，实现氢能产品、产品生命周期碳足迹及生产基地三大领域的二氧化碳零排放。减排的主要措施涵盖建筑、生产、交通、产品生命周期等，具体措施如下：①使用可再生能源（包括氢能）等分布式多联供技术为厂区空调、照明系统等供能，争取占比超过 80%；②使用可再生能源的分布式供能等，争取生产环节的碳排放实现逐年下降；③厂区及园区内 100% 使用新能源汽车，并保证燃料电池汽车的占比较大，以实现交通的零排放；④园区内实现燃料电池汽车的回收及原材料再生产，保证氢能产品的全生命周期碳足迹为零；⑤将氢能园区产品折换成碳指标，以抵消某些深度减排困难环节。

3. 绿氢生产示范项目

吉林洮南风光互补 1 万千瓦孤网制氢项目，依托白城洮南 15 万千瓦光伏发电项目和 60 万千瓦风电项目，利用中国大唐集团新能源科学技术研究院有限公司自主开发的"可再生能源–氢能高效耦合规模化开发技术"，同步建设风光互补多场景制氢综合实证研究基地，设计规模日产 1000 千克绿氢，可以开展风电制氢、光伏制氢、风光互补耦合制氢、离网制氢、并网不上网等多场景下制氢特性的研究，研究成果实现就地转化，项目在 2021 年开工建设，建成后将成为我国重要的可再生能源制氢示范应用基地和科技创新基地。

4. 氢冶金示范工程

2025 年前我国氢冶金发展主要以利用工业副产氢部分代替冶金碳质能源消耗，主要工程示范形式有高炉喷吹富氢和富氢气基竖炉；同时对标欧洲碳边境税调节机制政策和纯氢冶金技术进展，开展纯氢气基冶金的示范研究。高炉喷吹富氢示范工程主要在近焦化的钢铁企业或者离化工副产富氢气源近的钢铁企业容易实施，并且仅通过近距离管道输送，富氢气体就可以到达高炉炼铁厂区，高炉喷吹富氢气体可以实现部分代替焦炭，降低碳资源消耗，进而达到炼铁降低碳排放的目的。预计到 2025 年底，我国将小规模化实现现有中大型高炉（容积 1000 米 ^{3} 级以上）喷吹富氢气体，建设喷吹富氢示范高炉 20 座以上，涉及炼铁产能在 5000 万吨以上。富氢气基竖炉主要应用气源有焦炉煤气、化工产业副产富氢气体、甲烷等。因此新建的富氢气基竖炉炼铁示范线主要建设于沿海化工基地等富氢资源近的地区和焦化企业内，特别是新建焦化、化工企业更有利于实施气基竖炉的生产。预计到 2025 年底，我国新建富氢气基竖炉 6～10 座（单座产能在 30 万～80 万吨/年），涉及直接还原铁产能 300 万～500 万吨，实现纯氢气基冶金试点工程探索。

13.5　氢–碳交易协同体系建设

基于我国煤电占比居高不下的特点，使用可再生能源电解水制绿氢等氢能产业具有显著减排效果，可以将其开发为国家核证自愿减排量（Chinese certified emission reduction，CCER）项目，借助碳交易市场，为推动氢能产业快速发展提供市场化收益，并给氢能产业链上相关企业融资开拓新渠道。推动制定低碳氢、清洁氢、可再生氢的国家标准，建立各种氢气的 CCER 定价依据，打通氢市场与碳市场，并扩大至氢能产业链的多种产品，在与国际交易体系对标的同时，建设适合中国产业特色的氢交易产品，最终形成氢交易实体单位。

13.6　氢能标准规范体系建设

截至 2020 年 10 月，国家标准化管理委员会发布的现行有效的氢能领域国家标准 95 项，基本涵盖了基础通用、氢安全、制氢、氢储存和输运、加氢站、氢能应用等产业链各环节，为推动我国氢能产业初级阶段的应用示范发挥了重要支撑作用。但目前的标准体系中，产业链各环节标准数量分布不均，氢能应用（燃料电池）、氢相关检测标准多，基础设施相关标准不足，仅有两项。"十四五"期间是我国氢能产业从示范试验到大规模推广的关键时期，氢能产业发展速度快，技术更新快，相关标准的制定应与技术研发并行，发挥标准规范对行业发展的引领作用。氢能基础设施建设是氢能产业推广发展的基础，必须推动相关技术标准、建设规范、运行和管理规范的建立。同时，为适应氢能产业发展需求，鼓励协会、学会、联盟等团体优先制定团体标准，并适时转化成国家标准。此外，为了保证氢能行业的健康有序发展，需高度重视建立健全涉氢安全的法律、法规。

13.7　加强国际合作

建立国际产业链间交流合作机制，加速氢能和燃料电池产业的产业化进程。一方面，研究和对标国际资本，引流国际资本的氢能项目，以项目集聚技术、人才和市场资源，同时引入国际上有技术、有资金实力的服务企业，鼓励这些企业面向国际和国内两个市场，约定内外贸比例；另一方面，研究和对标国内央企和社会资本的氢能项目，在此基础上，探索具有我国优势的特色新型商业模式。鼓励国内外氢能优势企业集团和研发机构（大学）与境外大型氢能跨国公司结对合作，开展氢能先进技术的研究和产业化，服务全球市场。

13.8　普及社会认知

加大宣传普及力度，传递国家发展和利用氢能的意义，增进国民对氢能发展的认同与理解，培养民众对氢能安全性的正确认识。

做好面向全社会的氢安全普及教育。成立专家组编写《氢安全教育手册》并发放给群众，以学校、社区、企业为单位，定期组织氢安全培训，可与消防演习结合。地方政府与企业合作可在当地设计并建设以氢安全教育及安全文化传播为目的的氢安全体验馆，氢安全体验馆可与当地科技馆、博物馆结合。

第四篇　中国储能发展战略研究（2035）

第 14 章　储能的意义与分类

14.1　储能的应用场景

　　储能技术在电力系统发电、输配电、用电侧都起着巨大的作用。在发电侧储能能够平滑电力供应，提高电网对间歇式、不稳定电源大规模接入的适应性，有助于新能源的并网，有效提高新能源的消纳能力，支撑风能、太阳能大规模开发，有利于推动化石能源向清洁能源转变；在输配电侧储能通过削峰填谷提高输配电设施的利用率，提高电力系统稳定性，保证电能质量，储能还参与电力系统运行调度，能够提高电网安全稳定运行能力，促进跨区域电力资源的优化配置和高效利用；在用电侧储能作为电能的蓄水池，可以作为备用电源使用，能将分布式能源发出的电力进行存储，促进用户与各类用电设备双向交流，是能源互联网实现能量双向互动的重要设备，可以推动微网和分布式储能的利用。

14.2　电力系统对储能技术的需求

14.2.1　现代电力系统面临的挑战

1. 大规模集中式可再生能源发电的送出和消纳问题

　　我国风能和太阳能资源丰富，但多集中于西部、北部地区，远离中东部负荷中心，本地消纳能力有限，大规模集中开发的风能、太阳能发电需要输送到区域电网甚至跨区域电网进行消纳。可再生能源发电的送出问题已成为制约其发展的主要因素之一。由于当地电网的调峰能力严重匮乏，可再生能源开发与电网消纳能力的矛盾日益突出，加之输送通道建设滞后影响，一些地区的弃风率已超出20%。按照国家电网有限公司的规划，将通过以特高压电网为骨干网架的坚强智能电网，向东中部负荷中心地区大规模、远距离输电，在全国范围实现可再生能源发电资源的共享。

依据我国风能、太阳能资源的特性，风电场的利用小时数为 2000～3000 小时，光伏电站的利用小时数为 1200～2000 小时。单纯输送可再生能源发电，难以保障特高压输电线路的利用率和经济性。目前通过可再生能源发电同传统电源打捆的方式改善可再生能源发电输出特性，提高输电通道的利用率。该种利用火电、水电等传统电源调节能力进行综合互补的方式在某种程度上损失了传统电源的利用小时数，而且传统电源的调峰能力在一定条件下（冬季供热或汛期）受到限制难以保障可再生发电的送出，这种方式只能缓解再生能源的送出和消纳问题。另外，为可再生能源发电配套火电等电源，削弱了利用可再生能源发电减少环境影响的作用。因此，电网需要更加清洁和灵活有效的方法来促进大规模可再生能源的送出与消纳。

2. 大量分布式可再生能源发电的接入

我国可再生能源发电呈现大规模、远距离、高电压、集中接入特点的同时，分布式发电尤其是分布式光伏发电近年来也得到了大力的发展。分布式电源的接入使配电网变成有源电网，用户具备了供电者和消费者的双重角色，用户的冗余电力将出售给电网，用户侧分布式电源经聚合后还可参与电网的运行调度。这对配电网规划、并网管理、运行、经营服务等提出了很大的挑战。需要建设技术领先、结构优化、布局合理、高效灵活、具备故障自愈能力的智能配电网，适应分布式电源、微电网加快发展的需要。

3. 电力建设成本不断攀升与现有资源使用率之间的矛盾日益显著

为满足经济社会发展不断增长的需求，传统解决方案是通过刚性投资满足负荷平衡需要，并安排一定电力冗余以保障电网安全运行。但现有电网设备未能充分发挥作用，导致通过电网建设投资的增加来满足日益增长的电力需求，同时花费更多人力、财力去运维，影响了企业效益。如果能通过技术更新，降低冗余来提升电网效率就可以减少投入。传统方式下，电力需求攀升，要求投入更多发电机组。如果能降低尖峰负荷，就能节省投资，电厂运行也就更高效，但是切负荷并不是电网企业的首选。只有电网具备灵活可调节的资源、实现供需双赢，才有助于电网的可持续发展。

4. 电力体制改革与电力市场培育

电力体制改革中，对于同样的政策，各方诉求难以统一。能源政策不宜作为宏观调控的工具，能源问题是长久的和多目标的，输配电价监管是非常复杂的科学事业，如果没有足够的人、财力、法律规定等对电网进行有效的监管，电网无法可持续发展。当前亟待出台电力市场竞争规则,对市场份额进行监管,对由谁承担维持电力市场秩序的职能进行明确。从全社会的利益角度讲,维持电网的统一有助于维持交叉补贴,有助于维持普遍服务。对电网应该加强监管,而不是碎片化电网让它们之间相互竞争。

现阶段,储能的角色定位和商业模式没有参照。储能可以服务于发电、输电、配电、用电任一个系统环节,但并不完全符合其中任何一个功能的定义。有功能无价值,使储能系统费用难以消化。

14.2.2 储能技术对电网运行的影响

1. 提升电网运行灵活性和稳定性

储能具备快速双向功率调节能力,可提供快速的有功、无功支撑能力,辅助系统调频、调压,降低电网断面潮流越限风险,提高电网运行灵活性和稳定性。在系统发生大扰动时提供快速的有功功率支援,提高系统的一次调频能力,降低大功率缺额下电网频率失稳的风险。大规模储能电站可通过电力电子装置实现动态无功输出,为接入供区提供一定的无功支撑,改善电网电压水平。

2. 缓解电网调峰压力

储能规模化接入后,削峰填谷作用明显,可有效缓解东中部地区迎峰度夏供电紧张和东北地区供热季低谷调峰难等问题。储能具有双向调节能力,可实时调整充放电功率及充放电状态,具备 2 倍于自身装机容量的调峰能力,规模化配置后,可提供高效的削峰填谷服务,有效缓解地区电网调峰压力。

3. 提高配电网供电可靠性

配电网故障情况下,通过合理配置储能,可为终端用户短时提供电力供应,保障重要负荷不间断供电,从而有效降低电网故障停电影响,提高供电可靠性。另外,储能配合分布式电源一体化建设,可有效解决配电网薄弱地区的"低电压"或分布式电源接入后引起的"高低电压"问题。

4. 优化电网建设资源

能源安全要求调整各种化石能源和可再生能源的分配比例,必须提高电气化水平,摆脱对石油、天然气的依赖。能源结构的变化要求用能结构改善,提高电能在能源消费终端的占比,实现电能替代是发展趋势。传统的电网建设已无法应对与日俱增的用电负荷需求,用电比例的提升,势必要求电网建设配套增强,但考虑到经济性问题，在发展路径中不建议采用高峰配置的原则。储能技术的引入，可提升发电企业、电网企业、用户用能等的效率，有利于实现"源网荷储柔性互动"；有利于实现对输配电资源压力的缓解，通过能量时移，降低电网断面潮流越限风险，提升输配电设施的利用率；同时，还有利于健全与电网运营相互依存的各种基础网络设施的建设与发展，包括天然气管道、水路管道、通信网络、金融服务网络及交通网络等。

14.2.3　未来态势

灵活性资源紧缺，储能具有突出优势。2019 年新修订发布的《电力系统安全稳定导则》中已明确指出，"电力系统应统筹建设足够的调节能力，常规电厂（火电、水电、核电等）应具备必需的调峰、调频和调压能力，新能源场站应提高调节能力，必要时应配置燃气电站、抽水蓄能电站、储能电站等灵活调节资源"。

火电机组的灵活性改造，抽水蓄能、储能电站，以及新能源/储能的融合互补，可调负荷/储能的融合协同，可用于构建未来电力系统灵活调节的资源体系。国网能源研究院有限公司专家预测 2035 年全国储能需求规模将达 2 亿千瓦。

储能装机达到一定规模，并全方位融入电力系统的发、输、配、用各环节，将发挥显著作用。大容量集中式储能及分布式储能的广域协同聚合是规模化储能的两种形式。随着电网的形态变革，储能的发展将突破传统电力在时间与空间上的供需矛盾，由市场行为驱动，催生众多新模式新业态，对保障电力系统稳定，促进能源低碳转型，促进全社会低碳发展起到关键性作用。但是现有储能技术水平尚未达到作为战略资源的条件，从确保国家能源安全的角度来看，储能技术作为战略"火种"，大力推广非常必要，但其战略定位需根据其应用水平与实际需要动态调整。未来，将基于边界成本低且性能优异的储能技术，构建高比例、广泛布局、可广域协同的储能形态，使其成为完全可观、可测、可控的电力系统调度对象和灵活性调节资源，全面支撑未来电力系统智能、坚强、灵活、广泛互联的发展。

14.3　储　能　分　类

按照技术类型划分，储能主要包括物理储能、化学储能和热储能。各种储能技术具有不同的技术特点和应用领域。物理储能主要包括抽水蓄能、压缩空气储能。这两种储能技术具有规模大、寿命长、安全可靠、运行费用低的优点，建设规模一般在百兆瓦级以上，储能时长从几小时到几天。其中抽水蓄能是目前在电力系统中应用最为广泛的储能方式，2020 年全球总装机量 172.5 吉瓦，占储能总装机容量的 90.3%。但两种储能方式都需要特殊的地理条件和配套设施，建设的局限性较大。化学储能相比于物理储能具备系统简单、安装便捷及运行方式灵活等优点，建设规模一般在千瓦至百兆瓦级别，液流电池、锂电池、钠硫电池、铅炭电池是目前电力系统储能的主流技术。热储能指将热能（如太阳热）储存在隔热容器的媒介中，实现热能的直接利用或热发电，热储能又分为显热储能和潜热储能。

　　不同的储能技术根据其自身的特点应用的领域有所不同，图 14-1 列出了各种储能技术及其使用规模。

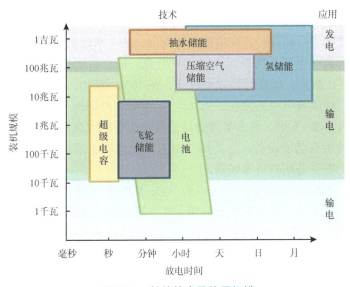

图 14-1　储能技术及使用规模

第 15 章　储能技术简介

15.1　抽水蓄能技术

抽水蓄能电站利用电力负荷低谷时的电能把下水库的水抽到上水库，将电能转化为水力势能进行储存；并在负荷高峰时段，从上水库放水至下水库进行发电，将势能转化为高峰电能，为系统提供高峰电力。抽水蓄能技术成熟、可靠；使用寿命长，循环次数多；能量转换效率较高，在 70%～80%；装机容量大，可达 100 万千瓦以上，持续放电时间较长，为 6～12 小时；对场地条件要求较高，建设周期较长，一般为 3～5 年。抽水蓄能是目前最为成熟的大规模储能技术，其装机规模远大于其他所有储能设备，主要用于电力系统调峰、调频、紧急事故备用、黑启动和为系统提供备用容量等场景。

2020 年，抽水蓄能电站建设成本为 700～900 美元/千瓦。在具备一定地质、地理条件的情况下，利用已有水电站联合开发抽水蓄能电站可以节省投资，一般具有较好的经济性。代表性的有山东泰安抽水蓄能电站。抽水蓄能适用于大规模储能，建设抽水蓄能电站需要有合适的地理环境，这在一定程度上限制了其推广应用。

15.2　压缩空气储能技术

压缩空气储能技术自 1949 年提出以来，围绕提高效率和储能密度，先后发展出传统压缩空气储能、先进绝热压缩空气储能、深冷液化空气储能等主要技术类型。传统压缩空气储能在用电低谷将空气压缩并存于储气室中；在用电高峰，高压空气从储气室释放，进入燃烧室同燃料一起燃烧，然后驱动透平发电。先进绝热压缩空气储能，是指利用电能推动压缩机做功获得高压空气，将空气存储于废弃矿洞、盐洞或罐体中，并在储能过程中存储压缩热；释能时，利用存储的压缩热将空气加热为高温高压空气，推动透平机做功发电。深冷液化空气储能利用电能将空气液化并存储，同时回收利用压缩过程中的余热及膨胀过程中的余冷，液化空气采用罐体常压低温存储。压缩空气储能循环次数多，使用寿命长，其使用年限在 30 年以上；但其响应速度慢，一般需要数秒，转换效率低，在 50%与 60%之间；利用洞穴储气对选址要求高，利用储罐储气功率规模较小。目前，国际上已经有两座商业化运行的传统压缩空气储能电站。而先进绝热压缩空气储能和深冷液化空气储能仍处于工程示范和基础研究阶段。

目前盐穴式先进绝热压缩空气储能系统，功率成本为 900~1500 美元/千瓦。罐体式先进绝热压缩空气储能的功率成本为 1800~2400 美元/千瓦。深冷液化空气储能技术成熟度较低，成本较高，为 1800~2200 美元/千瓦。总部位于英国的长期储能公司 Highview Power 与回收和可再生能源公司 Viridor 合作开发了 5 兆瓦/15 兆瓦时的世界上第一个液态空气储能示范项目。我国在此方面起步较晚，没有将其投入真正的商业运行，作为国内压缩空气储能领域代表性研发机构，清华大学提出了基于压缩热回馈的非补燃压缩空气储能技术。

15.3　飞轮储能技术

飞轮储能的基本原理是把电能转换为旋转体的动能进行存储。充电时，电动机拖动飞轮，使飞轮加速到一定转速，将电能转换为动能；放电时，飞轮减速，电机作为发电机运行，将动能转化为电能。飞轮储能功率密度大，约为 5 千瓦/千克，短时间内可输出较大能量；能量转换效率高，可达 95%以上；循环次数可达百万次以上，使用寿命可达 25 年左右；但其持续放电时间短，能量密度低，是典型的功率型储能技术。

国际上对飞轮储能技术和其应用的研究较为活跃，美国 2012 年在纽约投运 2 万千瓦的飞轮储能项目用于调频。日本已研制出容量为 2.65 万千瓦的变频调速飞轮储能系统。加拿大和土耳其学者从热力学角度对飞轮综合快速充电站进行了探究和评估。该团队认为可以将太阳能和风能作为清洁能源为可持续充电过程提供能量来源，同时将飞轮储能集成到系统中，具体地，该团队研究的充电系统主要由可再生能源（太阳能或风能）、双向转换器、飞轮、真空泵和充电站组成。中国目前还处于小容量示范应用阶段。中石化中原石油工程有限公司与清华大学 2016 年联合研制了兆瓦级飞轮储能新型能源钻机混合动力系统。

15.4　储　热　技　术

储热技术是指以储热材料为媒介，将太阳光热、地热、工业余热、低品位废热等热能储存起来，在需要的时候释放，力图解决时间、空间或强度上的能源供给与需求间不匹配所带来的问题，最大限度地提高整个系统的能源利用率而逐渐兴起的一种技术。一般来说，储热技术主要分为三种：显热储热、潜热储热和热化学储热。其中，显热储热是指利用材料物质本身的比热容，通过温度的变化来进行热量的存储与释放；潜热储热又称相变储热，它是指利用材料本身相变过程的放/吸热来实现热能的存储与释放；而热化学储热是利用物质间可逆化学反应或者化学吸/脱附反应的吸/放热进行热量的存储与释放。

有关显热储热、潜热储热及热化学储热的储能规模、储能周期、成本等方面的总结如表 15-1 所示。

表 15-1　各储热技术主要特色对比

储热类型	储能规模/兆瓦	储能周期	成本/（美元/千瓦时）	优点	缺点	技术成熟度
显热储热	0.001～10	数小时至数天	0.1～10	集成简单，成本低，储能介质环境友好	储能密度低，系统体积庞大，热损严重	高
潜热储热	0.001～1	数小时至数周	10～50	储能密度明显高于显热储能	储热介质与容器相容性差，热稳定性有待强化，相变材料较贵	中
热化学储热	0.01～1	数天至数月	8～100	储能密度最大，储热期间散热可以忽略不计	储热/放热过程复杂，不确定性大，难控制	低

显热储热技术目前主要应用领域包含工业窑炉和电采暖、居民采暖、光热发电等。目前显热储热技术规模化应用主要集中在光热电站中。2009 年 3 月，西班牙 Andasol 槽式光热电站成为全球首个成功运行的、配置熔盐储热系统的商业化聚光太阳能热发电（concentrating solar power，CSP）电站。伴随熔盐储热技术的日渐成熟，越来越多的 CSP 电站开始使用熔盐技术。中国熔盐储热尚处于开发初期，截至 2019 年底，熔盐储热累计运行装机规模为 420 兆瓦，同比增长 91.4%。

根据聚光集热的方式不同，太阳能光热发电集热系统主要分为以下四种类型：线性菲尼尔式、槽式、塔式和蝶式集热系统。

15.5　锂离子电池储能技术

锂是自然界最轻的金属（0.53 克/厘米^3），具有较低的电极电位（−3.045 伏）

和高的理论比容量 3860 毫安时/克。锂离子电池是依靠锂离子在正极和负极之间来回移动以实现充放电过程的二次电池，其关键材料包括正极材料、负极材料、隔膜和电解液等。2019 年 10 月 9 日，瑞典皇家科学院将诺贝尔化学奖授予对锂离子电池发展做出突出贡献的 3 位科学家。其中，惠廷厄姆采用硫化钛作为正极材料，金属锂作为负极材料，制成了世界上第一块锂离子电池。古迪纳夫经过反复实验与验证，发现钴酸锂比硫化钛更适合储存锂离子，进而显著提高了电池的电压平台。吉野彰在此基础上，采用锂离子代替纯锂，提升了电池的使用安全性，从而使锂离子电池具备实际应用条件。锂离子电池正负极材料体系非常丰富，一般能在高电位可逆释放锂离子的含锂化合物和能在低电位可逆储存锂离子的材料均可作为其正极和负极材料，图 15-1 为锂离子电池电极材料体系。

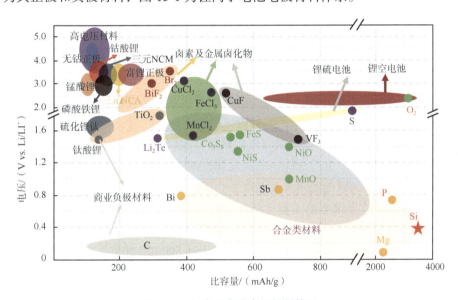

图 15-1　锂离子电池电极材料体系

图中的 NCM 指三元锂正极材料中镍（NI）、钴（CO）和锰（Mn）的英文缩写；NCA 指三元锂正极材料中镍（NI）、钴（CO）和铝（AI）的英文缩写

国际上应用锂离子电池储能系统的公司主要有美国特斯拉，日本三菱重工公司，韩国三星公司、LG 公司；国内代表企业有比亚迪、中创新航、力神等公司。特别是美国特斯拉公司，其依托日本松下电器产业株式会社的电池技术和独有的电池管理技术，在电动汽车领域和储能领域迅速崛起。2017 年，其在澳大利亚的南澳大利亚州建成了世界最大规模的 100 兆瓦/129 兆瓦时的储能电站，该电站成功运行。2019 年 6 月 24 日，锂离子电池和系统开发制造商万向一二三和材料公司 Ionic Materials 公司对外宣布，全固态电池研发取得里程碑式进展。通过联合开发协议，万向一二三和 Ionic Materials 公司开发了一种创新性方法来制造全固态电池。

这将加速全固态电池的商业化。通过将 Ionic Materials 公司先进的导电离子聚合物与 A123 的新一代三元/石墨锂离子化学相结合，万向一二三和 Ionic Materials 公司共同开发出一款具有高能量密度、高安全性且不使用易燃液体电解质的电池。由于不使用如金属锂等特殊电极，具有固体聚合物电解质的全固态电池将更快进入市场。2020 年初，日本电子公司京瓷株式会社（以下简称京瓷）推出一款 Enerezza 住宅储能电池，该电池将采用世界首创的半固态锂离子电池架构，能够大大提高电池的经济性，加快了电池储能的价格革命。京瓷称，这种新工艺可大大降低生产成本。半固态电池的材料成本比标准锂离子电池的材料成本减少约 40%，制造时间则缩短了 2/3，因为在半固态电极中，电解质与材料混合形成了黏土状的浆料，不需要黏合剂，从而去除了惰性物质，减少了如干燥、溶剂回收、压延和电解质填充等处理步骤。这种独特的生产工艺可以制造出比行业标准厚四倍到五倍的电极，从而减少了对铜、铝和隔板的需求，也就降低了成本。2020 年 3 月底，比亚迪正式推出刀片电池，用高安全性征服动力电池测试领域的"珠穆朗玛峰"——针刺测试，扫除了动力电池安全发展上的最后一个障碍，把动力电池发展重新拉回到以安全为本的正确道路上。刀片电池作为比亚迪最新研发的超级磷酸铁锂电池，将电芯做成了刀片形状，长度可以根据电池包的尺寸进行定制，最长可以达到 2 米多。这让刀片电池在成组时可以跳过"模组"，直接组成电池包，提高了安全性。在新能源汽车上广泛应用的三元锂电池，在温度超过 300℃时就会产生自燃甚至爆炸，一些高镍电池热失控温度甚至低于 200℃，特别是出现内部短路故障或者发生碰撞事故导致电池组遭受挤压、变形甚至穿刺等情况时，容易引起升温自燃并引发新能源汽车安全事故。在同样的测试条件下，三元锂电池在针刺试验中瞬间出现剧烈的温度变化，表面温度迅速超过 500℃，并发生极端热失控，开始剧烈燃烧，电池表面的鸡蛋被炸飞；传统磷酸铁锂电池在被穿透后无明火，有烟雾从电池卸压阀喷出，表面温度达到 200～400℃，电池表面的鸡蛋被高温烤焦；而比亚迪刀片电池在穿透后无明火，甚至无烟雾，电池表面的温度仅有 30℃左右，电池表面的鸡蛋无变化。这一结果证明刀片电池可避免传统动力电池可能会发生的"热失控"问题。比亚迪刀片电池第一次安全、高水平通过针刺测试，重新定义了新能源汽车的安全标准，引领了全球动力电池安全迈向新高度。

目前，锂离子电池行业已经发生或正在发生结构上的重大调整，伴随着材料、工艺和装备向重大技术革新的方向发展，用于小型电池的电极制备工艺需要逐渐地被高效、低能耗和污染小的新工艺、新技术所取代，大容量电池的散热和高功率输入/出要求电芯设计发生改变，这就要求相应的材料制备技术、电池制造技术、工艺和装备不断地创新和深入发展，大规模的产业发展对资源和环境也造成了挑战，需要发展电池回收处理技术，实现材料的循环使用。锂离子电池制造技术发展的总体趋势主要有以下几个方面：一是电池产品的标准化及制造过程的标准化；

二是遵从高质量、大规模、降成本的规模制造产业发展思路;三是制造过程的"三高三化",锂离子电池制造的未来朝着"三高三化"的方向发展,即"高品质、高效、高稳定性"和"信息化、无人化、可视化";四是绿色制造,只有保证锂离子电池在回收方面的可扩展性、低成本、安全性和环境可持续性,碳基经济才可能向可持续能源转型,并减少化石燃料的使用和温室气体的大量排放。

受益于我国新能源汽车迅猛增长,锂离子电池产业规模稳步扩大,宁德时代、比亚迪等骨干企业快速成长,关键配套材料自给能力显著提升。按容量计算,全球锂离子电池市场规模达到 200 吉瓦时,同比增长 25%。容量增速高于产值增速,原因在于锂离子电池产品价格不断下滑。建议在未来的 5～10 年,为了使动力与储能电池技术的发展满足新能源汽车、新能源和智能电网的应用和市场需求,需重点研究开发关键电池材料,包括正负极材料、电解液材料等,同时需要结合核心部件及电池系统的设计、优化和集成,坚持自主创新,突破关键技术,促进我国下一代动力与储能电池的开发和应用推广。

15.6　液流电池储能技术

液流电池利用价态变化的离子对的氧化还原反应进行储能,从理论上讲,可以进行离子价态变化的离子对都可以组成氧化还原液流电池。研究人员已经研究出包括全钒、锌/溴、多硫化钠/溴、铁/铬、锌/镍、钒/多卤化物、锌/铈等在内的多种液流电池。液流电池储能介质为水溶液,具有安全性好、输出功率高、储能容量规模大、应答速度快、充放电循环性能好、可循环利用等特点,是国际上储能领域的研究热点。

经过多年的研究与开发,国内外液流电池储能技术取得了重要进展,已经建造了多项千瓦到兆瓦级应用示范工程。随着可再生能源的发展,其市场潜力越来越为企业界所关注,成长出一批以液流电池市场化为目标的新兴企业,这使得液流电池技术得到显著提高并积累了丰富的工程应用经验。中国地质大学、中南大学、清华大学、中国科学院大连化学物理研究所、中国科学院金属研究院、攀钢集团攀枝花钢铁研究院有限公司、中国工程物理研究院电子工程研究所等高校与研究院所在液流储能电池关键材料和结构设计方面进行了研究。从 2000 年开始在以中国科学院大连化学物理研究所和大连融科储能技术发展有限公司为代表的单位的努力下,中国液流电池储能技术进入快速发展时期,在电池材料、部件、系统集成及工程应用等关键技术方面取得重大突破,引领中国全钒液流电池储能技术走在世界前列。其已经掌握了如钒电解液、双极板、离子传导膜等全钒液流电池关键材料制备技术,以及液流电池电堆设计、制造及批量化生产技术,突破了兆瓦级以上储能系统设计集成技术，实现了全钒液流电池储能技术的商业化应用。采用模块化、标准化的设计思想，针对市场的需求，研究团队成功研制出高集成度的 125 千瓦和 250 千瓦集装箱结构的全钒液流电池单元储能模块，实现了工业化生产。产品的可靠性、稳定性好，在运输、现场安装、灵活设计和环境适用性等方面都具有显著优势。应用标准的储能模块可以构建兆瓦级的大规模电池系统，实施了包括应用于国电龙源卧牛石 50 兆瓦风电场的迄今为止全球最大规模的 5 兆瓦/10 兆瓦时液流电池储能系统在内的二十余项应用项目。建造的 5 兆瓦/10 兆瓦时全钒液流电池储能直流侧能量效率达 70.92%，充放电转换时间小于 90 毫秒。该系统能够有效实现对风电场并网功率的平滑和提高风电场跟踪计划发电能力，就地及远程监控系统响应灵敏准确，报警、故障及数据报表功能完善，至 2020 年已稳定运行三年。该系统运行效果得到了电网公司、新能源运营商及国内外同行的高度认可，标志着我国在该领域技术研发、成套产品生产等方面处于世界前列。

可再生能源发展和智能电网建设为液流电池储能产业提供了广阔的市场空间。国内外的应用示范结果表明，液流电池在安全性、使用寿命等方面具有其他技术不可比拟的优势。"十三五"期间，进一步提高可靠性、降低成本，实现液流电池产业化是主要任务。具体地，需要掌握新一代高性能、低成本全钒液流电池关键材料、电堆、电池系统关键技术，实现国产化、规模化生产；掌握大规模储能电站设计、运行、管理控制技术；2020 年，电池系统能量转化效率提高到 75%以上；电堆额定工作电流密度提高到 180 毫安/厘米^{2}以上，电池系统成本降低到 2500 元/千瓦时以下；建立起完善的原料供应、生产、物流、安装和维护的全产业链体系，实现商业化应用。

15.7　铅炭电池储能技术

传统铅酸电池无法适应混合动力及新能源储能所要求的部分荷电态运行工况，在负极活性物质中直接引入碳材料，使铅活性物质与碳材料充分接触，碳材料的重量比大约是 2%（质量百分比），这一类电池则被称为铅炭电池。铅炭电池中根据添加碳材料的方式不同大致可分为四种：碳材料全部取代负极的铅活性物质、碳材料部分取代负极的活性物质但有明显相界面、碳材料部分取代负极的活性物质但均匀混合无明显相界面、用碳材料制作的板栅来代替铅板栅。第一种铅炭电池更确切地应称为不对称超级电容器，其正极为 PbO_2、负极为代替铅的碳材料。第二种铅炭电池正极仍为 PbO_2，但负极则是由海绵铅电极和碳电极并联使用，且有明显相界面，该负极有传统铅酸电池和超级电容器的优点，具有较高的循环能力和功率密度，这种铅炭电池被称为超级电池。第三种铅炭电池是将碳材料和铅充分混合使其相界面不明显，这种混合材料所构成的负极有更高的充放电性能，其活性表面积更大，能量密度更高。而第四种方法使得活性物质利用率有了大幅提高，用碳板栅全部代替或部分代替铅板栅，由于铅是采用电沉积的方法聚集在碳板栅上，因此电池质量大大减轻，在一定程度上降低了铅炭电池的成本，且此方法不需要改变铅膏的制造配方和工艺就能提高电池的比功率和比容量。最新研究表明，负极中的碳材料可以提高大电流充电时的充电效率，抑制负极硫酸盐化。例如，当机动车刹车制动时就可以采用铅炭电池回收这一部分能量，而在规模化储能的欠充环境下，铅炭电池可表现出更好的一致性。

南都铅炭电池储能系统在超过 20 个微网项目中获得应用，覆盖十个省区市，总装机容量超过 100 兆瓦时，其中，鹿西岛并网型微网示范工程是国家 863 计划"含分布式电源的微电网关键技术研发"课题的两个示范工程之一。主要建设风力发电、光伏发电、储能三个系统，应用混合发电优化匹配技术和智能模式切换等技术，工程投运后将实现并网和孤网两种运行模式的灵活切换。储能系统总容量 2 兆瓦/4 兆瓦时，项目采用南都电源动力股份有限公司铅炭储能装备及管理系统，主要用于提升可再生能源利用率、平滑风光功率输出等功能，具备暂态有功出力紧急响应、暂态电压紧急支撑功能。

从储能的成本、寿命、规模、效率和安全这五项关键指标来看，铅炭电池与其他电化学储能技术相比，具有最为理想的综合性能。在"十三五"期间，超过百兆瓦时的铅炭电池储能项目开始建设和投入运营。随着铅炭作用机理的深入研究、高性能碳材料的开发、电池设计和制造技术的进步，铅炭电池将在未来储能领域发挥越来越重要的作用。当然，我们应时刻谨记，在未来几年，对于铅炭电池技术的研究仍应聚焦在负极而不是其他方面。

15.8　钠硫电池储能技术

钠硫电池是一种以陶瓷材料为电解质和隔膜的二次电池，它的能量密度高、成本低，已在储能领域获得了较为成功的应用，也是目前已经经过市场考验的大规模储能技术。钠硫电池与锂离子电池具有相近的能量密度和循环寿命，但钠硫电池更易实现大容量设计，大电流充放电性能更佳。因此钠硫电池是大容量电化学储能的重要体系。但钠硫电池也存在一些劣势，首先钠硫电池在 300~350℃温度区间运行，这为储能系统的维护增加了难度。其次，液态的钠与硫在直接接触时会发生剧烈的放热反应，这给储能系统带来了很大的安全隐患：钠硫电池中使用的陶瓷电解质隔膜，本身具有一定的脆性，运输和工作过程中可能发生陶瓷的损伤或破坏，一旦陶瓷破裂，将发生钠与硫的直接反应，大量放热，短时间内电池可以达到 2000℃的高温，造成安全问题。最后，钠硫电池在组装过程中，需要操作熔融的金属钠，这就需要有非常严格的操作环境和安全措施。因此，钠硫电池的安全问题始终是其大规模推广应用的隐形障碍。提升安全可靠性，消除安全隐患也一直是钠硫电池进一步开发的主攻方向。例如，将液流电池的设计理念应用于钠硫电池，不仅可以有机地结合钠硫电池的高比能特性及液流电池的大容量特性，重要的是有望通过对活性物质钠与硫的切断，及时阻断短路反应的蔓延，从根本上实现钠硫电池安全性的提升。中国科学院上海硅酸盐研究所温兆银研究员团队在液流型钠硫电池研究方面取得了一定进展。

15.9　超级电容器储能技术

超级电容器又叫电化学电容器、黄金电容、法拉电容，是一种新型储能装置。超级电容器按储能机制可划分为三大类：第一类以双电层电容为主，即在充电时，正极和负极的碳材料表面分别吸附相反电荷的离子，电荷保持在碳电极材料与液体电解质的界面双电层中，称为双电层电容器；第二类以赝电容为主，通过正负极材料（如金属氧化物、导电聚合物等）发生法拉第反应贡献容量，称为电化学赝电容器；第三类超级电容器的两电极分别以双电层（活性碳电极）及赝电容（电池电极的法拉第反应）为主要机制，称为"混合型电化学电容器"。超级电容器具有以下优点：①充电速度快，数秒至数分钟可充电到其额定容量的 95%以上；②循环寿命长，深度充放电循环使用次数可达 100 万次；③大电流放电能力超强，能量转换效率高，大电流能量循环效率大于等于90%；④功率密度高，可达 10 千瓦/千克，为电池的 5～10 倍；⑤产品使用、储存及拆解过程均没有污染；⑥安全系数高，长期使用免维护；⑦很小体积的电容器容量可以达到法拉级。

超级电容器的主要用途包括以下几个方面：①辅助峰值功率输出：向应用产品提供峰值功率，其他电源供给正常功率，可减少发动机或电池的负荷。②再生能量储存：能量再生条件通常为高能量、短频率时间、50 万次循环寿命周期及适于再生能量储存的高电力特性。③备用电源：超级电容器可为备用电源提供完美的解决方案。④替代电池：在超级电容器不间断电源或负责短期能量供给的远程控制装置等应用产品中，作为主能量储存装置使用。超级电容器已经在交通运输、辅助峰值功率输出、能量回收与可再生能源领域得到广泛的应用。

制约超级电容器广泛应用的主要因素有：①能量密度偏低、价格偏高；②虽然针对轨道交通等大功率的场合已有一些研究，但对于应用于智能电网的超级电容器储能系统集成关键技术还有待进一步的研究；③虽然针对超级电容器在分布式发电领域的应用开展过一些工作，但缺乏超级电容器在智能电网中的应用经验。

超级电容器的远期前景广阔，但未来其应用规模的大小还取决于关键技术能否获得突破和产品价格能否大幅度下降。超级电容器产业的发展趋势为：①多元化，即超级电容器将朝着产品类型多样化和产品价格低廉化方向发展；②标准化，即针对超级电容器产品研发、生产、测试及使用的国家和行业标准将逐渐出台；③系统化，即超级电容器产业将由单纯的超级电容器制造向着模块化、系统化方向发展。

为了加速超级电容器在大规模储能领域的应用，应加速 1 兆瓦（电池 800 千瓦，电容器 200 千瓦）铅酸电池–超级电容器混合储能电站的建设与示范运行，提升国内研发机构和企业的系统集成能力。

15.10　氢储能技术

在新能源体系中，氢能是一种理想的二次能源，与其他能源相比，氢热值高，其能量密度（140 兆焦/千克）是固体燃料（50 兆焦/千克）的两倍多，且燃烧产物为水，是最环保的能源，其既能以气、液相的形式存储在高压罐中，也能以固相的形式储存在储氢材料中，如金属氢化物、配位氢化物、多孔材料等。对可再生和可持续能源系统而言，氢气是一种理想的能量存储介质。氢气作为能源载体的优势在于：①氢能和电能之间通过电解水与燃料电池技术可实现高效率的相互转换；②压缩的氢气有很高的能量密度；③氢气具有成比例放大到电网规模应用的潜力。同时，可将具有强烈波动特性的风能、太阳能转换为氢能，更利于储存与运输。所存储的氢气可用于燃料电池发电，或单独用作燃料气体，也可作为化工原料。因此，氢能被视为 21 世纪最具发展潜力的绿色二次能源。众多国家和地区制定了开发氢能的战略计划。

电解水制氢是一种传统的制氢技术，目前生产全球 4%～5%的氢气产量，该技术分为 AWE、PEM 电解水、AEM 电解水和 SOEC。AWE 技术是最早工业化的电解水技术，已经工业化几十年，最为成熟。PEM 电解水技术的工业化近年来发展迅速，而 SOEC 技术仍处于实验室研究阶段。AEM 电解水的研究刚刚起步。表 15-2 给出了 AWE、PEM 电解水、SOEC 制氢技术的比较。

表 15-2　电解水制氢技术比较

特性参数	AWE	PEM 电解水	SOEC
电解质隔膜	30%KOH@石棉膜	质子交换膜	固体氧化物
电流密度/（安/厘米²）	0.2～0.4	1～4	0.2～0.4

续表

特性参数	AWE	PEM 电解水	SOEC
电耗	4.5～5.5/（千瓦时/标准立方米）	约 4.0/（千瓦时/标准立方米）	效率约 100%
工作温度	≤90℃	≤80℃	≥800℃
产氢纯度	≥99.8℃	≥99.99℃	—
设备体积	1	～1/3	—
操作特征	需控制压差，产气需脱碱	快速启停，仅水蒸气	启停不便，仅水蒸气
可维护性	强碱腐蚀强	无腐蚀性介质	—
环保性	石棉膜有危害	无污染	—
产业化程度	充分产业化	特殊应用/商业化初期	实验室研究与示范
单机规模/（标准立方米/小时）	≤1000	≤500	≤10

2020 年 4 月，全球最大规模的太阳能电解水制氢储能及综合应用示范项目在宁夏宁东能源化工基地开工建设。其作为代表性的 AWE 示范项目，总投资 14 亿元，用于建设 20 000 标准立方米/时电解水制氢装置（合计年产氢气 1.6 亿标准立方米/年，副产氧气 0.8 亿标准立方米/年）及配套公辅设施。国内 PEM 电解水制氢技术处于从研发走向商业化的前夕。国内主要研发单位有中国科学院大连化学物理研究所、中国船舶重工集团公司第七一八研究所、中国航天员科研训练中心、淳华氢能科技股份有限公司、武汉理工大学等。其中，中国科学院大连化学物理研究所电解槽与北京中电丰业技术开发有限公司系统集成承担的国网安徽省电力有限公司六安兆瓦级氢能综合利用示范站，已于 2022 年 7 月完成整站试运行。

氢储能可以实现季节性的储能，基于可再生能源的 PEM 电解水与 SOEC 制氢技术是实现氢储能的重要技术。要大幅度降低 PEM 电解水成本，在规模化方面进行工业化放大，以适应大规模可再生能源电解制氢需求。建议通过鼓励基础研究与应用研究，逐步解决高温 SOEC 制氢技术材料与电堆结构设计问题，实现高效 SOEC 储能的示范应用。

第 16 章　我国储能发展现状及问题

16.1　已迈入规模化发展阶段，还未整体健康发展

新能源与储能融合发展已成大势。2020 年，储能产业虽受新冠疫情影响，但基于产业内生动力和外部政策及碳中和目标等利好因素多重驱动，储能装机逆势大幅增长，如期步入规模化高速发展的快车道。在高比例可再生能源消纳压力下，20 个省区市的地方政府和电网企业提出集中式新能源+储能配套发展鼓励政策，储能技术对新能源规模化应用的重要价值已形成共识。但整体来看，还需合理规划储能布局，确保项目应用质量，并通过市场进行成本疏导或价值补偿，确保盈利从而促进可持续发展。"一体化"综合能源项目规模化示范推广。国家发展和改革委员会、国家能源局联合发布的《关于开展"风光水火储一体化""源网荷储一体化"的指导意见（征求意见稿）》，明确了在电源侧和负荷侧的基地建设中增加储能以实现系统灵活坚强发展的目标。自政策发布以来，多家央企与相关省区市签署了"一体化"示范项目协议，项目的规划及落地实施，将有助于因地制宜地探索储能在不同场景下的发展路径和商业模式。储能跨界融合应用价值逐渐显现。储能对电力系统安全稳定运行的重要作用越发凸显，储能在提升发电系统启动和重要电力用户应急备用能力方面已经开启探索与应用。随着 5G 通信、数据中心、新能源汽车充电站等新基础设施建设加速，各地利用价格政策和财政支持政策引导"综合能源站"建设，储能在用户侧的跨领域应用形式得到延展。

根据 CNESA 全球储能项目数据库的不完全统计，截至 2020 年底，中国已投运的电力储能项目累计装机容量（包含物理储能、电化学储能及熔盐储热）达到 33.4 吉瓦，2020 年新增投运容量 2.7 吉瓦，装机同比增长率为 136%，储能已从商业化初期迈入了规模化发展的新阶段。储能产业历经"十二五"时期的技术验证，"十三五"时期的示范推广，从技术到应用已经为规模化发展打好基础。碳中和目标下，储能产业发展目标初定，"十四五"时期储能在我国能源结构调整过程中的战略地位将得到进一步明确和提升，目前国家层面也在积极统筹各应用领域的发展需求，形成顶层设计，针对储能产业发展面临的瓶颈问题，将采取从国家到

地方分阶段逐步解决的思路，细化实施方案和行动计划，将储能从支撑能源转型的一种新技术，培育为实现高质量发展的新的经济增长点。"十四五"时期，储能技术将在性能提升、成本下降方面实现进一步突破，随着政策和市场机制的建立和完善，储能产业将大幅增长。

合同能源管理模式是储能项目中运用较多的一类商业模式。随着相关配套政策的出台及储能进一步渗透细分应用，新型模式不断出现。青海省率先推出的共享储能模式，将储能的独立主体身份进一步落实；湖南省于 2018 年在电网侧储能项目中采用租赁模式，并于 2020 年将升级版的租赁模式应用于可再生能源侧储能，以分摊各个主体的投资风险；目前第三方公司通过一个中央控制室将分散式储能系统、充电桩集合起来参与电网服务获取应用收益的代理运营商模式也开始崭露头角。代理运营商模式也是储能追求多重应用的产物，同时打通电源、电网、用户各环节，以实现储能价值衔接。多种模式的探索和实践，将极大地促进储能多重应用价值的叠加和提升项目的盈利能力。

近年来，中国储能产业在项目规划、政策支持和产能布局等方面均加快了发展的脚步。中国抽水蓄能行业发展相对缓慢，而电化学储能市场的增速明显高于全球市场，光热储能目前尚处于起步阶段。得益于技术进步和成本降低，在目前无补贴的情况下，储能在峰谷价差套利、辅助服务市场及可再生能源限电解决方案上可以初步实现商业化运行。能源政策密集出台，储能已逐步成为规划布局的重点领域，地方政府也随之布局储能项目与示范推广，助推当地产业转型升级。伴随电力体制改革的不断深入，储能也将收获更多的市场机会。但我国储能产业距离整体健康发展还有一定的距离，储能商业化应用面临着储能成本偏高、电力交易市场化程度不健全、储能技术路线不成熟、缺乏储能价格有效激励等各方面的问题。当前储能产业的发展可谓机遇与挑战共存。

储能的功能定位应当结合实际实时调整；储能在电力系统中仍具有较大的应用潜力，这有待进一步挖掘；储能对未来能源格局的改变及能否促成新的电力系统形态，仍处于未定状态，需要进一步地研究。如何科学评估储能并实现其价值量化，成为亟待解决的问题。

16.2　氢储能是大规模储能关键技术，但制氢技术有待提升

为实现碳减排与碳中和，国际上高度重视氢储能，世界主要工业国家纷纷制定氢能战略，将发展电解水制氢作为国家经济、技术和生态发展的长期战略。欧

盟委员会的氢能战略划定了三大阶段并设定了阶段性目标：2020～2024 年，支持欧盟范围内建成 6 吉瓦的电解绿氢产能，将绿氢年度生产量提高至 100 万吨；2025～2030 年，氢能成为欧盟能源系统的一个重要组成部分，届时将在欧盟范围内建成近 40 吉瓦的电解绿氢产能，并将年度绿氢产量提高至 1000 万吨；2030～2050 年，绿氢技术将完全成熟，并将大规模用于难以通过电气化实现零碳排放的领域。德国计划到 2030 年实现 1000 亿千瓦时电的氢储能，德国《国家氢能战略》将利用可再生能源电解水制氢作为重点发展方向，预计在 2030 年部署 5 吉瓦绿氢电解槽，2035 年提高至 10 吉瓦。

中国氢储能处于刚刚起步阶段，重点关注通过电解水技术制取绿氢，随着规模扩大将实现可再生能源大规模储能，这成为中国未来能源体系的重要组成部分。《中国氢能源及燃料电池产业白皮书》（2019 版）预计氢能市场发展中期（2030 年左右），氢气年均需求约 3500 万吨，煤制氢配合 CCS 技术，可再生能源电解水制氢将成为有效供氢主体。

近年来，氢储能产业发展迅速。2019 年全球电解槽市场销售额达到了 21.85 亿元，预计 2027 年可以增长至 25.42 亿元。2019 年中国电解槽行业销售额为 4.24 亿元，预计 2027 年增长至 7.95 亿元。从电解槽出货功率上看，2018 年全球电解槽出货规模为 135 兆瓦，其中中国占 80 兆瓦，是全球电解槽出货量最大的国家。

AWE 是当前最成熟的电解水制氢技术，在市场上占据主导地位，目前全球共有约 3 吉瓦装机的 AWE 制氢项目。我国 AWE 电解槽装置的安装总量在 1500～2000 套，单台产氢量最大可达 1200 标准立方米/时，电解槽材料和部件目前已经实现产业化，基本达到全部国产化。国内代表企业有中国船舶集团有限公司第七一八研究所、苏州竞立制氢设备有限公司、天津市大陆制氢设备有限公司等。代表性的大规模电解制氢工程是河北建投新能源有限公司投资的，与 McPhy（麦克菲）、Encon 等公司联合建成的中德示范项目——沽源风电制氢项目，已安装 4 兆瓦 AWE 电解槽。

与传统的 AWE 制氢设备相比，PEM 电解水制氢设备电解效率高，额定电流密度在 1～4 安/厘米^2，能耗可降至 4.6 千瓦时/标准立方米氢气。我国的 PEM 电解技术正在经历从实验室研发向市场化、规模化发展的阶段。SOEC 效率高但目前技术不成熟，国际个别公司正在将它们推向市场，但尚未商业化。国内 SOEC 目前还处于实验室阶段，技术有待提高，距离商业化还有很大一段距离。

目前，PEM 电解水制氢技术可用，但成本较高。美国可再生能源国家实验室对风能供电的 PEM 电解水制氢进行了评估，预计当 PEM 电解水制氢的规模从 10 千克/天上升到 1000 千克/天时，电解池的成本将降至目前的 1/4，大规模 PEM 电解水制氢将在降低成本上有较大的空间。

由于只有 PEM 电解水制氢技术可达到欧盟规定的电解水制氢的快速响应要

求。欧盟提出了 PEM 电解水制氢要逐渐取代碱性水电解制氢的计划。德国首个兆瓦级 PEM 电解水制氢示范项目的年产氢规模为 317 万立方米。2020 年 7 月，美国能源部通过 "H$_2$@scale" 计划资助多家公司进行 PEM 电解槽制造与规模化技术研发，涵盖了吉瓦级 PEM 电解槽、低成本 PEM 电解槽等，昭示了美国制氢规模化的 PEM 电解技术路线；同时支持的项目还有氢冶金、氢与天然气混合输送等技术研发，它们均与氢的大规模应用相关。

国内 PEM 电解水制氢的研究在材料活性、电解能耗等方面与国外相当，具有相应技术，也形成了少量样机，如中国科学院大连化学物理研究所的 PEM 电解水制氢技术用于国家电网有限公司科技示范工程，赛克赛斯小型制氢机用于实验室制氢等。但尚未有厂家形成规模化产品，需要进一步提升技术，降低成本，建立批量生产线，进行量产。

我国具有大量的风、光、水等可再生能源发电量，且未来可再生能源发电的装机量将持续增长。以水电、风电、光伏等能源制氢，将低品质电转化为氢，以氢为储能载体，既能提高可再生能源的综合利用率，又可为碳中和提供 "零碳" 氢源。氢气还可用于高附加值发电，如局部电网调峰、可靠性要求高的局部电网及不依赖传统基础设施的独立微网。PEM 电解水制高纯氢，效率高、适应可再生能源发电特点，在绿色冶金、燃气轮机发电、电厂制冷、电子加工及化学加氢领域具有广阔的市场前景，特别对碳中和将起到重要作用。而且，以氢为储能介质的氢储能技术可以实现季节性的储能。基于可再生能源大规模消纳的 PEM 电解水制氢技术，逐渐成为电网和制氢行业共同的选择。

建议在政策层面引导发展与可再生能源结合的先进 PEM 电解水制氢技术，在 PEM 电解水制氢产业化初期，根据电解槽的产氢量，给予一定的引导补助，促使国内的 PEM 电解水制氢技术与国际同步产业化，以推进 PEM 电解水制氢技术在可再生能源消纳、发展绿色发电、氢冶金、工业过程减/脱碳方面的应用，助力碳中和目标的实现。

16.3　电化学储能作用重大，但电池安全问题不容忽视

电化学储能作为一种调节速度快、布置灵活、建设周期短的调节资源日益受到人们的关注和重视。电化学储能是一种通过发生可逆的电化学反应来储存或释放能量的转换技术。相比抽水蓄能等机械储能，其能量密度大、转换效率高、受地形等因素影响较小，可灵活运用于发电侧、输配电侧和用电侧。随着近年来成本的快速下降、商业化应用逐渐成熟，电化学储能的优势越发明显，开始逐渐成为储能新增装机的主流，且未来仍有较大的成本下降空间，发展前景广阔。根据

不同电化学电池的工作原理，其储能覆盖的规模也有所区别，大到百兆瓦级，小到千瓦级。随着近年纳米材料的迅速发展及产业化技术的日益成熟，传统的铅酸电池、镍氢、镍镉电池正逐渐被锂离子电池、铅炭电池替代，新的液流电池、钠硫电池、室温钠离子电池、超级电容器、锂硫电池等技术正在兴起。从应用领域来看，新兴市场用户侧储能的快速崛起，使得用户侧首次成为"十三五"以来新增投运规模最大的一类领域。《锂离子电池产业发展白皮书（2020 年）》中指出，2019 年我国锂离子电池出货量 131.6 吉瓦时，同比增长 15.4%，其中储能型锂离子电池出货量 8.6 吉瓦时，较 2018 年增长 23%，占比提升至 6.5%，逐年上一个台阶。

　　CNESA 发布的《储能产业研究白皮书 2020》统计数据显示，截至 2019 年底，全球已投运储能项目累计装机规模 184.6 吉瓦，同比增长 1.9%。其中，抽水蓄能的累计装机规模最大，为 171.0 吉瓦，同比增长 0.2%；电化学储能的累计装机规模紧随其后，为 9520.5 兆瓦，在各类电化学储能技术中，锂离子电池的累计装机规模最大，为 8453.9 兆瓦。2019 年，全球新增投运的电化学储能项目主要分布在 49 个国家和地区，装机规模排名前十位的国家分别是中国、美国、英国、德国、澳大利亚、日本、阿拉伯联合酋长国、加拿大、意大利和约旦，规模合计占 2019 年全球新增总规模的 91.6%。截至 2019 年底，我国已投运储能项目累计装机规模 32.4 吉瓦，占全球市场总规模的 17.6%，同比增长 3.6%。其中，抽水蓄能的累计装机规模最大，为 30.3 吉瓦，同比增长 1.0%；电化学储能的累计装机规模位列第二，为 1709.6 兆瓦，同比增长 59.4%，在各类电化学储能技术中，锂离子电池的累计装机规模最大，为 1378.3 兆瓦。可以看出，"十三五"以来虽然物理储能技术增速缓慢，但电化学储能技术一直保持快速增长态势，年复合增长率（2015～2019 年）为 79.7%。截至 2020 年 9 月底，全球已投运电力储能项目（含物理储能、砷化学储能及熔盐储热）的累计装机规模达 186.1 吉瓦，同比增长 2.2%，其中我国累计装机规模达到 33.1 吉瓦，同比增长 5.1%。

　　我国的锂离子电池研究项目一直是 863 的重点项目，目前大部分材料实现了国产化，由追赶期开始向同步发展期过渡，本土总产能居世界第一，不仅移动电子设备用锂离子电池已形成国际市场竞争力，动力电池还支撑了新能源汽车的示范推广，储能电池已批量应用于示范项目。国内比亚迪于 2009 年 7 月率先建成了我国第一座兆瓦级磷酸铁锂电池储能电站，国家电网有限公司在张北国家风电研究检测中心电池储能实验室开展了 1 兆瓦锂离子电池系统与风电机组的联合运行试验，中国南方电网有限责任公司已建成 5 兆瓦/20 兆瓦时锂离子电池储能示范电站。随着新能源产业蓬勃发展，锂离子电池在我国储能领域获得了广泛的应用，最具影响力和示范意义的张北国家风光储输示范项目一期工程 14 兆瓦磷酸铁锂电池储能系统已全部投产，2018 年国内储能锂电池出货量超 100 兆瓦时的企业共计 11 家，其中排名第一的比亚迪储能锂电池出货量高达 1 吉瓦时，仅 2019 年 3 月，我国新增锂离子电池储能装机量 256 兆瓦。2019 年 7 月 1 日，随着 10 千伏北储-201 断路器的小车推入指定位置，北房储能电站正式并网运行。此项工程是北京首个电网侧储能电站项目，也是北京电网首座正式投入运行的储能电站。北房储能电站选取磷酸铁锂电池作为储能元件，按照全套预制舱模式进行建设。终期规模为 15 兆瓦/30 兆瓦时，充满电时可供一万户家庭同时用电一小时，本期投产规模为 5 兆瓦/10 兆瓦时。同时，储能电站通过强化负荷感知和需求响应，使电网运行方式更灵活，是构建"坚强智能电网+泛在电力物联网"两网融合能源互联网的关键元素。此外，2021 年 1 月 25 日，工业和信息化部发布 2020 年 1～12 月电池行业生产情况，数据显示 2020 年全国锂离子电池产量 188.5 亿只，同比增长 14.4%；铅酸蓄电池产量 22 735.6 万千伏安时，同比增长 16.1%。2020 年 1～12 月，全国电池制造业主要产品中，原电池及原电池组（非扣式）产量 408.4 亿只，同比增长 0.6%。2020 年 12 月当月，全国锂离子电池完成产量 21.7 亿只，同比增长 26.4%；铅酸蓄电池产量 2490.1 万千伏安时，同比增长 20.9%；原电池及原电池组（非扣式）产量 41.7 亿只，同比增长 9.0%。

与其快速发展形成鲜明对比的则是电动汽车和储能电站火灾事故引起的对锂离子电池储能系统安全性问题的重视。为解决安全问题，中美日韩等国家相继制定并发布了关于储能安全战略性规划，并颁布了储能系统本体和安装要求的相关标准。但为了更好地防控锂离子电池的热失控和爆炸事故，势必要对锂离子储能电池整装系统进行深入研究，包括掌握锂离子电池热失控的机制及安全系统工程理论基础，寻求锂离子电池体系的创新型安全材料，探究提高锂离子电池本质安全性的方法，突破锂离子电池模块组装和管理系统的关键技术。锂离子电池储能作为电力系统的中坚力量，随着储能技术不断变革，储能安全也将面临新的挑战。如何安全地使用好锂离子储能电池是目前产业发展的前提和关键，其涉及多环节多学科多领域，需要行业整体共同提高产品的成熟度和可靠性，需要多部门、多体系共同协作推动锂离子电池大规模储能的革新与可持续性发展。

具体主要从两个方面入手，即锂离子电池的本征安全和锂离子电池的系统安全。

本征安全方面，电极材料是电池高性能的核心，提高电池材料的安全性是重要策略之一。对负极材料的结构改进和调控，降低负极材料的比表面积和减少嵌入负极的锂，以及提高 SEI 膜的热稳定性，是常见的有效策略。对于正极材料，体相掺杂、表面修饰及材料结构改性是提升材料安全和稳定性的常见策略，为了避免不利于离子或电子传导的包覆，采用锂离子导体材料来包覆正极材料更有效。在材料制备的过程中，从全体系提高径向结构的强度，抑制一些分化、裂化的问题。电解质方面，发展新型阻燃剂、开发难燃电解液和水系电解液，利用分子结构设计，满足电池充电/放电过程对电解液的综合性能要求。本质不燃的电解液，如全氟化物，甚至水作为电解液是一个非常重要的研究方向。此外，采用本征不可燃的固态电解质（包括聚合物、氧化物和硫化物等固态电解质）取代原来的可燃碳酸酯类有机溶剂，将是解决与电解液相关的电池安全问题的终极方案。

系统安全方面，电池热管理系统安全设计中需要重点考虑高效散热设计问题，其核心在于通过合理的路径对电池系统内部的热量进行疏导。其中，最大的挑战在于电池热失控时的超高放热功率（可超过 10 千瓦）及其引起的热失控电池和相邻电池间的巨大温度梯度。电池热管理系统首先需要进行隔热设计，以延缓热失控向相邻电池的蔓延速度。电池单体间的隔热材料还应满足低导热系数和高工作温度的要求。其次，热管理系统还需要对失效区域进行及时散热或冷却，以降低热失控电池的温度，防止热量在失效区域不断累积。然而，在实际电池热管理系统的设计开发过程中，热失控蔓延抑制所需的隔热设计与正常工况下所需的快速散热设计往往具有难以调和的矛盾。再次，电池热管理系统还需要在热失控蔓延时进行"主动防范"。主动防范往往需要配合额外的执行结构，在电池热失控发生时，通过外界指令或自发响应，加强系统冷却效率或进行喷淋等，以抑制热失控蔓延的发生。用冷却剂喷淋局部热失控区域可能是一个切实可行的主动防范策略。火灾的发生将使得电池系统的热失控危害变得完全不可控，我们需要更加注意消除电池系统起火自燃的可能性。综合上述的设计，热管理系统应该需要保证电池系统在至少 40 分钟内不发生热失控蔓延，以给救护队抵达现场和被困乘客疏散留有足够的时间。最后，电池系统安全设计成本和热失控蔓延防控效果之间存在平衡关系，应重视仿真分析在平衡成本和防控效果方面具有的独特优势。

第17章 储能发展战略

17.1 发 展 思 路

以碳中和为储能发展的主线，发展高比例可再生能源的储能支撑性技术，建设物理储能、电化学储能、氢储能等多元化储能技术平台，发挥储能技术在电力系统发电、输配电、用电侧的重要作用，着力推进储能与可再生能源互补发展，重点发展绿氢制取、储运和应用，促进低成本储能技术产业链发展。

17.2 发 展 目 标

17.2.1 物理储能技术发展目标

未来，抽水蓄能规模将进一步增大，仍将是占比最高的储能形式，常规抽蓄应用将持续发展，同时利用现有梯级水电站的建设，加强与抽蓄储能技术的融合，不断探索其在电力系统应用中的功能；海水抽蓄，作为解决海上风电功率输出稳定性和弃风等问题的有效手段，也是后续开展功能研究和示范验证的技术方向。预计到 2035 年，抽水蓄能寿命达到 50 年以上，效率超过 80%，成本为 5000～6500元/千瓦。图 17-1 为物理储能发展路线图。

压缩空气储能应进一步体现其规模优势，不断改进响应特性，提高效率。大规模空气存储方法多样，盐洞、矿井、高压储气罐和空气液化都是可采用的方式。预计到 2035 年，压缩空气储能效率达到 50%～65%，寿命达到近 50 年，成本降至 5000～14 000 元/千瓦，将实现百兆瓦级示范应用。

图 17-1　物理储能发展路线图

　　建议继续围绕提升储能装置系统效率、降低成本的方向发展和演进。总体发展目标是提高各类物理储能的关键技术指标水平，扩大应用规模带动储能本体成本快速下降。其中抽水蓄能的关键技术难点主要表现为工程地质技术问题及抽水蓄能电站关键参数的选择；压缩空气储能的关键技术难点在于压缩机、膨胀机、储气装置等各设备性能提升及整体系统设计；飞轮储能未来技术难点主要在关键机械构件、系统可靠性及密闭设计、系统集成等方面。

　　此外，建议大力发展热储能技术，布局热储能太阳能电站。

17.2.2　电化学储能技术发展目标

　　图 17-2 给出了面向 2035 年、2050 年电化学储能发展路线图。路线图将电化学储能器件分为储能电池和动力电池两个方面，并从能量密度、循环次数（耐久性）、成本、规模部署或出货量等方面给出了不同时期的发展目标。

　　储能电池方面，结合铅蓄电池、液流电池及锂电池的市场份额，预计 2035 年平均能量密度达 50 瓦时/千克，循环次数达到 1 万～2 万次，成本降到 600 元/千瓦时，储能规模部署达到 200 吉瓦；动力电池方面，预计 2035 年能量密度达到 500 瓦时/千克，循环次数达到 3000 次，成本降到 850 元/千瓦时，出货量达到 200 吉瓦。其中，实验室集中攻坚高性能电极材料及高电压电解质材料，基于金属锂的锂电池体系单体电池能量密度达 500～700 瓦时/千克，新型多价态金属离子电池实验室阶段性能优异；钠离子电池逐步进入大规模示范研究阶段；500 瓦时/千克的半固态/全固态锂硫电池进入推广应用阶段。

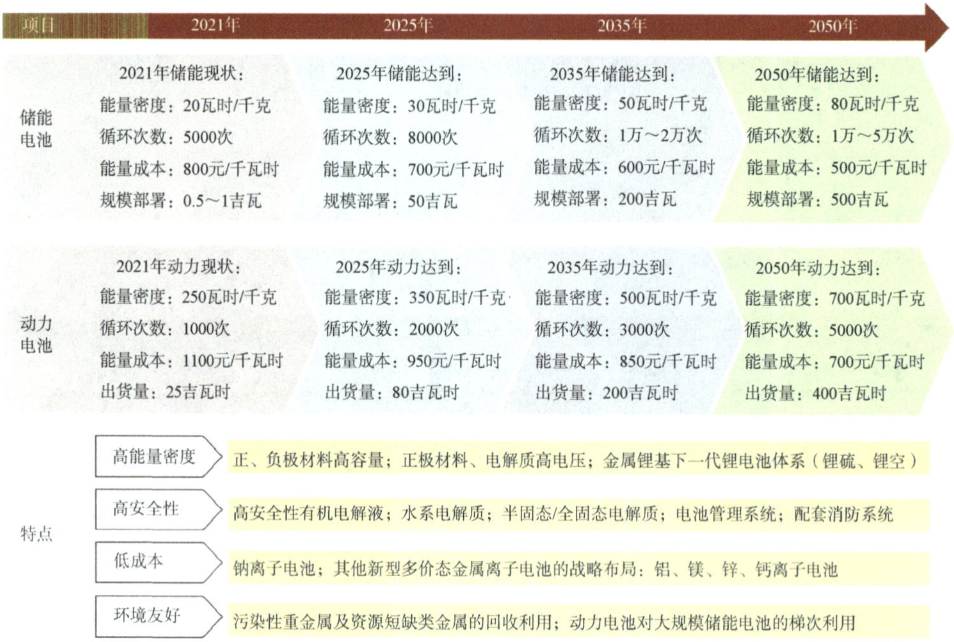

项目	2021年	2025年	2035年	2050年
储能电池	2021年储能现状： 能量密度：20瓦时/千克 循环次数：5000次 能量成本：800元/千瓦时 规模部署：0.5～1吉瓦	2025年储能达到： 能量密度：30瓦时/千克 循环次数：8000次 能量成本：700元/千瓦时 规模部署：50吉瓦	2035年储能达到： 能量密度：50瓦时/千克 循环次数：1万～2万次 能量成本：600元/千瓦时 规模部署：200吉瓦	2050年储能达到： 能量密度：80瓦时/千克 循环次数：1万～5万次 能量成本：500元/千瓦时 规模部署：500吉瓦
动力电池	2021年动力现状： 能量密度：250瓦时/千克 循环次数：1000次 能量成本：1100元/千瓦时 出货量：25吉瓦时	2025年动力达到： 能量密度：350瓦时/千克 循环次数：2000次 能量成本：950元/千瓦时 出货量：80吉瓦时	2035年动力达到： 能量密度：500瓦时/千克 循环次数：3000次 能量成本：850元/千瓦时 出货量：200吉瓦时	2050年动力达到： 能量密度：700瓦时/千克 循环次数：5000次 能量成本：700元/千瓦时 出货量：400吉瓦时

特点		
	高能量密度	正、负极材料高容量；正极材料、电解质高电压；金属锂基下一代锂电池体系（锂硫、锂空）
	高安全性	高安全性有机电解液；水系电解质；半固态/全固态电解质；电池管理系统；配套消防系统
	低成本	钠离子电池；其他新型多价态金属离子电池的战略布局：铝、镁、锌、钙离子电池
	环境友好	污染性重金属及资源短缺类金属的回收利用；动力电池对大规模储能电池的梯次利用

图 17-2　电化学储能发展路线图

　　储能电池方面，基于低成本钠离子及其他多价金属离子电池可行性分析，预计 2050 年能量密度达到 80 瓦时/千克，循环次数达到 1 万～5 万次，成本降到 500 元/千瓦时，储能规模部署达到 500 吉瓦；动力电池方面，预计 2050 年能量密度达到 700 瓦时/千克，循环次数达到 5000 次，成本降到 700 元/千瓦时，出货量达到 400 吉瓦时。锂电池安全问题基本解决，高效安全低成本的电化学储能电站规模性扩充，电动汽车市场渗透率高达 80%，动力电池对大规模储能电池的梯次利用全面落地，电化学储能技术较大程度上支撑实现碳中和战略目标。

17.2.3　电解水制氢技术发展目标

　　通过政策扶持加快发展电解水制氢技术，第一阶段 2021～2025 年，以 AWE 制氢技术为主，PEM 电解水制氢加大示范，实现电解水制氢成本下降至 30 元/千克；第二阶段 2025～2035 年，实现 PEM 电解水制氢关键材料与技术基本国产化，发展 SOEC 示范站，电解水制氢成本下降至 20 元/千克；第三阶段 2035～2050 年，SOEC 制氢技术逐步应用，绿氢服务社会，制氢成本降至 10 元/千克。图 17-3 为电解水制氢发展路线图。

图 17-3　电解水制氢发展路线图

17.3　战　略　举　措

17.3.1　加强储能技术研发投入，确保核心技术自主可控

聚焦储能全产业链的关键核心技术，通过设立储能专项、重大项目等促进基础研究、关键技术攻关及创新能力提升，保障我国储能核心技术全面、自主地持续发展。建议建设国家储能创新中心，通过创新中心的建设，重点部署科学前沿研究、工艺工程研究，为储能技术与产业的发展提供技术储备。建议尽快建立储能技术联盟。由大的能源集团牵头、相关企业与研究院所等产学研单位参与。技术联盟的建立，有利于全产业链均衡发展，有利于引导上游产业的发展，有利于增强本土产品在市场上的竞争能力。形成"顶层目标牵引、重大任务带动、基础能力支撑"的国家科技组织模式。

总之，我们要注重发展核心技术，尤其要重视关键材料与部件的国产化。习近平曾多次指出"只有把核心技术掌握在自己手中，才能真正掌握竞争和发展的主动权"[1]，"关键核心技术是要不来、买不来、讨不来的"[2]。

---

①《习近平：把关键技术掌握在自己手里》，http://www.xinhuanet.com/politics/2014-06/09/c_1111056694_2.htm [2014-06-09]。

②《习近平讲故事："关键核心技术是要不来、买不来、讨不来的"》，http://cpc.people.com.cn/n1/2019/0606/c64094-31123936.html[2019-06-06]。

17.3.2 统筹产业布局，引导产业链协调发展

瞄准储能产业链缺失环节和关键环节，组织产、学、研对储能核心技术联合攻关，大学及科研院所侧重从科学原理实现创新；企业则要从技术、产品上实现创新。围绕产业链来部署创新链，解决"卡脖子"短板问题；围绕创新链布局产业链，培育具有国际竞争力的创新型企业。特别要关注上游关键材料的批量生产线，研制出符合市场需求的产品，使储能产业健康、可持续发展。鼓励有产业基础的重点地区建立储能技术产业园区，加快产业集群建设。通过重点地区的商业化示范运营，带动全产业链的成熟和完善，从而促进我国储能产业的全面均衡发展。

17.3.3 加大政策补贴力度，刺激储能需求市场

储能产业在由政策驱动到市场驱动的过渡期中，国家及各级政府的政策对产业的发展起到引导作用。建议财政补贴要向核心技术倾斜，要从政策上鼓励既有核心技术又有长远发展规划和发展潜力的企业，尤其是填补国内空白的核心材料与零部件的企业，并加强监督管理，设立阶段性目标，提高政策的实施力度，有效地推进储能产业发展。给予"可再生能源+储能"合理的价格机制，解决当前可再生能源发展面临的经济性和利用率瓶颈问题。

17.3.4 加强顶层设计，全面规划储能发展途径

围绕产业发展重点、产业布局优化、政策措施制定等，从国家层面研究制定储能总体规划和发展路线图，从而引导我国储能技术创新和产业的快速健康发展。储能产业发展，需要良好的政策扶持，我国储能产业化发展基础也已形成，储能作为支撑新能源跨越式发展的战略性新兴产业，产业配套协同发展的趋势显著，新经济形势下需要以储能为支撑构建新经济增长点，为我国经济社会发展提供支持。

17.3.5 加强标准制定，支撑技术进步与产业发展

建设若干储能国家技术标准创新基地，完善储能全产业链的技术和检测标准。进一步完善储能规划设计、技术制造、设备试验、并网检测、安全运维、消防等技术标准，推进储能技术创新与标准化协同发展。

第18章 展　　望

　　储能是战略性新兴产业，是增强能源系统供应安全性、灵活性，提高综合效率的重要环节，是支撑能源转型的关键技术之一。抽水蓄能是目前在电力系统中应用最为广泛的储能方式，有条件的地方建议发展抽水蓄能。化学储能相比于物理储能具备系统简单、安装便捷及运行方式灵活等优点，化学电池储能要在提高锂离子电池比能量的同时提高电池模块安全性。研发廉价液流电池、钠硫型液流电池及钠离子型电池并进行示范是解决资源问题的良好方案。氢储能可实现季节性储能，并具有与可再生能源相匹配的特性，是需要重点发展的储能方式，基于可再生能源的 PEM 电解水与 SOEC 制氢技术是实现氢储能的重要技术。

　　目前风能、太阳能发电进展迅速，成本快速下降，已接近化石燃料发电成本。2019 年，中国非化石能源占一次能源消费比重为 15.3%，非化石能源发电装机容量占比为 42%、发电量占比为 32.7%。到 2030 年，非化石能源发电量占比将达到 45%～50%；逐步转化为以非化石能源发电为主。到 2050 年，中国将接近实现碳中和，那时，非化石能源发电量占比将达到 90% 以上，2060 年实现碳中和。

　　2060 年要实现碳中和，能源结构必须逐步过渡到以可再生能源为主。大量可再生能源上网为电网的安全稳定运行带来挑战。因此必须解决好风能、太阳能等新能源供电每天的峰谷调节，以及季节性调峰，要利用互联网实现各种发电智慧互补，加强各种储能等技术协同，平整峰谷；要加快可再生能源的发展，逐步降低可再生能源的成本，如风电、太阳能发电成本要低于煤电成本。为减轻电网压力，提高电网稳定，要大力发展储能，特别是氢储能，即大力发展电解水制氢；要降低电解槽等关键材料和部件的成本，实现批量生产，进而降低电解水制氢的成本，尽快使电解水制得的氢气成本接近天然气进口价。同时发展安全可靠、廉价的氢气传感器，在可能有氢泄漏的地方加装氢传感器，并与风机联动，控制氢浓度在 5‰ 以下，确保氢安全。

　　可再生能源电解水制氢可突破可再生能源发展的瓶颈制约。将西南、西北和东北通过电解水制得的氢气，送入天然气管网，既可减少天然气的进口，又可减少二氧化碳排放，在需要氢气的内地，还可用管网中的天然气制氢，为燃料电池车提供廉价的氢源。发展海上风电、电解水制氢，用纯氢管道输送至港口，氢液化作为能源商品，也可用列管车送至加氢站，为燃料电池车提供廉价氢源。消耗化石燃料产生的二氧化碳，也可用可再生能源电解制得的氢气再转化为可用的燃料（如甲醇）或原料（如烯烃）。

　　储能是可再生能源真正成为主流的必要条件。而这种储存必须安全、可靠，否则无法取代化石燃料和核能提供安全、持续性的电力供应。电化学储能是除抽水蓄能以外，应用最为广泛的储能形式，氢储能的应用，解决长时间、季节性的调节问题。总之，各种储能技术均要有创新、突破，如大力发展抽水蓄能，提高锂离子电池安全性，将钠硫电池改造成液流型。降低电解水制氢的成本与解决氢的储运问题是当前储能和发展氢能面临的技术难题。

　　可再生能源庞大的市场规模带动了储能产业回温，根据 CNESA 的统计，截至 2020 年前三季度，中国电化学储能新增装机 533.3 兆瓦，其中 2/3 来自新能源发电侧。随着可再生能源规模扩大，储能将在未来起着非常重要的作用，正逐渐得到国家及各级政府的高度重视，全国已有 17 个地区出台了可再生能源配置储能的相关文件。2020 年 12 月 21 日国务院新闻办公室发布《新时代的中国能源发展》白皮书明确强调，要 "加强能源储运调峰体系建设"，"推动储能与新能源发电、电力系统协调优化运行，开展电化学储能等调峰试点"，"建设多元化多层次能源科技创新平台"，"开展先进能源技术装备的重大能源示范工程建设"，"加速发展绿氢制取、储运和应用等氢能产业链技术装备，促进氢能燃料电池技术链、氢燃料电池汽车产业链发展。支持能源各环节各场景储能应用，着力推进储能与可再生能源互补发展。支持新能源微电网建设，形成发储用一体化局域清洁供能系统"，"积极培育配售电、储能、综合能源服务等新兴市场主体"。

　　碳中和成为 2060 年前中国能源发展的主线之一，必将对电力行业未来发展带来深刻而巨大的影响，储能作为高比例可再生能源的支撑性技术，未来将迎来更大的发展。

第五篇　中国核能发展战略研究（2035）

第 19 章　核能发展趋势预测

19.1　国际机构全球发展现状

19.1.1　全球核能将保持持续增长态势

2020 年 8 月，国际原子能机构（International Atomic Energy Agency，IAEA）发布了《2020 年核技术评论》；世界核协会（World Nuclear Association，WNA）于 2020 年 8 月发布了《世界核工业现状报告》。截至 2019 年 12 月 31 日，全球共有 443 座在运核电反应堆，总装机容量为 392.1 吉瓦，较 2018 年减少约 4.3 吉瓦。2019 年世界核能发电量为 2657 亿千瓦时，比 2018 年（2563 亿千瓦时）增加了 94 亿千瓦时，如图 19-1 所示。这是自 2012 年以来全球核能发电量连续第七年保持增长趋势，且较 2012 年增加 311 亿千瓦时，仅次于 2006 年的 2661 亿千瓦时。2019 年，核电占全球发电容量的 10%。

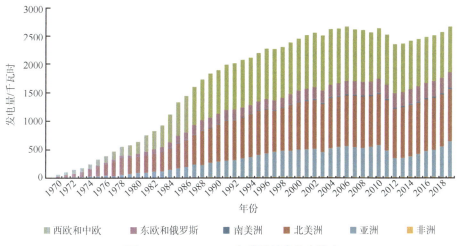

图 19-1　1970～2019 年世界核电生产能力

资料来源：世界核协会和国际原子能机构动力堆信息系统

2019 年，有 6 座新的压水堆并网，新增总装机容量 5174 兆瓦：中国 2 座，俄罗斯 3 座，韩国 1 座。13 台核电机组被永久关闭，5 台核电机组新建项目启动。核电近期和远期增长前景仍集中在亚洲。截至 2019 年 12 月 31 日，共有 54 座反应堆在建，其中 35 座位于亚洲。2005 年以来并网的 74 座新反应堆中有 61 座也在亚洲。

19.1.2   全球核电机组运行业绩保持较高水平

自 2000 年起，全球核电的容量因子一直保持较高水平。

在 1970～1979 年，只有不到一半反应堆的容量因子超过了 70%。

2019 年全球核电的平均容量因子为 82.5%，高于 2018 年的 79.8%。通常，高容量因子表明核电运行性能良好。但是在一些国家，核电机组以负荷跟踪模式运行的趋势正在增长，这将降低全球总的核电容量因子。例如，法国采用核电调峰来响应电力需求，以适应不断变化的间歇性可再生能源供电能力，从而达到电力供需平衡。2019 年全球核电容量因子还具有以下几个特点。

（1）不同类型核电机组的容量因子与近期趋势保持一致，其中沸水堆的容量因子最高，快堆、先进气冷堆和石墨轻水堆数量少导致年度容量因子变化更大。

（2）不同区域核电机组的容量因子也与 2015～2019 年大致保持一致，其中北美地区的核电容量因子继续超过 90%。

（3）2015～2019 年，核电机组的平均容量因子在首次启动后随运行年限的变化很小，在运行 40 年后，平均容量因子略有增加。

（4）2019 年容量因子的分布与 2015～2019 年的平均值大致相似，超过 2/3 核电机组的容量因子大于 80%。

19.1.3   全球核电总容量基本持平

2019 年全球归类为可运行核电反应堆（包括 2019 年启动或关闭的机组）的总装机容量为 402.3 吉瓦。截至 2019 年底，全球在运核电机组的总装机容量为 392 吉瓦，较 2018 年的 397 吉瓦略有减少，如图 19-2 所示。

表 19-1 为截至 2019 年底世界各类在运核电机组的分布情况。其中，约 14.7% 是沸水堆，67.9% 是压水堆，10.9% 是加压重水堆，2.9% 是石墨轻水堆，3.2% 是气冷堆，还有 2 座液态金属冷却快堆。

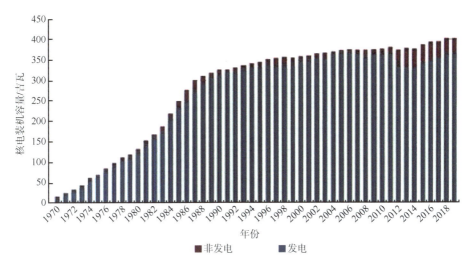

图 19-2　1970～2019 年全球可运行核电机组的净装机容量情况

表 19-1　截至 2019 年底世界各类在运核电机组的分布情况（单位：台）

地区	沸水堆	快堆	气冷堆	石墨轻水堆	加压重水堆	压水堆	总计
总计	65（−7）	2	14	13（−1）	48（−1）	300（+2）	442（−7）
非洲						2	2
亚洲	21（−5）				24（−1）	92（+2）	137（−4）
东欧和俄罗斯		2		13（−1）		38（+3）	53（+2）
北美洲	34（−1）				19	64（−1）	117（−2）
南美洲					3	2	5
西欧和中欧	10（−1）		14		2	102（−2）	128（−3）

注：括号内是较上一年增加或减少的核电机组数量

　　2019 年，非洲、亚洲、南美洲及东欧和俄罗斯地区的核电装机容量呈增长趋势，北美洲稍有降低，西欧和中欧地区降低了 3 亿千瓦时。亚洲继续保持迅猛的增长趋势，其核电装机容量增长了 17%。

19.1.4　全球永久关闭的核电机组

　　2019 年有 13 台核电机组关闭，详细情况如表 19-2 所示。

表 19-2   2019 年永久关闭的 13 台核电机组

核电机组	国家和地区	净装机容量/兆瓦	首次并网时间	永久关闭时间	反应堆类型
比利比诺 1 号机组	俄罗斯	11	1974/12/01	2019/01/14	石墨轻水堆
玄海 2 号机组	日本	529	1980/06/03	2019/04/09	压水堆
流浪者 1 号机组	美国	677	1972/07/19	2019/05/31	沸水堆
金山 2 号机组	中国台湾	604	1978/12/19	2019/07/16	沸水堆
三英里岛 1 号机组	美国	819	1974/06/19	2019/09/20	压水堆
福岛第二核电站 1 号机组	日本	1067	1981/07/31	2019/09/30	沸水堆
福岛第二核电站 2 号机组	日本	1067	1983/06/23	2019/09/30	沸水堆
福岛第二核电站 3 号机组	日本	1067	1984/12/14	2019/09/30	沸水堆
福岛第二核电站 4 号机组	日本	1067	1986/12/17	2019/09/30	沸水堆
米勒贝格核电站	瑞典	373	1971/07/01	2019/12/20	沸水堆
月城 1 号机组	韩国	661	1982/12/31	2019/12/24	加压重水堆
菲利普斯堡 2 号机组	德国	1402	1984/12/17	2019/12/31	压水堆
灵哈尔斯 2 号机组	瑞典	852	1974/08/17	2019/12/31	压水堆

19.1.5   全球新建核电机组

2019 年，有 5 台新的核电机组开始建造，6 台机组并网，在建机组 54 台（较上一年减少了 1 台），在建机组的总装机容量为 57.5 吉瓦（较上一年度增长了 343 兆瓦）。表 19-3 列出了截至 2019 年底全球在建核电机组的情况，表 19-4 列出了 2019 年底开始建造的核电机组情况，表 19-5 列出了 2019 年并网核电机组的情况。

表 19-3   2019 年底全球在建核电机组（单位：台）

地区	沸水堆	快堆	高温气冷堆	加压重水堆	压水堆	合计
总计	4	2	1	4	44（−1）	55（−1）
亚洲	4	2	1	4	26	37
东欧和俄罗斯					8（−2）	8（−2）
北美洲					2	2
南美洲					2	2
西欧和中欧					6（+1）	6（+1）

注：括号内是较上一年增加或减少的核电机组数量

表 19-4　2019 年底开始建造的核电机组

核电机组	国家	装机容量/兆瓦	反应堆设计	反应堆类型	始建日期
库尔斯克二期 2 号机组	俄罗斯	1115	VVER-T01	VVER 压水堆	2019/04/15
漳州 1 号机组	中国	1126	华龙 1 号	压水堆	2019/10/16
布什尔 2 号机组	伊朗	915	VVER-1000	VVER 压水堆	2019/11/10
欣克利角 C-2 号机组	英国	1630	欧洲压水堆	压水堆	2019/12/12
太平岭 1 号机组	中国	1000	华龙 1 号	压水堆	2019/12/25

表 19-5　2019 年并网核电机组

核电机组	国家	净装机容量/兆瓦	反应堆类型	反应堆设计	始建日期	首次并网日期
阳江 6 号机组	中国	1000	压水堆	ACPR-1000	2013/12/23	2019/06/29
台山 2 号机组	中国	1660	压水堆	欧洲压水堆	2010/04/15	2019/06/23
新古里 4 号机组	韩国	1418	压水堆	APR-1400	2009/08/19	2019/04/22
新沃罗涅日二期 2 号机组	俄罗斯	1101	压水堆	VVER-1000/V-392M	2009/07/12	2019/05/01
罗蒙诺索夫 1 号机组	俄罗斯	32	压水堆	KLT-40S	2007/04/15	2019/12/19
罗蒙诺索夫 2 号机组	俄罗斯	32	压水堆	KLT-40S	2007/04/15	2019/12/19

19.1.6　亚洲核电装机增长迅猛，对减排做出新贡献

2000～2019 年全球各地区核能发电量的变化趋势，如图 19-3 所示，亚洲继续保持迅猛增长趋势，核电装机容量增长 17%。IAEA 统计数据显示，截至 2019 年底，全球共有 54 台核电机组在建，总装机容量为 57.5 吉瓦。而其中有 37 台位于亚洲国家，总计装机量达 36.5 吉瓦。IAEA 据此预测，从中长期来看，未来全球核电装机的增量部分将主要集中在亚洲。亚洲核电装机的增长，无疑将促进全球减排目标的实现。

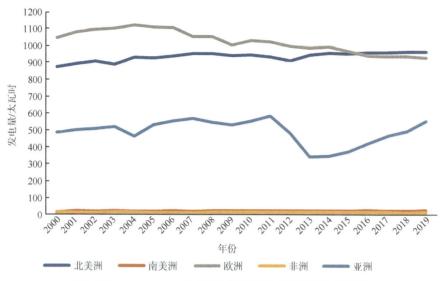

图 19-3　2000～2019 年全球各地区核能发电量的变化趋势

19.2　国际机构全球发展预测

由于新冠疫情的影响，在 IAEA、IEA、bp 等多个权威机构的全球能源需求预测中，尽管人口和经济都将持续增长，但全球能源需求仍将下降。但各预测报告均认为核能在全球能源需求中的占比将增加，如图 19-4 所示。

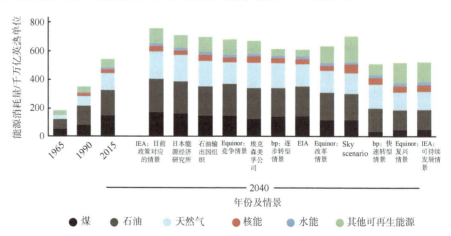

图 19-4　按燃料分列的全球一次能源消耗水平（各机构预测结果汇总）

资料来源：https://www.rff.org/publications/reports/global-energy-outlook-2022/

1 英热单位=1055.06 焦耳

核能发电有两个特征。首先，核燃料组件可使用大约三年，与化石燃料相比，其供应的安全性更高；此外，由于每 12～18 个月就要对核燃料重新装载一次，运营公司已制定了在大修期间集中换料的策略，以减少必要的人员数量。其次，核反应堆以高容量因数运行，能提供比间歇性可再生能源更可靠、更永恒的电力供应。

19.2.1　IAEA《展望 2050 年能源、电力和核电预测》

根据 IAEA 2019 年的预测，在高增长假设方案下，预计至 2030 年全球核电净装机容量将增加 20%，达到 475 吉瓦，至 2050 年将增加 80%，达到 715 吉瓦，占全球发电容量的 4.5%；在低增长假设方案下，预计至 2040 年全球核电净装机容量将下降 11%，至 2050 年再反弹至 363 吉瓦，占全球发电容量的 2.3%，如表 19-6 所示。

表 19-6　世界总发电量及核能发电量预测（单位：吉瓦）

电力装机容量	2019 年	2030 年		2040 年		2050 年	
		低	高	低	高	低	高
总装机容量	7 410	10 722	10 722	13 272	13 272	15 978	15 978
核电净装机容量	392	369	475	349	622	363	715
核电装机占比	5.3%	3.4%	4.4%	2.6%	4.7%	2.3%	4.5%

19.2.2　IEA《2020 年世界能源展望》

根据 IEA 可持续发展情景的预测，在 2020～2030 年，清洁能源技术的投资将持续增长。尽管到 2019 年底，已有 60.5 吉瓦的新核电容量，但新项目的完成速度仍然是可持续发展情景要求的一半。为了满足可持续发展情景的要求，在 2020～2040 年平均每年需要新增 15 吉瓦的核电容量。2019～2030 年按情景划分的能源需求变化如图 19-5 所示。

19.2.3　《bp 世界能源展望：2020 年版》

根据 bp 的预测，至 2050 年，在三种情景下，核能都将增长，因为中国核电的强劲增长抵消了发达国家核能发电量的下降。其中在快速转型和净零排放情景中，到 2050 年核能分别将增长约 100% 和 160%。随着中国从煤炭燃料向多样化燃料发展，中国的核能消耗占比在快速转型和净零排放情景中分别将达到 60% 和 40%，如图 19-6 所示。

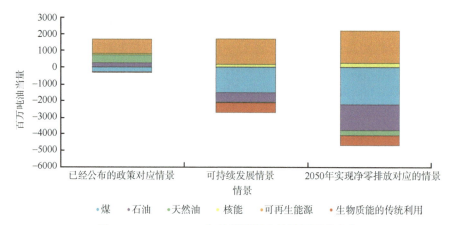

图 19-5 2019～2050 年按情景划分的能源需求变化

资料来源：IEA

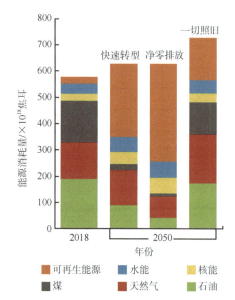

图 19-6 按能源分列的 2050 年一次能源消耗预测

19.2.4 小结

截至 2019 年底，核电占全球发电容量的 10%。核电近期和远期增长前景仍集中在亚洲。全球新冠疫情对世界各地产生了深远的影响。而核能可在短期内促进经济增长，同时以成本效益的方式支持低碳、弹性和负担得起的电力基础设施的发展，从而在新冠疫情后的恢复工作中发挥核心作用。建设核电项目可以立即提供就业，并创造长期的高价值工作，每一个反应堆都能创造可观的社会效益。因此，在疫情影响下，尽管全球能源需求仍将下降，各预测报告均认为核能在全球能源需求中的占比将增加。

WNA 呼吁决策者：在任何能源过渡计划中考虑核能及其在社会经济、环境和公共健康方面的优势，并制定政策以确保实现核能的占比；加快实施政府已经计划的 108 座反应堆，确保至 2019 年已运行三十多年的 290 座反应堆长期运行；通过提供适当的政策来释放资金、推动投资。

19.3　主要国家核能发展战略、创新政策和技术路线

19.3.1　世界各地核电机组现状

表 19-7 列出了截至 2019 年底世界各地部分可运行核电机组、在建核电机组的数量和装机容量，以及核电占总发电量的比例。核电扩展及近期和远期增长前景仍集中在亚洲。截至 2019 年 12 月 31 日，全球共有在建 54 座反应堆，其中 37 座位于亚洲。目前，核电是世界三大主力电源之一，核能发电量占全球发电量 10.6%。根据 IAEA 2019 年的预测，在高增长假设方案下，预计至 2030 年全球核电净装机容量将增加 20%，达到 475 吉瓦，至 2050 年将增加 80%，达到 715 吉瓦，占全球发电容量的 4.5%。而根据 WNA 报告，全球核电的一致目标是至 2050 年能够占全球电力供应的 25%。

表 19-7　世界各地部分核电数据

国家或地区	可运行核电机组		核电占比	在建核电机组	
	数量/台	装机容量/兆瓦		数量/台	装机容量/兆瓦
阿根廷	3	1 641	5.9%	1	25
亚美尼亚	1	375	27.8%	0	0
比利时	7	5 930	47.6%	0	0
巴西	2	1 884	2.7%	1	1 245
保加利亚	2	2 006	37.5%	0	0
加拿大	19	13 554	14.9%	0	0
中国	48	46 498	4.9%	11	10 926
中国台湾	4	3 844	13.4%	2	2 600
捷克	6	3 932	35.2%	0	0
芬兰	4	2 794	34.7%	1	1 630
法国	56	61 370	70.6%	1	1 630
德国	6	8 113	12.4%	0	0

续表

国家或地区	可运行核电机组		核电占比	在建核电机组	
	数量/台	装机容量/兆瓦		数量/台	装机容量/兆瓦
匈牙利	4	1 902	49.2%	0	0
印度	22	6 255	3.2%	7	4 824
伊朗	1	915	1.8%	1	915
日本	33	31 679	7.5%	2	2 653
墨西哥	2	1 552	4.5%	0	0
荷兰	1	482	0	0	0
巴基斯坦	5	1 318	6.6%	2	2 028
罗马尼亚	2	1 300	18.5%	0	0
俄罗斯	38	28 437	19.7%	4	4 424
斯洛伐克	4	1 814	53.9%	2	880
斯洛文尼亚	1	688	37%	0	0
南非	2	1 860	6.7%	0	0
韩国	24	23 172	26.2%	4	5 360
西班牙	7	7 121	21.4%	0	0
瑞典	7	7 740	34%	0	0
瑞士	4	2 960	23.9%	0	0
乌克兰	15	13 107	53.9%	2	2 070
英国	15	8 923	15.6%	2	3 260
美国	95	97 154	19.7%	2	2 234

19.3.2　美国

1. 美一贯重视核能发展，始终坚持核能技术基础研发投入

美国是世界上最大的核能生产国，占全世界核能发电量的 30%以上。美国拥有约 95 座反应堆，核能发电约占全国总电力产量的 19.7%，以及约 55%的无碳电力。尽管美国自 1979 年以来几乎停止了新的核电站审批与建设，但美国能源部国家实验室等涉核研发机构始终坚持核能技术基础研发投入，在耐事故燃料、高性能材料、先进核反应堆等核能技术基础研发方面取得了一批重要的成果。近年来，随着美国经济社会发展对核电依赖度的增加（1980 年核能发电占比仅为 11%），如果当前正在运行的核电站在寿期达 60 年后退役，那么到 2030 年将需要 22 吉瓦

的新核电容量，到 2035 年将需要 55 吉瓦来维持 20%的核电占比。

核能本质上与国家安全密切相关，"保持国家核优势"是美国的长期战略。2017 年《国家安全战略》为恢复美国在世界的优势、建设国家的强大力量制定了战略方向，并在国家安全层面确立了核能的战略地位，报告提出要确保包括核能在内的能源资源的可靠和可获得性，并提出要进一步改进包括核技术、下一代核反应堆等在内的能源技术。

保障核能行业长期高效发展，重振核能领导是美国的短期目标。特朗普时期的一系列核能新政力主大规模开发核能并使用核电，加强对核电的激励与扶持。意图通过对内重振美国核能、对外加强技术转移管控，确保美国国家安全，维护其全球核技术优势。2017 年 1 月公布的"美国优先能源计划"认为，核能是美国清洁能源的重要组成部分，最重要的措施就是"恢复和扩大"核能部门。

2020 年 4 月，美国能源部发布《重塑美国核能竞争优势：确保美国国家安全战略》，制定了 3 项具体目标：立即采取行动，支持国内铀矿开采商，重建整个核燃料循环前端的生产能力；振兴并巩固核燃料循环前端和国内核工业；在技术和标准方面处于世界领先地位，重建美国在下一代核技术方面的领导地位，增强美国的核出口。

2. 开发和部署新一代先进堆，是美实现核能中长期发展目标和愿景的关键决策

鉴于未来几十年间许多核电机组要退役，美国需要开发和部署新一代先进堆以维持 2050 年后美国电力结构中的"核存在"。先进堆的概念，相对于现有的轻水堆技术，在增强安全、成本更低、资源利用率更高、减少废物管理的挑战、为工业企业联合生产工艺热能、提高防扩散能力，以及简化运行方面，有重大的潜在优势。2017 年 1 月，美国能源部发布《先进反应堆开发与部署愿景和战略》（与2016 年 5 月 27 日发布的草案相比内容没有实质性变化），提出了长期愿景，即到2050 年，先进堆凭借其在改进安全、成本、性能、可持续性及减少核扩散风险方面的优势，将成为美国国内和全球能源组合的重要组成部分。中期目标为到 2030年，至少有两个"非水"冷却的先进堆将会达到技术成熟、证明安全和有经济效益的水平，经美国核管理委员会（Nuclear Regulatory Commission，NRC）审批颁证，允许进行建设。

美颁布一系列法案和战略，以加速先进堆的开发和部署。2019 年 1 月 14 日，美国颁布《核能创新与现代化法案》（Nuclear Energy Innovation and Modernization Act，NEIMA），包括《核能创新能力法案》（Nuclear Energy Innovation Capabilities Act，NEICA）、《核能领导法案》（Nuclear Energy Leadership Act，NELA）等。其中 NEICA 支持先进堆的部署，开发基于快中子的研究堆以测试先进堆的燃料和材料；NELA 旨在推进先进核反应堆技术的研发，巩固美国在民用核能领域的全

球领导地位。美国能源部制定了现有堆优化、小型堆微堆示范、高通量多用途堆落地及先进堆研发等的发展规划，同时启动由爱达荷国家实验室牵头的国际反应堆创新中心（National Reactor Innovation Center，NRIC），旨在支持测试和验证反应堆概念并评估反应堆性能，实施创新反应堆概念的建设和运行。2020 年 5 月，美国能源部宣布启动先进堆示范计划（Advanced Reactor Demonstration Program，ARDP），目标是在未来 5～7 年内建成两座先进示范堆。2020 年 7 月，美国参议院通过了《核能领导法案》，该法案的目的是重新确立美国在核能领域的领导地位，重点是示范先进堆。

美国以钠冷快堆和小堆为抓手，大力推进先进堆发展战略。目前美国开发的先进堆类型主要包括：先进小型模块化水冷堆、液态金属冷却（钠冷或铅冷）快堆、气冷堆和熔盐堆。美国能源部组织研究制定的《先进反应堆开发与部署愿景和战略》描述了美国商业示范钠冷快堆和商用钠冷快堆发展的关键路径和研发需求。美国能源部估计，到 21 世纪 30 年代初，美国钠冷快堆技术可达到商业示范标准，包括技术开发、反应堆设计、许可证审批和反应堆建造工作。到 2050 年，可实现钠冷快堆商业化。

2020 年 9 月，NuScale 电力公司的小型堆设计通过美国 NRC 认证，如果一切顺利，第一个商业化的小型模块化反应堆（small modular reactor，SMR）核电机组将于 2026 年开始运行。NuScale 已与加拿大布鲁斯电力公司（Bruce Power）签署协议，以开发商业模式来支持小型堆技术在加拿大落地，向加拿大核安全委员会（Canadian Nuclear Safety Commission，CNSC）提出申请许可。

19.3.3 俄罗斯

1. 俄大力支持核电出口，坚持核能战略长期不动摇

俄罗斯联邦政府一直将核工业视为支撑国家战略安全的基石。从俄罗斯核工业历史来看，核工业作为俄罗斯国家战略性行业的定位和地位从未改变。俄罗斯是少数几个没有倾向于支持风能和太阳能发电的国家之一，优先考虑的是核能。俄罗斯核能发电约占全国总发电量的 19.7%。共 10 个核电厂，37 台机组，总装机容量 310 万千瓦。

俄政府认为核是一种可靠的能源，是通过出口支持经济增长的手段。出口核产品和服务是俄罗斯的一项主要政策和经济目标。俄罗斯在海外管理的核电厂数量世界第一，共有 36 台核能发电机组。

俄罗斯长期坚持核工业发展目标和核能发展技术发展路线不动摇。俄罗斯核工业相关的战略和规划时间跨度长，一般在 10 年左右，部分甚至长达 50 年。2011

年 7 月，《俄联邦科技发展优先领域》确定了包括核技术在内的 8 大优先发展的科技领域。2011 年 12 月，《2020 年前俄联邦创新发展战略》将提高俄核工业在国际市场上的份额，作为俄创新发展的重要一环。2018 年 5 月，《2024 年前俄联邦发展国家目标和战略任务》将"发展集中式能源系统，按要求对火电、核电、水电厂进行现代化改造"及"执行'核工业综合体'发展国家纲要"作为俄联邦及政府的战略任务及主要活动。

《俄联邦"核工业综合体"发展国家纲要》是目前俄罗斯关于核工业发展目标与机制的国家主要纲领性文件，旨在通过安全发展核能，在遵守核不扩散的前提下，巩固俄罗斯在国际核技术和服务市场上的领先地位，包括加强核能技术创新和发展新一代核能技术。《俄联邦"核工业综合体"发展国家纲要》提出要高效发展核电，扩充国内核电站装机容量；安全管理和处置遗留核废物；积极开展和参与核能领域国际项目；确保俄罗斯原子能公司完成国家核能发展的优先任务；通过确保核武器综合体的可持续发展，维护俄罗斯的核大国地位，确保俄联邦地缘政治利益；实现核工业民用部门创新发展，扩大核技术应用范围，开发基于闭式燃料循环的双元核电技术；开发受控核聚变和创新等离子体技术；研发先进的核科学技术基础设施，为先进核能系统开发新材料与技术等。

2. 俄稳步推进新反应堆技术开发，致力实现先进闭式燃料循环

俄罗斯正致力打造以压水堆、快堆、浮动堆和空间核动力为代表的反应堆技术，这些技术将成为支撑其核能发展的重要原动力。VVER-1200 机组于 21 世纪初开始研发，满足三代+国际安全标准，已投运 3 台并做好向国外现场推广的准备。VVER-TOI 对 VVER-1200 的技术和经济性参数进行了优化，2019 年 4 月首台机组开始建设，2019 年早于美国 AP1000 通过欧洲电力公司要求认证。BN-1200 商用钠冷快堆正在研发，预计 2036 年试运行。2018 年"罗蒙诺索夫院士"号浮动核电站的反应堆首次临界，2020 年开始发电。兆瓦级核动力飞船正在进行地面堆建设，以高温气冷堆电源技术为基础，将于 2025 年前做好发射前准备。

俄罗斯快堆技术世界领先，发展快堆和闭式燃料循环技术是俄罗斯核电技术的主要方向。早在 2000 年的《21 世纪上半期俄罗斯核电发展战略（概要）》就描述了俄罗斯核电发展从热堆到快堆的两个阶段，即"第一阶段：热中子堆生产能量并为同时期开始建造的快中子堆积累钚。第二阶段：引入快中子堆保证大规模核电增长以逐步替代传统的化石能源"。2010 年 1 月俄罗斯政府批准的《2010～2015 年以及 2020 年远景的新一代核能技术》进一步提出"必须集中力量建造以快中子反应堆和闭式核燃料循环为基础的新一代核电技术"。

2012 年启动的"突破计划"是根据《俄联邦"核工业综合体"发展国家纲要》中"2010～2015 年以及 2020 年前俄罗斯新一代核电技术专项计划"的重点工作整

合而成，旨在建设 BREST-OD-300 铅冷快堆、铀钚混合氮化物燃料制造/再制造厂及乏燃料后处理厂的中试电力综合体等重点型号工程，一体化突破包括以快堆、后处理、先进核燃料为核心的先进闭式燃料循环技术及新型结构材料等关键基础共性技术，最终实现技术的商业化与规模化，以达到俄罗斯 21 世纪末核电总装机容量 350 吉瓦的目标。

19.3.4 其他国家和地区

1. 欧洲各国对核电看法不一，欧盟仍将持续发展核能

截至 2018 年，欧洲 29 个国家（欧盟 28 国+瑞士）中有 15 个国家应用了核电，共有 132 台核电机组，占总发电量的 27%，贡献了 50% 的低碳电源。其中法国核电占比最高，约为 75%。虽然以德国为首的部分国家倡导弃核，但英国、法国及斯洛伐克等国希望坚持走发展核电的道路。欧盟仍希望在未来持续发展核能，维护其在全球核电领域的技术优势地位。

2018 年，欧盟发布了新的气候战略《为所有人创造一个清洁地球——将欧洲建设成为繁荣、现代、具有竞争力和气候中性经济体的长期战略愿景》，核能仍将是欧洲无碳电力系统的支柱。核能与碳捕集技术、其他发电技术按照一定比例组合，核能占比要达到 15%～18%，将使得用能成本最低。报告建议，核电需要进行技术创新，以降低安全成本和退役成本，实现核能的推广。欧盟继续推进欧盟战略能源技术行动计划（SET-Plan），开展核能研究与创新优先行动。

欧洲原子能共同体（European Atomic Energy Community，EURATOM）设立欧洲可持续核工业倡议，将工业界和研究伙伴聚集起来，共同研发快堆技术，属于欧盟战略能源技术行动计划的组成部分。EURATOM 可持续发展核能的长期目标是至 2050 年完成可持续发展的第Ⅳ代核裂变反应堆的示范验证，并拓展核能(除发电外)技术的应用。

2. 日本积极谋划核能复兴，韩国核能政策仍摇摆不定

早在 2002 年，日本就制定了《能源政策基本法》，核电被定位为"重要的基荷电源"。在 2011 年福岛核事故发生后，日本暂停运行了所有核电站，进行安全审核，其中只有约 20% 的核电机组永久关闭。自 2014 年起，通过审查的机组陆续重启。

2017 年日本原子能规制委员会发布《核能白皮书》，报告说明了政府清理受损核电站和加强安全标准的情况，并呼吁继续将核能作为国家能源供应的关键组成部分，建议政府应该明确核能发电的长远利益，并考虑采取必要措施。日本内

阁 2018 年批准的日本能源战略计划中显示，至 2030 年日本核能占比达到约 20%（日本《能源政策基本法》中预测 2030 年日本核电占比为 20%～22%），通过试验快堆和高温气冷堆来推动未来核能研发，实现能源战略目标。发展快堆一直是日本核燃料循环的主要政策，日本发展快堆新路线图的目标是在 21 世纪下半叶实现快堆的商业运行。日本原子能研究开发机构（Japan Atomic Energy Agency, JAEA）表示，虽然日本正在退役文殊快堆，但并未放弃开发钠冷快堆。2020 年 9 月，JAEA 发布声明称，将与法国继续合作开发钠冷快堆技术。

韩国一直积极推进自主研发核电技术，争夺海外市场订单，跻身核技术主要出口国行列，自主开发了 APR1400 核电技术，积极开展钠冷快堆、高温气冷堆和全自然循环铅基微小堆等方面的研究，此外，还部署了一体化模块式先进压水堆 SMART（System Integrated Modular Advced Rector）。但韩国核能政策摇摆不定，2017 年韩国总统文在寅宣布，他领导的政府将终止所有建设新核电站的计划，也不再批准延期运行现有核电站。2022 年，韩国新一任总统尹锡悦表示将加强使用核能，还承诺使韩国成为核设备和核技术的出口大国，通过开展反应堆重启、新建和延寿等工作，将核电的能源占比提高到 30%，并在 2030 年前出口 10 座核电厂。

19.4　碳中和情景和核能作用

在全球气候变化问题日趋严峻、碳减排诉求不断增强的背景下，核电因低碳高效、技术成熟、能量密度大等优势，在全球能源转型中发挥着越来越重要的作用，已成为未来清洁能源系统中不可缺少的重要组成部分。为达到 2℃温升目标，全球对高燃料效率和零碳的核能需求正在扩大，特别是经济和电力需求急剧增长的新兴国家。

19.4.1　发展核能对于实现碳中和目标意义重大

核能具有不可比拟的优势。与风能、太阳能等相比，核能具有能量密度大、基荷电力稳定、单机容量大、占地规模小、长期运行成本低等优势，在全生命周期中，核能发电（包括核电厂和核燃料循环设施）每年排放的二氧化碳仅不到燃煤发电的 1%，也低于太阳能和风能。在碳中和目标实现过程中，尤其在未来较长一段时期内，煤炭、石油等化石能源大幅削减，且风能、太阳能、生物质能等可再生能源尚不成熟的情况下，核能对于应对全球气候变化意义非常重大。

1. 核电贡献了全球约 1/3 的低碳电力

IAEA 指出，核电作为一种低碳排放的电力，对于全球电力系统实现低碳转型起到重要助力作用。数据显示，2019 年，全球核电总计发电量达到 2657 太瓦时，占到全球发电总量的 10%左右，更是贡献了约 1/3 的低碳电力。未来，只有再增加核电利用，才有可能实现气候变化目标。

为了达到 21 世纪中叶脱碳目标，多国大力发展核电，补充本国清洁能源缺口。据统计，法国、斯洛伐克、乌克兰、匈牙利、比利时、保加利亚、斯洛文尼亚、捷克、芬兰等国的核能发电量占到本国总发电量的 34%以上，美国、俄罗斯、西班牙、瑞士等国的核能发电量也占到总发电量的 20%左右。此外，为应对气候变化和能源安全挑战，孟加拉国、白俄罗斯、土耳其、阿拉伯联合酋长国等一些新兴核能国家正在积极筹划核电建造项目。

2. 核电供应了美国无碳电力的 50%

如图 19-7 所示，2019 年美国核能发电量占总发电量的 19%，占其无碳电力的 50%以上，2016 年、2017 年此数据分别为 59.9%和 62%。鉴于核电的重要贡献，美国核能研究所在 2017 年阐述的美国需要核电的 6 大理由中重申核电安全可靠，是美国电力构成的一个重要组成部分，每年为美国减少 5 亿吨的碳排放，并且依然有发展前景；强调没有核电的贡献，美国无法实现"清洁电力计划"2030 年的减排目标，世界也无法实现温升 2℃的目标。

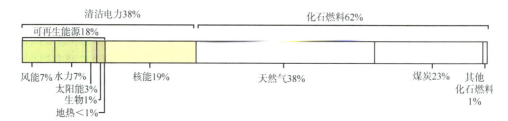

图 19-7 2019 年美国各种能源占比

美国众议院气候危机特别委员会在 2020 年 6 月 30 日发布报告《应对气候危机行动计划》，明确了 2050 年前在美国经济范围内实现温室气体净零排放的目标。报告表明要支持维持现有核电站的运行，并呼吁国会支持发展先进核技术。

2020 年，美国还提出了"零碳排放行动计划"，根据减排计划要求，发电方式将向太阳能和风能发生重大转变；其他零碳能源，特别是核能和水电也将继续生产。

拜登在大选期间就明确表态将延续特朗普政府支持核能发展的态度，承诺推进美国在核能研发领域保持技术的领先优势，并实现核能应有的气候贡献。拜登的清洁能源计划标价 2 万亿美元，将在 2035 年前消除电力行业的碳排放。为了实现 2035 年的无碳电力目标，这项计划包括风能、太阳能和几种不总是被纳入国家可再生能源组合标准的能源，如核能、水电和生物质能。该计划中还特别提到开发小型模块化反应堆，这是因为其和风能、光伏等其他主力推荐能源选项的完美搭配，也是因为小型先进模块化多用途反应堆体积更小、更安全、更高效，而造价仅为当今其他反应堆的一半。

3. 欧盟核电贡献了 44% 的无碳电力

核电一直是欧盟最重要的清洁能源，长久以来一直保持对欧盟清洁能源 50% 左右的贡献率。据英国 Sandbag.org 机构汇总的数据，2018 年欧盟 28 国发电总量 32 490 亿千瓦时，核电在电力结构中依然居首位。其中，核电占比 25.5%，其次为煤电（19.2%）、天然气（18.9%）、风电（11.8%）、水电（10.6%）、生物质（6.1%）、太阳能（3.9%）及其他化石能源（4.0%）。欧盟委员会在其 2020 年发布的《能源联盟进展 2020》报告中也表示将继续在欧盟范围内促进核能安全发展。

法国是欧盟核电占比最多的国家，2019 年核能发电量占总发电量的 70.6%。即便如此，法国仍表示，气候挑战正迫使其降低能源消耗并形成可再生能源和核能等低碳能源生产方式，其中核能仍将是法国能源转型战略的重中之重。

4. 英国清洁电力的 1/4 来自核电

核能正在帮助英国消除对煤电的依赖及在 2050 年前达到净零排放。2019 年，零碳能源首次超过化石能源，成为英国最大的发电能源来源，发电量占电力消费总量的 48.5%，其中核电占电力消费总量的 16%。2020 年前 4 个月，英国超过 60% 的电力来自低碳能源，这一清洁电力的 1/4 产自核电。作为一种持久性低碳电力的来源，核能将在英国脱碳目标实现的过程中发挥重要作用。

英国的能源与环境发展的远期目标是成为全球净零碳排模板。2020 年 11 月，英国政府将发展核能纳入"绿色工业革命十点计划"，致力于发展大型反应堆、小型模块化反应堆和先进堆等各类先进核能技术，并计划投资 5.25 亿英镑用于新一代小型模块化反应堆和先进堆开发。

2020 年 12 月 14 日，英国政府正式发布能源白皮书——《推动零碳未来》，确定核电清洁能源地位。白皮书指出，在未来能源结构中，零碳能源系统很可能主要由风能和太阳能组成，但要确保该系统的可靠性，则需要核能等其他能源对间歇性可再生能源进行补充。政府将向先进核基金项目提供 3.85 亿英镑资金，其中 2.15 亿英镑将用于小型模块化反应堆设计研发，这将带动约 3 亿英镑的私营资本投资。剩余的 1.7 亿英镑将用于先进的模块化反应堆（advanced modular reactor，AMR）研发项目。另外，英国还谋求通过本土供应链的开发，在未来小型模块化反应堆和先进堆全球市场中占据领先地位。

19.4.2 发展核能不仅利于全球低碳转型，更有助于后疫情时代世界经济绿色复苏

WNA 总干事格内塔·瑞辛（Agneta Rising）表示，在全球清洁能源转型过程中，核电将发挥重要作用，预计 2020~2030 年全球将规划 100 多台新的核电机组，这将刺激数千亿美元的投资，并创造数万个工作岗位。与此同时，从长期来看，加快新建核电站还有利于推动可持续的经济增长。

IEA 也建议，全球各国应将核电纳入"后疫情时期"的经济恢复计划。IEA 署长比罗尔表示，"鉴于当前的形势，在低碳转型过程中我们需要所有的零碳、低碳技术，核电当然不应该被排除在外。对欧洲而言，该地区大部分的低碳电力都来自核电，为实现气候目标，应该继续在一定程度上支持核电发展"。

另外，IEA 指出，新建核电站将进一步促进低碳电力的发展，对现有核电设施进行改造和升级将"避免低碳发电量下降"，与此同时，延长现有核电站的使用寿命，也将有助于减少化石燃料的使用。

OECD 核能署也发布了关于疫情过后的恢复计划，其中就包括进一步提升核电业的成本效益、通过核电项目创造更多高价值的就业机会、在新的经济复苏计划中为核电业争取更多资金支持，以及利用核电建设带动电力基础设施的低碳化。OECD 核能署表示，"疫情过后，全球在恢复经济的同时，不应忘记低碳转型，而核电是其中不可或缺的一员"。

第 20 章　我国核能发展状况及趋势

20.1　在役大型商用压水堆安全运营

截至 2019 年 12 月底，我国在运核电机组 47 台，总装机容量 4875 万千瓦，仅次于美国、法国，位列全球第 3 位。中国核电厂分布在沿海地区。2009～2019 年全国核电装机容量增长情况如图 20-1 所示。

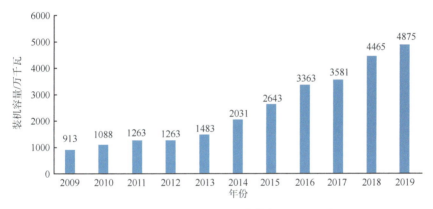

图 20-1　2009～2019 年全国核电装机容量增长情况

2019 年全国电力装机占比和各类电源发电量占比情况如图 20-2 所示。

如图 20-3 所示，2019 年，我国在运 47 台核电机组的核能发电量为 3481.31 亿千瓦时，同比增加 18.09%，约占全国累计发电量的 4.88%。与燃煤发电相比，核能发电相当于减少燃烧标准煤 10 687.62 万吨，减少排放二氧化碳 28 001.57 万吨，减少排放二氧化硫 90.84 万吨，减少排放氮氧化物 79.09 万吨。2010～2019 年，核能发电量持续增长，为保障电力供应安全和节能减排做出了重要贡献。

2019 年全国核电平均利用小时数为 7346.22 小时，核电设备平均利用率为 83.86%，同比略有下降。

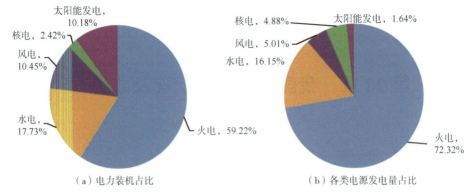

（a）电力装机占比　　　　　　　　　（b）各类电源发电量占比

图 20-2　2019 年全国电力装机占比和各类电源发电量占比情况

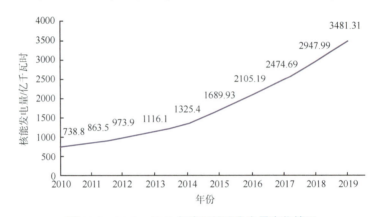

图 20-3　2010～2019 年我国核能发电量变化情况

2019 年，各运行核电厂严格控制机组的运行风险，保持安全、稳定运行，发生 1 起国际核事件分级表（international nuclear event scale，INES）中的 1 级运行事件，未发生 2 级及 2 级以上的运行事件，主要运行技术指标保持国际前列。各运行核电厂未发生较大及以上安全生产事件、环境事件、辐射污染事件，未发生火灾爆炸事故，未发生职业病危害事故。各运行核电厂放射性流出物的排放量远低于国家标准限值，环境空气吸收剂量率控制在当地本底辐射水平正常范围内。

20.2　在建核电机组进展顺利，建成"华龙一号"首堆

2019 年，我国在建核电工程整体上稳步推进，各在建核电项目安全、质量、技术、环境保护等方面均得到有效控制。截至 2019 年 12 月底，我国在建核电机组 13 台，总装机容量 1387 万千瓦，在建机组装机容量继续保持全球第一，其中

部分在建核电项目情况如表 20-1 所示。

表 20-1　国内部分在建核电项目情况

项目	堆型	额定容量/兆瓦	开工时间
山东石岛湾 1 号	高温气冷堆 HTR-PM200	211	2012/12/09
辽宁红沿河 5 号	压水堆 ACPR1000	1119	2015/03/29
福建福清 5 号	压水堆华龙一号	1150	2015/05/07
辽宁红沿河 6 号	压水堆 ACPR1000	1119	2015/07/24
福建福清 6 号	压水堆华龙一号	1150	2015/12/22
广西防城港 3 号	压水堆华龙一号	1180	2015/12/24
江苏田湾 5 号	压水堆 CNP1000	1118	2015/12/27
江苏田湾 6 号	压水堆 CNP1000	1118	2016/09/07
广西防城港 4 号	压水堆华龙一号	1180	2016/12/23
福建漳州 1 号	压水堆华龙一号	1212	2019/10/16
广东太平岭 1 号	压水堆华龙一号	1200	2019/12/26

2019 年，福建漳州和广东太平岭核电项目核准开工，标志着三年"零核准"后国内新建核电已按下重启键，自主三代核电"华龙一号"进入批量化建设阶段。

20.3　核能供热取得突破

核能综合利用领域，海阳核能供热首个"超长"供暖季圆满收官。海阳远距离大规模核能对外供热工程研究于 2019 年 12 月启动，圆满完成首年度供热任务，持续为 70 万平方米居民用户供热 129 天。在技术上实现了电厂核能利用效率的提高，在经济上具备了与燃煤供热竞争的能力，总体取得了"居民用暖价格不增加、政府财政负担不增长、热力公司利益不受损、核电企业经营做贡献、生态环保效益大提升"的多重效果。海阳核能供热项目仍在加快推进，届时可在满足海阳市整个城区供热需求的基础上，向周边城市供热。随着后续核电项目的推进，最终可提供超过 2 亿平方米的供热能力，将广泛应用于胶东半岛地区，持续为打赢蓝天保卫战做出贡献。

20.4　核电科技和产业水平得到提升

三代核电技术达到当今国际公认的最高核安全标准。近年来，我国核电产业发展取得了举世瞩目的成绩，核电技术研发和工程应用走在世界前列。以"华龙一号"、大型先进非能动压水堆 CAP1400 成功研发并开工建设为标志，我国成为继美国、法国、俄罗斯等核电强国后又一个拥有独立自主三代核电技术和全产业链的国家，就在建规模和发展前景而言我国已成为全球三代核电发展的产业中心。

高温气冷堆核电重大专项继续稳步推进。华能石岛湾高温气冷堆示范工程围绕核心技术开展攻关，数字化仪控系统、蒸汽发生器、主氦风机、控制棒驱动机构等一系列核心设备的研制、验证取得进展。高温气冷堆重大专项示范工程设计与技术研发类课题研究已全部完成，2 号、1 号反应堆冷态功能试验分别于 2020 年 10 月 19 日、11 月 3 日一次成功，标志着核岛核心系统建设质量得到全面检验。

自主三代"华龙一号"核电示范工程建设按计划稳步推进。基于我国核工业和核电多年的技术积累，具有完全自主知识产权的"华龙一号"三代核电技术，安全性达到国际一流水平。福建福清、广西防城港四台首批"华龙一号"机组示范工程进展总体顺利，"华龙一号"全球首堆——中核集团福清核电 5 号机组于 2020 年 11 月 27 日首次并网成功，是目前全球少数能够按照计划进度实施建设的三代核电机组。出口巴基斯坦的卡拉奇核电工程 2 号机组（K-2）已于当地时间 2020 年 11 月 28 日正式开始装料。

"华龙一号"已经按照中央要求基本实现技术融合，设计、制造的成熟性已经满足批量建设的条件，自主知识产权的国内外专利布局已经完成，为统一品牌进军国际市场打下了良好基础。

我国核电装备产业链和工程建造自主化能力具有全球比较优势。经过多年不间断的努力，我国核电装备产业布局已基本完成，建成了以东北、上海和四川为代表的三大核电装备制造基地，发展壮大了一批为核电配套的装备和零部件生产企业。压力容器、蒸汽发生器、堆内构件、控制棒驱动机构、主管道、数字化仪控等三代核电关键设备，以及大型锻件、核级锆材、核级焊材等核心材料陆续实现了自主设计、自主制造，并形成了每年 8～10 台套三代核电主设备制造能力。我国的核电建造队伍已全面掌握了自主建造核电站的核心技术，形成了全球领先的三代核电建造能力，能够为我国核电的安全建造提供有力支撑。

小型反应堆方面，多种小型堆技术正在开发。示范快堆工程关键设备自主研发及关键系统验证实现一系列新的突破。陆上小型压水堆及海洋核动力平台的研发持续开展，海南昌江多用途模块化小型堆科技示范工程按计划开展工作。

20.5　核能是中国履行减排承诺的可靠选项

从世界核电对碳中和的贡献来看，欧盟、英国等国家和地区很可能通过发展核电率先实现脱碳目标。我国不论是核电技术、核电建设还是核能的综合利用都取得了令人瞩目的成就，这为我国核能的快速、可持续发展奠定了坚实的基础。核电作为中国能源结构的一个重要组成部分，将是我国应对气候变化和履行减排承诺的一个可靠选项。

20.5.1　我国核电技术进入先进国家行列

2020 年 11 月 27 日，"华龙一号"全球首堆——中核集团福清核电 5 号机组首次并网成功，安全性满足国际最高安全标准要求，标志着中国打破了国外核电技术垄断，正式进入核电技术先进国家行列。"华龙一号"是当前核电市场上接受度较高的三代核电机型之一，截至 2020 年底，中核集团海内外共有 6 台"华龙一号"核电机组在建，建设工程安全和质量处于良好受控状态。

20.5.2　我国自主三代核电有望实现规模化发展

截至 2020 年底，我国运行核电机组共 49 台，装机容量为 4989 万千瓦，居全球第三；在建核电机组 14 台，总装机容量 1553 万千瓦，在建规模全球第一。全国核电运行状况持续向好，利用小时节节攀升，2020 年前三季度累计利用小时连续第四年实现增长。

2020 年全年在运核电机组累计发电量为 3662.5 亿千瓦时，占全国累计发电量的 4.94%。与燃煤发电相比，核能全年发电相当于减少燃烧标准煤 10 474.19 万吨，减少排放二氧化碳 27 442.38 万吨，减少排放二氧化硫 89.03 万吨，减少排放氮氧化物 77.51 万吨。

我国核电项目审批也步入快车道，继 2019 年审批重启并一次性批复 4 台新机组后，2020 年 9 月 2 日国务院核准 4 台"华龙一号"核电机组，连续第二年再次放行了 4 台机组，代表我国自主三代核电步入批量化建设阶段，核电装机规模进一步扩容已成大概率事件。

20.5.3 我国核能综合利用多点开花

除了"华龙一号"等压水式核反应堆外，中国已经对多用途小型模块堆开展了集中研发，并加快其在区域供热、工业供气、海水淡化、核能产氢等领域的应用。

20.5.4 全球核能将保持持续增长态势

在《bp 世界能源展望：2020 年版》中，bp 基于三种预测情景（快速转型、净零排放和一切照旧），对 2020 年到 2050 年的全球能源供需、碳排放、投资进行了预测，2000～2050 年全球核能发电量增长预测如图 20-4 所示。在三种情景下，全球核能均将增长，特别是在净零排放（碳中和）情景中，全球核能将在 2025 年后出现大幅增长，到 2050 年核能发电量将比 2019 年增加 2 倍左右。

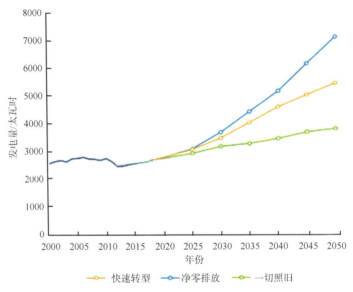

图 20-4　2000～2050 年全球核能发电量增长预测

20.5.5 我国核电产业有望在碳中和进程中做出更大贡献

在《bp 世界能源展望：2020 年版》中，bp 预测，核能增长将主要由中国主导。快速转型和净零排放情景下，到 2050 年全球核能发电量相比 2019 年将分别增长 100% 和 160%，中国将分别贡献增长的 40% 和 60%；核电在中国发电量占比将从 2019 年的约 5% 增至 15% 以上。一切照旧情景中，核能发电增速较慢，到 2050 年将增加 40%左右，中国核能发电约为所有发达国家的两倍。

相比于美、法、俄、韩等核强国，我国核电技术更具经济竞争力。相关数据显示，美国 AP1000 和法国 EPR 的单位造价目前大约在 6000～7000 美元/千瓦，俄罗斯 VVER 单位造价约在 4000 美元/千瓦，我国"华龙一号"预算造价不到 2500 美元/千瓦。"华龙一号"规避了美法两国三代机型开发建设成本高、周期长、风险高、反复延误、大幅超支等问题，成为三代核电机型中安全性高、经济性高、接受度高的机型之一，是我国三代核电的主力堆型，大幅提高我国核电经济性。

另据 WNA 统计数据，我国除在运、在建、待核准、已开展前期工作的机组之外，现有核电厂址储备尚有可建机组数 114 台，合计装机容量 1.40 亿千瓦。即使不考虑其中的内陆核电厂址，沿海厂址仍有可建机组数 46 台，装机容量 5734 万千瓦。这些机组全部投运之后，中国一次能源消费对化石燃料的依赖将大大减少，我国核电产业将在碳中和进程中做出更大贡献。

20.5.6 核能综合利用将促进实现"深度无碳化"

减排不仅在电力生产中是必要的，在关键工业部门的能源消耗中也是必要的。核电通过为产业提供工艺热、为建筑物提供区域供热、为干旱地区淡化海水以供饮用及为各种用途生产氢气来支持这种"深度无碳化"，最终引领走向净零排放。

第 21 章　我国核电发展前景展望

2014 年 6 月 13 日，习近平总书记在中央财经领导小组第六次会议上提出"推动能源消费革命""推动能源供给革命""推动能源技术革命""推动能源体制革命""全方位加强国际合作，实现开放条件下能源安全"①的重要论述，即"四个革命，一个合作"能源安全新战略，引领我国能源行业发展进入了新时代。

2020 年 12 月 21 日，国务院新闻办公室发布了《新时代的中国能源发展》白皮书，阐述了我国能源科技水平快速提升、安全有序发展核电等相关现状、要求和发展方向。

能源科技水平快速提升，重大能源技术装备取得新突破。持续推进能源科技创新，能源技术水平不断提高，技术进步成为推动能源发展动力变革的基本力量。核电技术装备方面，我国掌握了百万千瓦级压水堆核电站设计和建造技术，自主研发的三代核电技术装备达到世界先进水平，具有自主知识产权的首个"华龙一号"示范工程——福清 5 号核电机组取得重要进展，"国和一号"（CAP1400）示范工程和高温气冷堆示范工程建设稳步推进，快堆、小型堆等多项前沿技术研究取得突破。

安全有序发展核电。中国将核安全作为核电发展的生命线，坚持发展与安全并重，实行安全有序发展核电的方针，加强核电规划、选址、设计、建造、运行和退役等全生命周期管理和监督，坚持采用最先进的技术、最严格的标准发展核电。完善多层次核能、核安全法规标准体系，加强核应急预案和法制、体制、机制建设，形成有效应对核事故的国家核应急能力体系。强化核安保与核材料管制，严格履行核安保与核不扩散国际义务，始终保持良好的核安保记录。目前在运核电机组总体安全状况良好，未发生国际核事件分级表中的 2 级及以上的事件或事故。

开展能源重大领域协同科技创新。实施核电科技重大专项，围绕三代压水堆和四代高温气冷堆技术，开展关键核心技术攻关，持续推进核电自主创新。

筑牢安全生产底线。持续强化核安全监管体系建设，提高核安全监管能力，

---

① 《习近平主持召开中央财经领导小组第六次会议》，http://www.cntheory.com/zycjwyhlchy/zycjldxzhy/202110/t20211008_20162.html[2021-03-16]。

核电厂和研究堆总体安全状况良好，在建工程建造质量整体受控。

21.1　我国核电发展规模预测

我国核电装机和发电量占比较低。截至 2019 年底，我国核电机组总容量 4875 万千瓦，约占全国总装机的 2.42%；全年核能发电量 3481.31 亿千瓦时，约占全国累计发电量的 4.88%。

为实现 2030 年低碳化能源结构转型和能源供给侧安全，根据《能源生产和消费革命战略（2016—2030）》，核电在未来我国能源结构中的地位和贡献将进一步提升，到 2030 年，我国核能发电量占比将达到 10%。根据中国工程院预测，2050 年核电装机容量将达到 4 亿～5 亿千瓦，核电装机占电力总装机容量比重为 12%～16%，如表 21-1 所示。

表 21-1　我国核电在未来能源供应中的作用

指标	2035 年	2050 年
核电供应量/亿吨标准煤	4.5～5.5	10～12.5
电力总装机容量/亿千瓦	19～24	25～32
核电装机容量/亿千瓦	1.4～2.2	4～5
核电装机占总装机比重	8%～9%	12%～16%

2035 年目标：核电装机容量可望达到 1.4 亿～2.2 亿千瓦（运行 1.4 亿千瓦左右，在建 0.7 亿千瓦左右），年发电量 1.4 亿～1.5 亿千瓦时，提供 4.5 亿～5.5 亿吨标准煤的能源。届时核电装机占电力总装机的 8%～9%，核能发电量占总发电量的 13%～15%，提供相当于 8% 以上的一次能源。

2050 年目标：核电总装机容量可望达到 4 亿～5 亿千瓦，年发电量 2.8 亿～3.5 亿千瓦时，提供 10 亿～12.5 亿吨标准煤的能源。届时核电装机占电力总装机的 12%～16%，核能发电量占总发电量的 15%～24%，提供相当于 12% 以上的一次能源。核电将在较大程度上支撑我国未来能源需求。

21.2　我国核电中长期发展路线和情景预测

我国是核电后发展国家，核电起步比西方晚约 20 年。我们应基于国情理性地考虑我国快堆的增殖与嬗变策略。首先，我国不存在分离钚大量积累的问题，正在设计建造的 200 吨/年后处理厂、拟建的 800 吨/年后处理厂，将分别为中国试验快堆（China experimental fast reactor，CEFR）、示范快堆、商用快堆提供钚装料。快堆发展初期必须先增殖，才能为其持续发展提供后续钚装料，从而进入快堆循环。其次，目前我国从高放废液中分离 Ma（次锕系元素）技术（三烷基氧膦分离流程）尚处于实验室研究阶段，预计我国在 2040 年之前，不存在大量 MA 面临处理的压力。

因此，根据 IAEA 创新反应堆和燃料循环国际项目统一策划实施并发布的创新型核电系统的全球架构计划，我国的总体技术路线应为发展高增殖的金属燃料和先进的一体化循环技术，在 2030～2040 年实现技术的突破以进行产业化推广；2050 年前形成金属燃料一体化快堆的规模化应用，做到热堆快堆耦合的匹配发展，如图 21-1 所示。

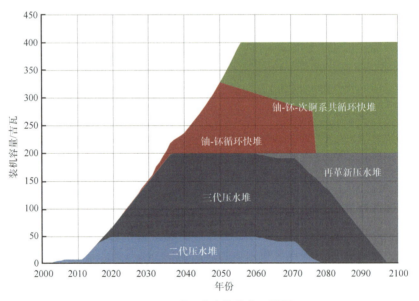

图 21-1　我国未来核能发展情景

2050 年后，在一体化快堆中增加 MA，进行全超铀循环，实现 MA 的总量控制与放射性的最小化。

第 22 章　实现核能规模化发展的关键因素

22.1　增加铀资源储备，支撑核电可持续发展

22.1.1　铀资源供应不会对我国核电发展形成根本制约

　　核能是一种重要的战略能源。核能能量密度高，核燃料易于储备，可有效提高能源自给率。对于核电而言，核燃料用量小，燃料成本占发电成本比例低，且其易于运输和储备。1 台 1 吉瓦核电机组每年仅需新装入 25 吨核燃料，燃料所需库存空间很小，便于缺乏燃料资源的国家为应对供应中断的风险而储备较长时期的燃料。例如，我国储备 90 天石油进口量，需要投入 380 亿美元，相当于 150 台百万千瓦核电机组 5.4 年铀储备的资金投入。因此，国际上将核燃料视为一种"准国内资源"，将发展核电看作提高能源自给率的一个重要途径。

　　铀资源供应不会对我国核电发展形成根本制约。根据 2018 年 OECD 发布的铀资源红皮书，全球已探明铀资源 798.8 万吨，如果按照 2016 年全球天然铀消耗量推测，则可以满足未来 130 年核电发展需求。此外，全球还有待查明铀资源约 1000 万吨，非常规铀资源 2200 万吨，可以满足较长时期全球核电发展的需要。在海水中大约含有 40 亿吨铀，虽然浓度只有 3×10^{-9} 克/米^3，但总量巨大，可作为潜在铀资源。我国通过创新成矿理论指导北方沉积盆地找矿，已取得重大突破，新发现和探明了一批万吨至数万吨规模的大型、特大型砂岩型铀矿床，根据新一轮铀矿资源潜力评价的结果，国内铀资源量预计能满足 1 亿千瓦压水堆核电站 60 年发展需求。为保证我国核电规模化发展对于铀资源的需求，近期应该重点发展深层铀资源和复杂地质条件下空白区铀资源勘查、采冶技术，跟踪海水提铀技术。从长远来看，必须提早安排发展快堆及相应的核燃料循环技术，大幅提高铀资源利用率，从而解决人类上千年的能源需求问题。

22.1.2　探索钍铀燃料循环利用

钍是国际上公认更安全、更清洁及储量更丰富的核燃料，实现钍铀燃料循环，为解决我国核能发展战略的核燃料自主问题提供了一个重要途径。相对于钍铀燃料循环，目前核能以压水堆的铀钚燃料一次性通过模式为主，由于不对乏燃料进行后处理，只是暂存或直接地质掩埋，核燃料利用率仅为1%左右，并产生大量高放射性乏燃料堆积问题，严重制约了核能的可持续发展。因此，在铀钚燃料循环体系下，若要改变上述不足，则需发展快堆燃料闭循环技术。自20世纪60年代起，英、美、德等国就累积了大量钍燃料辐照数据与经验，奠定了核能钍利用的科学基础。随着社会与经济的快速发展，钍基核能系统的研发与部署日益受到重视，一些核能发达国家，如美国、法国、日本等相继制订了钍利用长期战略规划，并积极推进钍在各种堆上利用的研发工作。

钍铀燃料循环是指钍-232俘获一个中子后进行两次β衰变而生成易裂变核素铀-233，其再与中子发生链式裂变反应的燃料循环过程。铀-233的核裂变性能较好，在热堆和快堆中均能实现增殖，可显著提高核燃料利用率。钍基燃料产生的长寿命放射性核废料要比铀基核燃料低，可显著降低核废料管理压力。钍铀燃料循环可产生强γ辐射，能有效降低核扩散风险。地壳中钍的储藏量约为铀的3~4倍，而我国钍与稀土伴生，钍资源储量特别丰富。钍燃料的安全高效利用，可以实现燃料利用率最大化、核废料最小化的核裂变能终极利用目标。

熔盐堆作为第四代先进核能系统中唯一使用液态燃料的堆型，无须制造燃料棒，可在线加料。不同于固态燃料反应堆在钍燃料元件制备、破解、后处理和重构等技术方面存在巨大挑战或瓶颈，熔盐堆结合干法核燃料后处理技术可显著提高钍利用性能，是公认可实现高效用钍的理想堆型。中国是美国之外唯一从事过国家级钍基熔盐堆研发工作的国家，20世纪70年代初启动了"728工程"，首要目标就是研发钍基熔盐堆，并于1971年建成钍基熔盐堆零功率堆（冷态），但受限于当时的技术条件，后续研发目标转为压水堆。2011年中国科学院启动"钍基熔盐堆核能系统"战略先导专项，目标是用20~30年时间研发第四代裂变反应堆核能系统及钍铀循环技术，实现达到工业应用。

钍铀燃料循环须采取技术上从易到难、性能上从低到高的渐进式发展路线，并与小型模块化熔盐堆技术发展路线紧密结合。小型模块化熔盐堆采用模块化设计理念，安全性高、关键设备可更换，以降低对材料依赖性，可有效缩短建设周期，降低建设成本与风险，从而实现熔盐堆的快速部署。基于小型模块化熔盐堆和钍基燃料干法后处理技术阶段发展水平，制定了"三步走"策略，以实现钍利用性能进阶式提高：第一步，采用钍与低富集铀混合燃料一次通过的运行模式，钍装量为数吨，堆运行期间只需进行在线加料与裂变气体去除等，实现小模熔盐堆快速部署与钍资源初步利用，钍能量贡献达 20%左右；第二步，将卸堆燃料进行离线批处理，回收铀、钍及载体盐重新装堆运行，提高燃料利用率，钍能量贡献相比第一步翻一番，达 40%左右；第三步，利用铀-233 进行启堆，增殖燃料全部为钍，钍能量贡献相比第一步可翻两番，达 80%左右。

在钍基熔盐堆核能系统先导专项的支持下，我国已完成了钍铀循环中氟化挥发、减压蒸馏、熔盐电化学等干法后处理关键技术与设备研发，实现了实验室规模的流程工艺冷贯通。接下来，可利用已于 2020 年底建成的 2 兆瓦实验堆，开展干法后处理技术、流程工艺和钍铀燃料循环的原理性验证。但由于实验堆的功率较小，钍装量仅为数千克，运行燃耗较浅，无法满足钍燃料工业级利用验证及后处理工艺放大要求。2030 年前，可利用拟推进的"小型模块化钍基熔盐堆研究设施"，实现钍铀燃料循环的中试规模验证，包括针对研究堆的运行及后处理流程，开展多样化钍铀燃料循环运行验证，围绕深燃耗、复杂核素成分下钍燃料的转换性能、运行安全性、乏燃料及废物特性等进行全面验证，为未来小模堆"三步走"钍利用示范奠定重要的工程基础，并提供关键运行经验。2040 年左右建成百吨级钍基乏燃料盐干法批处理示范装置和在线固态裂变产物分离示范装置，钍燃料贡献率约 80%，实现钍基核燃料循环和高效利用。

22.2　放射性废物管理及处置能力

22.2.1　放射性废物管理及处置现状和发展趋势

放射性废物管理是核工业链条中的重要环节，是安全和环保关注的重要问题之一。当前，我国已积存了大量放射性废物并且相当数量长期处于暂存状态，存在现实安全风险；随着核工业的发展，放射性废物量还将持续增加，放射性废物管理存在的处理处置等问题将更加突出。核工业长期运行经验表明：放射性废物如若不及时治理，不仅可能会造成环境污染，而且将会导致废物量的增加及处理处置难度的加大。因此，研究我国放射性废物管理中存在的管理和技术问题，提出改进措施和建议，以加快推进放射性废物管理工作，是十分必要而紧迫的。

我国放射性废物管理工作始于核工业发展之初，经过半个多世纪的发展，在体制机制建设、法规标准制定、技术研发和工程实施等方面虽然取得了很大的成绩，但是，发展不平衡，存在很多短板，特别是研发投入严重不足使得放射性废物处理技术存在瓶颈、废物处理处置研发力量十分薄弱，放射性废物若不能及时处理处置，随着核能发电技术和非动力核技术的快速发展，各类放射性废物产生量将急剧增加。届时放射性废物管理与处置等问题不能解决，将成为严重制约我国核事业发展的重要因素。

在放射性废物管理方面，法国、美国、英国、瑞典等有核国家积累了大量有益经验可资借鉴，主要归纳为：构建完善的国家法规体系、建立责权明晰的组织管理体系、高度重视废物处理处置技术研发、提前规划废物处置工作并由政府主导推进处置设施建设、建立经费保障制度及开展安全全过程系统分析等。与上述国家相比，我国在立法和管理体系、技术研发和工程实施等方面均存在较大差距，究其根本原因可以归结为：对放射性废物管理工作认识还不到位、权责还不够清晰、体制机制亟须改进完善、研发投入严重不足、管理不得力和法规不完善等。

22.2.2　我国放射性废物管理及处置发展建议

针对当前我国放射性废物管理与处置各个环节中存在的突出问题，本节重点对放射性废物管理与处置的法规体系、组织机构、废物量、废物处理、废物处置、安全评价、废物最小化、天然放射性废物管理和历史遗留废物管理等方面，结合我国发展现状和实际问题分析，提出以下发展建议。

（1）建立完善的放射性废物管理法律法规体系。在立法层面，针对放射性废物管理，国家应以法律形式专门立法明确废物处置责任、确立废物管理组织机构、建立废物处置资金筹措和保证制度，以及对废物管理国家规划、公众参与机制做出规定。当前还要加快部门规章、标准规范等制定、修订工作，完善我国废物管理相关法规标准体系，建议：一是对铀矿冶退役治理做出规定，明确退役设施监护主体和移交方式，建立长期监护机制；二是将涉及天然放射性物质（naturally occurring radioactive material，NORM）工业的放射性废物管理尽快纳入放射性废物管理体系并实施有效监管；三是将安全分析报告和环境影响评价报告书合并为统一的安全全过程系统分析文件，规范相应的工作程序和技术文件要求。

（2）建立完善的放射性废物管理组织机构体系。基于我国放射性废物管理组织机构体系存在的问题，借鉴国外特别是法国在放射性废物管理组织机构建设方面的良好实践和经验，建议：一是提升国务院放射性废物管理部门层级，增加人员力量；二是在国务院核工业行业主管部门下设立国家放射性废物管理机构；三是强化省级地方人民政府放射性废物处置的责任，推进废物处置设施选址工作进展；四是重构历史遗留废物治理的责任体系，明确界定政府和企业在历史遗留废物治理中的职责。

（3）加强放射性废物管理的顶层设计。低放废物处置的长期安全，需要考虑的时间尺度至少是 300 年，对于高放废物处置的长期安全，需要考虑的时间尺度应在 10 000 年以上。放射性废物管理必须全面规划、统筹布局，具体建议：一是制订放射性废物管理的全面规划，建立完整的放射性废物管理体系，使经费投入和使用更加合理；二是对当前不同类型放射性废物的积存量及其状态进行全面分析统计，针对未来放射性废物的预期产生时间和产生量进行预估，合理有序地安排科研开发和工程建设，以实现放射性废物管理链条的完整性，以及科研开发和工程实施的有效衔接和按期完成，切实推进放射性废物"从生到死"闭环管理。

（4）加大关键技术的科技攻关力度。一是关于玻璃固化技术发展路线，经多次多方论证，当前我国放射性废物玻璃固化技术应坚持"两条腿走路"的发展思路，建议：一方面积极推进引进国外电熔炉技术的国产化进程，以满足我国当前工程建设的需求；另一方面紧跟国际先进处理技术，加快推进冷坩埚玻璃固化先进技术的自主研发并实现工程应用。二是关于放射性废物处置的长期安全，建议加强废物处置长期安全科学论据的研究，不断完善废物处置长期安全评价技术。三是关于 NORM 工业废物治理，建议针对这类废物活度浓度较低而体积巨大的实际情况，积极开发经济有效的 NORM 工业废物治理技术。四是建议切实做出计划安排，探究分离-嬗变技术应用于放射性废物最小化的技术可行性。

（5）加快放射性废物处理与处置设施的建设进度。建议：一是积极推动玻璃固化工程，尽早完成历史遗留高放废液的固化处理，并解决长期困扰我国后处理发展的技术瓶颈问题；二是新建和扩建现有近地表处置设施，以解决日益增加的低放废物处置的需求；三是开展我国中等深度处置的源项调查、前期科研和工程建设工作；四是加快推进深地质处置科研工作，包括需地质处置的废物源项、处置概念、可回取策略等，进一步完善地下实验室科研计划并加快工程建设进程。

（6）尽早消除遗留放射性废物安全隐患。重构遗留废物治理的责任体系，明确界定政府在遗留废物治理方面的职责，并设立专门执行机构，总体负责制订相应规划、方案及健全运作机制等；按照市场经济导向，推进遗留废物治理的"企业化、市场化、专业化"；加强"研、产、用"平台建设，根据需求有针对性地开展研发，打造科研、工程验证、设备研制的开发联合体，提高治理水平；全面推进场内污染源、废水蒸发池退役及潜在污染源的处理工作，尽早消除安全隐患。

22.3　核能供热将拓展核能利用途径

泳池式低温供热堆是实现供热的反应堆方案之一，反应堆上面有 12 米的水池，经过两个热交换隔离以后，热量被送到热网，相当安全，低温供热温度就是 100℃左右，现在热网上要求 90～100℃，足够满足需求。泳池式低温供热堆的特性有：可以做到零堆熔，在严重事故情况下，反应堆依赖固有负反馈特性可实现自动停堆，即使没有任何干预，也可实现 26 天堆芯冷却不熔毁；抗外部事件能力强，水池全部埋入地下，避免自然及人为原因造成重要设备损坏而发生核事故；污染物排放近零，放射性源项小，是常规核电站的 1%；易退役，退役彻底，厂址可恢复绿色复用。

泳池式低温供热堆扩展应用，一是利用溴化锂吸热循环制冷，以便在夏季实现城市供冷，提高供热堆的利用率；二是生产医用短寿命同位素，如 ^{18}Fe、^{99m}Tc、^{131}I、^{89}Sr、^{32}P、^{125}I 等具有性能优良、半衰期合适、方便易得等特点，由于供热堆分布面广，离城市大医院近，便于短寿命同位素运输，为推广同位素诊断和治疗创造有利条件；三是利用低温真空闪蒸进行海水淡化。如果这些技术都用上，不仅供热堆的经济性问题可以解决，而且促进了发展。

22.4　满足中西部能源需求，适时启动内陆核电布局

内陆规划建设压水堆核电机组是我国核电发展布局的重要组成部分，是优化产业结构、推动地区经济发展的必然选择。受国家能源局委托，中国工程院曾组织论证了内陆核电建设可行性，建议稳妥启动内陆核电建设，并对内陆核电站安全做进一步工程方案研究。在此基础上，建议就启动内陆核电示范电站建设做进一步沟通，以适应中西部经济发展对能源的需求。

22.4.1　内陆是否建设核电关系核电发展战略能否落地

沿海的在建、在运核电机组，如果再加上已经批准开展前期工作机组的话，装机容量接近 8900 万千瓦；现在在建、在运和开展前期工作的厂址中还有 20 台机组容量（接近 2400 万千瓦）可以进行扩建，合计已有的条件非常成熟的沿海厂址已经可以建设的接近 102 台机组，一共是 1.1 亿千瓦的装机容量；2020 年还有沿海 10 个厂址在进行重点论证，总量 50 台左右，5000 万千瓦左右的规模。所以，厂址储备已经能够基本满足 2020 年甚至到 2025 年前的核电建设的要求。

这就意味着我国在 2025 年前不需要内陆建设核电，可以持续进行论证，但是厂址能否保护到 2020～2030 年存在较大的不确定性。据此，内陆核电建设近期不会影响核电发展战略，但是关乎核电长远发展和布局。

22.4.2　国外内陆在运核电机组

截至 2019 年 12 月 25 日，全球在运行的 448 台核电机组中，有 255 台分布在内陆，占比 56.92%。世界核电装机最多的美国，96 台核电机组中有 85 台分布在内陆，其中在美国的"母亲河"——密西西比河流域建有 32 台机组。核电发电占比最高的法国，58 台核电机组中有 40 台分布在内陆，占比 69%，其中在法国五大河流之首的罗纳河沿岸就运行着 14 台核电机组。此外，从运行和管理经验来看，截至 2018 年底，全球已有近万堆年的内陆地区核电运行管理经验。

22.4.3　内陆核电建设情况关系核电发展长远布局

影响核电厂址资源与分布的因素有很多，包括水资源分布、地震分布、电力市场空间、电源输入/输出情况、电力平衡、公众信心及经济条件等。核电的发展要放在能源和电力大环境中，统一考虑发展布局的原则，因此，在空间布局上我们梳理了七条基本原则：与电力负荷需求的预期相吻合；服从于国家能源供应整体战略；优先选择安全裕度大的厂址；先滨海厂址，后内陆厂址的时序安排；优先考虑经济性相对好的厂址；考虑区域社会对核电的接受度；厂址成熟度是建设安排的前提。

1. 与电力负荷需求的预期相吻合

和平利用核能的唯一目的是解决能源供给问题，商业核电厂的建设初衷是为社会提供电力供应和实现盈利，核电厂址的建设安排时间上与电力负荷需求的预期相吻合应是基本前提。

2. 服从于国家能源供应整体战略

我国一次能源分布不均匀，区域一次能源或二次能源的调入和调出是国家整体能源战略的必然安排，核电建设应服从于国家能源供应整体战略，发挥高密度核燃料优势，平抑全国范围电力大规模远距离输送的风险和成本。

3. 优先选择安全裕度大的厂址

正视我国现阶段在核电工程技术方面的局限性，优选安全裕度大的厂址建设，是确保核安全的理性选择。

可以预期，人类的不懈努力必将带来核电技术的进步，使核能发电与社会环境更加友好，降低对厂址条件的要求。现有核电技术，严重事故缓解措施的完善和抵御多重极端自然灾害的有效工程措施的总结提出，以及机型开发和工程设计能力的实质提高，都将有效降低核安全风险，提高应对厂址条件的能力。

4. 先滨海厂址，后内陆厂址的时序安排

我国滨海和内陆地区核电厂址的安全影响水平差异不大，但在环境影响因素方面，内陆核电厂选址所面临问题要远比滨海地区复杂。内陆厂址区域的平均人口密度水平普遍高于滨海厂址，而且内陆厂址区域的大气扩散条件相对较差，核电建设时序选择上应先滨海厂址后内陆厂址。

5. 优先考虑经济性相对好的厂址

核电并不是唯一可选择的发电形式，核电在经济性上有竞争力，才有其存在的空间。现有厂址的条件有优劣之别，选择经济性条件相对好的厂址建设，有利于提高核电竞争力。

6. 考虑区域社会对核电的接受度

核电建设离不开民众的支持，核电建设安排应考虑当地民众的支持率。

7. 厂址成熟度是建设安排的前提

按程序完成厂址评价阶段的工作是基本要求，也是保证厂址安全的手段之一，安排建设的厂址不应有遗留问题，应该坚持技术研究在前，安排建设在后的原则。

22.5　核电机组延寿是保障核能产业持续发展的重要举措

核电机组延寿是一个普遍的国际实践，截至 2020 年底，美国 94 台在运核电机组中，86 台已获批了许可证延续、4 台正在申请、4 台计划提出申请，另外有 4 台机组已获得了二次延寿至 80 年运行寿期的许可。加拿大、阿根廷、韩国等国家的重水堆机组通过更换压力管和其他设备翻新，实现了重水堆机组的延寿运行。

根据国外经验，核电厂机组商运 25 年以上，其老化效应将得到足够的积累，可以开展老化评估，提交机组延寿申请。截至 2035 年，我国将有 26 台核电机组达到提交延寿申请的年限条件，核电机组延寿将是保障核能产业持续发展的一项重要举措。

我国秦山核电厂和大亚湾核电厂已率先开展了许可证延续的探索工作，实施

了机组延寿的老化评估、时限老化分析等论证工作。2021 年秦山核电厂 1 号机组经国家核安全局批准运行许可证获准延续，有效期延续至 2041 年 7 月 30 日。在两个核电厂延寿工程实践的基础上，国内已建立了我国压水堆核电机组延寿评估的通用方法和流程相关的行业标准。然而，由于国内老化管理起步较晚，老化评价手段存在欠缺，监检测技术落后，基础数据不足，关键技术仍然依赖于国外，如秦山核电厂延寿时反应堆压力容器下封头缺陷评价依托西屋电气公司工作开展；国际上水–水动力反应堆（water-water energy reactor，WWER）机组延寿时压力容器的总体退火处理需要依赖俄罗斯开展。

2035 年，秦山核电厂和大亚湾核电厂都将进入延寿运行期间，其中秦山核电厂届时已运行 45 年，接近其延寿运行期限（50 年）末期，根据国际经验，压水堆机组二次延寿核心问题不存在硬性门槛，届时国内核电机组将面临是否开展二次延寿的抉择。

重水堆机组延寿的最核心技术是压力管更换，该项工作技术难度大，经济费用高，目前国际上只有加拿大完整掌握了该项技术。预计在 2028 年左右，秦山三期 2 台机组的压力管将先后达到寿期末。在当前国际形势下，压力管更换成了典型的"卡脖子"技术，建立压力管更换技术能力势在必行。

主要研究目标如下。

（1）掌握压水堆核电机组 40 年+延寿关键技术，建立完善的技术标准体系，为国内后续核电机组的延寿论证和监管审评建立标准。

（2）建立压水堆核电机组 60 年+延寿技术体系，界定 60 年+延寿关键技术问题、建立评价方法及评价标准。

（3）掌握重水堆压力管更换技术、压力管在役检查技术、压力管寿命评价技术。

（4）掌握高温气冷堆、钠冷快堆等国内新堆型的关键材料老化降质规律。

主要研究内容如下。

（1）压水堆核电机组 40 年+延寿材料老化关键技术研究：分析识别 CP 系列、M310 系列、WWER 系统、AP1000、CAP 等堆型延寿关键技术问题，开展材料长期服役行为研究，掌握材料老化降质规律，建立适于机组延寿的材料老化评估技术；构建解决国内压水堆机组 40 年+延寿关键问题的技术标准。

（2）压水堆核电机组 60 年+延寿关键问题研究：对于二次延寿运行而言，设备的老化降质更加突显，老化降质问题是制约 80 年寿期的关键。根据美国电力研究院的研究成果，反应堆压力容器脆化，堆内构件辐照促进应力腐蚀开裂，混凝土结构和安全壳的退化，电缆的环境鉴定、状态监测和评估等是二次延寿中的关键技术问题。

（3）重水堆核电机组延寿关键技术研究：开展压力管更换相关技术研究，包括压力管材料研制、压力管更换工艺研究、压力管在役检查和评价技术研究、压力管寿命评估技术研究，建立压力管更换自主技术能力；开展重水堆其他设备翻新相关的评估技术研究，建立重水堆重要设备的老化评估手段，以及全厂翻新的经济性分析方法。

（4）国内新堆型的关键材料老化研究：开展高温气冷堆、钠冷快堆等新堆型的关键材料的老化研究，掌握关键材料的老化降质规律，积累老化数据，为后续开展延寿提供数据支撑。

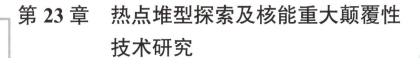

第 23 章　热点堆型探索及核能重大颠覆性技术研究

23.1　新型压水堆可消除大规模放射性释放

我国国家核安全局发布的《核动力厂设计安全规定》HAF102—2016 对核安全目标做了明确的规定。国务院已于 2012 年 10 月批准发布的《核安全与放射性污染防治"十二五"规划及 2020 年远景目标》提出的安全目标包括：新建核电机组具备较完善的严重事故预防和缓解措施，每堆年发生严重堆芯损坏事件的概率低于十万分之一，每堆年发生大量放射性物质释放事件的概率低于百万分之一。国家核安全局对于"十三五"及后续建设机组，提出了"实际消除"的安全目标，以确保即使在严重的堆芯损坏工况下，有效包容放射性，不会对环境和公众造成不可接受的影响。

我国自主三代核电的设计采取了以下措施。

（1）压力容器失效时的高压熔喷，使熔融物直接冲击安全相关设备或安全壳，对安全壳直接加热，从而使安全壳完整性受到早期威胁。中国三代核电采用冗余和多样的系统预防高压熔堆。第一道防线，提供高度可靠的热量导出功能，以受控方式使一次侧降压；第二道防线，通过一回路卸压系统对一次侧直接降压，防止高压熔堆现象的发生。

（2）在堆芯熔化过程中，高温的锆包壳与水蒸气反应产生氢气，堆坑中熔融物中的金属物质的氧化也会产生氢气。氢气聚集就会产生氢爆，导致安全壳的早期失效。中国三代核电设计了氢复合系统或电点火氢复合系统，有效消除氢爆的风险。

（3）高温的堆芯熔融物与大量冷水接触，相互作用下会产生大量水蒸气，形成蒸汽脉冲或蒸汽爆炸。若在压力容器内发生蒸汽脉冲，它可能将部分熔融物碎片和水喷入堆坑，进入安全壳；如果在堆坑发生蒸汽脉冲或蒸汽爆炸，会形成冲击波，危及安全壳内结构及安全壳的完整性，导致安全壳的早期损坏。中国三代核电加强了压力容器自身的结构强度设计，以抵御蒸汽爆炸的压力脉冲冲击，保证压力容器外的其他设备、结构不受影响。同时采用自动或手动措施实现堆腔注水或淹没，降低堆芯温度，以维持压力容器的完整性。

（4）导致安全壳晚期失效的严重事故工况：堆芯熔融物–混凝土相互作用导致的底板熔穿；安全壳长期排热的能力丧失。中国三代核电设置了堆腔注水淹没系统，以及非能动或者能动+非能动的安全壳热量导出系统，确保堆芯熔融物保持在压力容器内，并持续进行冷却，从而消除了安全壳晚期失效的风险。

总体来说，中国三代核电采取了全方位的严重事故缓解措施，确保了第三道屏障的完整性和安全壳热量导出，即使发生了堆芯熔融，也能防止放射性物质外泄，从而完全实现了从设计上实际消除大量放射性物质释放的安全目标。

23.2 小型堆研发将改变核能游戏规则

从 20 世纪 70 年代开始，我国推进了创新的中小型反应堆（50～300 兆瓦）的研发，以支持多种应用：偏远位置，未并入邻近大电网的中小型电网，旧燃煤机组更换，将废热用于供热网络的热电联产、海水淡化、海岛开发等。

显而易见的是，尽管市场前景广阔，也开展了一些设计研究，但这些小型模块化反应堆还未能展示出大规模应用的实用性，这主要是由于开发的进展缓慢、经济方面的因素，还有厂址准备和部署的延迟。

为了巩固核能领导地位和能源领域、核技术方面取得的主要进展，在美国能源部的倡议下，近年来，大家对小型模块化反应堆的兴趣越来越强烈，小型模块化反应堆是"游戏改变者"，能够以高安全水平提供不同的核电联产解决方案。

小型模块化反应堆可成为清洁稳定的分布式能源，出于四大原因：①减少化石燃料使用的需求；②与分布式能源结构相匹配，包括可再生能源、智能电网、储能等；③操作机动、灵活；④解决长期投资项目融资的问题。

三大进展提升了小堆的竞争力和吸引力。一是运用非能动安全概念的可能性，小堆发电系统就不需要太多装备；二是工厂内模块化建造能力的形成；三是"即插即用"概念的运用，发电站完全在工厂内建造，然后运到现场接入电网，包括浮动核电站。

国际发展方面，国际上有 45 种以上革新型中小型反应堆概念和设计，部署目标介于 2012～2030 年。2011 年，美国能源部长朱棣文表示中小型反应堆是美国接下来的核选择，当年拨款 3890 万美元用于模块化反应堆取证和商业化，美国国会参议院新议案将小堆开发列入联邦政府资助名单。法国建议阿海珐提供小型的、更廉价的核反应堆。俄罗斯开发的小堆有 VBER150、VBER300、KLT40。东芝公司宣称其研发的 10 兆瓦小堆 30 年内不必更换燃料，可供日本 3000 个家庭用电。三菱重工研发的 350 兆瓦小堆，2018 年已完成概念设计。株式会社日立制作所和美国通用电气公司合作研发 400～600 兆瓦的中型核反应堆。韩国开发小型压水堆 SMART。

中核集团开发的 ACP100（advanced China pressurized water reactor，中国先进压水堆），功率达到 125 兆瓦的小型模块化反应堆，有下列技术优势：一体化反应堆、屏蔽式主泵、集成式堆顶结构、小型钢安全壳、固有安全特性、非能动安全系统、地下部署、双堆共享一个 250 兆瓦的汽轮发电机组。要切实满足市场需求，新的小型模块化反应堆必须真正采用创新理念，绝对不能是目前的第三代反应堆的缩小版。创新的设计可明显提升小型模块化反应堆在经济上的竞争力，相对于间歇性风电、太阳能发电、天然气发电和用于特定应用的柴油发电机，小型模块化反应堆是有竞争力的。如果类似于"即插即用"、设计完全独立于安装地点的解决方案得到证实，它们可以成为满足市场需求从而为能源转型做出贡献的最佳选择。

要充分吸取核能特殊创新技术。一是在高性能燃料方面，燃耗增加，而膨胀和裂变气体释放量有限；事故容错燃料，能承受高温不熔化，从而能在发生事故时防止或限制氢的产生。二是改进的堆芯仪表，准确性更高，可减少设计分析和运行时的保守性。三是更加深刻理解堆芯熔融行为，优化事故工况下燃料在压力容器内滞留措施。四是实施最新模拟方法，实时耦合热工水力和中子计算，可大大提高设计和运行能力。

吸取从其他行业转让而来的技术，如核设施设计、采购、建设和项目管理的数字化；为低压回路系统采用新型复合材料以取代钢材；采用高机械性能和抗渗性能的先进混凝土等。

23.3　快堆及闭式循环发展

23.3.1　快堆及闭式循环发展趋势

我国核能发展当前选择的重点堆型是压水堆，可以预见随着压水堆核电装机容量的迅速增加，核燃料的自主供应问题、长寿命核废料大量增加的问题、涉及后处理厂的核燃料循环运行和维护费用问题将日益突出。

国际和国内已有的研究和建设经验表明，采取快堆及闭式核燃料循环技术可以有效解决以上问题，这对于充分利用铀资源，促进核电可持续发展，解决后续能源供应危机具有重要意义。因此，大规模发展核能必须建立压水堆、快堆和后处理匹配发展的核能发展体系，国家也制订了热中子反应堆、快中子反应堆、受控核聚变堆"三步走"的战略规划。欲实现我国核裂变能的可持续发展，关键是实现由三代向四代核能系统的平稳过渡。

快堆既可以增殖燃料，也可以嬗变废物。目前，以美国为首的西方核电国家特别强调嬗变，不支持增殖。西方对于快堆增殖与嬗变的态度，可以从政治需求和具体国情两个方面进行解读。

在政治需求方面，西方担心钚的增殖会增加核扩散风险，截至 2020 年，全世界已积累了 300 多吨民用分离钚，为了减少分离钚储存的费用，降低核扩散风险，西方希望通过快堆嬗变来消耗积存的分离钚。

在具体国情方面，西方发达国家的核电发展已积累了近 30 万吨乏燃料，希望发展快堆"焚烧"后处理产生的分离钚和 MA，使高放废物的体积降低到 1/50 左右，从而大大缓解地质处置的压力。这是符合西方国家核电发展国情的考虑。

23.3.2　我国快堆及闭式循环前沿技术

目前，我国已建成 CEFR，预计于 2023 年建成 60 万千瓦示范快堆（China fast reactor，CFR600）工程。CEFR 和 CFR600 工程项目的实施，对促进我国快堆产业化、实现核燃料闭式循环、推动地方经济建设具有重要意义。但快堆的工程造价、标准规范体系、燃料和设备自主化能力等还有待进一步提升。对于未来商用快堆的开发，要着力掌握核心技术、降低建造成本、提高市场竞争力，最终实现快堆技术的商业化推广应用，商用快堆的技术开发工作有必要尽快提上日程。

快堆的商用化，可以将核能系统对于天然铀的总需求量控制在一定规模，可以大大缩减核能系统中的长寿命放射性核素总量，可以有效降低整个闭式燃料循环的运行成本，从而从根本上提升整个核能的可持续性、环境友好性和经济性，保证核能在我国能源领域的竞争力。

对于商用快堆的技术路线，我国选择了基于金属燃料的一体化闭式循环快堆核能系统，即一体化快堆。该技术能够最大程度发挥快堆的技术优势，具备重大技术创新和技术革命的特征，有望在安全性、经济性和可持续性上达到第四代核能系统的全部要求。

1. 堆厂同址的闭式燃料循环系统

一体化闭式循环先进快堆由反应堆及配套的燃料再生工厂组成，采用同一厂址建设。同址设计能够最大程度减少新、乏组件的堆外贮存量、减少乏燃料处理量、减少高放废物产生量，能够实现铀、钚、MA 的边处理、边进堆和少库存。

2. 集发电、增殖和嬗变为一体的反应堆系统

一体化闭式循环先进快堆的单堆电功率约 100 万千瓦，采用高增殖金属燃料堆芯、钠-钠-水三回路设计。该设计能够在同一座反应堆上实现发电、燃料增殖和废物嬗变三大功能，系统热效率高、增殖比高、嬗变支持比大。

3. 集干法后处理和燃料制造为一体的燃料再生系统

适用于金属燃料的燃料制造和再生工艺，将金属燃料干法后处理技术和燃料生产制造技术合二为一、统一设计。整个干法后处理工艺流程很短，设备紧凑，使得设施规模较小，建造成本和运行成本均比水法设施降低一半以上。

4. 与热中子堆共同构成二元核能系统

在可预见的未来，核电发展战略的优选方案，是在发展闭式燃料循环的基础上，逐步过渡到以压水堆和快堆并存的"二元"结构核电模式（图 23-1）。即随着压水堆增长到一定程度后，快堆开始加速发展，逐步达到与压水堆相同的比例。这种二元结构可以从根本上解决核燃料的中长期供应和高放废物的处理问题。

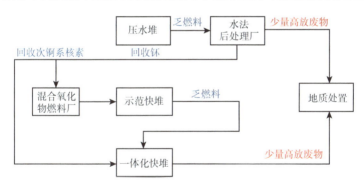

图 23-1　基于二元核电的闭式燃料循环

将现有核能系统和新核能系统形成搭接和融合，全面实现资源有效利用、高放废物高效处理，系统环节完备、能力匹配。

在发展压水堆的同时，开发高增殖的金属燃料和先进的闭式燃料循环技术，在 2035 年左右实现技术的突破并进行产业化推广，2050 年前形成基于金属燃料快堆的一体化快堆核能系统的规模化应用，做到热堆-快堆耦合的匹配发展。2050 年后，在一体化快堆中逐步增加 MA，进行全超铀循环，实现 MA 的总量控制与放射性的最小化。

23.4 聚变堆及混合堆

23.4.1 可控核聚变实验堆工程化前景

与目前所使用的能源及正在开发和发展的清洁能源相比，聚变核能由于其安全性、经济性、持久性和环境友好型的特点，是未来理想战略能源。磁约束核聚变是利用特殊形态的磁场把氘、氚等轻原子核和自由电子组成的、处于热核反应状态的超高温等离子体约束在有限的体积内，使它受控制地发生大量的原子核聚变反应，释放出能量。目前世界上的磁约束核聚变装置主要有托卡马克、仿星器及反场箍缩三种类型，它们各有优缺点，但是托卡马克更容易接近聚变条件而且发展最快。ITER 和我国下一代聚变研究装置 CFETR 都是基于托卡马克技术来实现聚变能。美国近期发布的基于超导材料突破可能提前实现核聚变能的应用值得关注和验证。

23.4.2 可控核聚变发展现状与未来发展趋势

近年来，可控核聚变研究领域已经取得重大进展，当今世界规模最大、影响最深远的国际大科学工程 ITER 计划由欧盟、中国、韩国、俄罗斯、日本、印度和美国共七个成员方合作承担。ITER 装置已于 2020 年 7 月 28 日启动安装，计划于 2025 年实现首次等离子体放电。ITER 将集成国际受控磁约束核聚变研究的主要科学和技术成果，第一次在地球上实现能与未来实用聚变堆规模相比拟的受控热核聚变实验堆，解决通向聚变电站的关键问题。ITER 计划的成功实施，将全面验证聚变能源开发利用的科学可行性和工程可行性，是人类受控热核聚变研究走向实用的关键一步。

基于托卡马克概念的 ITER 装置已经开工建设，这将托卡马克装置的研究推向了高潮。世界上，美国、日本、欧盟、韩国等主要国家和地区都制定了详细的聚变能源发展路线，一方面积极参与 ITER 计划的建造和试验，吸收 ITER 技术和经验；另一方面，建设和发展自己的下一代装置，并开展与 ITER 配套的相关研究。

我国正在大力支持磁约束聚变界积极参加 ITER 的建设和试验，支持国内配套物理和工程技术研究，支持在吸收消化 ITER 设计的基础上，自主设计以获取聚变能源为目标的 CFETR。我国自主设计的 CFETR 也完成了物理和工程概念设计，将适时启动 CFETR 的全面建设。这些措施将使我国的可控核聚变实验堆工程化关键技术研究水平位于国际前列。

23.4.3　基于脉冲功率技术的 Z 箍缩驱动惯性约束聚变机理研究

实现纯聚变能源的商业应用，仍需解决诸多工程技术方面的挑战。聚变能商业应用尚需实现高的能量增益，研发耐高能中子辐照材料。聚变–裂变混合堆的出发点是结合聚变与裂变技术的优点，大幅降低对聚变堆芯参数的要求，促进聚变能源的提前应用并为裂变能源面临的资源短缺与锕系核素嬗变问题提供解决方案。

聚变–裂变混合堆包层中含有裂变材料或可转换材料，通过聚变中子引起的裂变倍增能量和中子，实现产氚，释放能量，易裂变材料生产和锕系核素嬗变。混合堆是次临界核反应堆，聚变堆芯是独立的外部高能中子源，可以使裂变包层以次临界态运行，有较多的剩余中子可用来产氚，实现氚自持循环。利用混合堆能谱较硬及高能区有效裂变中子数多的特点，裂变包层内还可实现如下功能：①能源生产；②核废料嬗变；③易裂变材料生产。

中国聚变–裂变混合堆研究始于 20 世纪 80 年代，先后探索了增殖堆和嬗变堆的混合堆概念。在 ITER 项目国内配套研究的支持下，中国开展了磁约束聚变驱动混合堆的研究，提出了次临界能源堆概念设计方案，形成了磁约束聚变的混合堆概念设计方案，并给出比较可靠的安全性、经济性和工程可行性分析。该方案系统分析了传统的增殖堆与嬗变堆面临的主要问题，对未来堆运行中核燃料的一系列问题提出了解决思路，并进一步提出与先进次临界能源包层技术结合，形成满足大规模能源应用为基本诉求的新型聚变–裂变混合堆概念，逐步形成工程化应用的成套技术，为聚变能源技术及早大规模服务于人类经济社会创造条件。

23.5　重点关注可能带来颠覆性突破的技术

23.5.1　耐事故核燃料技术

根据国际工程前沿的统计分析，目前最可能带来核电技术突破的是耐事故燃料技术，提升固有安全性，用以降低堆芯（燃料）熔化的风险，缓解或消除锆水反应导致的氢爆风险，提高事故下裂变产物燃料组件内包容的能力。

耐事故燃料开发分包壳和燃料芯块两个方面。包壳有采用锆合金涂层［如 Si

或 Cr 涂层、MAX 相（Ti_3SiC_2）等]、先进金属包壳（如 FeCrAl 合金，复合 Mo 包壳）及 SiC 复合包壳（如单质 SiC 内层–SiC 纤维层–单质 SiC 外层）等，其中 SiC 包壳材料熔点达到 5245℃，远高于 Zr 材 1852℃的熔点；芯块有 UO_2 芯块掺杂改性（添加改性颗粒提高热导率，如 BeO、SiC 晶须、金刚石），采用高密度陶瓷燃料（如高热导、高铀密度的 U15N、U_3Si_2、UC），金属基体微封装燃料（如 BISO/TRISO 颗粒弥散于锆合金基体），以及全陶瓷微封装燃料（如 BISO/TRISO 颗粒弥散于 SiC 基体）等，如 UO_2-钻石颗粒弥散芯块中心温度仅 1259℃，低于传统 UO_2 芯块 1781℃。耐事故燃料的开发要有路线图，从易到难，逐步推进，目标市场是逐步应用于新建和现有核电站，整体提升安全水平，取得成效。

国际方面，美国西屋电气公司于 2019 年春将耐事故燃料的先导组件装入爱克斯龙电力公司拜伦核电站随堆考验。该组件采用硅化铀芯块和薄铬镀层的锆包壳组成。硅化铀芯块能提供更高的铀密度减少换料量。西屋电气公司计划使用硅化铀芯块和 SiC 包壳。总体上这个方向和我们国内方向一致。耐事故燃料元件的研发和投入具有另外一层意义。三代核电站主要在安全系统上采取了安全措施，提高了安全度。截至 2018 年，全世界在运行的电站都是二代核电站，想在运行的二代核电站上改进其安全系统是不可能的，但可以更换燃料。如果我们在二代核电站里换了耐事故燃料，其安全性将大大提高，具有很大的现实意义。

23.5.2　严重事故技术

核安全的问题在和平利用原子能的初期就得到了关注，并从那时起逐步建立起了一套完整和自洽的体系。核安全理论体系被全球核工业界广泛接受，且被多年核电厂设计和取证的实践证明是行之有效的。行业内提出发展整体平衡的核安全观，这个理论的精髓是，通过平衡设计的手段，实现消除薄弱环节的目标，提高核电厂的整体安全性，即探寻纵深防御层次之间的平衡、冗余性和多样性之间的平衡、确定论和概率论安全分析之间的平衡，确保核电站风险最小甚至消除，从而实现减缓甚至消除场外应急的目标。核电厂的整体安全性，也就是核电厂作为一个整体（考虑所有可能的事件、事故和灾害）给环境和公众造成的风险。目前核电发展过于关注事故概率最小化，如利用概率安全评价（probabilistic safety assessment，PSA）中有直观衡量核电厂整体安全水平的指标，如堆芯损伤频率和放射性核素大规模释放的频率，来对核电技术进行断代，而没有从整体来评估风险。

完善严重事故技术，需要开展堆芯熔融机理研究，通过开展堆芯熔融物在堆内迁移及堆外迁移的主要进程和现象研究，优化完善严重事故预防与缓解的工程技术措施和管理指南等，包括堆内熔融物滞留技术、堆芯熔融物捕集器和消氢技术等；实现保障安全壳完整性研究，包括安全壳失效概率计算、源项去除等预防及缓解措施，应对安全壳隔离失效、安全壳旁路、安全壳早期失效和其他导致安全壳包容功能失效的事故序列；最后需要关注剩余风险保障措施，确保即使发生极端严重事故，放射性释放对环境的影响也是可控的，保障环境安全。

23.5.3 数字化核电技术

2017 年 7 月，国务院印发了《新一代人工智能发展规划》，该规划提出，到 2020 年人工智能总体技术和应用与世界先进水平同步。核工业是高科技战略产业，是国家安全的重要基石，人工智能在核工业的应用具有重要意义。

落实新一代人工智能在核能行业的发展规划，须深入并广泛应用以工业机器人、图像识别、深度自学习系统、自适应控制、自主操纵、人机混合智能、虚拟现实智能建模等为代表的新型人工智能技术。

总体来讲，核电领域人工智能发展分为三个阶段。第一阶段是基础建设，智能化一定要立足在数字化的基础上，从智能仪表智能控制器采用到核电站全数字仪控系统建立，国内除了早期的几个核电站外，其他大部分核电站都已经实现数字化。第二阶段是人工智能架构的建立，利用"互联网+"建立大数据系统，开发数字核电站并开发应用虚拟现实技术，其中数字核电站包括两类，一类是虚拟的三维数字化核电站，用于安装、维护、检修，另一类是动态的，实时展示核电站的各种参数和状态。第三阶段是核电人工智能应用开发，包括操作指导、事故处理指导、核电站设备系统智能维护、高放射性区域不可达地区的应用机器人或者机器人系统维修。这三个阶段不是相互割裂的，而是交叉发展的，通过这三个阶段的发展，我们的人工智能会慢慢成熟发展起来，这是当前国际上的热点，也是占领技术和科学制高点的一项关键工作。

核电领域人工智能应用的意义在于提高核电运行的安全性；加强核电关键系统和设备的自动运行监控，提高系统、设备的可靠性；提高核电站运行的可利用率，提高经济性；对人不可达区域进行机器人维修，减少工作人员的受照剂量；为严重事故处理创造技术条件；为核电站退役创造技术条件。

23.5.4 基于钍基熔盐堆和可再生能源的多能融合系统

党的十九大报告明确提出"推进能源生产和消费革命，构建清洁低碳、安全高效的能源体系"的发展战略，为核能和可再生能源进一步发展提出了明确需求。相比于光伏、风电等可再生能源发电存在的波动性大、间歇性强和能量密度较低等固有特征，核能因其高能量密度、输出稳定、低燃料消耗、零碳排放和强军民融合等特点，将是保障国家能源安全、优化能源结构、促进节能减排的重要手段。

面对上述世界性挑战，发达国家正积极开展裂变核能科技前沿研发，加速发展具有固有安全性、可全地域应用的第四代核反应堆，使其在 21 世纪中叶成为核能的主流堆型，同时加速多能融合以实现能源的低碳化与清洁化，这已经成为未来第四代核反应堆的一个主要应用选项。我国为实现因时制宜、因势而动，构建新格局，释放新动能，实现新发展，加快建设社会主义现代化强国的目标，应针对我国西北地区的特点，研究风、光、水、火、核协同开发利用，实现多能互补和综合利用，为国家能源独立与能源安全提供解决方案。

熔盐堆使用液态核燃料，不仅具有固有安全性、防核扩散等第四代核能系统的一般特征，还具有常压工作、无水冷却（适于建在干旱地区）、高效率焚烧乏燃料和利用钍基核燃料等独特优势。经过国际社会几十年的努力，钍资源利用有望在熔盐堆上率先实现，这对我国有特殊意义——我国钍资源丰富，可以在战略上实现能源独立，确保国家能源安全；并且钍基核燃料终极废料低，更加清洁、安全。源于熔盐堆的高温熔盐技术可用于太阳能热发电及核聚变工程等。

熔盐堆核能系统不仅可以作为基荷电源，也可以通过熔盐储能系统成为调峰电源，构建钍基熔盐堆新能源系统。高比例风电和光电与熔盐堆系统耦合，通过熔盐堆发电系统调节，满足电力系统负荷调整需求，还可以通过大规模熔盐蓄热储能，将光伏、风电多余的弃光弃风电力储存起来，大幅提升电力输出的可调节能力，提升清洁能源的消纳能力，构建一种稳定的多能互补清洁电源组合，在优化我国现有能源结构、保证能源安全、减少碳排放、维持价格稳定性等方面具有巨大的优势。以熔盐储能和高温制氢技术为纽带，通过钍基熔盐堆与可再生能源的深度结合，构建基于核能-可再生能源的低碳复合能源系统，大幅度提高能源系统的稳定性和效率，可以为我国提供一个深度去碳化的能源解决方案，并为"一带一路"倡议提供能源技术支撑。

建议建立核能氢共性关键技术研发平台，构建创新研究体系，研究核能制氢关键基础理论和关键工艺技术，研究氧离子导体和质子导体型 SOEC 材料、高电解电流密度电解池、大规模电解池堆模组集成技术、高温氢气分离纯化技术、核热氢耦合技术、核能制氢安全评估和管理规范，探索新型高效的高温热化学循环制氢技术。建设涵盖材料、器件、设备、系统的研发平台，实现关键材料与设备产业化，完成世界首座基于小型模块化熔盐堆的核能制氢、高温熔盐传蓄热和区域供热示范项目，构建核能-可再生能源多能融合示范，总体技术水平居国际领先。

到 2025 年，完成核能高温制氢、超高温熔盐传蓄热、核能供热等技术研发和验证；到 2030 年，完成国际首座熔盐堆核能高温制氢示范装置建设；到 2035 年，构建基于核能和可再生能源的多能融合新能源体系。

第 24 章　面向 2035 年中国核能发展战略

24.1　核能是我国实现碳达峰、碳中和目标的强力支撑

核能是高密度清洁能源，全产业链单位电量二氧化碳释放量最低，是人类应对气候变化的重要解决方案。经过多年的发展和进步，我国积累了压水堆核电设计、制造、建设、调试、运行的全套经验，形成了较为全面的核工业技术体系，掌握了快堆等先进核能的核心技术，建立了较为完备的研发体系。多年运行数据表明，核电站的安全性能良好，安全运行业绩在世界名列前茅。面向 2035 年、2050 年及更长远时期，我国应坚持发展利用核能，加快战略性、先导性核能科技创新攻关，为国家实现碳达峰、碳中和目标提供强力支撑。

根据中国工程院预测，2035 年我国核电装机规模应达到 1.4 亿～2.2 亿千瓦，实现占电力总装机规模的 8%～9%的目标；2050 年核电装机规模宜增加到 4 亿～5 亿千瓦，占电力总装机规模的 12%～16%，为碳达峰、碳中和目标下的能源安全做出更大贡献。

24.2　大力推进三代压水堆批量化部署，加快快堆及闭式循环体系商用示范

基于多年来压水堆核电的技术积累，并通过充分消化吸收世界先进核电设计理念，按全球最高安全标准要求，我国自主研发了具有完整知识产权的三代核电技术"华龙一号"，国内 4 台、海外 2 台示范工程进展顺利，世界首堆福清 5 号机组已成功并网发电。我国已成功跻身世界三代核电技术领先行列。

我国应在碳达峰目标下，大力推进三代压水堆核电批量化持续部署，使我国核能发电量在 2035 年前占比达到 13%～15%。与此同时，应在 2035 年左右，实现四代先进快堆商用示范，具备规模化推广的条件，突破核能发展铀资源和

长寿命放射性废物消减两大发展瓶颈。在 2060 年碳中和时，能够实现压水堆和快堆二元核电体系的协同发展，达到核能发电量占比 24%左右的总体目标。

24.3 统筹规划，加速突破四代核电关键技术

新形势下，强化战略科技力量创新发展将是我国未来持续发展的总体性要求。核能作为我国"双碳"目标实现的有力支撑，要实现长期、大规模可持续发展，必须解决铀资源高效利用和废物尤其是长寿命放射性废物最小化等战略性问题。

我国应统筹规划、统一布局，加速突破四代先进快堆、核燃料闭式循环、高放废物处理处置等关键技术，在利用快堆均匀嬗变的基础上，同时探索加速器驱动次临界系统（accelerator driven sub-critical system，ADS）嬗变等技术，在 2035 年碳达峰前后，实现四代先进堆商用示范及铀钚燃料体系闭式循环工业化实施，解决制约核能发展和安全的重大难题，确保可持续发展。

24.4 积极探索核能供热、制氢等新方向

我国的能源转型对核能的多元利用也提出了新的要求。国际上，针对核能的多用途利用主要包括区域供热、制氢、海水淡化、工业工艺供热、偏远地区及孤网热电联供等方面。

我国已开始探索核能的多元利用。针对我国北方地区的清洁供暖需求，在五十多年池式堆设计和安全稳定运行经验基础上，中核集团自主研发了安全经济、绿色环保"燕龙"泳池式低温专用供热堆，正在推进吉林辽源示范工程项目。山东核电有限公司也利用海阳核电热电联产的方式实施了我国首例 70 万平方米商用核能供热项目。随着核能在我国的建设加快，为应对能源转型的需要，我国应加快探索核能的多元利用，并大力推进高温气冷堆的高温应用，包括制氢、冶炼、化工应用等。

24.5 探索钍铀循环、聚变堆、混合堆等技术的工程应用

20 世纪我国就确立了核能发展"压水堆—快堆—聚变堆"三步走战略。从多

年的核科技发展情况来看，该战略表现出了极高的科学性和战略性，依然是世界核能发展的共同理想。从技术和产业能力来看，目前我国已进入热堆规模化应用的阶段，快堆处于技术突破和提升及工业示范的阶段，而聚变堆处于前期试验开发阶段。

面向 2050 年以后的更长远时期，我国应坚持核能发展三步走战略，稳步推进聚变堆、聚变–裂变混合堆等技术开发，以及在铀钚循环应用的基础上开发基于快堆的钍铀循环技术，在关键技术突破后稳妥开展工业化实施应用，确保未来我国核能的长远稳定发展。

第 25 章　面向 2035 年中国核能发展建议

25.1　做好重塑未来核能发展与资源体系的顶层设计

一是建立完善的天然铀国内生产、海外开发、国际铀贸易三种方式的铀资源开发、供应和储备保障体系。继续坚持实行核燃料供应立足于国内的方针，加大常规资源勘探，海外开发、采购应规避风险，抓住时机，加大资本运作力度，掌握更多资源；及时启动国内非常规铀资源调查，了解国内非常规资源的规模、分布、矿种；对资源量较大、国际上有较成熟开采技术的矿种，评价国内技术水平和成本。

二是坚持核燃料闭合循环的技术路线，实现核电与核燃料循环产业的协调发展。建议加大研发力度、长期投入、稳步推进。考虑到快堆需要后处理提供燃料，优先发展后处理产业，对引进的快堆示范电站要统一组织，加大消化吸收力度，结合后处理大厂建设进度，适时开展快堆建设。

三是积极开发对核电厂址要求相对较宽松的核电新技术，切实做好核电及相关配套设施厂址资源的保护与开发。建立国家核电及相关配套设施厂址储备库，尽早统筹布局核电厂、后处理厂、快堆元件制造、乏燃料贮存和放射性废物管理设施及先进核能系统的厂址。在国家核电及相关配套设施厂址储备库基础上，对厂址进行优选，尽快制订相关综合性开发利用规划，并在《核电管理条例》下，建立和完善相关制度，明确核电及相关配套设施厂址的开发主体资质、开发审批程序、厂址保护与合理利用制度等。通过国家、省区市及各级政府主管部门颁布实施的核电及相关配套产业发展规划保护核电和相关配套设施厂址资源。

25.2　积极整合现有能源科技资源

一是加强政策引导，大力推动国内核能技术力量和设备制造企业优化重组，形成以国家投入为牵引、企业投入为主体的核电技术创新机制，加大研究费用的投入力度，加强我国核电发展政府投资的统筹协调，以及相关工作的战略规划和组织管理。

二是加大核行业主管部门对包括科研院校在内的全行业科技管理力度。强化新型核能系统的研发在国家层面的组织与协调工作。结合市场需求和未来堆型进行深入的调研，论证其安全性、经济性、工程可行性和需求定位，再根据其技术成熟度分别开展前期基础研究、关键技术研发或工程实验堆建设。已经突破了所有关键技术的堆型才可以进行工程实验堆的建设，避免对国家科研资源的分散和浪费。

三是建立核燃料生产和后处理的专业化公司，形成与世界接轨的核燃料价格体系，提供可靠的燃料保障和后处理等相关服务。优化核能国际合作体系，实现国际国内工作的协调统一，进一步加强和深化核电领域的国际交流与合作。

四是选定战略性需求或堆型方向设立国家科技重大专项，通过核心技术攻关和资源集成，解决中长期内核能安全、可靠发展的关键问题，实现先进核能技术的商用示范，确保核能为碳达峰和碳中和目标的实现提供有力支撑。

25.3　积极探索核能发展的国家政策支持

一是完善核电参与电力调峰的支持性政策。充分发挥核电的基荷能源作用，积极发掘核电自身提供辅助服务的潜能，探索配套储能、核能综合利用等多样化方式参与辅助服务，提升未来电力现货市场竞争力。尽快开展对核电调峰安全分析的研究，加大核电调峰运行相关人员培训的力度，积极提高我国核电参与调峰的技术和管理等方面的能力。加强与电网沟通，共同探讨核电机组和电网调度的最佳配合模式，如合理安排核电站换料大修计划、跟踪负荷调峰、极端日运行等。政府有关部门加快明确核电调峰补偿规则，建立责权对等的辅助服务成本付费机制。

二是确立核能作为清洁能源的定位，给予相应政策待遇，鼓励各地主管部门落实核电优先发电权及保障性消纳政策，通过政府全寿命期长期协议、差价合约等方式给予核电政策支持，提高上网电量中的政府授权合约比例，鼓励核电企业与用户签订 5 年以上的长期合同。进一步完善现行核电定价机制，制定能体现核电作为清洁能源的上网政策和价格政策，充分考虑目前核电定价机制中对乏燃料处理、核设施退役等外部性成本的内部化处理，加快开征碳税以作为提高核电经济性的有益补充，从而促进能源生产结构的调整。另外，核电企业也应积极与政府部门沟通，在核电定价机制重塑过程中及时表达政策诉求。

25.4 加强核能监管政策与科技创新政策的协调配合

一是完善与我国核电发展相适应的行业管理和安全监管体系，提升行业管理与安全监管能力和水平，进一步增强核安全监管部门的独立性、权威性、有效性，明确和强化核行业主管部门、核电行业主管部门的核安全管理责任，确保发展与安全的协调统一。

二是完善核安全监管部门与行业主管部门在制定行业发展战略、规划，以及项目前期审批和安全监管中的协调机制。建立行业主管部门、核安全监管部门与气象、海洋、地震等部门的自然灾害预警和应急联动机制。

三是按照社会主义市场经济发展的总体要求，建立符合市场规律的电价形成机制，上网电价与先进燃煤火电相比具有竞争力。完善核电厂运行与技术服务体系，提高安全、稳定运行水平。完善核电应急机制，把应急管理与日常监管紧密结合，充分发挥各涉核部门的职能作用和核企业集团公司的专业技术优势，细化涉核企事业单位的主体责任。

25.5 加强核电自主创新基础研发平台建设

核能的发展离不开核燃料，一种新堆型的燃料研发往往需要 10～20 年的研发周期，包括结构材料的选型、材料的辐照试验、辐照后检验，以及整体燃料的考验。

25.5.1 国际燃料材料的研发和基础研究趋势

世界上的新一代核燃料与材料的辐照平台仅剩下俄罗斯的 Bor-60 和 CEFR，因此 2010～2020 年国际上的各类辐照研发工作主要在俄罗斯的 Bor-60 开展。日本和美国主要在俄罗斯的 Bor-60 开展；法国的凤凰堆退役后寻求与我国合作，但鉴于 CEFR 的试验任务已经排满，暂无具体项目。俄罗斯的 Bor-60 即将退役，我国暂时不可能承接国际任务，因此除了普通低参数辐照的研究堆之外，美国启动了多用途试验堆（versatile test reactor，VTR）项目，俄罗斯启动了多用途快中子试验堆（multi-purpose fast-neutron research reactor，MBIR）项目。

美国的 VTR 的目的是提供前沿能力以加速先进燃料和材料的试验和鉴定，使美国能够重获并保持先进堆技术领域的领先地位，重点开展反应堆（包括钠冷、铅铋或铅冷、气冷和熔盐堆）的燃料、材料、仪表与传感器试验，以及加速反应堆材料辐照试验。该项目于 2017 年完成前期启动工作，计划投资 30 亿～60 亿美元，2026 年建成。VTR 基于成熟的钠冷快堆技术，采用金属燃料，以小型模块化反应堆（power reactor innovative small module，PRISM）为参考，扩展试验能力。

俄罗斯多功能快堆项目（MBIR）正在建设，采用钠冷快堆技术，具有快中子通量高、水平及垂直孔道多，并设置了独立试验回路的特点，除了传统稳态辐照外还可以开展钠沸腾、燃料与包壳熔化、燃料元件破损、熔融燃料与冷却剂反应等极限工况和严重事故的堆上试验研究；同时针对新一代核动力装置，在 350～1800℃范围内，可以使用多种冷却剂（包括钠、铅、铅铋、气体等）开展新型燃料和材料的辐照考验工作。MBIR 已经纳入俄罗斯国家战略计划，即将完成土建工作，主容器已经到货，计划 2024 年启动，2025 年正式运行，接替退役的 Bor-60，能将试验能力提升 4 倍以上。

我国国内通量参数较高的研究堆主要包括中国先进研究堆（China advanced research reactor，CARR）、493 和即将建成的 493-2 及 CEFR，但整体辐照能力与美俄的高通量堆差距较大。在材料辐照方面仅 CEFR 一座。在满足未来铅铋、锂冷、气冷等多种新型燃料辐照方面缺少必要的平台。与美俄相比，我国研究堆在数量（美国 50 座在运，俄罗斯 29 座在运）和中子通量水平方面存在较大差距。

25.5.2　加快国内燃料材料的研发和基础研究平台建设工作

我国正在从核电的大国向核电的强国发展，当前大规模发展的压水堆，早期的燃料来自美国和法国的成熟燃料，国内正在积极开展燃料的研发并取得了积极的成果，但与国外相比仍存在较大的差距，特别是在燃料和材料的基础研究领域，缺少必要的辐照试验数据。

中国核能发展按照"压水堆—快堆—聚变堆"的战略，以及"坚持核燃料闭式循环"的战略。以钠冷快堆为代表的第四代核电技术中，根据第四代核能系统国际论坛在 2014 年升版的技术路线图，最有可能实现在 2030 年前开展原型堆建造的技术为钠冷快堆、铅冷快堆、超临界水冷堆和超高温反应堆技术。

我国开展了大部分堆型的新一代反应堆的研发工作，但其中关键问题是燃料与材料的研发工作，这也是我国长期的核能技术短板，目前国内缺乏综合的研发平台。美国和俄罗斯为了保持其未来在新一代反应堆的国际领先地位先后实施了高通量多功能快堆 VTR 和 MBIR 项目，夯实基础研究的平台工作。超出传统堆型的单一冷却剂的概念，多功能堆能够在以钠冷为主体的快堆中，实现铅冷、气冷等多种冷却剂辐照能力，并实现从快谱到超热谱，以及热谱的全能谱覆盖，大幅度提高综合试验能力的经济性。

钠冷快堆是中国选择的主流快堆堆型，现有的 MOX 燃料属于示范快堆阶段的一种过渡燃料，未来将向着金属燃料的目标发展，其中的研发工作涉及高性能 MOX 燃料、国际上正在研发的新一代快堆包壳材料氧化物弥散强化（oxide dispersion-strengthened，ODS）合金、用于金属燃料的铁素体/马氏体钢、铀–钚–锆三元合金燃料、俄罗斯正在大力发展的氮化物燃料、印度积极研发的氮化物燃料等。截至 2020 年，我国尚缺乏国产材料的辐照数据，要开展工程应用必须先获得辐照性能数据。

关于铅铋堆的燃料，国际上有氧化物、金属燃料，或者氮化物燃料等选项。关于铅铋堆的材料，需开发铁素体钢等耐铅铋腐蚀的材料。

除此之外，我国的多种新型反应堆研发百花齐放，锂冷、气冷等堆型均在研发之列，新型冷却剂燃料的工程化离不开反应堆的辐照，截至 2020 年，我国还不具备开展冷却剂的燃料验证工作的条件。

25.5.3　加快基础研究平台建设工作建议

我国未来核能的发展将逐步实现世界领先，在新型燃料和材料研发方面，应尽快建立必要的辐照研究工具堆。从美国和俄罗斯等国家已经开始实施的国家项目来看，它们均计划在 2025 年前后建成新一代的辐照研究堆，以钠冷快堆为基础，大幅度提高通量水平以获得强大的辐照能力，同时具备铅冷/铅铋冷、钠冷、气冷、熔盐等多种形式的辐照回路，做到一堆多用，应对未来激烈的核技术竞争。

因此，建议我国尽快启动多功能研究堆的研发工作，争取尽快建成我国的多功能高通量堆，以及多种新型燃料和材料的研发辐照平台，同时利用高通量的优势，填补国内多种类型同位素生产的空白，大幅度提升国内同位素生产的品质。

第六篇　煤炭清洁高效利用（2035）

第 26 章　2035 年前煤炭重要基础能源的地位不会改变

2014 年 6 月，习近平总书记在中央财经领导小组第六次会议上指出，"立足国内多元供应保安全，大力推进煤炭清洁高效利用"[①]。煤炭是我国的基础能源和重要原料，煤炭工业是关系国家经济命脉和能源安全的重要基础产业。正如 2020 年 7 月国家发展和改革委员会发布的《中华人民共和国煤炭法（修订草案）》（征求意见稿）的说明中所指出的那样，我国能源的特点是"富煤贫油少气"，煤炭仍是支撑我国经济持续稳定增长的基础能源，必须要走清洁高效利用的绿色发展之路。

26.1　煤炭是我国的基础能源和重要原料

26.1.1　能源资源禀赋以煤为主是我国的基本能情

我国能源资源禀赋特点决定了必须要长期坚持煤炭清洁高效利用道路。在全国已探明的一次能源资源储量中，油气等资源占 6%左右，而煤炭占 94%左右，是稳定经济、自主保障能力最强的能源。中国煤炭资源储量丰富，主要分布于山西、陕西、内蒙古西部、宁夏和新疆。根据 2014 年《全国煤炭资源潜力评价》结果，全国 2000 米以浅煤炭资源总量 5.9 万亿吨，其中，探获资源储量 2.02 万亿吨，预测资源量 3.88 万亿吨。

26.1.2　煤炭有力支撑了我国国民经济和社会平稳较快发展

我国是世界上最早利用煤炭的国家，煤炭长期以来是我国的主体能源和重要的工业原料。新中国成立之初，煤炭总产量仅有 3243 万吨，在我国能源结构中占

---

① 《习近平主持召开中央财经领导小组第六次会议》，http://www.cntheory.com/zycjwyhlchy/zycjldxzhy/202110/t20211008_20162.html[2021-03-16]。

比达 95%以上，是名副其实的推动新中国不断发展的"动力之源"。从 1978 年到 2017 年，全国规模以上煤炭企业主营业务收入由 125.8 亿元（1978 年为煤炭工业总产值）增加到 2.48 万亿元，增长近 200 倍。截至 2019 年，全国累计生产煤炭约 815 亿吨，为国家经济社会发展提供了 70%以上的一次能源，支撑了我国 GDP 由 1978 年的 3679 亿元到 2019 年的 99.08 万亿元的快速增长。同时，煤炭消费和利用呈现出清洁化、多元化发展模式，煤炭作为燃料与原料并重实现革命性进展，煤炭清洁高效利用取得历史性成就，有效改善了我国生态环境质量，为我国经济社会高质量发展做出了巨大贡献。

26.1.3 煤炭是我国能源安全保障的压舱石、稳定器

随着经济的不断发展，我国对石油的需求越来越高。石油对外依存度不断攀升，2019 年我国原油进口总量为 50 572 万吨，原油对外依存度达到 72%以上，以 6%的能源资源结构支撑油气 30%的能源消费结构，既不安全也不可持续。尤其是当前外部发展环境可能会更加复杂，加之全球新冠疫情影响，我国能源安全保障面临的不确定因素和挑战更多。因此，发展煤制油气替代，是中国能源供应保障的战略选择。当前，以具有自主知识产权的煤直接液化、煤间接液化成套关键技术与装备产业化为代表的煤炭清洁转化创新突破，以及工业示范工程的安全稳定长期满负荷运行，对我国发挥煤炭资源优势、缓解石油资源紧张局面、保障能源安全、保护生态环境具有重要战略意义。2016 年 12 月，在国家能源集团宁夏煤业有限责任公司 400 万吨/年煤间接液化示范项目工程投产之际，习近平总书记做出重要指示："这一重大项目建成投产，对我国增强能源自主保障能力、推动煤炭清洁高效利用、促进民族地区发展具有重大意义，是对能源安全高效清洁低碳发展方式的有益探索，是实施创新驱动发展战略的重要成果。"[①]

26.1.4 煤炭清洁高效利用是现实选择和必由之路

煤炭在过去相当长的时间内一直是我国的主体能源，在今后较长时间内对我国能源安全稳定供应还将发挥兜底保障作用。尽管煤炭在一次能源消费中的比重将逐步降低，2020 年降至 56.8%，但在相当长的时间内，特别是 2035 年前，煤炭重要基础能源地位不会变化。据预测，2035 年前我国能源消费需求仍将保持持续增长态势，能源消费增量部分主要靠清洁能源提供，但年煤炭消费量仍将保持在

---

① 《习近平对神华宁煤煤制油示范项目建成投产作出重要指示强调加快推进能源生产和消费革命增强我国能源自主保障能力》，http://politics.people.com.cn/n1/2016/1229/c1024-28984454.html[2016-12-29]。

30 亿吨左右。截至 2020 年，我国历史煤炭消费量约 920 亿吨，未来煤炭在我国能源消费结构中的比重将不断下降，但至 2100 年煤炭消费绝对量将仍有约 1000 亿吨的规模。要深刻认识我国能源资源禀赋和煤炭的基础性保障作用，不轻易转移对煤炭的注意力，不轻言"去煤化"，持续做好煤炭清洁高效利用这篇大文章。这是当前发展阶段下的现实选择，更是基本能情下的必由之路。

26.2　世界煤炭开发利用趋势

26.2.1　全球煤炭消费占比逐步下降，但煤炭仍是第二大能源

近年来，世界主要国家均加速调整能源结构和转变能源开发利用模式，加快向绿色、多元、高效的可持续能源系统转型。世界一次能源结构加速调整，形成多元化格局，整体变化趋势为石油和煤炭份额下降，天然气份额提高，非化石能源份额迅速上升。

据《bp 世界能源统计年鉴（2020 年版）》，2019 年，全球煤炭消费量达到 53.9 亿吨标准煤，同比下降了 0.6%，占全球一次能源消费总量的 27%，煤炭仍是全球第二大能源。世界煤炭消费量及其在一次能源中的占比如图 26-1 所示。

图 26-1　世界煤炭消费量及其在一次能源中的占比

另据 IEA、EIA、石油输出国组织和 bp 公司等发布的能源展望报告，2040 年煤炭占全球一次能源消费比重仍将达 20%～22%。

26.2.2　发电是煤炭利用的主要方式，全球发电量占比超 1/3

　　燃煤发电仍是煤炭利用的主要方式，在 OECD 国家，电煤占比超过 80%。2019 年全球燃煤发电量 9.8 万亿千瓦时，比 2018 年下降 2.65%，占全球总发电量的 36.4%。从发电量来看，全球燃煤发电在地理分布上高度集中，年发电量超过 1000 亿千瓦时的有中国、印度、美国、日本、韩国、南非、俄罗斯、印度尼西亚、德国等 13 个国家。其中，中国、印度、美国三国占全球燃煤发电量的 71.71%。全球能源监测机构（Global Energy Monitor）发布的报告显示，2020 年上半年全球总共投产了 18.3 吉瓦煤电，包括中国（11.4 吉瓦）、日本（1.8 吉瓦）、德国（1.1 吉瓦）等，退役 21.2 吉瓦，全球煤电装机规模首次出现下滑，装机总量减少至 2047 吉瓦，这是半年期内煤电退役产能首次超过投产产能。世界燃煤发电量及其占比如图 26-2 所示。

图 26-2　世界燃煤发电量及其占比

26.2.3　煤炭绿色低碳开发利用技术创新仍是重点

　　世界煤炭开发方式正向绿色智能化方向发展。煤炭绿色智能开发是指在不断克服复杂地质条件和工程环境带来的安全隐患的前提下，煤炭高效、经济地可持续开采。煤炭绿色智能开发主要解决三大问题：一是尽可能降低对生态的扰动和对作业人员的危害，实现无害化开采；二是须实现高效、智能生产，实现井下无人化生产；三是实现煤系地层多种资源的综合开发利用。国外在上述三大领域开展了大量的研究与实践，为我国提供了可借鉴的思路。

　　煤炭利用在国际上主要用于集中发电，在发达国家电煤占比超过 80%。近年来，日本等重视燃煤发电的国家都在为实现发电净效率大于 50% 的目标努力，发展趋势是研发更高参数发电技术和新型动力系统、高灵活性和多能互补发电技术、智能发电技术，实现燃煤发电的安全高效和灵活智能。

长期以来西方发达国家和煤炭主要消费国一直在支持煤炭清洁转化及相关技术的研发，除南非外，国外煤炭清洁转化产业相对较小。从能源战略安全角度出发未来发展的趋势主要是煤炭高效清洁转化制取清洁燃料和煤转化制取大宗及特殊化学品两大技术方向。

此外，国际社会高度重视对温室气体排放的限制，美国修订 45Q 法案，为发电厂、化工厂捕获和储存的二氧化碳提供税收减免；bp 将 CCUS 和低碳技术列入环境技术群技术，并启动清洁气项目。国际社会在 CCUS 领域的技术合作意愿增强，开展了大量研究和示范工作。

26.3　我国煤炭开发利用的发展现状

针对我国以煤为主的能源结构，我国一直将煤炭清洁高效开发利用作为国家科技计划重点支持方向和煤炭产业发展方向。经过多年的发展，已形成了一批具有自主知识产权的煤炭清洁高效利用核心技术，培养和汇聚了一批高水平创新人才和团队，支撑了煤炭产业向清洁低碳、安全高效方向发展。

26.3.1　我国煤炭产量和消费量均占全球一半左右

我国是全球最大的煤炭生产国，2020 年煤炭产量 38.4 亿吨，占世界煤炭产量的 51%。多年来我国煤炭产量持续增长，2013 年达到历史峰值 39.7 亿吨。受经济增速放缓、能源结构调整、节能降耗等因素影响，之后连续三年煤炭产量下降，2016 年下降到 34.1 亿吨，主要受高耗煤产业的拉动，2017 年后恢复增长，经历了一个由升转降再到增的过程。如图 26-3 所示。

我国也是全球最大的煤炭消费国，2019 年煤炭消费量 40.4 亿吨，占世界煤炭消费量的 51.7%，自 2011 年起占比已连续 9 年超过 50%。与煤炭生产量变化情况类似，我国煤炭消费量 2013 年达到历史峰值 42.4 亿吨，之后经历了先下降后上升的过程。

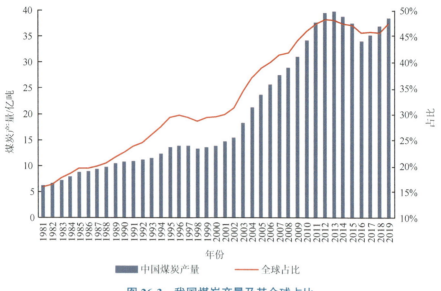

图 26-3 我国煤炭产量及其全球占比

煤炭消费主要用于发电和供热、工业生产、民用和化工等行业和领域，如图 26-4 所示。2018 年我国煤炭消费接近 40 亿吨，燃煤发电、供热用煤占 60%左右，化工用煤比重约 23%，工业、民用煤炭近年来持续下降，用煤比重下降至 15%左右。

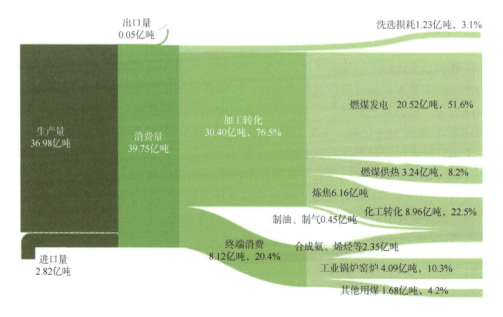

图 26-4 我国 2018 年煤炭流向图

资料来源：《中国能源统计年鉴 2019》

26.3.2　我国煤炭开发产业结构升级取得实质性进展

近年来，在煤炭去产能背景下，煤炭产业结构加快调整，发展质量不断提高。截至 2020 年底，全国累计退出落后产能煤矿 5500 处，产能达 10 亿吨/年以上，超额完成国务院 2016 年制定的化解过剩产能目标；14 个大型煤炭基地产量占全国总产量比重达到 96.6%，煤炭开发布局持续得到优化；年产 120 万吨以上的大型现代化煤矿 1200 处以上，产量占比约 80%，已成为全国煤炭开发主体；大型煤炭企业采煤机械化程度达到 98.9%，部分特大型煤矿的技术面貌和效率处于世界先进水平，建成一批千万吨级矿井群和智能工作面；原煤入选率超过 74%，接近发达国家水平；安全生产水平不断提高，节能减排和生态环境保护持续改善。

26.3.3　我国已建成全球最大的清洁高效煤电供应体系

我国一半的煤炭用于发电，近年来随着新能源开发规模不断增长，我国燃煤发电占比持续下降，但仍是最重要的电力供应来源。截至 2019 年底，我国燃煤发电装机容量达到 10.4 亿千瓦，占总发电装机容量的 52%；燃煤发电量达到 4.55 万亿千瓦时，占总发电量的 62%。

我国燃煤发电机组大气污染物超低排放要求严于世界主要发达国家和地区，燃煤发电不是我国大气污染物的主要来源。我国持续推进煤电机组淘汰落后产能和节能减排升级改造，供电煤耗与污染物排放绩效持续下降，已步入世界领先行列。2019 年平均供电标准煤耗降至 306 克/千瓦时（相当于净发电效率 40.2%）。截至 2019 年底，我国实现超低排放的煤电机组累计约 8.9 亿千瓦，占总装机的 86%。

煤炭清洁高效发电一直得到了国家科技计划重点方向的持续支持，取得了一系列重要成果。2019 年全国百万千瓦燃煤超超临界机组有 111 台在运行，超过其他国家的总和，平均供电标准煤耗约为 280 克/千瓦时，引领了世界燃煤发电技术的发展方向。2015 年，泰州电厂 3 号机组是世界上首台成功运用二次再热技术的百万千瓦超超临界燃煤发电机组，实现供电标准煤耗 266 克/千瓦时，成为全球煤电新标杆。2013 年，世界首台 600 兆瓦超临界循环流化床（circulating fluidized bed，CFB）燃煤锅炉机组投入示范运行，净发电效率 40%，我国大型循环流化床锅炉技术已经达到世界领先水平。

26.3.4　煤炭转化已成为保障我国能源安全的重要战略路径

近年来，我国煤炭清洁高效转化利用技术取得一系列重大成就，具有我国自主知识产权的煤气化、煤直接液化、煤制烯烃、煤间接液化先后取得大规模工业化应用，2019 年可替代石油约 3000 万吨，已成为保障我国能源安全的一条重要战略路径。

我国开发了多种具有自主知识产权的高效低成本煤气化技术，单炉气化规模超过 3000 吨/天，彻底摆脱了现代煤化工大型煤气化技术对国外进口的依赖。研发建设了世界首套百万吨级煤直接液化商业装置并实现长周期稳定运行，开发了 400 万吨煤间接液化成套技术并实现商业化运行，2021 年煤制油产能 931 万吨/年。建成了世界上首套 60 万吨/年煤制烯烃工业化生产装置，首次实现了由煤化工向生产石油化工原料的转换，年产能达 1672 万吨/年。此外，我国在煤制乙二醇、煤制天然气、煤制芳烃、煤制燃料乙醇、煤制低碳醇、煤经合成气直接制烯烃等技术发展和产业应用方面均取得重大突破，我国已建立起了完整的现代煤化工产业技术创新体系，培养和造就了一支高素质的科技创新和产业运营人才队伍，引领全球煤化工产业发展。

26.4 我国煤炭开发利用面临的问题

26.4.1 绿色煤炭资源量极其有限

绿色煤炭资源量是指能够满足煤矿安全、技术、经济、环境等综合条件，并支撑煤炭科学产能和科学开发的煤炭资源量。中国工程院重点咨询研究项目"我国煤炭资源高效回收及节能战略研究"成果显示，我国可供开采的绿色煤炭资源量极其有限。我国预测煤炭资源量约 5.97 万亿吨，探明煤炭储量 1.3 万亿吨。而我国绿色煤炭资源量只有 5048.95 亿吨，仅占全国煤炭资源量的不到 10%。

与此同时，煤炭开发导致土地资源被破坏及生态环境恶化。露天开采剥离排土、井工开采地表沉陷、裂缝，都将破坏土地资源和植物资源，改变地貌，引发景观生态变化。开采沉陷造成中国东部平原矿区土地大面积积水受淹或盐渍化，使西部矿区水土流失和土地荒漠化加剧。采煤塌陷还会引起山地、丘陵山体滑坡或泥石流，并危及地面建筑物、水体及交通线路安全。另外，大量地下水资源因煤系地层被破坏而渗漏矿井并被排出，而矿井水净化利用率较低，对矿区周边环境形成新的污染。

26.4.2 煤炭节能减排形势依然严峻

当前煤炭开发利用整体管理粗放，利用效率偏低，环境破坏严重，煤炭生产和消费方式亟待根本性革命。近年来我国单位 GDP 能耗持续下降，但仍远高于世界平均水平和发达国家水平，煤炭相关高耗能产品能耗仍显著高于国际先进水平，燃煤炉窑实际运行热效率比先进国家低约 10 个百分点。民用小煤炉保有量超 1 亿台，大部分仍为传统煤炉或简易节能煤炉，热效率仅为 20%～40%。

煤炭利用过程的污染物排放是造成我国生态环境问题的主要因素。我国大气污染问题近年虽明显好转，但全国 $PM_{2.5}$ 平均浓度仍远高于世界卫生组织安全标准 10 微克/米^3 水平。据生态环境部公布数据，2005 年全国 70% 的江河湖泊被污染，75% 的湖泊出现不同程度的富营养化，受重金属污染的耕地已达 2000 万公顷[①]，占全国耕地面积的 1/6。燃煤污染物深度治理任重道远。

26.4.3　温室气体排放是煤炭产业发展的瓶颈

习近平在第七十五届联合国大会一般性辩论上宣布，"二氧化碳排放力争于 2030 年前达到峰值，努力争取 2060 年前实现碳中和"[②]，为未来能源发展指明了方向。作为高碳能源，煤炭开发利用过程会产生大量的温室气体，在碳达峰、碳中和的大背景下，煤炭产业发展势必受到直接影响。

未来碳税的征收，将使煤炭开发利用成本大大增加，对煤炭及相关产业发展产生重大影响。在低碳经济国际大潮流下，开创一条适合中国国情的煤炭清洁高效低碳化利用之路是今后必须着力解决的重大问题，这也是实现中国煤炭可持续发展的重大挑战。

26.4.4　煤炭清洁高效低碳利用技术亟待突破

煤炭清洁高效低碳利用的科技支撑能力严重不足，基础研究相对薄弱，关键核心技术支持不够，煤炭行业重要元器件、高端材料、开发工具依赖进口，对颠覆性技术创新关注不足，缺乏全链条污染物近零排放和资源化利用技术，缺乏支撑低损害智能高效开发技术和支撑高比例可再生能源发电的高效灵活燃煤发电技术，以及大规模 CCUS 技术。

---

① 1 公顷=10 000 平方米。
②《习近平在第七十五届联合国大会一般性辩论上的讲话（全文）》，http://www.xinhuanet.com/politics/leaders/2020-09/22/c_1126527652.htm[2020-09-22]。

26.4.5　煤炭开发利用存在政策缺失与机制落后

当前我国煤炭开发利用相关管理体制机制还存在若干问题，具体包括：相关法律体系不完善，未能充分体现其在环保、经济社会发展等领域中的重要作用和影响；行业监管体系有待健全，存在职能分散、职责不明确等问题，并且缺乏统一的、明确的、有效执行的国家综合能源战略和能源改革规划；能源科技创新引导和激励机制不完善；资源性产品价格形成机制不完善，不能充分体现资源的稀缺性等属性特点，相关财税体制建设仍滞后于经济社会及环保形势的发展。体制机制不顺畅已成为能源科学发展的严重阻碍。

第27章 我国煤炭开发利用产业及技术发展趋势

27.1 煤 炭 开 发

27.1.1 产业发展趋势

1. 加强煤炭绿色开发，强化资源综合利用与生态保护

重点研究煤系矿产资源精细勘查与生态地质理论、时空变化条件下的矿井地质精准探测及建模理论、面向矿井复杂环境的自适应感知理论、矿山多源异构数据融合及信息动态关联理论、复杂条件下采掘设备群的协同控制理论、面向复杂矿井环境的动态协同控制与数据驱动决策理论、黄河流域等重点区域煤炭开发生态大尺度演变规律与生态修复方法等，探索深部原位流态化开采的采动岩体力学理论和采矿方法。

研发矿区水环境保护与水资源一体化利用技术、高矿化度矿井水净化和利用技术、矿区煤矸石等固废资源化利用与污染防治技术、矸石山综合治理技术、采煤沉陷区治理及土地利用技术、矿区土壤改良技术、低浓度瓦斯高效提浓技术、超低浓度乏风瓦斯销毁和余热利用技术、闭坑矿井地下空间资源开发与维护技术、共伴生矿产资源和稀贵关键元素无害化利用技术、矿区生态环境管理信息化技术等。

2. 加强煤炭产业升级，推动智慧煤矿和智能化开采

作为煤炭产业转型升级和技术革命的战略目标，智慧煤矿和智能化开采核心技术的研发已成为采矿行业升级发展的强大推动力。然而，智慧煤矿不是简单技术改造就能建成的，其中包含的系列关键技术需要不断地进行探索和攻关，并借助新一代信息技术带来的发展机遇，借助第四次工业革命和新技术发展的成果，与煤炭开发技术深度融合，开创绿色、安全、高效的煤矿发展新模式。

智慧煤矿的总体目标是构建煤矿完整智慧系统，形成全面智能运行、科学绿

色开发的全产业链运行新模式。智能化开采是煤炭综合机械化、自动化开采技术的新发展，其目标是全面突破和完善智慧煤矿与智能化开采的关键技术，全面实现煤矿的智能化和现代化，构建起煤矿及矿区多产业链、多系统集成的智慧煤矿系统，全面实现生产和管理信息的数字化及全部主要生产环节的智能决策和自动化运行，达到全矿井一线作业、安全控制和应急救援的机器人化、无人化作业。

3. 引导煤炭行业多元化发展，健全企业转型退出机制

新形势下煤炭企业转型需要积极探索多元化发展，特别是在生产服务、大数据管理、绿色发展、智能化等领域呈现了发展优势。当前，煤矿、煤电、煤炭洗选加工、煤化工等不同煤炭领域企业所面临的转型问题存在着较大的差异性，未来企业转型如何利用现有优势发展，缺少具体执行路径与科学思考。

要强化煤炭资源的应急安全储备功能，加强煤炭的原料属性及其现代化工品供应能力，完善煤电充当备用安全电源的转型机制，包括提升大型煤矿产能的快速提高能力、建设极端气候条件或恶劣天气事件等突发情况下区域或城市备用电力供应系统等。

未来煤炭消费下降，势必形成大规模的废弃煤矿、废弃煤电厂，并将出现矿区废弃地及其剩余废弃资源的开发利用、矿区生态修复、废弃电厂资产回收、退出企业人员安置等一系列问题，需要结合新的发展形势特征，面向能源数字化管理、智能化生产、生态修复、废弃资源利用等新兴产业方向，深入研究企业转型发展的基础、优势与不足，建立健全煤炭领域企业转型发展机制。

27.1.2　煤炭开发技术发展方向

重点开展煤炭资源勘查与地质保障、大型现代化矿井建设、煤炭与共伴生资源协调开采、煤矿灾害防治、煤矿智能化与机器人、煤炭清洁高效利用、煤矿职业危害防治、资源综合利用与生态保护 8 个重点领域的核心技术攻关。

1. 煤炭资源勘查与地质保障技术

研究煤系资源与生态环境的空天地一体化协同勘查方法、侏罗纪煤田地层沉积相与构造控水机理、华北型煤田深部煤层底板岩溶水精准探查与防控方法、西南地区岩溶复杂地形条件下高分辨率地球物理探测方法等，研发全数字高密度三维三分量地震技术、矿区地质灾害精准监测预警技术、水文地质三维高精度动态表征技术、采掘工作面地质异常体高精度超前探查技术等。

2. 大型现代化矿井建设技术

研发千米深井地层冻结及地面预注浆改性技术、大型矿井井巷工程机械破岩全断面钻进技术、超长定向钻孔为基础的斜井沿轴线冻结技术、复杂地层大断面斜井盾构机掘进技术、韧性为基础材料的地层加固和薄喷支护技术等，研制千米竖井掘进机、千米反井钻机、变径巷道全断面掘进机及掘进机机器人，构建矿井构筑物智能建设及全生命周期智能检测控制体系。

3. 煤炭与共伴生资源协调开采技术

深入研究充填开采、无煤柱开采、保水开采、采动围岩大范围超前控制等绿色安全开采技术；研发遗留煤炭资源安全复采技术，复杂难采煤层高效综采技术，煤炭地下气化开采技术，流态化开采技术，大型露天煤矿强化内排开采技术，煤与油、气、稀贵关键元素等共伴生资源协调开采技术，碎软低渗煤层区地质条件和产能预测评价方法，地面水平井工厂化抽采技术，复杂储层煤层气高效立体抽采技术，深部煤系气一体化共采技术。

4. 煤矿灾害防治技术

研发矿井通风系统灾变状态识别及控制技术，突出矿井分级预警及高效防控减灾技术，高瓦斯矿井低透气性煤层瓦斯高效抽采技术，采空区自燃诱发瓦斯爆炸灾害预测预警预控技术，近距离煤层群防灭火技术，矿井爆炸灾区残存火源、顶板垮塌或突出瓦斯逆流等继发性灾害特征识别技术，火区惰化短期有效性判别技术，火灾、突出、冒顶、冲击地压、瓦斯（煤尘）爆炸等多灾害协同防治技术，冲击地压智能预警与共性关键因素防控技术，采掘工作面顶板水害精细控制疏水治理技术，全空间水情水害智能精准监测预警技术，烧变岩区等特殊区域水害防治技术，滑坡灾害智能感知与早期识别技术，千米深井强采动巷道围岩大变形与破坏机理及长期稳定性控制技术等。

5. 煤矿智能化与机器人技术

研发复杂地质条件的工作面智能开采技术、4D-GIS①透明地质技术、煤矿 5G 无线通信技术、井下视频高效处理及增强现实/虚拟现实技术、井下精确定位与设备导航技术、辅助运输系统连续化和无人化技术、智能化无人快速掘进技术、重大危险源智能感知与预警预报技术、高可靠性智能装备（终端）技术、煤矿机器人路径规划与长时供电技术、露天开采无人化连续作业技术、煤炭智能化采样检

---

① 4D, four dimension, 四维；GIS, geographic information systems, 地理信息系统。

测技术、矿井机电设备在线监测与诊断维护技术等。

6. 煤炭清洁高效利用技术

研发高硫、高氯、高氟煤分选新技术与新工艺，湿法全重介选煤设备智能控制技术，干法选煤智能化工艺技术，微细粒难选煤泥强化重力场高效分级分选技术，煤岩深度解离与高效富集技术装备，煤矿井下大型智能分选排矸装备，大型智能选煤厂关键传感、闭环控制和辅助决策技术与系统等。

7. 煤矿职业危害防治技术

研发粉尘在线高精度感知技术、高通量气水两相流云雾产生与喷嘴布控技术、采掘工作面产尘源有效控制技术、矿井高温热害高性价比防治技术及个人防护装备、作业现场噪声消除技术、职业危害研判与快速筛查技术、职业危害分级防护技术、职业病危害信息化监管云平台技术等。

8. 资源综合利用与生态保护技术

研发矿区水环境保护与水资源一体化利用技术、高矿化度矿井水净化和利用技术、矿区煤矸石等固废资源化利用与污染防治技术、矸石山综合治理技术、采煤沉陷区治理及土地利用技术、矿区土壤改良技术、低浓度瓦斯高效提浓技术、超低浓度乏风瓦斯销毁和余热利用技术、闭坑矿井地下空间资源开发与维护技术、共伴生矿产资源和稀贵关键元素无害化利用技术、矿区生态环境管理信息化技术等。

27.2　燃　煤　发　电

27.2.1　产业发展趋势

1. 燃煤发电要为可再生能源消纳提供灵活调峰服务

燃煤发电在未来相当长时期内仍是我国电力供应的主力，煤电除继续承担保障电力供应主体责任以外，还要为可再生能源大比例消纳提供灵活调峰服务。要大力推进燃煤发电向高参数、大容量、智能化发展，推进超高参数发电装备、新型动力循环系统、高灵活智能燃煤发电、燃煤高效低成本多污染物联合控制及资源化成套技术与装备实现产业化，促进电力装备技术升级和结构转型，提高电力制造业的国际竞争力，燃煤发电及超低排放技术达到整体国际领先水平，机组具备自适应和自调节能力，能够适配智能电网，支撑大规模可再生能源消纳。

2. 要严控新增煤电产能，逐步淘汰改造落后产能

在碳达峰、碳中和这一时代背景下，需要严控新增煤电产能，尽早实现煤电装机达峰，在保证电力系统可靠性的同时，明确燃煤发电在区域电力系统中的定位，部分地方严禁新增煤电产能。鼓励具备条件的地区通过建设高效低碳大型机组等方式，对能耗高、污染重的落后燃煤小热电机组实施替代，在控增量的同时实现燃煤发电水平的整体进步。

要严格燃煤发电能效准入门槛，完善淘汰落后产能后续政策，加快关停小机组和改造老厂，实现煤电行业整体水平提升。全面实施综合节能和升级改造，强化企业自备燃煤机组节能减排。企业应自主淘汰与同类机组差距较大的老旧落后机组，对差距较小的机组应加快实施节能改造，在气源有保障的地区，鼓励实施自备燃煤电站的天然气替代改造。

3. 加快建立辅助服务市场，科学协调各类发电机组

优化电力运行调度方式。加强调峰调频管理，优先采用有调节能力的水电调峰，充分发挥抽水蓄能电站、天然气发电等调峰电源作用，探索应用储能调峰等技术。合理安排各类发电机组开机方式，在确保电网安全的前提下，最大限度降低电网旋转备用容量。

合理确定燃煤发电机组调峰顺序和深度，提高高效环保燃煤发电机组负荷率，引导煤电机组积极进行灵活性深度调峰改造。燃煤机组实现有区别地协调运行，超超临界等机组承担基本负荷，实现持续高效低碳运行，其他机组承担调峰负荷，盈利模式转变为电量收入与调峰、调频、备用等辅助服务收入两者兼顾。

尽快建立完善的辅助服务市场体系，健全电力需求侧管理体制机制。完善调峰调频辅助服务补偿机制，对承担调峰任务的燃煤发电机组适当给予补偿。完善峰谷电价政策，鼓励电力用户利用低谷电力。积极采用移峰、错峰等措施，减少电网调峰需求。引导电力用户积极采用节电技术产品，优化用电方式，提高电能利用效率。

27.2.2　燃煤发电技术发展方向

燃煤发电技术正由单纯的清洁、高效向清洁、高效、智能、灵活、低碳并举方向发展，主要发展方向包括以下五个方面。

1. 灵活智能燃煤发电技术

研发灵活智能燃煤发电技术，实现煤电机组的深度调峰和快速变负荷响应，促进可再生能源高比例介入。研究燃煤锅炉、燃煤机组快速变负荷及启停技术；研究快速启停机组安全保障技术。研究智能发电系统的构造方法及体系结构；研究智能电站关键技术及系统集成技术；建立 300 兆瓦以上智能燃煤电站工业验证。

研发煤与可再生能源耦合发电技术。开展煤与光热不同耦合方式的系统集成运行规律和太阳能容纳极限研究；开发光热、储热、燃煤机组容量匹配等关键技术与系统集成技术；研发煤与光热耦合发电系统的锅炉等关键设备。开展基于煤炭和生物质高效耦合发电关键技术研究；开发高精度煤和生物质混烧比例在线监测方法和技术；开发变负荷条件下可再生能源与燃煤机组互补高效运行调控技术及深度调峰技术；进行可再生能源高耦合比例发电的 300 兆瓦以上多源互补发电系统的工程验证。

2. 超高参数发电技术

发展 650℃/700℃超超临界发电技术，提高煤炭发电效率，降低煤炭消耗量。研究超高参数蒸汽动力循环热功转换过程；开发超高参数高温部件材料，开展超高参数机组关键部件验证；研究超高参数汽机本体设计技术、制造技术、材料及工艺，开展回热级数、抽汽参数、热力系统及机炉深度耦合的优化设计；优化 700℃超超临界锅炉关键参数和热力匹配；开展 700℃超超临界汽轮机关键技术和系统集成设计研究；开展 700℃超超临界二次再热机组的系统成套设计，并进行工业验证。研制出成本合理、易于加工并能够在电站条件下实现长周期安全稳定服役的新型高温材料；开发超高参数超临界二次再热锅炉技术，研究超高参数锅炉燃烧与水动力耦合特性、超高参数锅炉的受热面布置及汽温调节方式和紧凑经济的锅炉布置型式。

3. 新型燃煤发电系统

研发新一代整体煤气化联合循环（integrated gasification combined cycle, IGCC）发电及多联产、IGFC 技术，突破煤基发电净效率 50%大关，并实现二氧化碳在内的污染物近零排放，实现资源化回收。研发超临界 CO_2 发电技术。研究超高参数 CO_2 工质和 H_2O/CO_2 混合工质热物性，研究超临界 CO_2 和 H_2O/CO_2 混合工质的流动、传热、气动和热力学特性；开展包括超临界 CO_2 布雷顿循环、煤气化 H_2O/CO_2 混合工质发电，以及超临界 CO_2–蒸汽双循环等新型发电循环的构建和对比研究；研究燃烧与超临界 CO_2 循环的合理匹配的理论和方法，开发大流量小温差锅炉设计技术及受热面优化布置技术；研究超临界 CO_2 压缩、膨胀、旋转机械密封和气动强度耦合技术；开发近临界点及双侧超临界流体热工水力设计技术和复杂通道低流阻小温差高效传热减阻技术；研究超临界 CO_2 和 H_2O/CO_2 混合工质热力系统优化集成技术；开发超临界 CO_2 发电机组的运维与调控技术。进行工业级超临界 CO_2 发电机组技术和关键设备研发、系统集成与验证。开展 600℃ 超临界 CO_2 发电机组的工程化设计，进行工业验证。

研发基于 F 级燃气轮机的 IGCC 发电技术。研究基于大型 IGCC 系统能量转化特性，构建系统模拟仿真平台，研究系统集成优化配置与设计方法；开发高效灵活大容量气化工艺及送料系统；开发中高温煤气净化技术，研究高效稳定的吸附/吸收剂，开发 H_2S 及 CO_2 共脱工艺流程；开发能够耦合 F 级燃气轮机的整体化高压空分和制氧负荷灵活可调空分技术。开展基于 F 级燃气轮机的 IGCC 发电系统集成及运维技术研究，并进行工业验证。

IGFC 发电技术。研究 IGFC 系统物质能量转化特性，构建 IGFC 系统模拟平台，研究系统优化配置与设计方法；开发以合成气为燃料的高温燃料电池关键设备，研究燃料电池热管理、电池堆组集成设计及其控制方法；建设 IGFC 发电系统工业验证平台。

4. 燃煤发电污染物深度控制

研发高效低成本多污染物深度脱除技术。研究电站煤粉燃烧氮氧化物深度还原关键技术和工艺；研发燃煤锅炉炉内氮氧化物深度还原工艺的成套装备及运行优化控制技术；研发循环流化床燃烧炉内 N_2O 和氮氧化物联合控制技术；研发变负荷循环流化床炉内污染物深度控制技术；研发低成本燃煤烟气多污染物（烟尘、SO_x、氮氧化物）深度脱除技术及成套装备；研发汞、铅、镉、铬、硒等重金属污染全过程高效控制技术。

研发燃煤烟气污染物资源化回收技术。研究燃煤电站烟气中污染物的资源化回收技术，开发相应的脱除及资源化回收装备；研究回收产物的合理应用途径；研究系统优化技术。研发煤炭开发利用过程中的固体废弃物制备高值化建材的成套技术。

5. 大规模 CCUS 技术

研发大规模 CCUS 技术，大幅降低成本，实现工程示范，技术经济性保持国际领先。争取建成百万吨级碳捕集、驱油与封存全流程示范工程。突破百万吨级可供商业使用的二氧化碳捕集成套技术与装备，高效低能耗吸附法/膜分离法二氧化碳捕集技术，富氧燃烧、化学链燃烧和气化技术，可规模化生产的二氧化碳驱煤层气工艺技术，二氧化碳合成化学品、二氧化碳矿化利用等转化利用新工艺等关键技术。

27.3 煤 炭 转 化

　　能源是我国国民经济持续发展的重要引擎，资源禀赋决定了煤炭是我国的主体能源，煤炭在能源生产和消费中一直发挥着基础保障作用。碳减排新形势下煤控加强，但一段时期内煤炭仍是主体能源。煤炭清洁高效利用是实现能源安全保障和低碳发展的重要保障，煤炭清洁高效转化是煤炭清洁高效利用的重要途径。

　　近年来我国的油气进口需求不断攀升，石油和天然气的对外进口分别从 2014 年的 59.5%和 30.5%上升到 2019 年的 70.8%和 45.2%。立足我国自身资源优势，通过煤炭的清洁转化，发挥煤炭在平衡能源品种中的作用，在保障我国油气安全稳定供应战略中，与增加我国油气产量、保障油气进口渠道畅通同等重要。

27.3.1 产业发展趋势

1. 传统煤化工向清洁化发展

　　国家环保政策因素和下游产业技术进步（废钢利用技术等发展）促进了传统煤化工进一步整合，加快淘汰落后工艺，强化绿色工艺和产品的升级改造。

　　煤炭焦化产能逐渐压缩，炼焦技术向清洁化和大型化发展。我国粗钢需求将逐渐下降，随着碳排放约束加强，钢铁行业废钢回收利用显著加快，电炉钢占比将进一步提高。焦炭需求将持续降低。

　　煤制合成氨产能已达峰，未来将应用新的气化技术，逐步淘汰落后煤气化技术。受肥效提高、有机肥替代，以及环保、新材料和专用化学品等工业消费提高的影响，合成氨在农业领域消费量将持续下降，在工业领域消费量持续上涨。"十四五"后，合成氨在农业领域需求继续下降，在工业领域车用尿素和烟气脱硝使用减少，工业领域需求量年均增速下降。

2. 现代煤化工进一步提高升级示范水平

　　现代煤化工技术向自主化、集成化发展，装备向大型化、国产化、智能化发展，产品路线向灵活化、差异化、高质高值化发展。对现有项目进行高技术水平挖潜改造和技术改造，实现技术提升；调整产品方案，优化产品品种，提高高附加值产品比例，实现产品提升；通过打通运行瓶颈，加强生产管理，降低能耗，降低运行成本，实现工艺提升。对于新建项目，在示范项目经验和教训基础上，优化设计，降低投资，高起点优化建设，从计划环节到全场系统实现流程优化和运行水平大幅度提升。

进一步示范大型环保型固定床熔渣气化、费托合成联产化学品、10 亿立方米级自主甲烷化工艺及催化剂、一步法制低碳烯烃、合成气制高碳伯醇、煤制氢等技术；难降解废水高效处理、高含盐废水处理处置、结晶盐综合利用等环保技术、新型节能技术、碳减排及利用技术等实现工业化应用。研究高浓度二氧化碳大规模低能耗捕集、碳资源化利用与可靠封存技术；发展煤化工与新能源耦合利用技术，如风、光、电制氢耦合煤转化技术。煤化工耦合碳汇研究，增强生态回收二氧化碳能力，形成森林、绿地等碳汇与煤化工园区布局和流程系统的耦合。

3. 向高质化、融合化、生态化发展

煤炭转化产业加强与煤炭、电力、石化等产业的融合发展，延伸产业链，加快集约化、园区化、基地化建设，推进产品联产化、高值高质化，推动现代煤化工产业升级，增强产业创新力和市场竞争力，实现高质量、可持续发展。加强园区内企业间合作，形成相对完整、具有高度分工合作关系的生态化产业发展链条，实现资源利用的科学化、集约化、清洁化。

27.3.2　煤炭转化技术发展趋势

尽管我国在煤气化、煤液化、煤制烯烃、煤制乙二醇等方面总体上处于世界领先水平，但对国家能源安全的贡献还不够大，还需进一步降低水耗和能耗，提高能效，实现产品的灵活调变；在煤制天然气、煤制芳烃和含氧化合物等方面，需要进一步突破关键技术，实现成套工艺技术，最终进入工业示范；在煤转化与大规模的可再生能源制氢耦合技术方面需要突破，以满足氢燃料电池要求，缩小与国外技术差距。

1. 煤转化制清洁燃料技术

在煤气化方面，突破煤气化技术煤种适应性差、氧耗/水耗高、气化装备可靠性和操作弹性低等发展瓶颈；开发高可靠性煤气化关键装备及配套技术，建成大容量高效、低水耗煤气化示范装置。

在煤制天然气方面，重点解决煤制天然气反应过程中放热与移热匹配难题；开发新型短流程甲烷化工艺及催化剂，实现煤制天然气国产催化剂大规模应用，大幅降低生产能耗与成本。

在煤制氢方面，重点解决满足燃料电池用氢标准的氢分离及纯化等技术难题；进行水煤气变换与氢气分离一体化技术开发，实现高效、低成本的煤制氢。

在煤液化方面，重点以提高系统能效、大幅降低水耗、优化产品结构为目标，开展关键技术和系统集成技术研究。煤直接液化方面，开发新型高效节水液化新工艺和催化剂、温和液化工艺、煤与煤焦油/重油类加氢共处理等工艺，开发高值特种油品及芳烃等制备技术，研究液化残渣制高端碳材料、沥青等综合利用技术。煤间接液化方面，开发高效、高选择性钴基/铁基费托合成新工艺及催化剂，大幅减少甲烷及二氧化碳排放。开发超清洁航空煤油、超净柴油、特种溶剂油、高端润滑油、固液石蜡及高熔点费托蜡等产品加工技术。开发煤直接-间接液化耦合工艺，建设百万吨级直接-间接一体化示范工程。

在煤热解方面，针对现有煤炭热解分级转化与联产技术难以实现长周期稳定运行的难题，研究气固液分离、废水处理及装备规模化稳定运行等关键共性技术。建成百万吨级煤热解及联产示范工程，形成可产业化的灵活可调的高油气收率热解联产清洁燃料及化学品新工艺。

2. 煤制大宗及特殊化学品技术

在大规模高选择性煤制大宗含氧化合物技术方面，开发煤制乙醇技术，形成100万吨/年工业示范；开发煤制聚甲氧基二甲醚和低碳醇等含氧清洁燃料和化学品技术，形成50万吨/年工业示范；突破合成气直接制乙醇、乙二醇、异丁醇、高碳伯醇及丙烯酸等工艺流程，完成工业性实验，形成成套关键技术。其中煤直接转化目标产物选择性80%以上、能耗降低5%。

在煤转化制烯烃/芳烃技术方面，开发新一代甲醇制烯烃催化剂及反应器，甲醇消耗大幅度下降（每吨烯烃甲醇单耗不大于2.7吨），实现产品乙烯/丙烯比例灵活调控，进行100万吨/年工业示范；开展甲醇制芳烃、甲醇甲苯制对二甲苯催化剂和反应器研究，建成100万吨/年煤制芳烃工业示范；突破合成气直接制烯烃、甲醇石脑油耦合制烯烃、合成气直接制芳烃等高选择性、高稳定性催化剂制备技术，开展反应器研制及工艺设计与开发，形成成套工艺技术。

在煤转化与可再生能源制氢耦合技术方面，研究基于现有煤转化过程与可再生能源制氢耦合的工艺，研发新型复合电极材料、大规模电解装备，提高电流密度、降低制氢能耗。建立10万米^3/时可再生能源制氢与煤化工耦合全流程试验装置。开展可再生能源制氢和煤转化耦合系统稳定运行技术研究，实现系统可靠运行。

3. 煤转化过程污染物控制技术

在煤转化过程废水处理技术方面，针对煤热解、固定床气化、直接液化等工艺产生的高盐、高浓度有机物废水难以处理的问题，突破多环芳烃、酚等有机物脱除技术，提高废水可生化性；开发高盐废水中化学需氧量（chemical oxygen demand，COD）脱除技术、杂盐分质结晶及资源化利用技术，开发废水污染物资源化回收–强化处理–分质回用的集成技术，建成百吨/时级废水处理及回收利用试验装置，实现经济可行的煤转化废水近零排放。

在煤转化过程粉尘、挥发性有机物（volatile organic compound，VOC）等气体污染物处理技术方面，针对煤热解、焦化生产过程中污染源分散、种类多样、难处理等特点，重点开发和示范推广 VOC 及颗粒物捕集净化技术、低氮燃烧技术、烟气脱硫脱硝除尘一体化技术，实现污染物的源头消减、过程消纳、末端资源化、零外排。

27.4　其他煤炭利用行业未来发展趋势

本节中其他煤炭利用是指用火力发电及供热、煤化工以外的其他煤炭利用方式，主要为工业用煤及民用散煤。

27.4.1　行业发展趋势

1. 钢铁行业

钢铁行业的控煤减碳要坚决深入贯彻落实《国务院关于化解产能严重过剩矛盾的指导意见》，坚定不移地淘汰落后产能，继续坚持以控制钢铁生产总体规模、调整产业结构、提升节能减排技术水平为重点。提高产业集中度，积极推动钢铁行业产业结构调整，转型升级；鼓励钢铁企业发展短流程，加大废钢利用，降低铁钢比，建立健全的废钢回收、运输和利用体系及合理的定价机制，科学合理高效地利用废钢，为钢铁行业的产业结构调整提供资源支撑。鼓励钢铁行业开发和利用清洁能源，如光伏发电、风电及天然气等在钢铁行业的应用保障等。大力推广清洁能源和可再生能源在钢铁企业的开发和利用，鼓励钢铁企业非煤能源在掺烧煤机组、球团、煤气发生炉等领域替代。促进能源结构调整，提高能源使用效率，减少煤炭占比，降低钢铁行业煤耗，实现全行业的节能和减煤。同时采用低灰、低硫、低水分的原料煤，提高煤炭和原料质量。

2. 建材行业

研发推广绿色建材，加强清洁生产。构建贯通绿色建筑和绿色建材的全产业链，支持建设以绿色建材为特色的产业园区，推进构建全国统一的绿色建材市场，加速提高绿色建材在建筑工程中的使用比例，开发推广建材窑炉烟气脱硫脱硝除尘综合治理、煤洁净气化等成套技术装备，开展清洁生产技术改造，鼓励合理利用劣质原料和工业固废等。

发展循环经济，提高资源、能源的利用率。支持水泥窑协同处置生活垃圾、城市污泥、污染土壤和危险废物等；研究利用新型墙材隧道窑协同处置建筑废弃物、淤泥和污泥等；开展赤泥、铬渣等大宗工业有害固废的无害化处置和综合利用，开展尾矿、粉煤灰、煤矸石、副产石膏、矿渣、电石渣等大宗工业固废的综合利用；在水泥、墙体材料和机制砂石等产品中提高消纳产业废弃物能力等。

强化低碳技术和产品研发推广，发展低碳经济。鼓励基于含能可燃废弃物生产适合建材窑炉使用的化石能源替代产品，降低建材工业化石能源的消耗和二氧化碳的排放；实施建材工业窑炉热工效率提升行动，降低单位产品能源消耗和碳排放强度；开发建材窑炉烟气中二氧化碳分离、回收和利用技术等。

3. 其他行业部门

国家应采取强有力的政策措施，大幅度增加投入和监管，加大集中供热、燃用分选加工煤推广力度，进行节能减排。工业锅炉只需经过简单改造即可燃用分选煤和配煤，适用范围较广，可广泛适用于采暖、供热、供汽等。区域锅炉房供热范围可大可小，能灵活适应负荷的变化。城市中心企业及热电联产管网覆盖不了的区域适宜发展区域锅炉房供热。

大力推广高效燃煤工业锅炉技术。在政府主导、政策支持及灵活的体制机制的基础上，大力推广节能效果好、系统热效率高、污染排放低的高效燃烧装置和技术，加快淘汰分散燃煤小锅炉。鼓励企业使用节能型低排放循环流化床锅炉和其他清洁高效燃煤工业锅炉技术；推动工业锅炉向大型化、智能化发展，提高自动化水平，实现煤炭清洁高效利用和节能减排。

4. 民用散煤

加大散煤治理政策力度，建立清洁煤输配体系，实施减少散煤利用工程。完善监管及补贴标准体系建设，加快构建清洁煤"供应-流通-监管"标准化统一配送体系。实施散煤三大重点工程，包括：①清洁煤加工集散中心工程；②清洁煤二级中转站工程；③燃煤集中供热工程。

以企业为主体，加快推进可再生能源开发利用。重点加强对农村可再生能源供热、发电、供气领域的补贴力度，充分发挥农村地区丰富的可再生能源资源优势，提高当地可再生能源开发利用水平。推动农村可再生能源开发利用重大工程建设，支持绿色能源示范村镇、可再生能源集中供热等重大工程建设，重点支持太阳能光伏、生物质能、地热能等技术的推广应用，鼓励多能互补系统工程的示范应用，提高农村能源自给率。

政府与企业双引擎驱动，强化农村能源综合服务体系建设。

政府主导，逐步构建涵盖农村能源生产、供应、消费、输配的统计体系，为农村能源科学决策、科学发展提供基础数据支撑。政府做主导、企业唱主角共同建设一批农村能源服务站，加强人才队伍建设，重点强化农村可再生能源供热、光伏发电、沼气发电等，开展培训、安装、维护等方面的技术服务。

科学发展农村多能互补的能源利用系统。要充分利用农村地区多种能源资源共存的特点，推动开展多能互补的清洁能源示范工程建设。推动"地热能-太阳能-生物质能""风能-光能""光能-生物质能"等综合利用系统示范村建设，全面提升农村能源的供给能力，提高可再生能源的科学开发和综合利用水平。

构建能源网络，推进农村能源向清洁电力和燃气发展。全面推进农村电网改造工程，提升农村电网供电的可靠性和供电能力，开展农村区域性分布式电网和微网建设示范；在有条件的农业地区推进农村天然气管网建设，加强天然气和液化石油气加气站建设；逐步提高清洁电力和燃气在农村能源消费中的比例。

协调利用工业低品位余热和备用热源，推进余热暖民工程。立足余热资源利用现状，结合民用供热需求和发展趋势，因地制宜利用余热资源。建设余热高效采集、管网输送、终端利用供热体系。同时健全余热暖民工程运营机制体制。

27.4.2　技术发展方向

1. 钢铁行业

钢铁行业需要积极探索、完善和推广控制煤炭消费领域的关键技术，包括以下几个。

钢铁产品制造技术：重点推广高效率、低成本洁净钢生产系统技术（含少渣冶炼），以及新一代控轧控冷技术和高炉长寿技术；完善并推广适应劣质矿粉原料的成块技术，优化少焦煤配煤炼焦技术，清洁经济炼焦配煤技术，绿色耐蚀钢、不锈钢等绿色钢材生产应用技术，以及转炉多用废钢新工艺；积极探索换热式两段焦炉以及高效、清洁的全废钢电炉冶金新工艺。

行业能源转换技术：重点推广高温高压干熄焦技术，能源管控中心及优化调控技术，烧结矿显热回收利用技术，富氧燃烧技术、蓄热式燃烧技术，以及焦化工序负压蒸馏技术；完善并推广界面匹配及动态运行技术，烟气除尘和余热回收一体化技术（如烧结、转炉、电炉），烧结烟气选择性循环利用技术，炼焦煤调湿技术，以及钢厂中低温余热利用技术；积极探索竖罐式烧结矿显热回收利用技术，钢厂物质流和能量流、信息流协同优化技术，焦炉荒煤气余热回收技术，以及钢厂利用可再生能源技术。

废弃物处理、消纳和再资源化技术：重点推广城市中水和钢厂废水联合再生回用集成技术，钢厂工业低温余热为周边社区供热，钢渣高效处理及综合利用技术，废钢回收、分类、加工及预处理技术，以及冶金煤气集成转化和资源化高效利用技术；完善并推广含铁、锌尘泥集中处理高效利用技术及热法低温多效海水淡化技术；积极探索高炉渣和转炉渣余热高效回收和资源化利用技术，以及高效率、低成本二氧化碳捕集、回收、存储和利用技术。

2. 建材工业

建材工业需要重点探索、完善和推广的技术包括以下几个。

开发高效燃烧及后处理技术：开发含能可燃废弃物高效利用技术和成套装备，鼓励基于含能可燃废弃物生产适合建材窑炉使用的化石能源替代产品，降低建材工业化石能源的消耗和二氧化碳的排放。实施建材工业窑炉热工效率提升行动，降低单位产品能源消耗和碳排放强度。开发建材窑炉烟气中二氧化碳分离、回收和利用技术。

改进水泥生产技术：推进水泥窑协同处置、资源化利用城市和产业废弃物。实施水泥窑炉能量梯级利用、能效提升改造，高效节能粉磨粉尘低成本、高效减排改造，高硫石灰石地区氮氧化物、二氧化硫综合减排改造。水泥窑烟气二氧化碳处理和资源化利用。推广窑头温度检测控制系统、窑尾喂料控制系统、筒体温度检测系统、能源管理系统、窑磨模糊逻辑控制系统和在线仿真技术等。完善并推广管控一体化系统、计算机生产监控调度系统。

改良砖瓦及墙体材料生产技术：实施窑炉余热余压综合利用和烟气脱硫脱硝综合治理等技术改造，开发推广大断面隧道窑和自动焙烧等技术，利用可再生资源制备新型墙体材料。推广原料配料电子计量精准控制系统、窑炉设备自动化检测和调控系统、远程在线诊断系统，高精度自动切割、自动掰板、自动码卸坯、机械包装等。

3. 其他工业部门

其他工业部门用煤技术发展方向主要是提高燃煤工业锅炉效率并解决清洁燃烧问题。

加强集中供热替代。集中供热主要包括热电联产、区域锅炉房供热。主要优势包括：提高能源利用率。热电联产综合热效率可达 85%，区域锅炉房的大型供热锅炉的热效率可达 80%～90%；有条件安装高烟囱和烟气净化装置，脱硫除尘效率可达 90%以上；减少工作人员工作量，以及燃料、灰渣的运输量和散落量，降低运行费用，改善环境卫生；易于实现科学管理，提高供热质量。近年来，我国集中供热发展较快，集中供热量占我国供热总量的 30%左右。

通过分选加工改善用煤质量。分选加工煤主要包括分选煤、动力配煤和固硫型煤。我国煤炭分选加工工艺发展迅速，技术成熟可靠。燃煤工业锅炉燃用分选煤+动力配煤，锅炉运行效率达 80%；燃用固硫型煤热效率可达 75%。分选煤+动力配煤硫分在 0.7%，灰分在 18%左右。工业锅炉燃用分选煤除尘率按 90%计算，二氧化硫排放质量浓度在 1059 毫克/米^3，烟尘排放质量浓度在 133 毫克/米^3。以固硫率 30%～40%，硫分 0.8%，灰分 28%的固硫型煤为例，工业锅炉燃用固硫型煤除尘率按 90%计算，二氧化硫排放质量浓度在 535 毫克/米^3，烟尘排放质量浓度在 50 毫克/米^3。配套污染物脱除装置，可满足超低排放的要求。

发展先进的燃煤工业锅炉技术，包括节能型低排放循环流化床工业锅炉与水煤浆锅炉等。循环流化床燃烧技术具有氮氧化物原始排放低，可实现在燃烧过程中直接脱硫，以及燃料适应性广、燃烧效率高和负荷调节范围宽等优势，循环流化床已成为我国煤炭洁净燃烧方向的重要炉型。我国具有完全自主知识产权的流态重构循环流化床工业锅炉技术，通过提高床质量、减少床存量、增加循环量等方式，极大降低了风机能耗并减少了粗床料对燃烧室的磨损，通过重整炉内氧化还原气氛，实现氮氧化物的超低排放与低钙硫比下的高炉内石灰石脱硫效率。不在尾部烟道安装烟气脱硫装置及选择性非催化还原脱硝装置的情况下，二氧化硫、氮氧化物等污染物原始排放浓度能够控制在 50 毫克/米^{3}以下，实现循环流化床超低排放。循环流化床能够通过挖掘自身优良的环保性能，降低锅炉自身的原始排放，适应我国严格的环保要求。水煤浆是一种由 35%左右的水、65%左右的煤及 1%～2%的添加剂混合制备而成的新型煤基流体洁净环保燃料。水煤浆既保留了煤的燃烧特性，又具备了类似重油的液态燃烧特性。水煤浆外观像油，流动性好，储存稳定，运输方便，燃烧效率高，污染排放低。国内燃用水煤浆实践证明：约 1.8～2.1 吨水煤浆可替代 1 吨燃油，因此水煤浆在量大面广的工业锅炉中替代油气燃料有很好的前景。另外冷凝式锅炉、半煤气流动燃烧锅炉等工业锅炉在我国都有一定的发展空间，也应予以关注。水煤浆锅炉的优点是锅炉二氧化硫初始排放值低。缺点是由于水煤浆中含有约 30%（质量比）的水，锅炉烟气中有大量水蒸气排出，降低锅炉热效率；锅炉运行可靠性较低，容易出现燃烧器堵塞、炉内结焦等问题；制备燃料对水资源需求较大；在北方地区，要考虑水煤浆在制备、输送过程中的防冻问题。

4. 民用散煤

民用散煤的治理以其他能源替代为主。我国民用散烧煤替代技术主要有以下四种，包括电器替代、生物质能转化技术，燃气利用技术，太阳能转化技术及太阳能热利用与其他能源的协同利用技术。相对于城镇区域，这些技术在农村区域拥有更大的推广潜力。

电器替代：推广电用电器代替散烧煤使用，包括电饭煲、电磁炉、电热水器、微波炉等；使用空气源热泵代替散煤进行取暖。

生物质能转化技术：以玉米秆、麦草、稻草、花生壳、玉米芯、树叶树皮等农林废弃物为原料，经过粉碎、加压、增密、成型，制成棒状或块状的固体颗粒燃料，可用于满足农村炊事用能及采暖用能需求；将人畜粪便、秸秆、污水等各种有机物经过微生物发酵作用产生以甲烷为主的可燃气体，用于满足炊事用能需要，发酵后的料液还田做肥料使用。

燃气利用技术：使用管道天然气（pipeline natural gas，PNG）、压缩天然气（compressed natural gas，CNG）、液化天然气（liquified natural gas，LNG）及液化石油气（liquefied petroleum gas，LPG）等替代散烧煤。

太阳能转化技术：建设太阳能房，利用太阳能改善室内热环境进而实现采暖和降温；通过太阳能光伏发电用于自用及并网出售；使用太阳能热水器满足人们在生活、生产中的热水使用需求；发挥太阳能热利用与其他能源的协同利用技术，包括太阳能热水系统与沼气互补供热，太阳能热水系统与生物质成型燃料燃烧技术互补供热，太阳能热水系统与空气源热泵复合系统供热，以及太阳能热水系统与兰炭锅炉、燃气锅炉等技术协同利用。

第28章 煤炭清洁高效开发利用战略

28.1 战 略 思 路

全面贯彻落实党的二十大精神，以习近平新时代中国特色社会主义思想为指导，认真落实党中央、国务院决策部署，坚持"五位一体"①总体布局和"四个全面"②战略布局，坚持创新引领、绿色低碳、美丽生态发展理念，推进能源生产和消费革命。以产业升级为主线，构建清洁低碳、安全高效的能源体系，提升煤炭转化效率和效益，强化生态环境保护，在优化能源结构的同时，充分发挥煤炭的主体能源作用，满足社会经济发展的能源需求，保障国家能源安全。坚持科技创新是引领煤炭清洁高效利用发展的第一动力，以深入实施创新驱动发展战略，支撑供给侧结构性改革，支撑碳达峰、碳中和目标为主线，转变煤炭发展方式，支撑我国煤炭减量化、清洁化、低碳化转型。

坚持把保障国家能源供应安全作为首要任务。突破传统能源发展观念，建立互利合作、多元发展、协同保障的新能源安全观，促进煤炭与其他能源的协调发展，实现能源"供得上"、"买得起"、"环境友好"和"可持续"。

坚持把碳达峰、碳中和作为目标导向。考虑到煤炭资源的战略地位，推动煤炭由主体能源向基础能源转变，保障国家能源安全，推动能源产业的升级换代。

坚持把支撑经济社会持续发展作为根本宗旨。切实转变发展观和消费观，在煤炭开发利用全过程开发和应用先进适用的节能技术，严格控制不合理的煤炭消费，控制煤炭消费总量，形成"倒逼"机制。

坚持把煤炭清洁高效利用作为发展重点。全面推进煤炭开发利用的绿色优化调整，在能源增量以清洁能源为主导的大背景下，积极推进煤炭等存量能源清洁高效地改造升级。

坚持把创新驱动作为强大动力。加强煤炭战略性前沿技术和重大应用技术研发，由目前靠需求拉动的被动式创新逐步向由技术积累和需求拉动双重推动的主

---

① "五位一体"是指经济建设、政治建设、文化建设、社会建设、生态文明建设"五位一体"的总体布局。

② "四个全面"是指全面建设社会主义现代化国家、全面深化改革、全面依法治国、全面从严治党的战略布局。

被动相结合的创新模式转变。

28.2　战　略　判　断

我国煤炭开发利用正逐步向清洁化、低碳化、智能化发展，并由单一的燃料属性向燃料和原料方向转变。实现高碳能源低碳化利用，主动发挥煤炭在碳达峰、碳中和目标中的主体支撑作用。

28.2.1　煤炭是我国能源安全保障的压舱石、稳定器

我国能源资源禀赋特点决定了必须要长期坚持煤炭清洁高效利用道路。在全国已探明的一次能源资源储量中，油气等资源占 6%左右，而煤炭占 94%左右，是稳定经济、自主保障能力最强的能源。尽管煤炭在一次能源消费中的比重将逐步降低，2019 年降至 57.7%，但在相当长时间内（至少在 2035 年前），其基础能源地位不会变化。要深刻认识我国能源资源禀赋和煤炭的兜底保障作用，在未来构建现代能源体系和新型电力系统中持续发挥重要过渡作用，持续做好煤炭清洁高效开发利用这篇大文章。这是当前发展阶段下的现实选择，更是基本能情下的必由之路。

当前我国外部发展环境更加复杂，加之全球新冠疫情影响，我国能源安全保障面临的不确定因素和挑战更多。因此，发展煤制油气替代，是中国能源供应保障的战略选择。当前，以具有自主知识产权的煤直接液化、煤间接液化成套关键技术与装备产业化为代表的煤炭清洁转化创新突破，以及工业示范工程的安全稳定长期满负荷运行，对我国发挥煤炭资源优势、缓解石油资源紧张局面、保障能源安全、保护生态环境具有重要战略意义。

28.2.2　煤炭开发布局逐步优化，未来发展方向是绿色、安全、智能

新中国成立以来，我国煤炭工业经过七十余年的发展已取得巨大成就，煤炭生产量和消费量均已居世界第一，我国成为名副其实的煤炭资源开发利用大国。伴随勘查开发技术与装备不断进步，我国探明煤炭资源量获重大提升；煤炭井工开采技术达到国际先进水平；煤炭产业布局优化，产业集中度不断提高，"走出去"步伐不断加快；煤炭行业从业人员规模持续扩大，人员队伍素质和薪酬水平

稳步提升；煤炭行业管理体制机制逐步完善，市场化改革取得突破；煤炭产业成为中西部地区社会经济发展的重要引擎。我国煤炭工程技术已经具备一定的全球竞争优势，为产业升级发展、走出国门创造了条件。

然而，我国煤炭开发负外部效应突出，严重制约了煤炭绿色、安全、可持续开发。我国煤炭产能布局集中于中西部，东部煤矿受深部复杂条件影响，重大灾害仍时有发生，西部煤炭大规模开发与脆弱的生态环境矛盾日益突出。在区域煤炭开采方面，2021 年，山西、陕西、内蒙古地区占我国煤炭产量的 72.1%，新疆、甘肃、宁夏、青海地区占 11.3%，西部矿区多为生态脆弱区，煤炭开发与环境保护矛盾突出；就东部而言，浅部煤炭资源日渐枯竭，虽然深部煤炭资源是我国重要的后备资源，但深部矿井冲击地压等灾害难防难控。在安全生产与职业健康方面，安全事故等突发情况将致使全区域停工整改，国家煤炭安全稳定供应将面临挑战；煤矿粉尘与职业健康问题始终突出，制约了煤炭的高效开发。然而，我国煤炭绿色开采和环境修复技术不足、冲击地压等重大灾害防控技术仍不成熟、技术装备智能化水平不高、低质煤大规模提质与清洁利用水平低，煤系伴生资源、流态化开采等刚刚起步，现有科技难以突破煤炭开发的限制因素，亟须加大科技投入。

未来应加强煤炭绿色安全智能开采，强化资源综合利用与生态保护；加强煤炭产业升级，推动智慧煤矿建设和智能化开采；引导煤炭行业多元化发展，健全企业转型退出机制。应重点开展煤炭资源勘查与地质保障、大型现代化矿井建设、煤炭与共伴生资源协调开采、煤矿灾害防治、煤矿智能化与机器人、煤矿职业危害防治、资源综合利用与生态保护等重点领域的核心技术攻关。

28.2.3　我国煤电全球领先，在新型电力系统中灵活调峰作用更加凸显

我国一半的煤炭用于发电，近年来随着新能源开发规模不断增长，我国燃煤发电占比持续下降，但仍是最重要的电力供应来源。截至 2019 年底，我国燃煤发电装机容量达到 10.4 亿千瓦，占总发电装机容量的 52%；燃煤发电量达到 4.55 万亿千瓦时，占总发电量的 62%。我国燃煤发电机组大气污染物超低排放要求严于世界主要发达国家和地区，燃煤发电不是我国大气污染物的主要来源。我国持续推进煤电机组淘汰落后产能和节能减排升级改造，供电煤耗与污染物排放绩效持续下降，已步入世界领先行列。2019 年平均供电标准煤耗降至 306 克/千瓦时（相当于净发电效率 40.2%）。截至 2019 年底，我国实现超低排放的煤电机组累计约 8.9 亿千瓦，占总装机的 86%。

燃煤发电在未来相当长时期内仍是我国电力供应的主力，煤电除继续承担保

障电力供应主体责任以外，还要为可再生能源大比例消纳提供灵活调峰服务。未来要大力推进燃煤发电向高参数、大容量、智能化发展，推进超高参数发电装备、新型动力循环系统、高灵活智能燃煤发电、燃煤高效低成本多污染物联合控制及资源化成套技术与装备实现产业化，促进电力装备技术升级和结构转型，提高电力制造业的国际竞争力，燃煤发电及超低排放技术整体达到国际领先水平，实现全国平均供电煤耗降至 290 克/千瓦时以下，机组具备自适应和自调节能力，能够适配智能电网，支撑大规模可再生能源消纳，探索研究基于富氧燃烧的超临界二氧化碳布雷顿循环发电及碳捕集技术、整体煤气化燃料电池联合循环发电技术。

28.2.4 煤炭转化的能源安全保障战略作用突出，需积极推进高端化、高值化、低碳化

近年来，我国煤炭清洁高效转化利用技术取得一系列重大成就，具有我国自主知识产权的煤气化、煤直接液化、煤制烯烃、煤间接液化先后取得大规模工业化应用，目前年可替代石油约 3000 万吨，已成为保障我国能源安全的一条重要战略路径。此外，我国在煤制乙二醇、煤制天然气、煤制芳烃、煤制燃料乙醇、煤制低碳醇、煤经合成气直接制烯烃等技术发展和产业应用方面均取得重大突破，已建立了完整的现代煤化工产业技术创新体系，培养和造就了一支高素质的科技创新和产业运营人才队伍，引领全球煤化工产业发展。

现代煤化工是保障国家能源安全特别是石油安全的重要手段，面对我国对石油进口依存度较高的现实，要稳步推进以煤制油、煤制烯烃为代表的现代煤化工发展，加强技术创新，逐步推动煤化工产品向石油化工产品延伸，延伸产业链，推进高端化、高值化、低碳化。现代煤化工是十分清洁的煤炭转化利用过程，可实现污水零排放，煤中的硫通过回收转化可实现资源化利用，现代煤化工项目建设只有在规模条件下，技术经济和环保性能才能得到充分体现。因此，要积极推进煤化工产业大型化、园区化和基地化发展建设；结合资源禀赋，稳步有序推进陕西榆林地区、内蒙古鄂尔多斯地区、宁夏宁东地区、新疆北部地区大型现代煤化工基地建设。

28.2.5 大规模低成本 CCUS 技术是煤炭低碳发展的兜底技术和重要出路

我国以积极姿态参与全球气候治理，宣布的自主贡献行动承诺无疑是全球应

对气候变化的强心剂，已经得到了国际社会的广泛认可和赞誉。然而，我国能源系统能源消费持续增长、高碳能源占比高、碳排放规模大，面临的低碳转型挑战是史无前例的。这与很多发达国家早已越过碳排放高峰、碳排放强度较低形成了鲜明的对比。

我国碳达峰、碳中和目标的宣布，意味着能源系统低碳转型窗口期压缩，去碳化转型压力和成本前移，因此煤炭低碳转型发展任重道远，其中突破 CCUS 技术瓶颈是其中的关键。应尽快开发出更低能耗、更加经济的 CCUS 技术，其中的"U"尤为关键，只有二氧化碳利用获得经济性、规模性突破，CCUS 才能充分发挥作用，需关注 CCUS 与相关能源系统的结合，有可能培育出 CCUS 发展的新的技术经济范式。

28.3 战 略 目 标

到 2035 年，实现煤炭由主导能源向基础能源战略转变，煤炭占一次能源消费比重下降到 40%左右，全面形成煤炭清洁高效低碳开发利用体系，实现煤炭及其相关产业高质量发展。

煤炭开发行业升级为高技术产业，煤矿成为现代化能源供应系统，按需灵活生产煤炭、电力、碳材料等，各类煤矿基本实现智能化，构建多产业链、多系统集成的煤矿智能化系统，煤炭科学产能占比超过 95%。

燃煤发电及超低排放技术进入国际领先行列，突破超临界二氧化碳发电、IGFC 发电等技术，电煤占比达到 65%；现代煤化工和多联产技术实现重大突破，掌握近零排放的煤化工耦合可再生能源等技术；煤炭低碳化利用颠覆性技术创新要取得重大突破，掌握低能耗的百万吨级 CCUS 技术。

28.4 战 略 举 措

28.4.1 顶层设计，严控总量

1. 落实系统思维，强化顶层设计与战略引领

在推进能源革命和落实碳达峰、碳中和的进程中，协调好经济、社会、环境、气候等多方面关系，特别是处理好发展与安全的关系。应用系统思维，处理好近中期与中远期、存量脱碳与增量引导、战略方向与现实基础的辩证关系，稳步推

动我国能源体系从以高碳化石能源为主向以可再生能源等低碳能源为主的转型。

2. 科学认识煤炭在能源转型中的地位与作用，尊重煤炭对保障能源电力安全底线的压舱石作用

立足中国的基本国情和发展阶段，多元发展能源供给，提高能源安全保障水平，防范不切实际的能源转型对经济社会发展可能的伤害。煤炭转型决不能简单地认为就是"去煤化""逢煤必反"；在编制能源发展规划等方面，科学认识煤炭在我国构建清洁低碳、安全高效能源体系中发挥着两方面的重要作用：煤炭是保障我国能源安全的压舱石和稳定器；煤炭是我国向清洁低碳能源体系平稳发展的重要过渡桥梁。

3. 严控煤炭开发利用总量，提高煤炭消费集中度

严格控制煤炭开发利用总量，力争将我国煤炭高峰产量和消费量控制在 40 亿吨以内，并稳步降低。加快调整煤炭消费结构，提高煤炭消费集中度，加速淘汰各类能效低、污染控制水平差的小型燃煤设备，降低煤炭在工业和民用部门的终端消费，增加发电用煤在煤炭消费中的比例。

28.4.2 创新引领，低碳发展

1. 牢固树立绿色低碳发展意识，引导煤炭低碳化发展方向

强化煤炭行业绿色低碳发展理念，通过政策激励、宣传引导等方法，积极引导转变传统用能理念，培育煤炭低碳化发展方向。健全绿色低碳发展的财税、金融等经济政策，完善煤炭企业退出机制，维护社会稳定。

2. 依托重大科研项目，积极部署煤炭清洁高效低碳开发利用技术研发

充分发挥科技第一生产力的作用，树立系统最优和全生命周期理念，全面提高科技创新对煤炭清洁高效开发利用的支撑能力，推动煤炭产业优化升级。加大对先进超超临界发电技术、IGCC/IGFC 的煤炭清洁发电、煤转化制清洁燃料和大宗化学品等技术的研发和推广。

3. 加快 CCUS 技术研发，推进煤炭可持续发展

充分调动各种类型、多个层次的研发团队在提升 CCUS 技术应用开发、中间试验研究、工程化和产业化能力方面的自主性。着力布局 CCUS 技术产业链、创新链，以实现创新与突破的协同性和系统性。

4. 强化重点耗煤行业节能减排挖潜

以政策为保障，通过"倒逼"机制，加强电力、钢铁、冶金、建材、化工等用煤行业节能技术的推广与应用，尤其是系统节能技术。在钢铁行业推进高风温富氧高炉喷吹、高炉顶压发电等技术，在建材等行业推广应用先进的工业炉窑等技术，以有效实现低成本、低能耗、低排放生产。进一步加强电力、钢铁、有色、石化、水泥、化工等重点行业的污染物控制，在环境脆弱的重点地区推进多污染物联防联控。

28.4.3　智能绿色，科学开发

1. 推进智能化煤矿建设，实现煤炭开采"无（少）人化、减损化"变革

研发复杂地质条件的工作面智能开采技术、4D-GIS 透明地质技术、井下精确定位与设备导航技术、智能化无人快速掘进技术、高可靠性智能装备（终端）技术等，基于大数据、物联网和人工智能技术，再结合智能感知设备等与现代煤炭开发深度融合，构建实时全面感知、互通互联、分析决策、安全警示、风险预测识别、协同控制的智能系统，实现煤矿实时、安全、智能化运行，提供高水准的智能矿山服务，加快煤矿实现减人提效、远程安全精准操控、提高单产、安全对标，实现煤炭开采"无（少）人化、减损化"变革。

2. 加强煤炭绿色开发，强化资源综合利用与生态保护

提升煤系资源精细勘查与智能探测技术水平，掌握煤–煤层气–稀有稀土金属–铀等煤系多矿种资源共伴生成因机制、共伴生时空配置与赋存展布，推进我国煤系多矿种资源的勘查、开发与综合利用；因地制宜推广使用"充填开采""保水开采""地下水库""煤与瓦斯共采"等绿色开采技术，遵循矿区生态环境内在规律，结合区域自然地理特征，科学制订矿区生态环境治理与恢复规划及实施方案，严格执行相关矿产资源开发生态环境保护技术标准和指南，建立完善矿山环境治理和生态恢复责任机制，促进资源开发与环境保护协调发展。

28.4.4　灵活发电，多能融合

1. 推动燃煤发电提供灵活调峰服务，支撑电力系统平稳转型

燃煤发电在未来相当长时期内仍是我国电力供应主体，除继续承担保障电力供应主体责任外，煤电还要为可再生能源大比例消纳提供灵活调峰服务。推进燃

煤发电深度灵活调峰改造，突破发电机组深度调峰和快速变负荷带来的锅炉低负荷稳燃、主辅机安全隐患、效率降低和污染物控制等瓶颈。

2. 推进燃煤发电智能化、高效清洁发展

推进超高参数燃煤发电、新型动力循环系统、智能燃煤发电、燃煤高效低成本多污染物联合控制，以及资源化利用的成套技术与装备实现产业化，促进电力装备技术升级和结构转型，提高电力制造业的国际竞争力。

28.4.5　清洁转化，耦合互补

1. 规划引领、合理布局、集约发展

要正确处理好煤化工项目建设与区域经济发展的关系，充分发挥国家宏观调控作用，要科学统筹规划，避免遍地建设和无序竞争。统筹解决煤化工产业发展与煤、水、生态环境的关系，要统筹煤、水、环境资源，合理布局，避免"逢煤必反"和盲目发展。要积极推进煤化工产业大型化、园区化和基地化发展建设；结合资源禀赋，稳步有序推进陕西榆林地区、内蒙古鄂尔多斯地区、宁夏宁东地区、新疆北部地区大型现代煤化工基地建设。

2. 示范引领、传统升级、融合互补

结合国内煤直接液化、煤间接液化、煤制烯烃、煤制天然气、煤制乙二醇、煤制芳烃、煤制二甲醚等现代煤化工大规模工业化示范成果，有序推进现代煤化工基地建设；关键核心技术示范先行，引导产业健康发展。全面推进焦化、聚氯乙烯、合成氨、合成甲醇等传统煤化工的升级改造，全面提升环保水平，坚决淘汰落后产能，通过技术改造和优化运营，降低生产成本，提升产品和服务品质，增强市场竞争能力。推动现代煤化工与煤炭开采、电力热力、石油化工、化纤、盐化工、冶金建材、可再生、信息技术等产业融合；稳步推动煤化工产品向石油化工产品延伸，推进煤化工与石油化工融合和产品协调发展，弥补石化原料不足，形成与传统石化产业互为补充、有序竞争的市场格局，促进有机化工及精细化工等产业健康发展；提升我国油气自主多元供应、储备和应急调峰能力。

3. 创新引领、产业培育、绿色低碳

加强煤化工技术创新，加强新工艺、新产品、新装备、新催化剂开发，推进煤制化学品差异化、高端化发展，推动煤炭由单一的燃料属性向清洁燃料和原料

方向转变。注重培育煤炭转化新业态,发挥煤制氢技术经济优势,以煤制氢技术产业为基础,加快突破大规模制氢、分布式制氢、储氢、氢燃料电池等技术难题,掌握关键技术装备,为氢能经济规模利用提供条件。以制氢-储氢为纽带,加强煤炭、电力、煤化工、可再生能源的耦合互补发展,培育新业态、新模式。利用弃风、弃光、弃水低成本电解制氢,为现代煤化工提供廉价氢气和氧气原料,实现节能减碳。

第29章 政 策 建 议

29.1 科学规划，尽快制订"双碳"目标下煤炭相关行业行动方案

在"十四五"与中长期能源及相关规划编制过程中，突出能源供给与运行安全的重要性，制定有针对性的政策法规。在推进落实"双碳"目标大背景下，尽快明确和制订煤炭及其相关行业行动方案，大力推进煤炭产业向集约化、高效化、智能化发展，推进建立煤电、煤化工发展的准入和退出机制，坚决淘汰落后产能，推进煤电向集约化、高参数、大容量、清洁化、智能化发展，有序推进煤基新材料、碳材料发展，推进现代煤化工发展转向高端化、清洁化、低碳化，实现煤炭由单一的燃料属性向燃料、原料并举转变。

29.2 加大科技创新支持力度，加快部署煤炭清洁高效重大专项

国家引导加大煤炭科技创新支持力度，以企业为主体，结合学校和研究院所的研发基础和人才优势，建立煤炭及相关产业的科技协同创新体系和国家战略科技力量，加快科技成果的推广应用。加快部署煤炭清洁高效重大专项，突破煤炭绿色开发、先进高效发电、清洁转化和 CCUS 等领域一批关键核心技术，形成一批重大成套装备，形成具有国际竞争力的产业优势。

29.3 完善人才制度政策，加快创新型人才培育

加快形成务实管用、相互衔接的人才制度政策，完善人才引进、使用和保障

机制，减少中间环节，推动人才智力转化为创新成果。大力吸引和保护高层次顶尖人才，聚焦"高精尖缺"，着眼人才引进、培养、使用全链条，着眼长远发展，解决根本问题，全面加强人才教育和培养。加快创新型人才培养，搭建有利于人才创新发展的良好平台，促进引才、育才与用才有机结合，形成广开进贤之路与培育自身人才队伍齐头并进的生动局面。

29.4 科学运用财政支持措施，保障煤炭产业稳步转型

通过政府基金、信贷、债券等方式支持煤炭清洁低碳发展和煤炭产业稳步转型。设立专项资金，持续支持煤炭清洁高效开发利用企业加大安全环保和资源化利用研发投入，帮助降低企业减排成本。设立产业科技创新投资基金，引导风险投资、私募股权投资等支持相关技术创新，拓宽技术创新融资渠道，降低融资成本；积极发挥政策性金融、开发性金融和商业金融的优势，加大对科技创新的支持力度。

第七篇　能源清洁低碳转型路径

第30章 绪 论

党的十八大以来,各地区各部门以习近平新时代中国特色社会主义思想为指导,深入贯彻落实习近平生态文明思想和"四个革命、一个合作"能源安全新战略,推动新能源产业取得了举世瞩目的成就,装机规模日益扩大,技术装备水平不断提升,为构建清洁低碳、安全高效的能源体系做出了积极贡献。截至2020年底,全国全口径水电装机容量达3.7亿千瓦(含抽水蓄能3149万千瓦),同比增长3.4%,占全部装机容量的16.8%。中国西部12个省区市水力资源约占全国总量的80%。东部地区开发总规模达到3720万千瓦,水力资源基本开发完毕。中部地区开发总规模达到6450万千瓦,开发程度达到90%以上,水力资源转向深度开发。西部地区总规模为2.7亿千瓦,其开发程度达到54%,四川、云南、青海、西藏还有较大开发潜力。鉴于我国能源行业发展现状,水电发展需做到科学有序开发、创新水电开发模式,国家层面组织开展技术攻关,重点建设以水电为主,水、风、光、储互补的清洁能源基地,同时给予藏区水电金融政策支持,提高竞争力,按照"联合、滚动、综合"的开发方针实现我国后续水电的可持续发展。

除水能的利用外,风能也是可再生能源中的关键部分。截至2020年底,我国风电装机容量达2.8亿千瓦,弃风现象整体得到缓解。近年来,我国风能技术实现了从陆上到海上、关键部件到整机设计制造、风电场开发到运维的突破,开展了标准、检测和认证体系全面研究部署,建立了大功率机组及部件全产业链设计制造技术体系,在低风速及复杂地形下风电机组开发还优于国外水平。与国外相比,我国基础和共性关键技术研究相对不足,风电机组及风电场开发的软件均使用国外技术;在机组关键技术方面,6兆瓦以上风电机组差距较大,落后国外先进水平一代机型;海上漂浮式风电机组、公共试验系统及新型风电技术研究落后于先进国家。在"十四五"时期新政策形势导向下,近海海上风电应通过项目优化布局、技术快速迭代进步、发展模式和政策创新等,加快推进布局优化与成本快速降低,力争近海海域实现新增并网容量800万~1000万千瓦。从全球的角度看,海上风电场规模持续扩大,深远海域开发趋势明显;竞价上网成为世界发展主流,发电成本不断降低;装机规模屡创新高的同时大型号风电机组普遍应用。从我国的角度看,我国面临着近海资源趋近饱和规划,深远海需要加强政策与规划的局面;

同时环保要求不断提高，开发建设协调工作需要进一步加强；海上风电运维能力也存在不足。风力发电技术上，开展新型高效率风能利用技术研究，成为未来支撑产业可持续发展与技术进步的关键，海上风力发电和能源制氢的脱碳解决方案是实现"双碳"目标的重要途径。面向国内未来深远海风力发电规模化开发利用的需求，研究深远海风电关键技术，以提高我国深远海风能资源利用能力。

在太阳能的利用方面，根据"十四五"相关文件，"十四五"期间光伏电站预计投产 3.2 亿千瓦。预计到 2025 年，太阳能热化学反应器技术及高温吸热、传热、储热设备和材料有望突破，建成吉瓦级太阳能光热电站，光热电站的初投资有望降至 13 650 元/千瓦，平均度电成本降低至 0.9 元/千瓦时。柔性直流输电技术、电池储能技术的发展也将助力太阳能资源的充分利用。随着相关技术的不断进步，光伏发电也与很多相关产业紧密结合，实现高效清洁的太阳能利用。利用光伏发电的特性，目前在生产方面，已经发展出了光农互补、光渔互补、光畜互补等成功的结合案例。此外，在生态治理方面，光伏治沙能够极大改善地区的生态环境，达到遮挡风沙、减少水土流失和防止沙漠化的目的。在光伏系统中增加储能装置可以提高太阳能资源的利用效率，在一定程度上改善系统因环境因素形成的局限性。光伏建筑一体化能够满足人们对绿色、清洁用能的需求，实现建筑的低能耗甚至零能耗运行。分布式光伏能够促进太阳能资源就地消纳，多余的电力可以出售给电网实现自营。高效光热利用技术重点研究太阳能全光谱多尺度利用方法，低成本聚光，发展高效率太阳能储热、放热、供热技术，推动太阳能热利用产业健康有序发展。

在水、风、光等可再生能源之外，生物质能源蕴藏量巨大，是继煤、石油、天然气后的第四大能源，在世界一次能源供应量中的比重约为 10%。现代生物质能的发展方向是高效清洁利用，通过物理、热化学、生物等转化技术将生物质转换为优质能源，包括生物质发电、生物质燃气、生物液体燃料和生物质成型燃料等。生物质发电主要有垃圾发电、农林生物质发电和沼气发电等，生物质发电和液体燃料产业已形成一定规模，生物质成型燃料、生物天然气等产业呈现良好发展势头。截至 2020 年底，我国生物质发电并网装机容量达到 2952 万千瓦，同比增长 22.6%，年度新增装机容量为 543 万千瓦，生物质能源转化利用技术呈现出多样化和商业化的发展趋势。目前，深入研发和形成规模化、产业化应用成为生物质燃料技术的发展方向。裂解、生物柴油、燃料乙醇、生物质气化、致密成型和生物质直接燃烧等技术成为生物质燃料技术的主要发展趋势。

面对国家实现碳达峰、碳中和的奋斗目标，我国能源发展由清洁高效进入了降碳节能的新阶段。而作为清洁、零碳能源的地热能，迎来了空前的发展机遇。自 2010 年以来我国对常规地热能的勘查开发利用进展迅速，勘查、开发利用技术与管理逐步走向成熟，变化呈现以下趋势：一是地热资源开发利用范围的扩宽，增加了地热异常区的地热资源勘查与开发；二是油田地区地热资源开发越来越被关注；三是提高地热的利用率和经济社会效益，重视地热资源的综合利用与梯级利用；四是重视采灌结合，保证地热资源的可持续利用；五是推进规模化开发，使地热资源的配置趋于合理，提高行业整体经济效益；六是地热开发利用中开始应用自动控制技术，提高管理水平；七是注重地热资源开发的品牌效应，积极申报命名与建设中国温泉之乡、地热城。

在"十四五"规划中，关于海洋发展内容从"建设现代海洋产业体系""打造可持续海洋生态环境""深度参与全球海洋治理"方面进行阐述，与"十三五"规划的"壮大海洋经济""加强海洋资源环境保护""维护海洋权益"内容相比，透露出我国从关注国内海洋管理向建设海洋命运共同体发展的全球使命。通过海洋能装备的集成设计可实现海工装备的空间共享和成本共享，有效提高海洋能装备的竞争性。重点开展多能互补微电网优化分析、设计和控制技术，完成微电网内机组和可控负荷的能量管理与协同控制，以多种海洋能的最大转化和利用为控制目标，实现能源岛微网发电预测、负荷预测、实时功率平衡功能，以储能系统为功率缓冲，实现稳定、平滑供电。"十四五"规划强调，要"坚持陆海统筹、人海和谐、合作共赢，协同推进海洋生态保护、海洋经济发展和海洋权益维护，加快建设海洋强国"。展望海洋发展，未来大有可为。

第31章 我国清洁能源资源禀赋及开发现状

从我国自然资源的分布特点和经济发展情况来看，能源资源主要分布在西部地区，经济发展重心集中于东部地区。水力资源富集于西部，尤其是西南地区，我国水力资源可开发装机容量约 6.6 亿千瓦，剩余可开发量仍有 3 亿千瓦。我国陆上 100 米高度层年平均风功率密度大于等于 300 瓦/米^2 的风能资源技术可开发量达 34 亿千瓦，集中于"三北"地区，适合大规模集中开发利用，海上风力资源丰富，沿海域分布。太阳能资源陆地表面平均辐射量为 1470 千瓦时/米^2，"三北"地区大部分区域的年水平面总辐射量超过 1400 千瓦时/米^2，其中甘肃西部、内蒙古西部、青海北部、西藏中西部年水平面总辐射量超过 1750 千瓦时/米^2，开发潜力巨大，同样适合大规模光伏发电与光热发电开发。西部地区清洁能源资源最为丰富，并且西部地区土地辽阔、人烟稀少，为西北建设光伏和风电、西南建设水电等清洁能源电站提供了得天独厚的条件。

截至 2020 年，我国清洁能源（包括水能、风能、太阳能、生物质能、核能）发电装机容量约 9.8 亿千瓦，占总电源装机的 44.7%，年发电量约 25 817 亿千瓦时。2016～2020 年我国清洁能源发电装机情况和发电量分别如图 31-1 和表 31-1 所示。2021 年，清洁能源装机容量攀升至 11.2 亿千瓦，占比达 47.0%。

图 31-1 2016～2020 年我国清洁能源发电装机情况

表 31-1　2016～2020 年我国清洁能源发电量（单位：亿千瓦时）

清洁能源发电	2016 年	2017 年	2018 年	2019 年	2020 年
水电	11 840	11 987	12 317	13 044	13 552
风电	2 409	3 046	3 658	4 057	4 665
太阳能发电	665	1 178	1 769	2 240	2 611
核电	2 132	2 481	2 950	3 487	3 663
生物质发电	650	795	906	1 111	1 326

我国清洁能源装机占总电源装机的比例连年升高，有利于我国能源结构优化和能源清洁低碳转型。但总体来看，由于风电、光伏的波动性和间歇性，调峰资源不足，"西电东送"能力薄弱，以及电源结构不尽合理等，仍存在弃风、弃光、弃水问题，亟须通过加大可再生能源输电通道建设、提高电网运行灵活性、大力发展调峰电源，以及推进电力市场化改革等措施进行解决。

31.1　水　　能

31.1.1　资源禀赋

我国水力资源富集于西部地区，西部 12 个省区市水力资源约占全国总量的80%以上，特别是西南地区云南、贵州、四川、重庆、西藏 5 个省区市就占 2/3 左右。水力资源富集于金沙江、雅砻江、大渡河、澜沧江、乌江、长江上游、南盘江红水河、黄河上游、湘西、闽浙赣、东北、黄河北干流及怒江等水电能源基地，其总装机容量约 3 亿千瓦，占全国技术可开发量的 45.5%左右。特别是地处西部的金沙江中下游干流总装机规模近 6000 万千瓦，长江上游（宜宾至宜昌）干流超过3000 万千瓦，雅砻江、大渡河、黄河上游、澜沧江、怒江的规模均超过 2000 万千瓦，乌江、南盘江、红水河的规模均超过 1000 万千瓦。这些江河水力资源集中，有利于实现流域梯级滚动开发，有利于建成大型的水电能源基地，有利于充分发挥水力资源的规模效益、实施"西电东送"。

根据统计，我国水能资源可开发装机容量约 6.6 亿千瓦，年发电量约 3 万亿千瓦时。我国水电开发程度为 37%（按发电量计算），与发达国家相比仍有较大差距。到 2050 年我国剩余水能资源技术可开发量仍有 3 亿千瓦，年发电量 1.9 亿千瓦时，分别占可开发总量的 45%和 63%。我国十四大水电基地技术可开发量如图 31-2 所示。

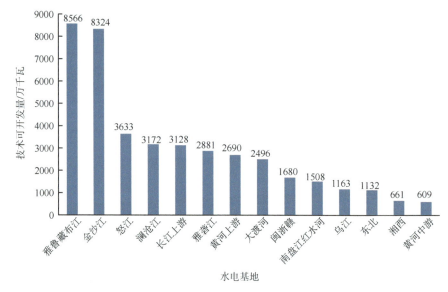

图 31-2　十四大水电基地技术可开发量

31.1.2　开发利用现状

截至 2020 年底，我国水电装机 3.7 亿千瓦，其中常规水电装机容量约 3.4 亿千瓦，抽水蓄能 3149 万千瓦，约占我国电源总装机的 16.8%，占非化石电源装机的 38.7%。我国水电年发电量已突破 1.35 万亿千瓦时，占全国发电量的 17.4%。其中，四川、云南两省水电发电量分别为 3541 亿千瓦时和 2960 亿千瓦时，二省总和发电量占我国水电发电量的 48.0%。截至 2021 年底，我国水电装机容量 3.91 亿千瓦（其中，抽水蓄能装机容量 3639 万千瓦）。

2020 年，我国十大水电装机省份分别是四川、云南、湖北、贵州、广西、湖南、广东、福建、青海、浙江（图 31-3），前十位水电装机总和为 3.0 亿千瓦，约占全国水电装机的 81.3%。其中，四川和云南两省水电装机容量最高，分别达到 7892 万千瓦和 7556 万千瓦，二省水电装机容量占全国水电装机容量的 41.7%。

2020 年全国水电设备利用小时数达到 3827 小时，比 2019 年增加 101 小时，历年来首次突破 3800 小时。全国主要流域弃水电量约 301 亿千瓦时，水能利用率约 96.61%，较 2019 年同期提高 0.73 个百分点，弃水状况进一步缓解。其中，2020 年四川省地区流域弃水电力为 202 亿千瓦时，青海省地区流域弃水电力为 40 亿千瓦时。

就我国的实践而言，抽水蓄能在不同区域电网中的作用有不同的侧重点。华东地区抽水蓄能的主要任务是转移负荷和提高系统可靠性。在华北地区，抽水蓄能改善了超高压直流输电的运行、可再生能源的整合和系统的可靠性。抽水蓄能在东北地区的主要职责是将可再生能源稳定地传输到邻近的华北电网,从而减少风电弃用。在华中地区,抽水蓄能主要负责保证系统的稳定性和可靠性。截至 2020 年底,我国抽水蓄能装机容量为 3149 万千瓦,约占我国电源总装机容量的 1.4%,占非化石电源装机容量的 3.3%。"十三五"期间抽水蓄能装机年均增速为 6.7%。然而 2020 年在建抽水蓄能总装机规模 5243 万千瓦。另外,据不完全统计,截至 2021 年 7 月,已有 39 个、总装机 4770 万千瓦的抽水蓄能电站取得了签约、核准、开工等重要进展。

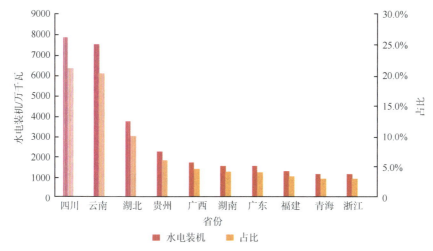

图 31-3　我国十大水电装机省（区）水电装机及占比

31.2　风　　能

31.2.1　资源禀赋

1. 陆上风能资源禀赋

全国风能资源详查和评价结果显示,我国风能资源丰富,全国陆上 50 米高度层年平均风功率密度大于等于 300 瓦/米^2 的风能资源理论储量约 73 亿千瓦,与美国 1991 年发布的全美风能资源约 80 亿千瓦的理论储量相当,与美国 2010 年在美国风能大会上发布的全美陆上 80 米高度（风速达到 6.5 米/秒）的风能资源技术开发量 105 亿千瓦相比,我国同样标准的风能资源技术开发量为 91 亿千瓦。但由于我国风能资源丰富地区的地形较欧美等国家和地区要复杂,美国海拔 3000 米以上的地区占国土面积不足 2%,而我国海拔 3000 米以上的地区占国土面积的 25.6%,

再加上我国气候类型多（南北纵跨 9 个气候带），影响我国风能开发的台风、雷电、极端低温、覆冰等灾害性天气繁多，导致了我国的风能资源开发难度比欧美等国家和地区要大。

根据国际上对风能资源技术开发量的评价指标，在年平均风功率密度达到 300 瓦/米^{2}的风能资源覆盖区域内，考虑自然地理和国家基本政策对风电开发的制约因素，并剔除装机容量小于 1.5 兆瓦/千米^{2}的区域后，我国陆上 50 米、70 米、100 米高度层年平均风功率密度大于等于 300 瓦/米^{2}的风能资源技术开发量分别为 20 亿千瓦、26 亿千瓦和 34 亿千瓦。

我国陆上风能资源丰富区主要分布在东北、内蒙古、华北北部、甘肃酒泉和新疆北部，云贵高原、东南沿海为风能资源较丰富地区。以 70 米高度风能资源技术可开发量为例，内蒙古最大，约为 15 亿千瓦，其次是新疆和甘肃，分别为 4 亿千瓦和 2.4 亿千瓦，此外黑龙江、吉林、辽宁、河北北部，以及山东、江苏和福建等地沿海区域风能资源丰富，适宜规划建设大型风电基地。我国中部内陆地区的山脊、台地、江湖河岸等特殊地形也有较好的风能资源分布，适宜分散式开发利用。

我国陆上风电装机分布不均衡，与负荷呈逆向分布，"三北"地区负荷占全国总负荷的比例仅为 36%，但集中了全国 75% 的新能源装机。

同时，我国电网输电能力与风能发展不匹配，跨省跨区外送能力不足。东北、西北电网目前的跨区输电能力为 16.1 吉瓦，只有新能源装机容量（85.59 吉瓦）的 19%。绝大部分陆地风能资源分布在西北部，能源基地与负荷中心的距离在 1000～3000 千米，但东北、西北地区跨区通道输送主要通过银东直流、天中直流、灵宝直流、德宝直流、高岭直流，额定功率合计 1910 万千瓦。

2. 海上风能资源禀赋

根据中国气象局风能太阳能资源评估中心对近海风能资源的初步数值模拟结果，我国台湾海峡风能资源最丰富，其次是广东东部、浙江近海和渤海湾中北部，相对来说近海风能资源较少的区域分布在北部湾，海南岛西北、南部和东南的近海海域。

我国海风资源丰富，大部分近海海域 90 米高度年平均风速可达 6.5～8.5 米/秒，具备较好的风能资源条件，适合大规模开发建设海上风电场。我国海岸线长约 18 000 多千米，拥有 6000 多个岛屿，近海风能资源主要集中在东南沿海及其附近岛屿，包括江苏、浙江、福建、上海、广东等地，其风资源情况如表 31-2 所示，这些地区均属于低风速地区，相较而言，近海 90 米高度海域年平均风速可达 6.5～8.5 米/秒，海上风资源更充足。

表 31-2 我国沿海近海区风资源情况

省市	年平均风速/（米/秒）
江苏	7.2～7.8
浙江	7.0～8.0
上海	7.0～8.0
福建	7.5～10
广东	6.5～8.5
辽宁（大连）	7.4～7.6
河北	6.9～7.8
山东	6.6～7.3

在不考虑海面规划应用（如养殖、航道等）的情况下，仅考虑 0～50 米海深、平均风功率密度大于 300 瓦/米^{2}区域的开发面积，我国四大海域的开发总面积达到 37.6 万千米^2，按照平均装机密度 8 兆瓦/千米^{2}计算，海上风电装机容量可达到 3008 吉瓦，如表 31-3 所示。

表 31-3 近海风资源较丰富的地区

海域	海深小于 50 米开发面积/万千米^2	可装机容量/吉瓦
渤海	6.9	552
黄海	17.6	1408
东海	7.7	616
南海	5.4	432
合计	37.6	3008

31.2.2 开发利用现状

近年来我国风电装机迅猛，"十三五"期间我国风电装机总容量如图 31-4 所示，五年来装机总容量翻了近一番。2020 年全国风电新增并网装机 7167 万千瓦，其中陆上风电新增装机 6861 万千瓦、海上风电新增装机 306 万千瓦，从新增装机分布看，中东部和南方地区占比约 40%，"三北"地区占 60%。到 2020 年底，全国风电累计装机 2.8 亿千瓦，其中陆上风电累计装机 2.71 亿千瓦、海上风电累计装机约 900 万千瓦，风电装机占全部发电装机的 12.8%。2020 年风电发电量 4665 亿千瓦时，占全部发电量的 6.3%。2020 上半年我国风电并网运行数据见表 31-4。截至 2021 年底，全国风电累计装机 3.28 亿千瓦，占全部发电装机的 13.8%。其中，海上风电累计装机约 2639 万千瓦，装机规模跃居世界第一位。

图 31-4   2016~2020 年我国风电装机总容量

表 31-4   2020 年上半年我国风电并网运行数据

省区市	累计并网容量/万千瓦	发电量/亿千瓦时	利用小时数/小时
全国	21 677	2 379.1	1 123
北京	19	2.0	1 082
天津	61	6.6	1 102
河北	1 665	191.0	1 158
山西	1 314	128.8	998
内蒙古	3 033	360.4	1 232
辽宁	856	107.7	1 278
吉林	557	66.7	1 196
黑龙江	616	68.6	1 120
上海	81	9.8	1 185
江苏	1 110	126.7	1 188
浙江	173	16.2	983
安徽	287	30.0	1 050
福建	410	46.9	1 180
江西	305	33.5	1 159
山东	1 404	149.0	1 093

续表

省区市	累计并网容量/万千瓦	发电量/亿千瓦时	利用小时数/小时
河南	824	72.1	893
湖北	419	41.3	998
湖南	467	45.4	1 029
广东	478	43.9	919
广西	345	46.9	1 414
海南	29	2.6	882
重庆	64	5.7	907
四川	327	48.5	1 488
贵州	471	51.0	1 130
云南	878	152.4	1 736
西藏	1	0.1	1 054
陕西	542	48.5	1 005
甘肃	1 312	130.1	1 007
青海	487	38.7	802
宁夏	1 156	97.0	857
新疆	1 986	211.0	1 069

2020 年，全国风电平均利用小时数 2097 小时，风电平均利用小时数较高的省区中，福建 2880 小时、云南 2837 小时、广西 2745 小时、四川 2537 小时。全国弃风电量 166.1 亿千瓦时，平均弃风率 3%，较上一年同比下降 1 个百分点，尤其是新疆、甘肃、蒙西，弃风率同比显著下降，新疆弃风率 10.3%、甘肃弃风率 6.4%、蒙西弃风率 7%，同比分别下降 3.7、1.3、1.9 个百分点。

2019 年，中国海上风电新增装机分布在江苏、广东、福建、辽宁、河北和浙江。其中江苏新增海上风电装机容量达 1.6 吉瓦，占全国新增装机容量的 64%，其次分别为广东 14%、福建 8%、辽宁 6%、河北 5%、浙江 3%。截至 2019 年底，江苏省海上风电累计装机容量突破 4.7 吉瓦，占全部海上风电累计装机容量的 67.0%。其次为福建，占比达到 7.0%，广东占比为 6.5%，上海占比 5.9%，河北占比 4.2%，辽宁、河北、浙江 3 省累计装机容量占比合计约为 9.2%。

31.3 太 阳 能

31.3.1 资源禀赋

我国幅员辽阔，太阳能资源丰富，全国 700 多个气象站的长期观测数据显示，全国各地的太阳能总辐射面积年平均水平为 5.86×10^9 焦耳/米^2，绝大多数地区的平均日辐射强度在 4 千瓦时/米^2 以上。全国 60% 以上的国土面积属于太阳能利用条件较好的地区，其中西藏西部的太阳能资源最为丰富，年日照时长达到 3200 小时以上，平均日辐射强度在 2333 千瓦时/米^2，该辐射水平在全球范围内仅次于撒哈拉沙漠，位居世界第二位。由此可见，我国的太阳能开发事业具有广阔的前景。

根据全国气象台总辐射和日照观测数据资料，2019 年，全国陆地表面平均辐射量为 1470 千瓦时/米^2。从地区分布上看，我国东北西部、华北北部、西北大部和西南中西部年水平面总辐射量超过 1400 千瓦时/米^2，其中甘肃西部、内蒙古西部、青海北部、西藏中西部年水平面总辐射量超过 1750 千瓦时/米^2，太阳能资源最为丰富；西藏大部、内蒙古大部、甘肃大部、宁夏、陕西北部、山西北部、河北中北部、青海东部、西藏东部、四川西部、云南大部、海南等地年水平面总辐射量处于 1400～1750 千瓦时/米^2，太阳能资源较为丰富；东北大部、华北南部、黄淮、江淮、江汉、江南及华南大部的年水平面总辐射量 1050～1400 千瓦时/米^2，太阳能资源一般丰富；重庆、贵州中东部、湖南西北部及湖北西南部地区的年水平面总辐射量不足 1050 千瓦时/米^2，为太阳资源较为贫乏地区。

31.3.2 开发利用现状

1. 光伏产业

我国的太阳能产业发展最迅速的是光伏产业，"十二五"期间，我国光伏发电装机容量年均增长 179%，截至 2015 年底，我国光伏发电累计并网容量已达到 4318 万千瓦，成为世界光伏装机第一大国。"十三五"后，我国的太阳能发电的装机容量和所占比例进一步快速扩大，截至 2020 年底，全国装机容量已达到 25 343 万千瓦，五年间约增长了 4.87 倍，2016～2020 年太阳能发电装机容量及年增长率如图 31-5 所示。截至 2021 年，我国光伏累计装机容量达 3.06 亿千瓦。

在年发电量上，2020 年全国光伏发电量达 2605 亿千瓦时，同比增长 16.14%。2016～2020 年太阳能年发电量及年增长率如图 31-6 所示。

图 31-5 2016～2020 年太阳能发电装机容量及年增长率

图 31-6 2016～2020 年太阳能发电年发电量及年增长率

2020 年，我国光伏发电发展呈现出几个方面的特点。一是光伏发展总体增速，分布式光伏发展提速。2020 年，全国新增光伏发电装机 4820 万千瓦，再创近三年新高。分布式光伏新增装机 1552 万千瓦，集中式光伏新增装机 3268 万千瓦。二是光伏新增装机分布地域转移特征明显，从新增装机布局看，中东部和南方地区占比约 36%，"三北"地区占 64%。三是新方式促进光伏发电发展。光伏发电"领跑者"计划的实施取得了良好效果，光伏产业技术进步明显，成本实现大幅下降，并带动全球光伏项目招标电价不断下降。

从发电的区域分布上来看，光伏发电的区域分布比风力发电更加均衡（图 31-7），2020 年，华北、西北、东北、华东、华中和南方地区新增并网光伏装机分别占全国新增并网光伏装机容量的 41.1%、28.6%、5.3%、14.2%、9.9% 和 0.8%，全国光伏发电建设布局持续优化。截至 2020 年底，山东、江苏、河北、浙江、安徽、青海、山西、内蒙古、新疆、河南、陕西、宁夏、甘肃、江西、湖北、广东、贵州 17 省区的光伏装机均超过 500 万千瓦，合计占全国的 87.7%。

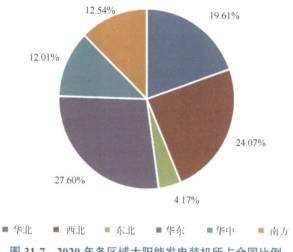

图 31-7　2020 年各区域太阳能发电装机所占全国比例

2. 光热产业

2016 年 9 月，国家能源局发布了第一批 20 个光热发电示范项目名单，总装机容量 1349 兆瓦，截至 2021 年底，我国太阳能热发电累计装机容量为 538 兆瓦（含兆瓦级以上规模的发电系统）。2018 年底已投运的 3 个光热发电示范项目：中广核德令哈 50 兆瓦槽式导热油光热发电项目、首航节能敦煌 100 兆瓦熔盐塔式光热发电项目和青海中控德令哈 50 兆瓦熔盐塔式光热发电项目，运行状况平稳。以青海中控德令哈 50 兆瓦熔盐塔式光热发电项目为例，从 2019 年 9 月底移交生产并进入为期一年的性能考核期，截止到 2020 年 3 月 26 日，除了受天气影响外，没有因设备故障而影响发电，实际运行 158 天，累计发电量 7487 万千瓦时，平均发电量达成率 97.1%，其中 2020 年前三个月的发电量达成率超过 100%。

2019 年以来并网光热发电项目 5 个，总装机容量 300 兆瓦，包括：鲁能海西州多能互补集成优化国家示范工程 50 兆瓦塔式熔盐太阳能热发电项目、中电建青海共和 50 兆瓦熔盐塔式光热发电项目、中电工程哈密 50 兆瓦熔盐塔式光热发电项目、兰州大成敦煌 50 兆瓦熔盐线性菲涅尔式光热发电项目和内蒙古中核龙腾乌拉特中旗导热油槽式 100 兆瓦光热发电项目。

31.4　生 物 质 能

31.4.1　资源禀赋

生物质能依据来源的不同，可以分为农业资源、畜禽粪便资源、林业资源、城市固体废物和工业有机废水等五大类。

1. 农业资源

我国秸秆品种以水稻、小麦、玉米为主。其中，玉米秸秆占比最高，稻草、麦秸占比紧随其后，我国农作物秸秆品种结构及比例如图 31-8 所示。从区域分布来看，秸秆来源主要分布在粮食生产地，辽宁、吉林、黑龙江、内蒙古、河北、河南、湖北、湖南、山东、江苏、安徽、江西、四川等 13 个粮食主产省区秸秆理论资源量占全国秸秆理论资源量的 70%以上。2015～2019 年中国秸秆产量统计及增长情况如图 31-9 所示。

2. 畜禽粪便资源

根据《中国畜牧兽医年鉴（2021）》，2020 年我国猪肉产量 4113.3 万吨，牛肉产量 672.4 万吨，禽肉产量 2361.1 万吨。据 2020 年第二次全国污染源普查测算，我国畜禽粪污年产量约 30.5 亿吨。

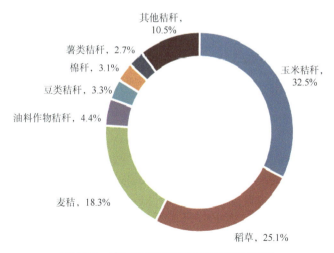

图 31-8　我国农作物秸秆品种结构及比例

图 31-9　2015～2019 年中国秸秆产量统计及增长情况

3. 林业资源

林业资源主要为林业三剩物（采伐剩余物、造材剩余物和加工剩余物），林业三剩物的主要利用方式有生物质发电、生物质成型、生物质液体燃料和生物质气化。据估算，全国林木剩余物总量可达 30 284 万吨。我国森林区主要有东北林区、西南林区、西北林区、南方坡地林区四大林区，占全国森林总面积的 54.5%。四大林区也是林业三剩物的主要产区，但存在来源分散、交通不便、单位产量低、供应链不稳定的问题。

4. 城市固体废物

城市固体废物主要是城镇居民生活垃圾、商业垃圾和少量建筑业垃圾等固体废物。城市固体废物的产量与城镇居民的生活水平密切相关，随着经济发展，城市固体废物产量也不断增加。2020 年，全国生活垃圾年清运量 2.35 亿吨，生活垃圾无害化处理率为 99.7%。

5. 工业有机废水

工业有机废水是酒精、酿酒、制糖、食品、制药、造纸和屠宰等行业生产过程中排出的废水，种类很多，成分复杂多样，含有丰富的有机物，可通过厌氧发酵过程制取沼气以获取能源。

31.4.2　开发利用现状

生物质能源遍布世界各地，蕴藏量巨大，是继煤、石油、天然气后的第四大能源，在世界一次能源供应量中的比重约为 10%。我国生物质资源丰富，理论生物质能资源大约有 50 亿吨标准煤。由于我国面临着能源总量不足、环境污染严重、人均占有量少等诸多问题，因此大力开发利用生物质能源已成为我国可持续发展的重要任务。

现代生物质能的发展方向是高效清洁利用，将生物质转换为优质能源，包括生物质发电、生物质成型燃料、生物质燃气和生物液体燃料等。生物质发电包括垃圾焚烧发电、农林生物质发电和沼气发电等。生物质发电和液体燃料产业已形成一定规模，生物质成型燃料、生物天然气等产业呈现良好发展势头。

1. 生物质发电

截至 2020 年底，我国生物质发电并网装机容量达到 2952 万千瓦，同比增长 22.6%，年度新增装机容量为 543 万千瓦，2020 年各类生物质发电装机占比如图 31-10 所示。近年来，我国生物质能发电量保持稳步增长态势，2020 年生物质发电量 1326 亿千瓦时，同比增长 19.4%。"十三五"期间生物质能发电量年复合增长率达到 19.5%。从发电量结构来看，垃圾焚烧发电设备利用率最高，2020 年垃圾焚烧发电量为 778 亿千瓦时，占比为 58.7%；2020 年农林生物质发电量为 510 亿千瓦时，占比为 38.5%；2020 年沼气发电量为 37.8 亿千瓦时，占比为 2.9%。2016～2020 年各类生物质发电累计装机容量如图 31-11。截至 2021 年底，我国生物质发电并网装机容量增至 3797 万千瓦。

2020 年，全国生物质发电发电量排名前五位的省份是广东、山东、江苏、浙江和安徽，合计生物质装机容量为 1343.8 万千瓦，占全国生物质发电装机容量的 45.5%。2020 年我国生物质发电装机容量前五位如图 31-12 所示。

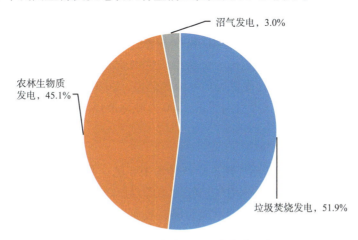

图 31-10　2020 年各类生物质发电装机占比

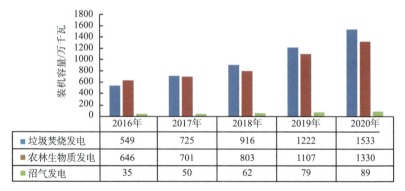

	2016年	2017年	2018年	2019年	2020年
■ 垃圾焚烧发电	549	725	916	1222	1533
■ 农林生物质发电	646	701	803	1107	1330
■ 沼气发电	35	50	62	79	89

图 31-11 2016～2020 年各类生物质发电累计装机容量

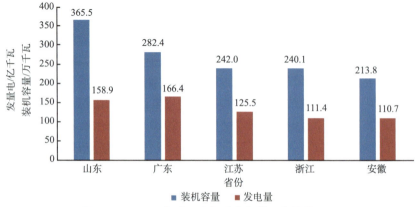

图 31-12 2020 年我国生物质发电装机容量前五位

2. 生物质成型燃料

生物质成型燃料是利用新技术及专用设备将各种低品位生物质，在不含任何添加剂和黏结剂的情况下，压缩成密度各异的生物质成型的清洁燃料。《生物质能发展"十三五"规划》指出，加快推广生物质成型燃料锅炉供热，为村镇、工业园区及公共和商业设施提供可再生清洁热力，2020 年生物质成型燃料规划年利用量为 3000 万吨，替代煤炭消费量 1500 万吨标准煤。

3. 生物质燃气

截至 2015 年，全国沼气理论年产量约 190 亿立方米，其中户用沼气理论年产量约 140 亿立方米，规模化沼气工程约 10 万处，年产气量约 50 亿立方米。2019年国家发展和改革委员会、国家能源局、农业农村部等十部门联合印发《关于促进生物天然气产业化发展的指导意见》，明确了生物天然气发展目标，提出到 2025年年产量超过 100 亿立方米，到 2030 年超过 200 亿立方米。

4. 生物质液体燃料

2020 年我国的燃料乙醇年产量约 33 亿升，在全球燃料乙醇产量中占比 3%，生物柴油年产量为 128 万吨。与汽油相比，燃料乙醇最突出的优点表现在清洁和可再生两方面，燃料乙醇受到了极大关注。生物柴油处于产业发展期，作为石油柴油的替代品，生物柴油在中国具有广阔前景。

31.5　地　热　能

31.5.1　资源禀赋

我国地热资源分布广泛，资源种类繁多，资源量丰富，地热资源分布具有明显的规律性和地带性，但受构造、岩浆活动、地层岩性、水文地质条件等因素的控制，总体分布不均匀。

我国高温地热资源主要分布在藏南、滇西、川西和台湾岛地区，已发现高温地热系统 200 多处；中低温地热资源主要分布在大型沉积盆地和山地断裂带。分布在盆地特别是大沉积盆地的沉积盆地型地热资源储集条件好、储层多、厚度大，地热资源储量大，是地热资源开发潜力较大的地区，而分布在山地断裂带上的隆起山地型地热资源一般规模较小。沉积盆地型地热资源主要分布于我国东部的华北盆地、琼雷盆地、松辽盆地和环鄂尔多斯断陷盆地等地区，均为中低温地热资源。隆起山地型地热资源主要分布于我国的东南沿海、台湾岛、藏南、川西、滇西和胶辽半岛等地区。

地热资源按照热流传输机制可分为浅层地热、水热型地热和干热岩地热资源。水热型地热资源按照温度范围，可以划分为高、中、低温地热三类（表 31-5）。

表 31-5　地热资源分类及分布情况

资源类型		深度	储热工质及温度	主要利用方式	分布地区
浅层地热资源		0~200 米	25℃以下温水	供热、农业	东北地区南部、华北地区、江淮流域、四川盆地和西部地区东部
水热型地热资源	中低温地热资源	200~3 000 米	90~150℃汽水混合物、25~90℃热水	发电、直接利用	沉积盆地型：华北盆地、琼雷盆地、松辽盆地和环鄂尔多斯断陷盆地等地区 隆起山地型：我国的东南沿海、台湾岛、藏南、川西、滇西和胶辽半岛等地区

续表

资源类型		深度	储热工质及温度	主要利用方式	分布地区
水热型地热资源	高温地热资源	200～3 000 米	150℃以上蒸汽	发电	藏南、滇西、川西和台湾岛地区
	干热岩地热资源	3 000～10 000 米	不超过150℃干热岩	发电	西藏、云南、广东、福建等东南沿海地区

31.5.2 开发利用现状

地热能的开发利用主要包括地热发电和地热的直接利用两个领域，150℃以上的高温地热资源适宜发电利用，90～150℃中温和25～90℃低温地热资源适宜直接利用其热能，可以用于房屋供暖、温室种植、水产养殖、洗浴理疗及工农业生产过程等方面。25℃以下的浅层地热，可利用地源热泵和水源热泵进行供暖、制冷。

目前，我国地热资源利用方式中，地热发电占 0.5%，供热采暖占 32.7%，洗浴和娱乐占 32.3%，养殖占 2.6%，种植占 17.9%，工业利用占 0.4%，其他占 13.6%（图 31-13），我国各类地热资源开发利用率还很低，地热发电利用很薄弱。

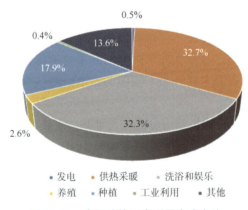

图 31-13 我国地热开发利用方式占比

1. 地热发电

截至 2020 年已建成和在建的地热发电总装机容量约为 70 兆瓦，中国各地热电站基础数据及运行状态如表 31-6，其中，西藏羊八井地热电站是我国最大的地热电站，共钻地热井 70 口，钻井深度多小于 500 米，装机容量达到 25 180 千瓦，深部地热井最高温度可达 329.8℃，具有较好的资源潜力，累计发电量超过 33 亿千瓦时。西藏羊易地热电站已完成了 16 兆瓦奥玛特（Ormat）有机朗肯循环（Organic Rankine Cycle，ORC）发电机组的组装。

表 31-6　中国目前各地热电站基础数据及运行状态

电站名称	建成时间	机组容量/千瓦	发电系统	井口温度/℃	运行状态
广东丰顺地热试验电站	1984 年 4 月	300	单级闪蒸	91	运行
河北怀来地热试验电站	1971 年 9 月	200	双工质循环	85	拆除
西藏羊八井地热电站	1981～1991 年	25 180	两级闪蒸	140～160	运行
	2009 年	2 000	螺杆膨胀机	329.8	运行
西藏羊易地热电站	2011 年	900	双工质循环	150	运行
	2018 年	32 000	双工质循环	150	运行
河北献县地热试验电站	2017 年 12 月	280	双工质循环	104	运行
云南瑞丽地热发电站	2017 年 7 月	1 200	螺杆膨胀机	130～150	运行
	2018 年	10 000	螺杆膨胀机	130～150	运行
四川康定地热发电站	2017 年	1 400	螺杆膨胀机	218	运行

2017 年，我国颁布《地热能开发利用"十三五"规划》，计划"十三五"期间新增地热发电装机容量 500 兆瓦，到 2020 年，我国地热发电装机容量约 530 兆瓦。数据显示，"十三五"期间我国新增地热发电装机容量只有 18.08 兆瓦，仅完成规划目标的 3.6%，与设定的发展目标相去甚远。

2. 地热直接利用

我国中低温地热资源的直接热利用一直居世界第一位，据 2015 年世界地热大会的统计，中国地热直接利用更多的设备容量为 17 870 兆瓦热量，占世界总设备容量的 25.4%；同时，中国地热直接利用的年利用热能为 17.4×10^{16} 焦。占世界总利用热能的 29.7%，这些数据在世界 82 个利用地热的国家中确立了中国是世界第一的地位。

随着全球环境保护意识的增强，我国地热兴起了直接利用的高潮，尤其在高纬度寒冷的"三北"地区，用于供暖方式的地热资源分布在华北（占 90%）、西北（占 6%）、东北（占 4%），华中华南也有少部分地热用于供暖，地热流体开采热量为 3.97×10^{16} 焦/年。

《地热能开发利用"十三五"规划》提出，在"十三五"时期，新增地热能供暖（制冷）面积 11 亿平方米，其中：新增浅层地热能供暖（制冷）面积 7 亿平方米；新增水热型地热供暖面积 4 亿平方米。到 2020 年，地热供暖（制冷）面积累计达到 16 亿平方米，地热能年利用量 7000 万吨标准煤，地热能供暖年利用量 4000

万吨标准煤。京津冀地区地热能年利用量达到约 2000 万吨标准煤。数据显示，截至 2019 年底，地热取暖面积约 11.23 亿平方米，目标基本达成。

3. 其他利用方式

地热能还可用于温泉疗养、工业利用和种植养殖。中低温地热资源被开发利用为温泉休闲娱乐和洗浴医疗，并引发了地热开发热潮。我国各地的不同需求使地热开发各具特色，分布也较平均，华南（占 23%）、华中（占 21%），西北（占 19%）、西南（占 13%）、华东（占 11%）、东北（占 7%）、华北（占 6%）。地热能在工业领域的应用主要包括轻工业、矿泉水生产，利用地热进行印染和缫丝可以使产品颜色更加鲜艳，着色率更高，手感更加柔软，并且富有弹性。利用地热温室种植蔬菜、繁育水稻等已在我国许多温泉区开展，尤其是中西部，羊八井地热田除发电外，还建造了地热温室，用于种植蔬菜。

31.6 核　　能

31.6.1 资源禀赋

近年来，我国铀资源勘查取得新进展，2019 年，国内铀矿勘查以北方盆地砂岩型铀矿为主攻类型，全年完成钻探工作量 65 万米，新发现工业铀矿孔 284 个，在北方沉积盆地和南方硬岩地区预测铀成矿远景区 170 多片，铀成矿靶区 38 片，矿产地 3 处。地浸砂岩型铀矿找矿取得重要进展，伊犁盆地和松辽盆地发现一批高平米铀量矿体。硬岩型铀矿找矿取得新进展，资源储量有所增加。

在核电厂址选择和建设方面，核电站选址需要考虑众多因素，包括地质结构风险（地震）、洪水、海啸和核事件情况下对生活在附近居民所产生的后果与影响，以及对植物群、动物群和当地生态系统所产生的影响。目前厂址选择仍旧位于沿海地区，内陆核电仍未"破冰"。西部地区仅有防城港核电站两台核电机组。

31.6.2 开发利用现状

我国已经运营及在建核电机组，主要分布于辽宁、山东、江苏、广东、福建等沿海地区。截至 2020 年底，我国商运核电机组达 48 台（不含台湾地区核电信息），总装机容量为 4989 万千瓦，我国在建核电机组 17 台，总容量 1853 万千瓦，在建机组装机容量连续多年保持全球第一。"十三五"期间，我国核电机组保持安全稳定运行,新投入商运核电机组 20 台,新增装机容量 2344.7 万千瓦,新开工核电机组 11 台,装机容量 1260.4 万千瓦,其中自主三代核电"华龙一号"进入批量化建设阶段,"国和一号"示范工程开工建设。2020 年,我国核能发电量为 3662.43 亿千瓦时,较 2019 年增长 5.02%。

根据 IAEA2019 年报告,截至 2019 年底,全球在运核电机组 443 台、总装机容量 3.92 亿千瓦,分布于 30 个国家。全球在建机组 54 台,总装机容量 5740 万千瓦。

"十三五"期间,我国核电装备制造国产化和自主化能力不断提升,掌握了一批具有自主知识产权的核电关键设备制造技术。2020 年,国内核电主设备交付 31 台套,实现了批量化成套交付,涵盖反应堆压力容器、蒸汽发生器、堆内构件等各类产品,我国已全面掌握先进核电装备制造核心技术。

31.7　海　洋　能

31.7.1　资源禀赋

我国潮汐能资源丰富,长达 18 000 多千米的大陆海岸线,北起鸭绿江口,南到北仑河口,加上 5000 多个岛屿的 14 000 多千米海岸线,共约 32 000 多千米的海岸线中蕴藏着丰富的潮汐能资源。我国近海的潮汐能、潮流能、波浪能、温差能、盐差能的资源潜在量约为 6.97 亿千瓦,技术可开发量约为 0.66 亿千瓦,开发潜力较大。

从表 31-7 可以看出,我国近海海洋能资源总量较为丰富、种类齐全,但各类型的海洋能资源储量相差较大。其中,温差能、盐差能、潮汐能资源储量(即潜在量理论装机容量)占总量的 96.5%,仅温差能资源储量占比就达 52.6%;潮流能和波浪能资源储量占比较低。

表 31-7　海洋能资源潜在量

类型	潜在量理论装机容量/万千瓦	技术可开发量装机容量/万千瓦
潮汐能	19 286	2 283
潮流能	833	166
波浪能	1 600	441
温差能	36 713	2 570
盐差能	11 309	1 131
合计	69 741	6 591

我国近海海洋能资源有着分布广而不均、总量大、种类多而品质高等明显特

点，海洋能资源在沿海均有分布，但各海区分布不均，潮汐能资源主要在浙江、福建等沿海地区，波浪能资源主要在广东、海南等沿海地区，温差能资源主要在南海海域，盐差能资源主要在长江口及其以南的大江河口沿岸。近海海洋能资源量较为丰富，种类齐全，波浪能功率密度普遍不高，潮差大的海域不多。

31.7.2 开发利用现状

《海洋可再生能源发展"十三五"规划》中指出，到 2020 年，全国海洋能总装机规模超过 50 000 千瓦，建设 5 个以上海岛海洋能与风能、太阳能等可再生能源多能互补独立电力系统，拓展海洋能应用领域，扩大各类海洋能装置生产规模，海洋能开发利用水平步入国际先进行列。

《中国海洋能 2019 年度进展报告》显示，截至 2018 年底，我国海洋能电站总装机达 7.41 兆瓦，累计发电量超 23 565 万千瓦时；潮汐能电站装机 4.35 兆瓦，累计发电量超 23 200 万千瓦时；潮流能电站总装机 2.86 兆瓦，累计发电量超 350 万千瓦时；波浪能电站总装机 0.2 兆瓦，累计发电量超 15 万千瓦时。我国海洋能电站一览表如表 31-8 所示。

表 31-8　我国海洋能电站一览表

海洋能电站	总装机容量/兆瓦	累计发电量/万千瓦时
潮汐能电站	4.35	23 200
潮流能电站	2.86	350
波浪能电站	0.2	15
合计	7.41	23 565

海洋能的主要利用方式是发电。小功率海洋能装置可用于海岛灯塔、航道灯标及海洋观测浮标系统；大功率海洋能装置可实现并网或独立供电，为偏远海岛及海洋资源开发设施等提供清洁能源。

1. 潮汐能

截至 2018 年底，我国潮汐能电站总装机容量为 4.35 兆瓦，累计发电量超过23 200 万千瓦时。温岭江厦潮汐试验电站于 1980 年并网发电，经过数次改造升级后，截至 2015 年电站总装机容量为 4.1 兆瓦。海山潮汐电站于 1975 年并网发电，电站总装机容量为 150 千瓦。截至 2018 年底，海山潮汐电站累计发电量超过 1100万千瓦时。

2. 潮流能

截至 2018 年底，我国潮流能电站总装机容量超过 2.8 兆瓦，累计发电量超过 350 万千瓦时。截至 2018 年底，浙江舟山联合动能新能源开发有限公司 LHD 模块化大型海洋潮流能电站总装机容量达到 1.7 兆瓦。自 2016 年 7 月，世界首台 "3.4 兆瓦 LHD 模块化大型海洋潮流能发电机组" 首批 1 兆瓦发电模块顺利下海发电，同年 8 月并网发电，2017 年 5 月 25 日开始，该机组实现全天候连续发电并网运行，截至 2019 年 8 月 26 日，连续发电并网运行 27 个月。根据 2019 年 6 月浙江省发展和改革委员会的相关文件，LHD 模块化大型海洋潮流能发电机组（装机容量 1700 千瓦）临时上网电价为 2.58 元/千瓦时（含税）。

3. 波浪能

截至 2018 年底，我国波浪能电站总装机容量为 0.2 兆瓦，累计发电量超过 15 万千瓦时。中国科学院广州能源研究所 200 千瓦鹰式波浪能发电装置，2017 年 12 月底到 2018 年 4 月，在我国南海赵述岛海域离网发电超过 10 万千瓦时，2018 年 10 月向三沙市永兴岛免费供电约 1.5 万千瓦时。

4. 温差能等其他海洋能

在 2011 年海洋能专项资金支持下，国家海洋技术中心研制了用于小型海洋剖面观测平行的 200 瓦温差能供电模块，2015 年 7 月，在北黄海开展了海试，最大发电功率 300 瓦。

在 2013 年海洋能专项资金支持下，国家海洋局第一海洋研究所研建了 10 千瓦海洋温差能发电系统，发电功率 7.5 千瓦；中国海洋大学研制了 100 瓦盐差能发电原理样机，样机效率达到 35%。2017 年 5 月，这两个项目均通过了国家海洋局科技司组织的验收。但是，我国温差能、盐差能发电技术研究起步较晚，装置的装机容量较小，与国外技术差距较大。

第 32 章 能源清洁低碳转型的机遇与挑战

32.1 能源清洁低碳未来发展机遇

32.1.1 能源清洁低碳发展势在必行

为达成应对气候变化《巴黎协定》做出重要贡献，提高国家自主贡献力度，2020 年 12 月 12 日，国家主席习近平在气候雄心峰会上宣布到 2030 年中国"非化石能源占一次能源消费比重将达到 25%左右""风电、太阳能发电总装机容量将达到 12 亿千瓦以上"[①]。

世界能源低碳化发展进一步强化，天然气和非化石能源成为世界能源发展的主要方向。目前，我国能源结构仍旧以煤炭为主，2020 年我国能源消费结构中，煤炭占比为 56.8%，石油占比为 18.9%，天然气占比为 8.4%，非化石能源占比为 15.9%。全国能源消费总量为 49.8 亿吨标准煤，煤炭消费量占能源消费总量的 56.8%，比上年下降 0.9 个百分点，天然气、水电、核电、风电等清洁能源消费量占能源消费总量的 24.3%，上升 1.0 个百分点。截至 2020 年底，全国发电装机容量累计达 22 亿千瓦，可再生能源发电装机容量约达到 9.3 亿千瓦。

2021 年 3 月，我国发布了《中华人民共和国国民经济和社会发展第十四个五年规划和 2035 年远景目标纲要》，关于清洁能源发展强调，"推进能源革命，建设清洁低碳、安全高效的能源体系，提高能源供给保障能力。加快发展非化石能源，坚持集中式和分布式并举，大力提升风电、光伏发电规模，加快发展东中部分布式能源，有序发展海上风电，加快西南水电基地建设，安全稳妥推动沿海核电建设，建设一批多能互补的清洁能源基地，非化石能源占能源消费总量比重提高到 20%左右"，"因地制宜开发利用地热能"。

能源转型变革的根本任务是构建清洁、低碳的新型能源体系。为增加能源供

---

① 《习近平在气候雄心峰会上的讲话（全文）》，http://www.cidca.gov.cn/2020-12/14/c_1210930656.htm [2020-12-14]。

应、改善能源结构、保障能源安全、实现经济的可持续发展，能源清洁低碳发展成为大势所趋。

32.1.2　国际能源合作日趋深化

随着我国深入融入世界经济体系，对内对外开放相互促进，开放型经济新体制加快构建，创新驱动发展战略深入实施，促进了能源科技实力的显著提升，我国在参与全球能源治理、构建能源合作命运共同体中将发挥更加重要的作用。

"一带一路"能源合作全面展开、中巴经济走廊能源合作深入推进、中阿经贸合作不断走深走实。截至 2021 年 6 月，同中方签署"一带一路"合作文件的伙伴国家已达到 140 个。2017 年，中国石油天然气集团有限公司与"一带一路"沿线 19 个国家进行了 50 个项目合作，促进了相关国家的油气供应和经济社会发展。电力、油气、可再生能源、煤炭、低碳经济、能源转型等领域技术、装备和服务合作成效显著。核电国际合作迈开新步伐，成为引领中国高科技和装备制造业"走出去"的一张"国家名片"。能源的双向流动，甚至是多维流动不断加强，极大推动了国际能源结构的变革和能源转型。通过日益深化的国际能源合作，推动能源合作命运共同体的构建，促进全球能源可持续发展，提升各国能源安全水平，实现共同发展。

32.1.3　清洁能源技术进步推动我国能源清洁低碳转型发展

风电技术水平明显提升，关键零部件基本实现国产化，低风速风电技术位居世界前列，为在更大范围内充分利用我国风能资源储备了关键技术。2018 年，我国新增风电机组中，2 兆瓦以下（不含 2 兆瓦）新增装机占比为 4.2%，2~3 兆瓦（不含 3 兆瓦）新增装机占比达 82.5%，3~4 兆瓦（不含 4 兆瓦）机组新增装机占比达到 7.1%，2~3 兆瓦机组占据主体地位。2021 年，陆上风电开启"6 兆瓦时代"，2021 年 4 月，由东方电气风电股份有限公司自主研制、具有完全自主知识产权的 DEW-5.5S-172 型永磁直驱陆上风电机组成功下线。同年 8 月，三一重能股份有限公司宣布参与打造全国单机容量最大的陆上风电项目，单机容量为 6.25 兆瓦。海上风电方面，海上风电单机容量不断突破，10 兆瓦海上风机自 2020 年开始试验运行，2021 年 2 月，12 兆瓦海上半直驱永磁同步风力发电机在江苏中车株洲电机有限公司正式下线。2010~2020 年陆上风电度电成本下降 56%，海上度电成本下降 48%。2020 年全球陆上风电度电成本为 0.25 元/千瓦时，低于传统的化石能源（0.32 元/千瓦时）和光伏（0.37 元/千瓦时）的度电成本，成为全球最便宜的能源。

　　光伏发电技术方面，美国第一太阳能公司（First Solar）生产的碲化镉薄膜电池原材料消耗更少，并且非常适合用于柔性面板，该薄膜面板在高温下性能更好，而硅面板可能过热导致发电效率变低，不足之处是该电池板的平均效率为 18%，略低于硅电池板 18%～22%的效率。阿卜杜拉国王科技大学（King Abdullah University of Science & Technology，KAUST）研制的 N 型钙钛矿串联电池效率突破了 27%。隆基电池研发中心研发的单晶 P 型 TOPCon 电池转换效率高达 25.19%，再次刷新了世界纪录。德国弗劳恩霍夫太阳能系统研究所使用砷化镓（GaAs）制成的薄膜电池，获得了 68.9%的转化效率。光伏发电已初步具备经济性，光伏发电成本将降至火电发电水平，我国也有望实现平价上网。我国光伏电池技术创新能力大幅提升，天合光能股份有限公司研发的高效 N 型单晶 i-TOPCon 太阳电池光电转换效率达到了 24.58%，创造了大面积 TOPCon 电池效率新的世界纪录。我国已经形成了硅材料、硅片、电池、组件为核心的晶体硅太阳能电池产业化技术体系，突破了国外对多晶硅生产技术的封锁，多晶硅产量占世界总产量的 73%，光伏组件产量在全球总产量中占比已超过 71%。在光伏系统关键技术方面也取得多项重大突破，掌握了 100 兆瓦级并网光伏电站设计集成技术，掌握了兆瓦级光伏与建筑结合系统设计集成技术等。光热发电技术也取得了长足进步，并逐步开始试点示范工作。

　　对于水电而言，我国已具备成熟的大型水电设计、施工和管理运行能力。哈尔滨电机厂有限责任公司负责自主研发制造了单机容量100万千瓦水轮发电机组，为水轮机组单机容量世界第一，并成功在白鹤滩水电站投运。掌握了 700 米级超高水头、35 万千瓦级抽水蓄能机组成套设备自主研发、设计和制造技术，在敦化抽水蓄能电站成功实施。在工程建设方面，解决了超长斜井及竖井钻施工、复杂地形地质条件下不对称拱坝设计和抗滑稳定、强震区超高拱坝与超高边坡抗震、窄河谷高水头大泄量枢纽泄洪消能技术、高应力复杂地质条件下巨型地下洞室群开挖支护设计等关键技术问题。研制了智能通水成套装备和移动实时诊断控制软件，确保在建设过程中全过程精准监控。高原、复杂地质条件地区的水电开发技术进步，为藏东南地区的水电开发奠定了基础。

　　其他清洁能源利用方面，经过多年的发展，生物质发电产业升级有序推进，生物质燃煤耦合发电已经开展技术示范，生物天然气取得一定规模化发展，生物质成型燃料技术与设备研究取得了明显进展，生物质原料将向炭、气、油、肥多联产高附加值多元化利用方向深入发展。我国已有多年的中低温地热能直接利用经验，但在深层高温地热钻井、干热岩地热资源开发利用技术方面，仍与世界先进水平存在差距。"十三五"期间我国海洋能以"专业化带动、产业化推动"为主导思想，在密切产学研合作的过程中，促进了海洋能产业链的形成。在波浪发电装置的研制方面取得了一定成绩，核心装备技术尚未取得根本突破、装置转换效率普遍不高、示范应用规模较小是未来需要解决的问题。"十三五"期间，我国核电装备制造国产化和自主化能力不断提升，掌握了一批具有自主知识产权的核电关键设备制造技术。第三代核电"华龙一号"进入批量化建设阶段，"国和一号"示范工程开工建设。

32.2　能源清洁低碳转型面临的问题

32.2.1　水电开发面临着四大挑战

我国水力资源居世界首位，在落实创新、协调、绿色、开放、共享发展理念的基础上积极稳妥发展水电，对推进我国能源生产和消费革命，构建清洁低碳、安全高效的能源体系是一大保障。水电是调整能源结构、促进环境保护的主力能源。发展水电是促进西部少数民族地区共享发展、缩小东西部差距、打赢污染防治攻坚战、实现乡村振兴、决胜全面建成小康社会的重要举措。然而，我国水电开发仍面临着诸多挑战。

1. 复杂区域地质条件下高坝工程防震抗震安全问题

我国西南地区地处青藏高原及其向第二级台阶过渡的边缘地带，受印度板块与欧亚板块碰撞的影响，该区域地壳运动和地质构造作用强烈、地壳抬升幅度大。西南地区地震烈度高且地震频繁，崩塌、滑坡、泥石流等物理地质作用强烈，地质灾害活动频繁，工程安全尤其是高坝防震抗震安全已成为西南地区水电工程建设的关键技术问题。

2. 复杂工程地质条件下大型水电工程建设技术难题

我国正在规划设计或建设的一批 200 米级～300 米级高坝、上百座百万千瓦级大型水电站大都集中在大江大河的上中游。高海拔高原高寒地区建设这些大型水电工程，需要研究破解一系列复杂技术难题，如流域梯级水电站的洪水安全问题，高水头大流量泄洪消能难题，高坝工程筑坝技术难题，高边坡及深覆盖层地基处理难题，高边墙大跨度地下工程的技术难题，大容量水电机组的设计、制造、安装难题，连续高效机械化施工技术等。

3. 水电开发与生态环境保护、水库移民安置之间的协调关系问题

如何协调水电开发与自然保护区、风景名胜区、饮用水水源保护区的关系，

如何处理水电开发对河流生态系统的影响，以及水电开发对鱼类生存环境的影响等问题仍有较多争议，主要问题是缺乏环境影响评价的定量标准，对环境变化和环境影响的认识不一致。水电开发的环境影响有利有弊，应该采取措施尽量降低不利影响。未来水电建设中，要更加重视保护生态环境，研究珍稀特有鱼类的人工繁殖技术、河流生态修复技术，以及环境监测和环境影响评价技术等。

4. 西部水电经济指标差，输电距离长，现有市场条件下不具备竞争优势

我国水电工程本身造价的不断攀升不能完全归因于施工条件和技术难度，负担的社会成本较重、资源浪费严重和建设运行管理体制不合理等是重要影响因素。外部成本主要是生态环境保护和建设征地移民搬迁。随着环保意识的增强，我国增强了水电站建设及运行中的环保措施，包括珍稀植物移栽、集鱼过坝设施建设、鱼类增殖站建设、河道景观修复、下泄生态流量等，但环保成本基本能控制在总投资的 5% 以内；建设征地移民搬迁总体标准不断提高，但各电站差异比较大，存在着地方政府部门打着改善基础设施、解决移民就业的口号"吃大户"的现象，反映出建设征地移民搬迁相关法律法规不完善，以及规程规范建设不到位、管理体制不够完善。

根据《增强水电市场竞争力促进后续水电可持续发展政策措施研究》的成果，对金沙江、澜沧江、黄河上游、雅砻江、大渡河、雅鲁藏布江六大流域"十四五"和"十五五"期间具备开发条件的 65 个大中型水电项目（总装机规模约 9000 万千瓦）的市场竞争力进行分析，这 65 个项目平均单位千瓦投资额约 12 000 元，在现行财税金融政策条件下，即使项目资本金财务内部收益率按 6% 计，这 65 个项目落地电价与消纳端燃煤火电标杆电价相比，其中 74% 共计 48 个水电项目不具备市场竞争力。

32.2.2 风光消纳面临的约束

随着风电、太阳能发电装机容量的不断提高，我国的弃风弃光问题逐渐凸显，2015～2016 年我国弃风弃光率较高，经过 5 年的努力，我国弃风弃光率已大幅下降，但是仍旧存在不同程度的弃风弃光现象。弃风弃光的根本诱因是电力无法得到消纳，然而风电、光伏发电的消纳面临以下四方面约束。

1. 新能源建设布局与规划约束

我国新能源装机分布不均衡，与负荷呈逆向分布。在风光资源分布方面，绝大部分陆地风能、太阳能资源分布在西北部，76%的煤炭资源分布在北部和西北部，

80%的水能资源分布在西南部，然而，我国 70%以上的能源需求集中在东中部。2020 年"三北"地区负荷占全国总负荷的比例仅为 36%，但集中了全国 61%风电和 48%太阳能发电装机。

"西电东送"不可持续。中国工程院《我国未来电网格局研究（2020 年）咨询意见》指出，随着我国西部产业发展和东部清洁能源的开发，东部和西部源荷不平衡程度将降低，"西电东送"规模会出现拐点。

2. 灵活性约束

风电、光伏发电等清洁电源波动性特征明显，电力输出极不稳定，需要电力系统的灵活调节，然而我国的电源结构性矛盾突出，可平抑新能源电力随机波动性的灵活可调度资源匮乏。

我国电力消费以燃煤发电为主，但纯凝式机组的最小出力仅为额定负荷的50%，供热机组在冬季供暖期的最小出力更是仅为额定负荷的 60%～70%，机组的深度调峰能力较国外同类机组差距较大。我国发电装机中可快速响应新能源电力随机波动性的燃气发电仅占 4.5%；水电比例约占 16.8%，但抽水蓄能仅占 1.4%，其余水电多为径流式水电站，具有明显的季节性特征，水库中的蓄水除了发电之外还需要满足防洪与农田灌溉等需要，调峰能力也受到限制。"三北"地区新能源富集，风电、太阳能发电装机分别约占全国的 61%、48%，但灵活调节电源却不足 3%，调节能力先天不足。

3. 外送能力约束

我国的自然资源禀赋差异，电网运行灵活性和新能源外送能力明显不足。我国西北地区太阳能资源丰富，但负荷水平相对较低，且电网的灵活性不足，难以实现新能源电力的就地消纳。

电网输电能力与新能源发展不匹配，跨省跨区外送能力不足。东北、西北电网目前的跨区输电能力为 16.1 吉瓦，只有新能源装机容量（85.59 吉瓦）的 19%。能源基地与负荷中心的距离在 1000～3000 千米，但东北、西北地区跨区通道输送主要通过银东直流、天中直流、灵宝直流、德宝直流、高岭直流，额定功率合计1910 万千瓦。

4. 工程造价较高

与火电相比，现阶段清洁能源发电工程的单位造价仍然较高。根据《中国电力技术经济发展研究报告 2019》中分析数据，2019 年 350 兆瓦、660 兆瓦、1000兆瓦燃煤发电机组工程限额设计指标新建工程造价分别为 4185 元/千瓦、3621 元/

千瓦、3315 元/千瓦；常规水电单位造价约 14 600 万元/千瓦，其中在主体工程静态投资方面，西藏地区比其他地区单位造价高 2000 万元/千瓦，主要是因为西藏海拔高、位置远、建设条件困难等实际情况。在建设征地移民安置补偿、建设期利息方面，西藏均低于其他地区；抽水蓄能电站工程造价约 5969 元/千瓦；2019 年平原戈壁和山区的风电工程造价分别是 7480 元/千瓦和 8360 元/千瓦；集中式光伏发电（除西藏地区）工程造价为 6216 元/千瓦；2019 年我国核准的三代核电工程中"华龙一号"机组造价水平约 1.55 万～1.65 万元/千瓦。

5. 市场化机制约束

我国电力市场机制还处于起步阶段，刚开始放开发电、售电环节，调峰补偿、价格响应等市场机制尚未建立，调峰辅助服务还处于试点阶段，调峰辅助服务市场机制不完善，火电机组调峰能力得不到充分调用。当前，我国正在运行的调峰辅助服务市场基本沿用了"两个细则"，补偿费用主要来自发电企业，并未传导至用户侧，只是将按照性能调用机组改为在一定性能范围内根据价格从低至高调用机组，并按照市场价格进行补偿。

新能源跨区跨省消纳仍执行政府定价，落地省没有积极性，同时我国尚未建立全国统一电力市场，各省间存在较为严重的市场壁垒，部分地区严格管控省外购电量，除国家指令性计划电量外，禁止向省外购电，还有一部分地区要求压低省外购电价格，致使价格方案协商困难，交易难以达成，制约了全国电力市场建设和资源的充分、高效配置，因此，需要明确政策和电价机制，化解省间壁垒。

我国电力市场以中长期交易为主，短期灵活交易机制尚未完善，现货市场尚未建立，新能源边际成本低的优势难以体现。跨省跨区输送新能源的现货市场机制还处于研究阶段，仅通过省内现货市场的建设不足以满足新能源消纳的需求，需要在更大范围内进行互相补偿。

32.2.3 科学技术面临的四大难题

1. 光伏原创技术不足，存在颠覆性风险

发达国家已经布局叠层电池、海上漂浮式光伏等新型光伏技术，我国明显落后于国际。薄膜电池方面，非晶硅/微晶硅叠层电池和国际上有差距，国际上已经将碲化镉薄膜和铜铟镓硒薄膜电池进行产业化，我国碲化镉薄膜电池组件生产还处于起步阶段。我国内陆水面光伏虽然已经商业化，但近海漂浮光伏技术仍在实验阶段。

我国晶硅电池专用的等离子体增强化学气相沉积（plasma enhanced chemical

vapor deposition，PECVD）等部分核心装备依赖进口，原创性工艺与核心专利多由欧美国家掌握，国内晶硅产量近年来虽然有了大幅提升，但仍然难以保障整个产业链的需求，需加快低成本高效电池技术迭代并形成专利。

2. 风电存在"卡脖子"技术，海上风电成本高

我国大功率海上风电装备技术落后于国际水平，2021 年 2 月江苏中车株洲电机有限公司宣布全球首台 12 兆瓦海上半直驱永磁同步风力发电机下线。然而，国外已经装机运行 12 兆瓦大功率发电机，2021 年 2 月，维斯塔斯风力技术集团宣布推出 V236-15.0 兆瓦海上风电机组，样机于 2022 年 12 月在测试中心并网发电并且达到设计的额定功率，批量生产计划于 2024 年进行。

风电机组整机设计关键技术缺失，设计软件与主控装置、轴承等依赖进口。另外，安装和运维技术高，使海上风电建设和运维成本高昂，导致海上风电度电成本偏高，国内 0.6 元/千瓦时与平价上网仍有一定差距。

3. 生物质发电部分核心技术有待突破

锅炉系统、配套辅助设备工艺等方面与国外相比还有较大差距。生物质气化发电技术规模小、效率低的缺点在一定程度上限制了发电技术的大规模应用；生物质耦合发电技术没有一套健全完善的原料比例的检测系统、喂料系统，以及高效的锅炉装备，在技术层面上限制了该发电技术的工业化发展。

4. 交叉与基础前沿研究不足

为了应对化石能源消耗所带来的环境污染和碳排放，我国在积极推进能源清洁低碳转型。清洁能源发展的支持体系已基本建立、清洁能源产业布局已初步完成、化石能源清洁化利用正在逐步推进，但是在交叉与基础前沿的研究上仍旧不足。交叉方面：电-热-燃料生产条块分割，高效、多元综合利用技术明显落后。基础方面：青藏高原、东部海上等地面临风光水电与生态环境协同发展的重大挑战。前沿方面：新型海洋能、新型地热能、风光电制燃料等技术前沿探索不足。

第 33 章　能源清洁低碳转型技术发展趋势

33.1　水　　能

伴随着水电的发展，我国水电工程勘察设计和施工技术、大型水轮发电机组制造、远距离输电技术等已居世界先进水平。开发西部丰富的水力资源是西部大开发的重要组成部分，实施"西电东送"有利于我国能源资源的优化配置及西部地区的经济发展。因此，水电建设对于我国经济社会的可持续发展具有重要的作用。未来水电开发，应重点解决以下关键技术问题。

（1）在工程建设水平方面，重点内容包括高寒高海拔高地震烈度复杂地质条件下筑坝技术、高坝工程防震抗震技术、防灾减灾技术、高寒高海拔地区特大型水电工程施工技术、超高坝建筑材料等技术。

（2）在水轮发电机组制造自主化方面，重点内容包括百万千瓦级大型水力发电机组，变速抽水蓄能机组，40 万千瓦级、700 米级超高水头超大容量抽水蓄能机组设计制造自主化，50 万千瓦级、1000 米以上超高水头大型冲击式水轮发电机组。

（3）在生态保护与修复技术方面，重点内容包括分层取水、过鱼、栖息地建设、珍稀特有鱼类人工繁殖驯养、生态调度、高寒地区植被恢复与水土保持等关键技术攻关及其运行效果跟踪调查研究；流域水电开发生态环境监测监控、水库消落带和下游河流生态重建与修复。

（4）在"互联网+"智能水电站方面，重点内容包括数字流域和数字水电、"互联网+"智能水电站和智能流域试点、信息化管理平台建设等。

（5）在水电站大坝运行安全监督管理系统建设方面，重点内容包括开发坝高100 米以上、库容 1 亿立方米以上的大坝安全在线监控和远程技术监督功能，提高重点大坝非现场安全监督管理能力。

33.2　风　　能

33.2.1　深远海风电关键技术

面向国内未来深远海风力发电规模化开发利用的需求，重点开展 15～20 兆瓦级风电机组整机及关键部件技术和设备的开发；开发风电机组智能化控制技术；开展 120 米以上超长叶片的气动特性技术、轻量结构技术、气弹稳定性技术、表面防护技术研究与开发；开展适应我国海域和气候条件的超大型机组装备的固定式/漂浮式支撑结构系统技术及装置开发；开展海上超大型风电机组试验与检测技术及装置开发。形成超大型海上风电机组供货能力。

33.2.2　新型高效率风能利用技术

开展新型高效率风能利用技术研究，支撑产业可持续发展与技术进步。面向海上、高空等应用场景，研究风能新型高效捕获与利用技术及装置，开展精细化风资源特性、机组空气动力学特性、载荷特性与支撑结构优化技术、智能控制技术研究，实现样机运行；研究规模化风电制氢技术，支撑海岛、海上作业平台清洁用能需求的风能利用技术，低成本、新型风能供热技术；研究风能与太阳能、生物质能、海洋能等可再生能源及煤炭等化石能源的互补利用技术，结合储能提升风能利用可控性、灵活性技术。实现风能与不同场景的可再生能源的综合利用。

33.2.3　先进发电机

现在，风力发电机组主要采用三种不同类型的发电机：感应发电机（induction generator，IG）、双馈感应发电机（doubly fed induction generator，DFIG）、电励磁同步发电机（electrically excited synchnous generator，EESG）或永磁同步发电机（permanent magnet synchronou generator，PMSG）。从理论上来说，每种类型的发电机都可以采用中速、高速或直驱式传动系统。而在实际运行过程中，只有高速传动系统可以与三种类型的发电机搭配使用。感应发电机比其他两种类型的重量更大，因此，不适用于中速和直驱式的传动系统。

就目前的风电市场来看，以具备变速变桨技术的双馈感应风力发电系统和永磁同步风力发电系统为主流。双馈感应风力发电系统结构示意图如图 33-1 所示。

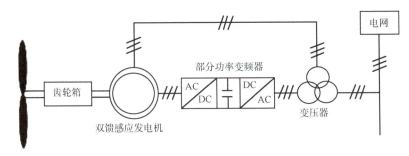

图 33-1　双馈感应风力发电系统结构示意图

AC 即 alternating current，交流电流；DC 即 direct current，直流电流

　　双馈感应风力发电系统，以在电气侧采用 DFIG 和部分功率脉宽调制（pulse-width modulation，PWM）变频器为主要特点，具备变速变桨技术。其发电机定子通过变压器直接并网，转子由频率、幅值、相位可调的电源供给三相低频励磁电流，通过 PWM 变频器与电网相连。PWM 变频器分为转子侧变频器和网侧变频器两部分。

　　典型的双馈感应风力发电系统如图 33-2 所示，桨距伺服机构安装于风轮的轮毂上，一般分为液压型和电动型两种，通过驱动安装在轮毂附近的变桨距齿轮调整桨距角；PWM 变频器及其控制系统放置于机舱后部的电气机柜中，直接与电网连接；偏航机偏航控制系统调节，根据风向仪的实时测量数据控制电动机驱动安装于塔架顶端的偏航齿轮以正对来流向；主控制系统位于控制机柜中，一般放置于塔架底部。

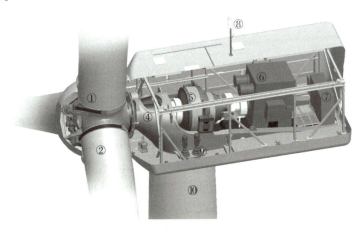

①轮毂②桨叶③桨距伺服机构④传动轴⑤变速齿轮箱⑥双馈感应发电机⑦电气机柜⑧测风仪⑨偏航机构⑩塔架

图 33-2　典型的双馈感应风力发电系统

永磁同步风力发电系统以在电气侧采用 PMSG 和全功率 PWM 变频器为主要特点，具备变速变桨技术。其发电机一般为低速多级同步发电机，发电机定子通过全功率 PWM 变频器和变压器并网，转子不能向电网馈电，定子绕组端口功率单向流动，如图 33-3 所示。

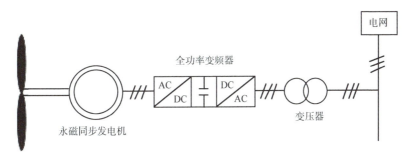

图 33-3　永磁同步风力发电系统结构示意图

典型的基于永磁同步发电机的变速变桨风力发电系统如图 33-4 所示，PWM 变频器及其控制系统同样放置于机舱后部的电气机柜里；偏航机构与变桨距机构的运行原理与双馈式系统相似。永磁同步风力发电系统是直驱式系统，只有传动轴没有齿轮箱。永磁同步发电机的定子结构与普通三相交流发电机相同，由定子铁心和定子绕组组成，三相绕组安放于定子铁心槽内；外转子采用永磁材料励磁，风轮带动转子转动，形成旋转电磁场，定子绕组切割磁感线产生感应电动势，产生电流。外转子上没有励磁绕组，减少了线路损耗，提高了发电效率。

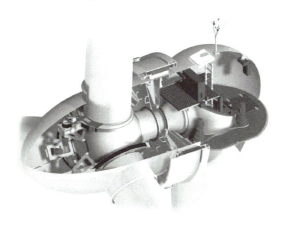

图 33-4　典型的基于永磁同步发电机的变速变桨风力发电系统

33.2.4　智能运维技术

风电场分布在沿海岛屿、内陆的高山、荒漠等人烟稀少地区，通信不畅，交通不便，给风电场运营管理、维修维护工作带来极大困难。机组检测任务量大，质保期内预防性状态检测与质保期外市场盈利状态检测无法兼顾。机组状态检测极易受到风速、雷雨和冰雪等天气因素干扰，导致单类型检测周期较长。因此，如何将风电场的运维工作自动化、智能化成为重点研究内容。在智能运维技术的研究方面，主要有以下几个重点研究方向。

1. 状态检测新技术

随着传感器和数据采集通信技术的发展，风电机组检测技术日新月异。通过红外检测技术来检测机舱内部温度变化，可以识别机组零部件运行状态。发电机绝缘检测技术逐渐被应用到发电机运行状态评价中，海上风电机组腐蚀检测技术越来越受到重视。风电机组机舱内部安装的消防系统能够保证机组不发生严重事故。机舱内安装视频监控系统可以实时监控机舱内部运行状态。变桨后备电源检测技术和海上风电机组桩基沉降检测技术的应用，越来越受到研究人员的重视。

2. 多状态检测融合技术

将在线振动检测和离线振动检测相互配合，来综合诊断机组故障。在线振动检测确定机组运行趋势，离线振动检测和内窥镜检查确定机组损伤程度。将振动检测技术和油液检测技术相融合。油液检测在齿轮箱故障早期检测上效果较好，通过评价齿轮箱磨损程度、润滑油中铁元素和铜元素含量及润滑油的劣化程度来评判齿轮箱运行状态。振动检测在齿轮箱故障中后期检测上效果较好，通过评价振动能量变化和蕴含的齿轮箱故障特征频率来评判齿轮箱运行状态。综合振动和油液两种检测技术的物理指标，使两种检测技术相互融合，从而综合评判齿轮箱的运行状态。

3. 统一平台综合健康监测评估系统

建立统一的检测系统平台，将各种检测手段和分析方法融汇到一个健康检测管理平台中，方便及时调用各类检测信息和检测结果，对机组进行多状态多维度健康性能评价，再综合风电机组运行数据、维护检修记录等状态变化信息，反向建立机组关键部件运行模型。通过故障运行数据，建立关键部件预测和预警模型，将两种模型应用到在线风机数据采集与监控系统（supervisory control and data acquisition，SCADA）数据分析中，通过海量数据自学习对模型进行修正完善，使其能够及时评判机组运行状态和运行趋势，适应机组健康检测平台，综合评价机组运行状态。

33.2.5　海上漂浮式平台技术

海上风力发电潜力巨大，预计将在未来的能源结构中扮演重要角色。然而，世界上 80% 的海上风能资源蕴藏在 60 米深以上的海域。为了充分挖掘全球海上风力发电潜力，加快能源转型，并保持 1.5℃ 的升温路径符合 IPCC 建议，风电行业迅速商业化海上漂浮式风力发电技术已成为当务之急。漂浮式海上风电相对固定桩式风电，不仅可以提供更好的风资源及更大的技术潜力，也可以帮助创造社会经济效益。

漂浮式平台共有三种基本的形式，它们是根据海上石油和天然气的经验命名的，分别叫张力腿式、半潜式及浮筒式，示意图如图 33-5 所示。全球海上浮式风电数据显示，到 2020 年底，累计有 15 个漂浮式项目投入运营，其中 10 个（67%）使用了半潜式平台，5 个（33%）使用了浮筒式平台。

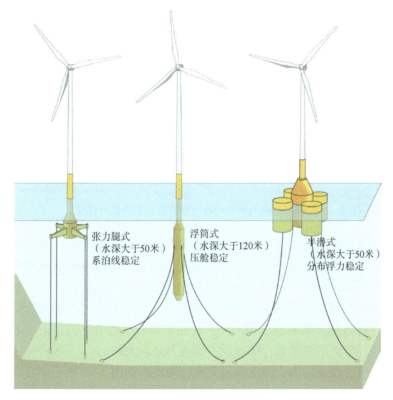

图 33-5　漂浮式平台示意图

33.2.6　海上风电制氢技术

在世界各国争分夺秒应对气候变化之际，越来越多的人达成共识，能源制氢可能是帮助一些较依赖化石燃料的部门脱碳的解决方案，如供暖、运输以及炼铁等工业过程。图 33-6 显示了可再生能源与负荷在能源制氢中的一体化，能源制氢是指将盈余的可再生能源通过电解或者进一步合成转化为液态或气态化学能源。能源制氢技术的持续进步和海上风电成本的下降，以及政策的预期变化，表明这种组合可能构成一种新兴的且经济可行的商业模式。

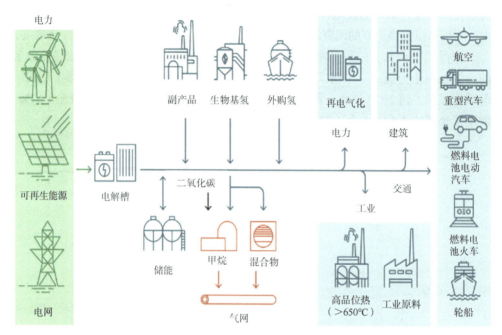

图 33-6　能源制氢：可再生能源与负荷的一体化

　　能源制氢是有前途的海上风能存储的选择之一，它通过将待存储的电力用作多种用途，减少浪费，且最大化效率。待存储的电力可以电解成氢作为原料生产散装化学品，如甲醇或工业合成氨；或者结合捕获的二氧化碳形成碳中性液体燃料，如原油、汽油、柴油和航空燃料。同时，它也可以通过热泵或电锅炉产生热量或者储存在盐丘之类的地下构造中，并在需要时反馈给电网。由于电解槽还处于起步阶段，价格依然昂贵，降低成本的潜力是巨大的。

　　目前，广泛探索的海上风电制氢方案有两种，如图 33-7 所示。在第一个海上风能制氢方案中，剩余的海上风能或者专门为制氢而建造的海上风能为分解水分子的电解槽提供动力。然后，绿色氢被压缩并储存在一个储罐系统中，等着在需要能源时卸下来，这种电解储运系统可以建在海上风电场附近的专用平台上并将储存的氢能通过轮船转运上岸，也可以建立在岸边使用卡车转运。有了海上加氢平台，液氢可以转化为合成的天然气，也就是众所周知的甲烷，然后运送给终端用户，用于多种用途。由于海运是一种相对昂贵的运输方式，电解液也可以部署在沿海地区，通过高压海底电缆连接到变电站，直接通过陆上氢管道或压缩后通过卡车运输绿色氢。

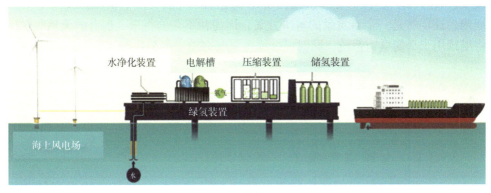

（a）

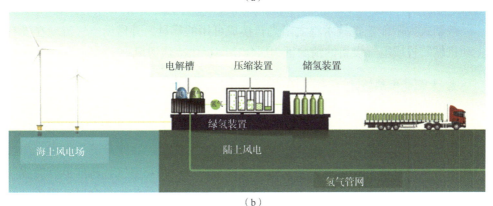

（b）

（c）

图 33-7　海上风电制氢解决方案

　　第二个解决方案也是利用海上多余的风能为石油和天然气平台上的电解槽提

供动力，从而从海水中生产绿色氢，但绿色氢气被混合到天然气出口线路中，并通过现有的天然气基础设施运输到陆地。这种解决方案已经被工业气体生产商广泛应用于化工和炼油行业。预计最多 20%的氢气可以被混合到现有的天然气管道流中。然而，在现有的天然气管道中混合绿色氢气无法实现 100%的脱碳，但在短期内，这仍然是一个有贡献的解决方案，因为在不久的将来，现有的天然气供应将继续用于平衡电力系统，同时混合绿色氢气有助于部分脱碳。

33.3　太　阳　能

33.3.1　太阳能热技术

1. 被动式太阳能建筑技术

被动式太阳能建筑技术将太阳光转换成可用的热量，并借助空气流动在没有主动机械装置或电气设备的情况下为居住空间提供冷热通风。

2. 太阳能供热技术

1）空间供暖

许多大型建筑物都需要通风，以保持室内空气质量。在寒冷的气候中，加热这种空气会消耗大量能量。但是太阳能通风系统可以预热空气，从而节省能源和成本，这种类型的系统通常使用透光集热器，它由一块薄的黑色金属板组成，安装在朝南的墙上以吸收太阳的热量。

2）太阳能热水

太阳能热水系统旨在为家庭或非住宅建筑提供大量热水。该系统可以安在任何气候条件下，以减少水电费，它由三个主要部分组成：太阳能集热器、隔热管道和热水储罐。两种主要类型的太阳能集热器分别是真空管集热器和线性聚光器，他们可以在高温下高效运行。

33.3.2　太阳能储能技术

1. 太阳能电力存储

除了集中式太阳能发电和太阳能燃料中的热能存储，其他的电能都是先由太阳辐射产生然后进入存储装置。因此，当前可用的电力存储技术均可用作太阳能电力存储的潜在备选方案。这些技术根据存储能源形式可以分为：电、磁形式，机械形式，化学形式和热能形式。

2. 太阳能热储能技术

太阳能储存有三层含义：一是将白天接收到的太阳能储存到晚间使用，二是将晴天接收到的太阳能储存到阴雨天气使用，三是将夏天接收到的太阳能储存到冬天使用。国内外研究的太阳能的储存方法主要有两大类：第一类是将太阳能直接储存，即太阳能热储能，主要分为三种类型（图 33-8），即显热、潜热和吸附热；第二类是把太阳能先转换成其他能量形式，然后再储存，如先转变为电能和机械能。

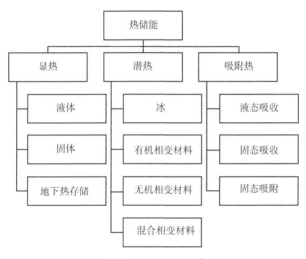

图 33-8　热储能技术类型

33.3.3　太阳能制氢技术

目前对太阳能制氢的研究主要集中在以下几种技术：热化学法制氢、光电化学分解法制氢、光催化法制氢和人工光合作用制氢。

1. 热化学法制氢

太阳能直接热分解水制氢是利用太阳能聚光器收集太阳能直接加热水，使其达到 2500 开尔文（3000 开尔文）以上的温度从而分解为氢气和氧气的过程。这种方法的主要问题是高温下氢气和氧气的分离、高温太阳能反应器的材料问题。如果在水中加入催化剂，使水的分解过程按多步进行，就可以大大降低加热的温度。

由于催化剂可以反复使用，因此这种制氢方法又叫热化学循环法。

2. 光电化学分解法制氢

典型的光电化学分解太阳池由光阳极和阴极构成。光阳极通常为光半导体材料，受光激发可以产生电子空穴对，光阳极和阴极成光电化学池，在电解质存在下光阳极吸光后在半导体带上产生的电子通过外电路流向阴极，水中的氢离子从阴极上接受电子产生氢气。

3. 光催化法制氢

半导体二氧化钛及过渡金属氧化物、层状金属化合物，以及能利用可见光的催化材料能在一定的光照条件下，催化分解水，从而产生氢气。已经研究过的用于光解水的氧化还原催化体系主要有半导体体系和金属配合物体系两种，其中以半导体体系的研究最为深入。半导体光催化在原理上类似于光电化学池，细小的光半导体颗粒可以被看作一个个微电极悬浮在水中，它们像光阳极一样在起作用，所不同的是它们之间没有像光电化学池那样被隔开，甚至阴极也被设想是在同一粒子上，水分解成氢气和氧气的反应同时发生。

4. 人工光合作用制氢

人工光合作用是模拟植物的光合作用，利用太阳光制氢。具体的过程为：首先，利用金属络合物使水中分解出电子和氢离子；其次，利用太阳能提高电子能量，使它能和水中的氢离子起光合作用以产生氢。人工光合作用过程和电解水相似，只不过利用太阳能代替了电能。目前还只能在实验室中制备出微量的氢气，光能的利用率也只有 15%～16%。

33.3.4 多能源互补技术

单独的风力发电、太阳能发电都在资源利用上存在缺陷：在季节性方面，夏季日照辐射强风力较弱，冬季风力强日照辐射较弱；在时间性方面，白天有光照辐射，风力较小，晚上无光照辐射，风力较强。因此综合考虑太阳能和风能在季节性、时间性等多方面资源的互补而建立起来的风光互补发电系统是一种经济合理的供电方式。

风光互补发电系统是一种多能互补、经济高效、环保、无污染的能源供电系统，再加以科学的管理和运行控制，可以获得最佳的利用效益，推动我国电力产业的发展，满足人们的日常生活用电需求。多能源互补发电系统主要由风力发电机组和太阳能发电机组构成,由控制器、逆变器、蓄电池等设备组成。后备柴油机的选用,要根据当地风力、日照资源条件确定,若为了增强系统供电的不间断性可以考虑引入,但在提倡绿色环保、低碳发展的时代,适当地增加风力机、光伏阵列或蓄电池容量,进行容量的优化配比之后完全可以取代柴油机。

33.4 生物质能

很长一段时间,对生物质能的利用主要通过炉灶燃烧、锅炉燃烧、垃圾焚烧等方式,但是这样会造成环境污染。随着科技进步,生物质能利用的方式呈现出多样性,主要分为四种,如图 33-9 所示。

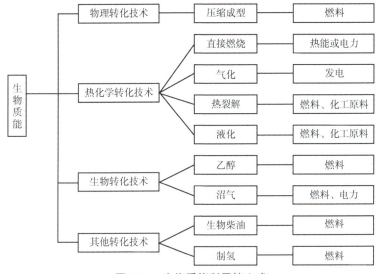

图 33-9 生物质能利用的方式

生物质能技术的发展趋势可以主要概括为:生物质直接燃烧技术、厌氧消化制取沼气技术、生物质压缩成型燃料技术、酶技术制取乙醇、生物质液化技术、生物柴油技术。

33.4.1 生物质直接燃烧技术

燃烧是应用最广泛的生物质转换方式,生物质燃料的燃烧热值比化石能源的热值低很多,这是由生物质燃料的高含水率和高氧含量决定的。生物质的燃烧过程可以分 3 个阶段:水蒸气蒸发与预热阶段、挥发燃烧阶段和固定碳燃烧阶段。

当今用于生物质燃烧的锅炉主要包括流化床锅炉和层燃锅炉,通过燃烧将生物质的化学能转化为热能，进而提供生产生活所需的热能或电能。流化床锅炉的特点在于燃料在流化床处于流化状态，气固混合更加充分，加强热量交换，提高了燃烧效率，同时流化床锅炉炉膛内燃烧温度维持在 850℃左右，床内不易结渣，炉内脱硫等过程可减少氮硫化物生成。层燃锅炉是最常见的生物质直燃利用方式，在炉排上分为不同的燃烧阶段，其结构简单、操作方便、相对经济。但由于炉内温度较高，而生物质燃料通常灰熔点低，较易结渣，同时配风不佳难以确保生物质燃料的燃烧效率。

33.4.2　厌氧消化制取沼气技术

沼气发酵是一个（微）生物学的过程。农作物秸秆、人畜的粪便及工农业排放的废水中所含的有机物等都可以作为沼气发酵的原料，在适宜的条件和厌氧的环境下通过微生物的作用将有机物最终转换为沼气。其过程主要分为液化、产酸和产甲烷 3 个阶段，厌氧消化制取沼气基本过程如图 33-10 所示。

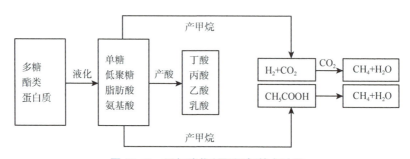

图 33-10　厌氧消化制取沼气基本过程

33.4.3　生物质压缩成型燃料技术

生物质压缩成型后制备的固体燃料的燃烧效率高、成本低，可以代替煤炭作为农村居民做饭和取暖的燃料，也可以用作供热用的工业锅炉的燃料。《生物质能发展"十三五"规划》中提出，到 2020 年，生物质成型燃料年利用量 3000 万吨。生物质压缩成型燃料如图 33-11 所示。

33.4.4　酶技术制取乙醇

各种绿色植物（如玉米芯、水果、甜菜、甜高粱、秸秆、稻草、木片、草类及许多富含纤维素的原料）都可用作提取乙醇的原料。生产乙醇的方法很多，主要有：利用含糖的原料直接发酵；间接地利用碳水化合物或淀粉进行发酵；将木材等纤维素原料通过酸水解或酶水解制乙醇。

图 33-11　生物质压缩成型燃料

33.4.5　生物质液化技术

生物质液化是通过热化学将生物质部分或全部转化为液体燃料，热化学法主要包括快速热解液化和加压催化液化等。生物质转化为液体后，能量密度大大提高，可直接作为燃料用于内燃机，热效率是直接燃烧的 4 倍以上。

生物质快速热解液化是在传统裂解基础上发展起来的一种技术，相对于传统裂解，它采用超高加热速率（102～104 开尔文/秒）、超短产物停留时间（0.2～3秒）及适中的裂解温度，使生物质中的有机高聚物分子在隔绝空气的条件下迅速断裂为短链分子，使焦炭和产物气降到最低限度，从而最大限度获得液体产品，其热值为 20～22 兆焦/千克。

生物质加压液化是在较高压力下的热转化过程，温度一般低于快速热解。近些年，采用氢气加压，使用溶剂（如四氢萘、醇、酮等）及催化剂（如 Co-Mo、Ni-Mo 系加氢催化剂）等手段，使液体产率大幅度提高，甚至可以达 80%以上，液体产物的高位热值可达 25～30 兆焦/千克，明显高于快速热解液化。

33.4.6　生物柴油技术

生物柴油是以生物质资源作为原料基础加工而成的一种柴油（液体燃料），它与柴油相溶性极佳，而且能够与国标柴油混合或单独用于汽车及机械，是清洁的可再生能源和典型的"绿色能源"，是石油等不可再生资源的理想替代品，在未来有广阔的发展空间。生产原料，主要有植物油脂、动物油脂、微生物油脂和废弃无用油脂四大类，制备生物柴油的方法有：酸碱催化法、生物酶催化法和超临界法等。

33.5 地 热 能

2010～2020 年我国对常规地热能的勘查开发利用进展迅速，勘查开发利用技术与管理逐步走向成熟，变化呈现以下趋势。

一是地热异常区的地热资源勘查与开发，拓宽了地热资源开发利用的范围。地热源分布广，在深部有强渗透储层分布的条件下，按地热增温率计算，在一定深度内都有可能获得所期望的地热资源。随着地质钻探技术的进步，钻 3000～4000 米的地热深井已不是难题，这就使得对地热资源的开发有了新的思路。不局限在地热异常区或分布较浅的地区，尤其是在一些大型沉积盆地区和有经济基础的城镇，开始进行隐伏地热资源开发的探索。

二是油田地区地热资源开发受到了普遍的关注。沉积盐地的油田地区实际上也是地热资源广泛分布的地区，相当一部分有水无油的勘探井可以改造为地热开采井，油田开采后期水多油气少，如胜利油田一些油井含水量已达 95%～97%，逐步转为以开采地热资为主，可在开发地热资源的同时开采剩余的气资源，对油田地区的经济发展和产业调整十分有益。

三是重视地热资源的综合利用与梯级利用，提高地热的利用率和经济社会效益。对地热资源的开发利用已由初期的一次性利用向综合与梯级利用方向转化。地热水往往先用于采暖、供热，再用于环境用水，或依据建筑物对温度的不同要求实行梯级采暖，或将一次采暖后的尾水利用热泵进一步提取其热能。这些措施提高了地热资源的利用率和技术含量。

四是重视采灌结合，保证地热资源的可持续利用，在一些早期开发地热的地区，如北京、天津、福州、西安等，地热水水头已有较明显的下降，在一定程度上影响到资源的开发和持续利用。根据国内外开发地热的经验，回灌已成为维持地热资源可持续利用和提高地热田资源开采率的共识。

五是推进规模化开发，使地热资源的配置趋于合理，提高行业整体的经济效益。这一措施是适应地热资源采灌结合的开采方式的需要，其目的是限制只采不灌的小型单位对地热资源的开发，在资源条件好的区，鼓励有经济条件实行规模化开采并可实行采灌结合措施的单位开发地热资源。北京近年来对昌平北七家及现代农业园、丰台南宫、北京工业大学等开采地热资源的单位推行了这一模式。

六是地热开发利用中开始应用自动控制技术，提高管理水平。自动控制包括两方面的内容：一是对地热开采井的产量、水量配置、地热尾水的排放温度按供求的实际需要进行控制,达到节约使用的目的;二是对地热水的开采量、井内水位(头)变化、水温等参数实行自动监测及远距离传输,为地热资源统一管理、资源远景评价提供依据。北京、天津、大庆林甸、陕西咸阳等地已启动了地热开采系统的自动监测及远距离传输等技术的应用工作。

七是注重地热资源开发的品牌效应,积极申报命名与建设中国温泉之乡、地热城。规范热(温泉)资源的开发与管理,提高该地区的知名度和地热开发利用的社会经济效益。

33.6　海　洋　能

33.6.1　潮汐能

我国现存潮汐能电站有江厦潮汐试验电站和海山潮汐电站,前期完成的多个万千瓦级潮汐电站预可研项目未进入建设阶段。江厦潮汐试验电站自 2015 年完成技术改造后,总装机增加到 4.1 兆瓦,年发电量约 700 万千瓦时,为潮汐能大规模商业化应用储备了成熟的水轮机型谱,并具备了丰富的潮汐机组运行经验。1975年建成的海山潮汐电站,总装机 150 千瓦,年发电量约 31 万千瓦时。

33.6.2　潮流能

我国潮流能技术总体水平进展较快,截至 2020 年约有 20 个机组完成了海试,最大单机功率 650 千瓦,部分机组实现了长期示范运行,我国已成为世界上为数不多的掌握规模化潮流能开发利用技术的国家。先进材料叶片、低流速发电机等产业配套技术已取得初步进展。目前我国潮流能利用技术的重点还处在实际尺寸单机和多机示范运行阶段,有半直驱水平轴潮流能发电工程样机、LHD 模块化海洋潮流能发电机组、自变距水平轴式潮流能发电技术、锚定式双导管涡轮潮流发电系统和潮流能发电装备配套技术。

33.6.3　波浪能

针对我国波浪能资源功率密度较低的特点,我国主要研发了小功率波浪能发电装置,截至 2020 年约有 30 台装置完成了海试,最大单机功率 200 千瓦,已有技术初步实现为偏远海岛供电。近年来还探索了波浪能网箱养殖、导航浮标供电等应用研究。正在开展海试和运行的技术有鹰式波浪能发电技术、波浪能网箱养殖供电技术和航标用波浪能供电产品化技术。

33.6.4 温差能等其他海洋能

1. 10千瓦海洋温差能发电系统

在 2013 年海洋能专项资金支持下，国家海洋局第一海洋研究所研建了 10 千瓦海洋温差能发电系统。自 2017 年 2 月 4 日，该系统连续无故障运行超过 1000 小时，发电功率 7.5 千瓦。2017 年 5 月，项目通过了国家海洋局科技司组织的验收。海洋温差能发电原理如图 33-12 所示。

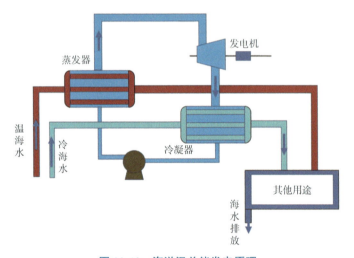

图 33-12　海洋温差能发电原理

2. 海洋观测平台温差能供电关键技术

在 2011 年海洋能专项资金支持下，国家海洋技术中心研制了用于小型海洋剖面观测平台的 200 瓦温能供电模块，2015 年 7 月，在北黄海开展了海试，最大发电功率 300 瓦。

3. 盐差能发电技术

在 2013 年海洋能专项资金支持下，中国海洋大学研制了 100 瓦盐差能发电原理样机。自 2016 年 4 月装配调试以来，安全运行超过 200 小时，样机效率达到 35%。

我国温差能、盐差能发电技术研究起步较晚，装置的装机容量较小，与国外技术差距较大。

第 34 章 能源清洁低碳转型发展战略

34.1 发展思路

为达成应对气候变化《巴黎协定》做出重要贡献，2020 年 9 月，国家主席习近平在第七十五届联合国大会一般性辩论上宣布："中国将提高国家自主贡献力度，采取更加有力的政策和措施，二氧化碳排放力争于 2030 年前达到峰值，努力争取 2060 年前实现碳中和。"[①]改革开放四十多年来，我国能源供给能力大幅度提升，能源供给结构持续优化，能源消费不断低碳清洁化。在碳达峰、碳中和目标下，我国能源清洁低碳转型力度亟须进一步加大。

为落实"四个革命、一个合作"能源安全新战略，践行绿色低碳安全高效发展理念，需要进一步加强能源清洁低碳转型的顶层设计，坚定不移推动化石能源清洁高效利用，带动能源体系向清洁化、低碳化方向发展，建设清洁低碳、安全高效的能源体系，提高能源供给保障能力。要加快发展非化石能源，坚持集中式和分布式并举，大力提升风电、光伏发电规模，加快发展东中部分布式能源，有序发展海上风电，加快西南水电基地建设，安全稳妥推动沿海核电建设，建设一批多能互补的清洁能源基地。

我国清洁能源主要分布在西部地区，2/3 以上的能源需求集中在中东部。能源资源和需求的逆向分布，决定了需要在西部发展大型清洁能源基地，加强水火互济、风光互补，并通过特高压输电技术远距离外送的发展思路。针对弃水、弃风、弃光的问题，需要建立健全市场和政策机制，打破省间壁垒，通过市场手段解决清洁能源消纳难题。

34.2 发展目标

2020 年 12 月，国家主席习近平在联合国气候雄心峰会上宣布，到 2030 年，

---

① 《习近平在第七十五届联合国大会一般性辩论上的讲话（全文）》，http://www.xinhuanet.com/politics/leaders/2020-09/22/c_1126527652.htm[2020-09-22]。

我国"非化石能源占一次能源消费比重将达到 25%左右"，"风电、太阳能发电总装机容量将达到12亿千瓦以上"[①]。结合碳达峰、碳中和目标，到2035年我国一次能源消费总量预计55.9亿吨标准煤，非化石能源占一次能源消费比重上升至32%。其中，水电占比11.5%、风电占比9.7%、太阳能发电占比4.4%、核电占比5.8%，生物质发电占比0.6%。

34.3 发 展 战 略

34.3.1 推动西南水电基地开发，加快抽水蓄能电站建设

水电发展是我国能源发展和能源清洁低碳转型的重要组成部分。未来水电发展的中心是西南地区的川、滇、藏。其发展指导思想是落实创新、协调、绿色、开放、共享的新发展理念，把发展水电作为生态文明建设，推进能源革命，建设清洁低碳、安全高效的能源体系，提高能源供给保障能力的重要战略举措。发展水电的同时，做好生态环境保护和移民安置工作。

按照我国水电"三步走"发展战略，到2020年，我国常规水电装机容量将达3.5亿千瓦，年发电量13 220亿千瓦时；到2030年，我国常规水电装机容量将达4.3亿千瓦，年发电量18 530亿千瓦时；到2050年，我国常规水电装机容量将达5.1亿千瓦，年发电量14 050亿千瓦时。其中东部地区3550万千瓦，中部地区7000万千瓦，西部地区总规模为4.06亿千瓦，其开发程度达86%，新增水电主要集中在西藏自治区，西藏东部、南部地区河流干流水电开发基本完毕。

今后我国水电开发应坚持区域重点开发和环境保护并举的发展思路。我国东、中部地区主要河流开发程度较高，基本已开发完毕，水电资源剩余技术可开发流域主要是西南三江，剩余技术可开发量约为1.29亿千瓦。今后将以川、滇、藏等开发区域为重点，深入推进大型水电基地建设，稳步推动藏东南水电开发，建设雅鲁藏布江下游水电基地，建设金沙江上下游、雅砻江流域等清洁能源基地。

金沙江、雅砻江、大渡河等这些剩余河流的开发条件相对较差，建设综合条件更加复杂，敏感因素相对较多，环保论证工作难度大。开发过程中应梳理总结针对该区水电开发的技术难题，重点对坝工建设领域世界级难题、高寒高海拔地区高边坡处理、库区滑坡体灾害防范、泥石流风险预防、工程区植被恢复、高水头低气压泄洪消能控制、高地应力地下洞室施工、高海拔地区大变幅高水头大型水轮发电机组制造等开展技术攻关，解决技术瓶颈，实现水电资源科学有序开发。

[①] 《习近平在气候雄心峰会上的讲话（全文）》，http://www.cidca.gov.cn/2020-12/14/c_1210930656.htm[2020-12-14]。

依托茨哈峡水电站研究创新 250 米级面板堆石坝筑坝技术，依托双江口、两河口水电站研究创新 300 米级心墙堆石坝筑坝技术，依托乌东德和白鹤滩水电站研究提升强震多发区 300 米级拱坝及大型地下洞室群关键技术。应统筹考虑生态环境保护和征地移民及区域经济社会协调发展，体现水电绿色清洁能源的综合价值；破除"大机小库"积弊，在西部地区有意识地营建改建系列大库，为电力系统多提供 10%~15% 的优质可调节容量。贯彻"运筹设计、智能建设、智慧运营"的全生命周期发展思想，推进数字化、信息化、智能化与水电建设、经营管理等环节深度融合。

抽水蓄能电站具有事故备用、调频、调峰、调相、填谷等作用，要重视抽水蓄能电站的开发与利用，合理调整我国东部地区与西部地区的抽水蓄能电站分布，抓紧落实规划站点建设条件，加快开工建设一批距离负荷中心近、促进新能源消纳、受电端电源支撑的抽水蓄能电站。另外，抽水蓄能电站价格机制瓶颈已破解，应在科学有序开发大型水电，严格控制中小水电开发的同时，加快建设抽水蓄能电站，以促进新能源消纳和增强电力系统的平衡调节能力。

我国西北地区富集风能和太阳能，与西南地区的水电具有很强的互补性。将西北风电和光伏发电通过特高压直流方式送入西南电网，实现风光水储多能互补系统一体化运行，能够促进我国西部水电、风电、光伏发电的开发与外送，推动清洁能源发展，推进生态文明建设。

34.3.2　海上风电向深海、远海区域发展

我国海上风电沿东部十多个沿海省份布局，目前装机容量较小，且分布在负荷密度较高的沿海地区，因此，不存在消纳问题，所以发展海上风电将成为我国能源清洁低碳转型的重要战略支撑。2019 年 5 月，国家发展和改革委员会印发《关于完善风电上网电价政策的通知》，进一步明确了海上风电上网电价及相关要求，指出对 2018 年底前已核准的海上风电项目，如在 2021 年底前全部机组完成并网的，执行核准时的上网电价；2022 年及以后全部机组完成并网的，执行并网年份的指导价。然而 0.6 元/千瓦时的平均度电成本与平价上网还有较大差距。制约我国海上风电发展的重要因素是装备研发能力和工程技术力量不足，关键设备依赖进口、国产化率较低等。

通过装备技术创新保障海上风电项目顺利实施并降低开发成本。中长期开发以近海为主，远海示范。加强风电机组整机及关键部件技术和设备的研发，开发风电机组智能化控制技术、开展 120 米以上超长叶片的气动特性技术和轻量结构技术的研究与开发、开展适应我国海域和气候条件的超大型机组装备的固定式/漂浮式支撑结构系统技术及装置开发、开展风力发电机组发电机技术研发。扩大大

容量机组叶片产能以满足发展需求。建立适应我国大功率单机的勘察工程、岩土工程、结构工程、施工建造与运营维护的关键技术体系，降低安装和运维成本。突破巴沙木等叶片关键原材料，大容量风电机组主轴承、主控装置等依赖进口的"卡脖子"技术瓶颈。

海上风电未来将向深海、远海区域发展以获取更多的海上风能资源，力争2035年实现15兆瓦机组试运行。同时，开展深水风电漂浮式基础技术研发，依托重点工程，推动重大核心技术和关键装备自主创新，打造海上风电母港，集制造、仓储、运输、运维等于一体的临港海上风电配套产业基地。在大力发展海上风电的同时，应提高机组涉网性能，挖掘机组自身动态有功、无功调节能力，防范大规模脱网引发连锁故障。

34.3.3 太阳能光伏光热技术高效、低成本和规模化利用

1. 光伏发电

经过多年的快速发展，光伏发电已具备规模，特别是我国西北部地区，依靠丰富的太阳能资源和广袤的土地资源，在国家的大力支持和财政补贴下，西北部地区的光伏发电规模已遥遥领先全国其他地区。目前太阳能光伏发电技术已经非常成熟，光伏电池的类型也是多种多样，市场上商用的单晶硅电池组件最高发电效率已经达到了25%以上。但是，还存在某些技术短板和造价偏高的问题。此外，受制于"西电东送"的输送能力，还存在一定的弃光现象。为此，应积极开展相应研究，重点研究方向包括光伏电池组件效率的进一步提升、制造工艺的进步、生产成本的降低和"西电东送"的输送能力的提高。未来随着并网光伏发电的度电成本进一步下降，光伏发电将实现大规模平价上网，逐步摆脱政府补贴，光伏发电前景将十分广阔。

2. "光伏+"综合利用

在鼓励建设光伏电站的同时，我国积极促进光伏应用不断向其他产业渗透，光伏发电的应用模式因此开始多样化。现阶段，我国光伏电站开发呈现与农业、养殖业、矿业、生态治理相融合的多元化发展趋势，开辟了各种与光伏行业结合应用的新模式。

（1）大力推进屋顶分布式光伏发电。继续开展分布式光伏发电应用示范区建设，统一规划并组织实施屋顶光伏工程。重点发展建筑楼宇、农业大棚等分布式光伏发电，推进园区分布式光伏发电规模化应用，支持公共建筑安装使用光伏发电系统。

（2）拓展"光伏+"综合利用工程。鼓励结合荒山荒地和沿海滩涂综合利用、采煤沉陷区等废弃土地治理、设施农业、渔业养殖等方式，因地制宜开展各类"光伏+"应用工程，促进光伏发电与其他产业有机融合。探索"光伏+农业""光伏+水产养殖""光伏+生态治理""林光互补"融合发展模式，合理配建光伏电站。

3. 太阳能光伏光热一体化综合应用

太阳能光伏光热一体化是高效综合利用太阳能的重要技术，在同一组件上既产出电能又产出热能。该技术经过多年的发展已经具备广阔的市场应用场景。配合储能系统，与热泵等节能设备的耦合系统能独立为独栋建筑、商业园区，以及偏远孤岛地区提供清洁电能及生产生活热水。在分布式供能方面具有得天独厚的优势，为各种场景供能提供了更加清洁多样的选择，有着长久的发展应用前景。

4. 太阳能光热发电和直接利用

我国已成为世界上掌握大规模光热技术的国家，但是还存在一些技术短板，发电成本也比较高。未来的重点研究方向包括发展高效率太阳能集热技术、大容量储热技术、新型高效太阳能光热发电技术。太阳能光热利用可分为低温热利用、中温热利用和高温热利用。太阳能光热直接利用技术比较成熟，转换效率较高，价格低廉，尤其是中低温的热利用。未来主要发展方向集中在干燥、蒸馏、供暖、太阳能热水、空调制冷、制盐、太阳灶等方面。对于太阳能光热的利用需要与产业的需求紧密结合，以实现冷热电联供为目标。

5. 太阳能的其他利用方式

除了光伏发电和光热综合利用外，太阳能还有多种利用方式。太阳能制氢技术，通过太阳能制氢并储氢，能够弥补太阳能低密度和不稳定的缺陷。太阳能制氢技术包括太阳能发电电解水制氢、太阳能热化学循环裂解水制氢、太阳能光电化学制氢和太阳能光生物化学制氢。太阳能光伏建筑，通过建筑载体推广太阳能发电，实现节约化石能源、降低能耗和改善能源结构的目的。推进光伏下乡不仅可以扩大光伏市场的新领域，而且有利于人民群众增收就业，有利于人民群众生活方式的变革，具有明显的产业带动和社会效益，助力乡村振兴。

通过光伏光热技术高效、低成本和规模化利用，实现超大规模、复杂环境、多应用场景的光伏系统及部件技术创新与推广应用。

34.3.4　生物质能多样化发展

我国应按照坚持分布式开发、坚持用户侧替代、坚持融入环保、坚持梯级利用的基本原则，发展生物质能源，改善农村地区能源结构，促进地区经济发展，改善农村生态环境，保障农业可持续发展和农民增收。计划于 2035 年发电装机达 4000 万千瓦。

一是坚持分布式开发。生物质能清洁供暖布局灵活，适宜就近收集原料、加工转换、消费，可用于北方生物质资源丰富地区的县城及农村取暖，采用生物质热电联产和大型生物质集中供热锅炉为县城、大型工商业和公共设施等供暖，采用中小型生物质锅炉等为居民社区、楼宇、学校等供暖，提高生物质能的利用效率。

二是坚持用户侧替代。发挥生物质布局灵活、产品多样的优势，大力推进生物质冷热电多联产、生物质锅炉、生物质与其他清洁能源互补系统等在当地用户侧直接替代燃煤，提升用户侧能源系统效率，有效应对大气污染。

三是坚持融入环保。将生物质能开发利用融入环保体系，通过有机废弃物的大规模能源化利用，加强主动型源头污染防治，直接减少秸秆露天焚烧、畜禽粪便污染排放，减轻对水、土、气的污染，建立生物质能开发利用与环保相互促进机制。

四是坚持梯级利用。立足于多种资源和多样化用能需求，开发形成电、气、热、燃料等多元化产品，加快非电领域应用，推进生物质能循环梯级利用，构建生物质能多联产循环经济。

34.3.5　地热能资源开发利用效率提升

通过高精装备技术提升热能开发利用率，2035 年进入试验性发电阶段。我国地热能开发利用呈现多元化发展，但目前仍以直接利用为主，中深层地热供暖区域型规模化程度加快，浅层地源热泵应用全方位推进，部分区域地热发电逐步成为增量电源的重要支撑。总体来看，地热资源勘探技术不断成熟，中深层地源热泵研发应用活跃，地热能行业标准体系初步建立。

34.3.6　海洋能装机规模化

2035 年，波浪能和潮汐能开发实现工程化运行。通过海洋能装备的集成设计可实现海工装备的空间共享和成本共享，有效提高海洋能装备的竞争性。以及重点开展多能互补微电网优化分析、设计和控制技术，完成微电网内机组和可控负荷的能量管理与协同控制，以多种海洋能的最大转化和利用为控制目标，实现能源岛微网发电预测、负荷预测、实时功率平衡功能，以储能系统为功率缓冲，实现稳定、平滑供电。重点突破：①波浪能-海洋工程结构（如网箱、海洋平台等）的集成应用技术；②海洋浮式多能互补发电系统多能多机布局优化方法；③浮式多能互补系统结构极限强度及结构疲劳寿命预报、全耦合条件下浮式多能互补发电系统动力响应等相关研究；④极端海况下海洋能装备的生存能力评估技术及安全防护对策。形成涵盖载体设计、高效捕能、并网、安全评估等的技术体系。

34.3.7　推动技术创新，破除"卡脖子"工程

2035 年，开展大型高空风电机组关键技术研究，15 兆瓦级风电机组实现样机试运行，3D 打印、大数据、人工智能等技术在可再生能源领域广泛应用；光伏产业整体水平国际先进，部分国际领先，光伏发电成为主要能源之一；其他可再生能源达到商业化或规模化应用水平。

风电方面，突破风电技术，发展核心装备，打造风电装备研制基地。进一步突破智能化、可靠性及新概念机组设计制造等技术瓶颈，进一步提升风电开发水平；研究基于海上风电机组高可靠性的高效高承载传动链系统设计技术；开展 15～20 兆瓦级风电机组样机研制，高空风电等新技术研究；推动 3D 打印、人工智能等先进材料和信息技术与风电技术深度融合技术。推动大型陆上风电、海上风电等资源连片开发，降低风电投资建设运维成本。

太阳能光伏和光热方面，不断缩小晶体硅太阳电池转换效率与国际领先水平的差距；突破新型太阳电池基础理论、制备关键技术，加快碲化镉薄膜电池研制与产业化发展，并提高其转换效率；研究大功率光伏系统新型拓扑、控制技术和核心装备。研制太阳能热发电高温传热介质聚光集热、传热、蓄热技术和配套的热力循环技术，太阳能电、热、水联供关键技术。

其他可再生能源，开发垃圾无害化焚烧和发电技术，推动垃圾焚烧发电全面布局，开发生物燃料技术，实现生物能规模化应用；研究海洋能一体化技术，海洋能综合利用示范工程；形成深浅地热能不同出水温度复合供热技术路线。初步探索高效中深层无干扰地热供暖技术形成示范工程。

34.3.8　推动体制机制完善，加强政府监管

（1）统筹相关政府部门和科研机构，对全国可再生能源资源开展详尽的勘查

和评估，建立资源评估体系。

（2）完善新能源中长期发展机制，强调集中与分布式开发并举，统筹新能源开发与电网、其他电源规划及负荷需求。

（3）加强新能源消纳监管与责任制落实，实行可再生能源电力消纳预警机制，对各地区年度可再生能源电力限电情况进行评估，在确保限电比例平稳的前提下尽力提高年度新增建设规模。

（4）加强调度监管，改善电网调度运行方式和提升运行水平。科学预测电网运行中可能发生的事故，制定完善的应急处理措施，建立科学合理的调度机制，满足各方面的用电需求。掌握先进的技术手段，积极利用技术，避免事故发生。

（5）建立健全我国现代电力市场体系，完善可再生能源上网电价形成机制，推动电力现货市场建设，完善全国范围的电力调峰辅助服务补偿与市场机制，建立风光水火协调运行的激励机制。

（6）调动地方财政补贴积极性，实现新能源产业链延伸和推动地方经济转型升级的良性循环。

（7）落实简政放权、放管结合、优化服务的要求，强化规划指导、政策引导、政府服务和行业监管。加强中央与地方、部门与部门、政府与企业的协调，形成促进清洁能源低碳转型推动合力。

（8）加强对新能源开发过程中前期工作、移民安置、项目建设、环境保护等的跟踪分析，及时掌握规划执行情况；强化目标考核，根据需要适时开展实地检查，督促各项任务和措施落到实处；根据规划实施情况，及时开展评估，适时对规划目标和重点任务进行动态调整。

第八篇　中国油气发展战略研究（2035）

第 35 章　我国油气供应与消费现状

35.1　石油与天然气储量现状

我国石油和天然气探明储量不断增加。2020 年，世界石油剩余探明可采储量 2444 亿吨，储采比 53.5 年；天然气剩余探明可采储量 188.1 万亿立方米，储采比 48.8 年。2020 年，我国石油探明可采储量 36.0 亿吨，储采比 18.2 年，占世界石油探明储量的 1.5%；天然气探明可采储量 8.40 万亿立方米，储采比 43.3 年，占世界天然气探明储量的 4.5%。我国 2014～2020 年石油和天然气探明储量与增速变化分别如图 35-1 和图 35-2 所示。

特别是近年来，我国陆上海洋油气不断被发现，探明地质储量也不断增加。根据自然资源部发布的《全国石油天然气资源勘查开采通报（2019 年度）》，2019 年我国石油新增探明地质储量 11.2 亿吨，同比增长 17.2%。其中，新增探明地质储量大于 1 亿吨的盆地有 3 个，分别是鄂尔多斯盆地、准噶尔盆地和渤海湾盆地（含海域）；新增探明地质储量大于 1 亿吨的油田有 2 个，为鄂尔多斯盆地的庆城

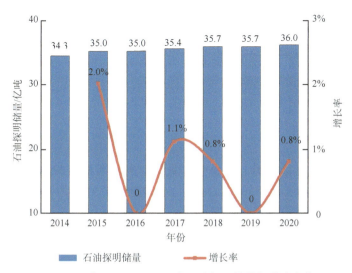

图 35-1　我国 2014～2020 年石油探明储量与增速变化

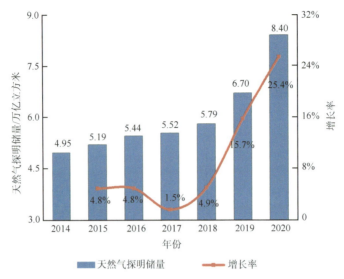

图 35-2　我国 2014～2020 年天然气探明储量与增速变化

油田和准噶尔盆地的玛湖油田。天然气新增探明地质储量 8090 亿立方米，同比下降 2.7%。其中，新增探明地质储量大于 1000 亿立方米的盆地有 2 个，分别为鄂尔多斯盆地和四川盆地；新增探明地质储量大于 1000 亿立方米的气田有 3 个，为鄂尔多斯盆地的靖边气田和苏里格气田，以及四川盆地的安岳气田。页岩气新增探明地质储量 7644.2 亿立方米，同比增长 513%，新增储量来自中国石油在四川盆地的长宁页岩气田、威远页岩气田、太阳页岩气田和中国石化在四川盆地的永川页岩气田，其中中国石油的 3 个页岩气田新增探明地质储量均超过千亿立方米。煤层气新增探明地质储量 64.1 亿立方米，同比下降 56.4%，新增探明储量来自贵州水矿的文家坝煤层气区块。2020 年，大庆油田古龙页岩油勘探取得重大战略性突破，位于松辽盆地中央坳陷古龙凹陷的古页岩平 1 井获高产油气流，新增石油预测地质储量 12.7 亿吨，展现了该地区广阔的陆相页岩油资源前景，实现了几代大庆人"大庆底下找大庆"的梦想。

35.1.1　石油与天然气产量现状

我国原油产量连续回升，天然气产量快速大幅增长。2020 年世界石油产量 41.65 亿吨，天然气产量 3.85 万亿立方米，美国连续六年成为第一大产油国。2020 年我国原油产量 1.95 亿吨，同比增长 2%，其中陆上原油 1.5 亿吨，海上原油 0.45 亿吨，页岩油产量达 200 万吨。石油产量自 2019 年止跌回升以来，实现了连续回升。天然气产量 1924.95 亿立方米，同比增长 9.8%，其中致密气产量 470 亿立方米，页岩气产量 200 亿立方米，煤层气产量 190 亿立方米。天然气产量实现快速大幅增长。全球 TOP 5 产油国产量占比如图 35-3 所示，2013～2020 年我国原油与天然气产量如图 35-4 所示。

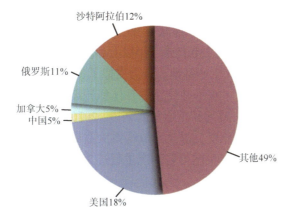

图 35-3　全球 TOP 5 产油国

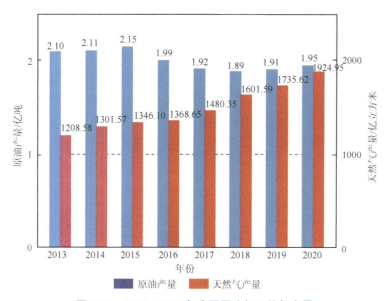

图 35-4　2013～2020 年我国原油与天然气产量

特别是近年来，勘探开发力度不断加大，推动了油气勘探开发理论技术和装备进步，保障了油气稳定供给。目前，我国陆上、近海油气勘探处于国际先进水平，深层、低渗透、海洋油气、非常规、老油田等复杂资源开发技术取得重要进展，部分国际领先，重大装备与软件实现国产化。基本建立与我国油气工业发展相适应的完善的科技创新体系，为实现石油储产量稳定增长、天然气储产量快速发展提供了技术支撑。

发展了聚合物驱提质提效配套技术，形成了降本增效复合驱油配套技术，在大庆油田建立了世界规模最大的复合驱油示范基地。"十三五"累计多产原油 1813 万吨，有力支撑了大庆油田 3000 万吨以上的持续稳产。创新的低渗低压油藏水平井开发技术、精细注采调整和加密调整等低渗透油藏稳产技术，实现工业规模推广应用，气井单井产量提高 4 倍，递减率 23.1%，油井单井产量提高 3 倍，递减率 11.7%，取得苏里格气田持续 230 亿米 ^{3}/年以上和陇东低渗透油藏 800 万吨规模效益开发，我国最大的天然气生产基地，有力支撑了长庆油田 6000 万吨页岩气开发技术取得重大突破，研发了水平井钻完井和体积压裂等关键技术和装备，成功开发了涪陵页岩气田、长宁–威远和昭通页岩气田，2020 年页岩气产量超过 200 亿立方米；致密油页岩油勘探开发关键技术取得重大进展，助推我国页岩油工业化开发技术体系的形成，2020 年我国页岩油产量超过 200 万吨。

35.1.2　石油与天然气进口量现状

我国油气进口量持续增加，对外依存度持续攀升。2020 年我国原油进口 5.42 亿吨，同比增长 7.2%[①]，天然气进口量 1403 亿立方米，同比增长 5.3%；油气对外依存度超 73% 和 42%，能源安全形势依然严峻。我国油、气总进口量的 36% 和 9.4% 经过霍尔木兹海峡，我国海上进口油气的 80% 都要经过马六甲海峡，我国管道气 83% 来自中亚，来源单一，存在被中断的风险。2016～2020 年我国原油生产量与进口量变化如图 35-5 所示，2016～2020 年我国天然气生产量与进口量变化如图 35-6 所示，2020 年我国管道天然气进口来源分布如图 35-7 所示。

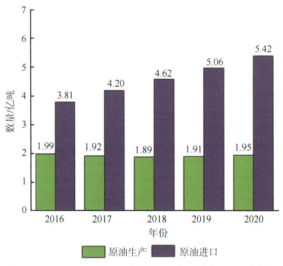

图 35-5　2016～2020 年我国原油生产量与进口量变化

[①] 同比增长按原始数据计算得出。

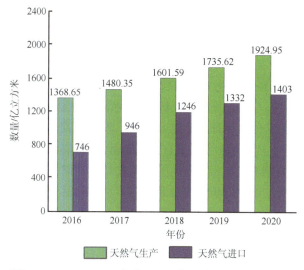

图 35-6　2016～2020 年我国天然气生产量与进口量变化

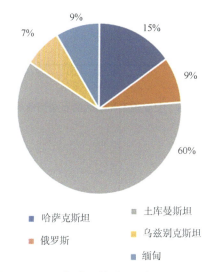

图 35-7　2020 年我国管道天然气进口来源分布

35.1.3　石油战略储备现状

　　截至 2020 年，我国石油战略储备量约为 80 天的净进口量。油气战略储备体系对国家安全至关重要。一是可以有效地削弱石油生产国以石油为武器对其他国家的威慑，使人为的供应冲击不至于发生或频繁发生；二是在真正发生供应危机时，可以通过释放原油储备，平抑危机风险，将石油供应冲击的影响降到最小，确保自身经济和政治稳定。应急石油储备主要包括政府储备和企业储备两种形式。

IEA 规定战略石油储备能力达标线为 90 天。2019 年美国实现了石油净出口，且其储备能力达 340 天、欧盟战略储备能力平均为 180 天、日本战略储备为 130 天，IEA 成员国平均 260 天。

我国油气战略储备体系建立时间较晚、储量少，难以在非常情况下有效保障我国的油气资源供应。2002 年底，我国正式启动国家石油储备基地建设，截止到 2020 年，我国共建成舟山、舟山扩建、镇海、大连、黄岛、独山子、兰州、天津及黄岛国家石油储备洞库等 9 个国家石油储备基地，政府储备石油达到 8500 万吨。加上 2373 万吨"商储油"、854 万吨国家粮食和物资储备局的储备油，我国石油储备累计约 1.2 亿吨，约为 80 天的石油净进口量，与其他国家仍存在差距。主要国家和地区的石油储备规模如图 35-8 所示，我国石油储备中长期规划如图 35-9 所示。

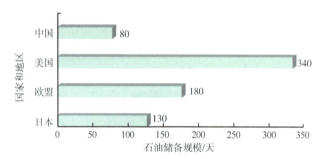

图 35-8　主要国家和地区的石油储备规模

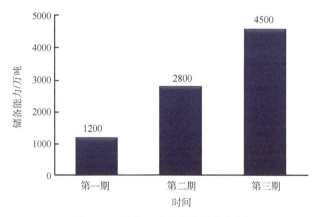

图 35-9　国家石油储备中长期规划

35.2　石油与天然气消费现状

油气消费逐年递增，增速总体放缓。2020 年世界油气消费整体大幅下降，中国成为唯一增长的国家。2020 年世界石油消费量 8847.7 万桶/天，环比下降 9.3%；天然气消费量 10 年来首次下降，为 3.81 万亿立方米，同比下降 3%。2020 年我国原油表观消费量 7.32 亿吨，增速 6.0%，占一次能源消费总量的 18.9%。2020 年我国天然气表观消费量 3240.0 亿立方米，增速 5.6%，占一次能源消费总量的 8.5%。2015～2020 年我国原油和天然气表观消费量变化情况分别如图 35-10 和图 35-11 所示。

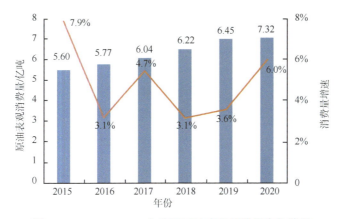

图 35-10　2015～2020 年我国原油表观消费量变化情况

资料来源：《中国能源大数据报告（2022）》

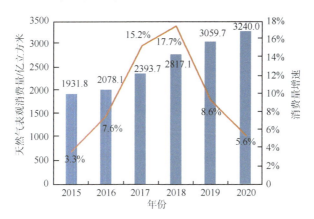

图 35-11　2015～2020 年我国天然气表观消费量变化情况

资料来源：《中国能源大数据报告（2022）》

我国人均油气消费水平相对较低。2019 年我国人均油气消费 0.6 吨标准煤/年和 0.3 吨标准煤/年，为全球平均水平的 77% 和 41%。2020 年我国人均石油消费量世界第 127、人均天然气消费量世界第 82（人均天然气消费为世界平均水平的 45%、OECD 国家平均水平的 16%）。2000 年与 2019 年中国与发达国家人均能源消费如

图 35-12 所示，2020 年中国与典型国家人均油气消费如图 35-13 所示。

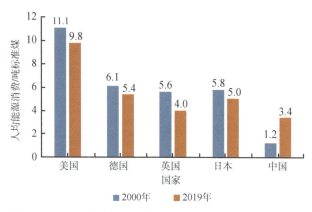

图 35-12　2000 年与 2019 年中国与发达国家人均能源消费

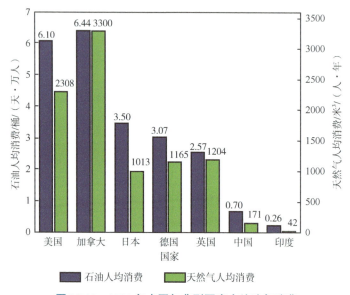

图 35-13　2020 年中国与典型国家人均油气消费

　　我国石油消费主要集中在交通、工业燃料两大领域；我国天然气消费主要集中在城镇燃气、工业燃料两大领域。2021 年我国石油和天然气表观消费量分别达7.15 亿吨和 3726 亿立方米。

第 36 章　我国油气供应与消费趋势

36.1　中国 2035 年油气发展战略研究的综合模型

考虑宏观环境和行业环境,构建油气能源系统优化体系,建立宏观模型平台、油气市场分析模型、油气发展规划模型;基于不同情景,设计中国 2035 年油气发展战略研究的综合模型。图 36-1 为我国 2035 年油气发展战略研究的综合模型建模思路。

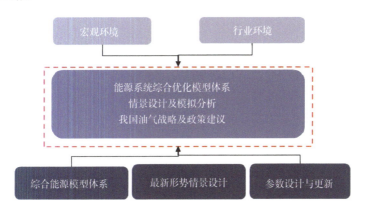

图 36-1　中国 2035 年油气发展战略研究的综合模型建模思路

油气能源系统模型基本特征:通过自下而上技术优选模型,对能源系统和相应技术进行详细刻画,终端部门分为工业、建筑和交通;通过最小化系统成本,求解不同能源、技术和原料的导入量和市场竞争份额,模型计算流程如图 36-2 所示。

基于油气行业发展趋势,设计基准情景;依据碳中和目标,设计低碳情景;考虑军事冲突极端情况,设计安全情景。基于不同情景设计,结合中国 2035 年油气发展战略研究的综合模型,预测不同情境下我国油气生产、消费、依存度的趋势。

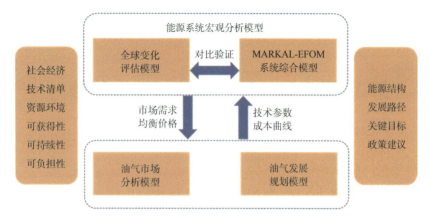

图 36-2 模型计算流程

MARKAL-EFOM 系统综合模型是 MARKAL（market allocation，市场配置）模型与 EFOM（energy flow optimization model，能量优化模型）的结合

36.2 石油生产与消费趋势分析

如图 36-3 所示，2020 年中国原油产量为 1.95 亿吨。展望期内原油产量将维持在 2.00 亿吨左右，至 2035 年中国原油年产量将达到 2.00 亿吨。

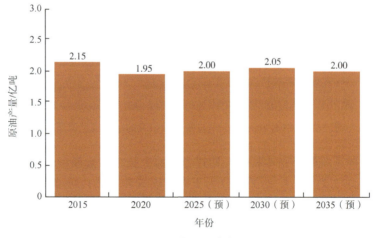

图 36-3 中国原油产量

如图 36-4 所示，2020 年中国原油需求达到 7.0 亿吨。基准情景下，我国原油需求将在 2030 年达到 7.4 亿吨峰值，并在 2035 年回落到 7.1 亿吨。低碳情景下，我国原油需求在 2025 年到达 7.2 亿吨峰值，之后呈现出明显下降趋势，至 2035 年

回落到 6.7 亿吨。

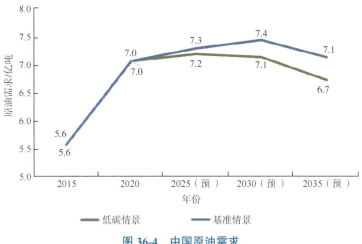

图 36-4　中国原油需求

如图 36-5 所示，2020 年发电、建筑、交通和工业部门石油需求占比分别为 1%、15%、48% 和 36%。基准情景下，2035 年发电和建筑部门石油需求占比与 2020 年基本相同，交通和工业部门石油需求占比相比 2020 年分别增加和减少了 5 个百分点；低碳情景下，2035 年发电和工业部门石油需求占比与 2020 年基本相同，2035 年建筑和交通部门石油需求占比相比 2020 年分别减少和增加了 3 个百分点。

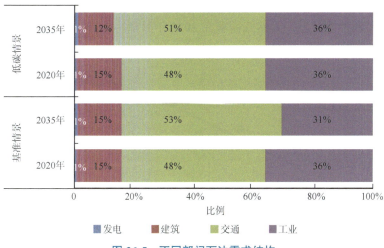

图 36-5　不同部门石油需求结构

不同情景下石油生产与消费预测结果表明，我国原油供应安全面临严峻挑战，国内供应有望恢复 2 亿吨，仍难以满足巨大的石油需求，对外依存度将持续存在高压。

36.3 天然气生产与消费趋势分析

如图 36-6 所示，我国天然气生产量达到 1924.95 亿立方米。2035 年前我国天然气行业将处于黄金发展期，2035 年天然气产量接近 3000 亿立方米，非常规气产量占比达到 48.9%。

图 36-6 中国天然气产量

如图 36-7 所示，2020 年天然气需求量为 3262 亿立方米。基准情景下天然气需求量在2035年达到5804亿立方米，低碳情景下天然气需求将在2035年达到6311亿立方米。两种情景下，天然气需求在 2035 年后都将保持增长趋势。

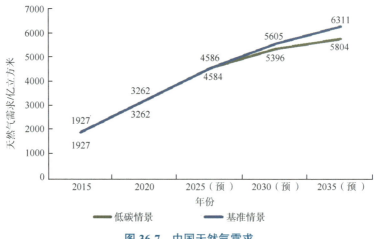

图 36-7 中国天然气需求

展望期内，如图 36-8 所示，2020 年发电、建筑、交通和工业部门天然气需求占比分别为 26%、30%、7%和 37%。发电和工业部门是未来最大的用气部门，基准情景下 2035 年发电和工业部门天然气需求占比将分别达到 35%和 33%,而 2035 年建筑部门天然气需求占比将下降至 25%。低碳情景下，2035 年发电部门天然气需求占比将上升至 43%，而建筑、交通和工业部门天然气需求占比将分别下降至 19%、6%和 31%。

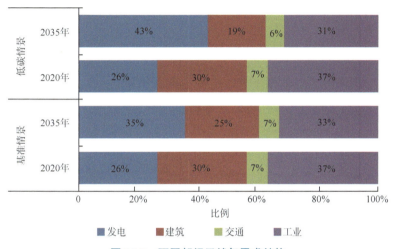

图 36-8　不同部门天然气需求结构

不同情景下天然气生产与消费预测结果表明，天然气增储上产潜力大，预计 2035 年产量可升至 3000 亿立方米，常规气与非常规气各占一半，但消费需求持续上升，对外依存度将维持高位。

36.4　我国油气对外依存度趋势分析

如图 36-9 所示，2020 年我国原油对外依存度达到了 73.5%。展望期内，基准情景和低碳情景下原油对外依存度都将维持在 70%以上。基准情景下，2035 年我国原油对外依存度回落至 71.8%；低碳情景下我国原油对外依赖程度将有所下降，2035 年的原油对外依存度为 70.1%。

如图 36-10 所示，2020 年我国天然气对外依存度达到了 42.0%，并在基准情景和低碳情景下均呈现出明显上升趋势。基准情景下，天然气对外依存度在 2035 年达到 48.8%；低碳情景下，天然气对外依存度将在 2035 年达到 52.9%。

图 36-9　中国原油对外依存度

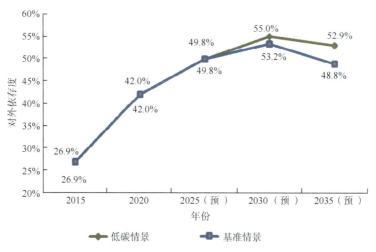

图 36-10　中国天然气对外依存度

第37章 我国油气供应安全面临的挑战

石油和天然气供给安全是保障我国能源安全的重要组成部分。然而，我国油气自身供给能力严重不足，导致油气对外依存度持续攀升，2020年分别超过73%和42%，制约了我国经济和社会发展。为了提升油气供给能力，补足短板，必须明确我国油气供给能力面临的挑战。

37.1 剩余油气品质差，增储上产难度大

我国石油勘探程度已较高，发现高品质储量和大油田的机会减少。近年来，随着我国油气资源勘探程度不断增高，陆上石油勘探新发现资源规模小，品质整体变差，重大突破领域与重大发现机会降低，规模增储难度加大，需要靠多点发现、集少为多支撑储量增长。国内油田生产总体已进入低品位资源勘探开发的新阶段，新增储量劣质化和地表、地下条件的复杂化，给勘探开发带来严峻挑战。

37.1.1 我国陆上成熟盆地石油勘探已进入中期，东部地区剩余资源品质逐渐变差

2000年至2020年，陆上石油年均新增石油储量8.7亿吨，小型-特小型油藏占比52.3%。东部地区松辽、渤海湾两大盆地勘探进入中晚期，增储规模变小、品质变差。2011年以来，松辽、渤海湾两大含油盆地，无重大发现，以老油田扩边为主；年增探明储量规模大幅下降，2000~2010年的4.36亿吨下降到2013~2017年的1.51亿吨；我国石油勘探范围已由早期的盆地边缘向斜坡、湖盆中心推进，岩性地层油气藏已成为石油新增探明地质储量的主体，2001年以来占比56%；储量品质持续变差，小型-特小型油田成为增储主体，占比超过70%，2011年以来特低渗-致密油储量占比达43%。相比而言，中西部地区的鄂尔多斯、准噶尔、塔里木三大盆地石油还具有规模增储潜力，2011年以来全国新发现6个探明储量超亿

吨油田，中西部占 5 个，占全国的 83%；新增探明储量保持高速增长，2011 年至 2020 年年均探明 6.76 亿吨，占全国的 60%；预测 2030 年前，年均新增探明储量可保持在 7 亿～9 亿吨，鄂尔多斯、准噶尔、塔里木三大含油盆地是增储重点。

37.1.2 低品位资源已成为我国新增石油储量的主体，岩性地层油气藏、特低渗–致密油储量在新增探明地质储量占比皆已超过 50%

2010～2019 年，中国累计新增石油探明地质储量 111.3 亿吨，其中特低渗–致密储量占比由"九五"的 23%变为"十二五"以来的 52%。新增油气探明储量品位日益变差，特低渗–致密储量占比超过 50%。目前，准噶尔、塔里木盆地石油勘探深度分别突破 5000 米和 8000 米；黄土塬、戈壁、沙漠和海域成为石油勘探增储的重点，勘探储量劣质化明显。

随着国内石油勘探程度不断增高，勘探对象呈现"薄、低、深、难"等特点，获得重大石油发现的机会降低，探明优质规模储量难度增加。以典型盆地及油田为例，2020 年塔里木盆地平均探井深度由 3000～5000 米上升到 7000 米，长庆油田主力产油层渗透率已由大于 100 毫达西[①]下降到小于 0.5 毫达西。根据 2007 年以来石油新增可采储量与替换率及采收率对比可得，2010～2017 年，我国石油可采储量呈现逐年下降的趋势，经济可采储量替换率已由 2010 年的 0.93 降至 2017 年的 0.61。

多年的勘探实践表明，在勘探不同阶段，石油资源的表现形式有明显的差异化趋势。在勘探早期，资源探明率小于 25%，发现的油气藏类型以构造圈闭为主，可获得优质的常规石油资源，储量增长大幅波动；在勘探中期，资源探明率介于 25%～65%，新发现油气藏类型以构造+岩性圈闭为主，资源质量呈现向劣质变化的趋势，储量增长稳定；到勘探晚期，资源探明率大于 65%，新发现油气藏类型以岩性为主，石油资源以非常规为主，常规石油资源的储量递减。对比这些表现，我国陆上盆地最近几年新发现的油气资源以"构造+岩性"为主，常规石油资源呈现劣质化趋势，储量增长变化不明显，基本符合勘探中期阶段的特征，个别盆地甚至已经到了中晚期阶段。

因此，综合上述我国陆上石油勘探的总体表现特征，判断陆上石油勘探已经进入中后期，探明储量仍会保持较长时间高基值增长，但重大发现机会减少。

---

① 1 毫达西≈0.987×10^{-15} 米^2。

37.1.3　海域石油勘探总体处于早中期，未来获得重大发现的机会较高，储量具备较大规模增长潜力，但发展面临外部因素制约

我国海域石油资源中，近海 159 亿吨，探明 50.1 亿吨，探明率 31.5%；南海南部 116 亿吨，周边国家探明 17.8 亿吨，探明率 15.3%。2000~2022 年新发现 24 个探明储量超 5000 万吨的大油田，其中 5 个超 1 亿吨。年均新增探明储量保持高位，"十五""十一五""十二五"分别年均新增 1.93 亿吨、1.38 亿吨、2.46 亿吨。

近海油气勘探用海矛盾突出，海域区划制约勘探发现和储量增长。以渤海为例：受限红区、受限可协调区、非受限区面积分别占 12%、65%、23%。受限区石油探明储量 9.6 亿吨，影响高峰产量 1180 万吨，受限区内潜在资源量 26.8 亿吨。南海中南部外部环境复杂，勘探准备不足，近期难以实现规模增储。

南海海洋问题复杂。周边国家九段线内探明石油地质储量 178 亿吨、天然气地质储量 5.8 万亿立方米，2015 年年产油气 4983 万吨油当量，占总产量的 63%；国内除开展少量地震勘探和部分探井外，勘探投入少，勘探认识和准备不足。虽然南海勘探潜力大，是未来重要战略接替，若合作开发没有新突破或国家南海战略没有重大调整，近期难以实现规模增储。

综上所述，我国石油勘探程度已较高，老油田基本处于开发中后期，递减率加大，难以实现规模增储；我国天然气处于储量和产量快速增长阶段，但实现产量倍增发展仍面临勘探对象复杂化、资源品质劣质化等诸多挑战，在主力含气盆地进一步发现大气田的概率降低。2010~2020 年全国新增油气探明地质储量表明，我国待探明油气资源品质整体变差，低渗、致密、稠油和海洋深水等油气资源占比约 80%，深层、非常规、低渗透、海洋深水等复杂油气领域是未来我国新增油气储量的主体。储量规模上，石油以中小型为主，占 55%；天然气以大型整装为主，占 87%。储量品质上，石油以特低渗和低渗为主，占 75%；天然气以特低渗为主，占 76%。储量丰度上，石油特低丰度占 46%，天然气低丰度占 38%。储量埋深上，石油以中浅层和浅层为主，占 51.4%；天然气以深层和超深层为主，占 50%。油气藏类型上，石油、天然气均以岩性地层油气藏为主，分别占 55% 和 64%。整体而言，勘探开发难度极大。

37.2　自然递减下油气稳产压力极大

当前我国老油田基本处于开发的中后期，近年来动用的新储量品位差，递减率加大，每年原油产量自然递减 2300 万吨左右。老油田总体处于"高含水、高采出"阶段，资源接替矛盾突出，储采失衡严重，稳产难度加大。大庆、胜利等主力老油田含水率在 90%以上，可采储量采出程度在 86%以上，处于"特高含水、特高采出程度"阶段，接近于经济极限含水，相当于"水中捞油"，在不断挑战开发极限。

新油田动用储量以特超低渗、稠油、复杂岩性、致密油等低品位和复杂油藏为主，占比在 90%以上，效益开发和持续稳产难度大，采收率呈下降趋势。"十一五"以来动用的储量品位不断变差，低品位和复杂岩性油藏占比达到90%以上，导致新开发油田产量递减大，初期递减普遍在 30%以上，高于"十一五"之前新油田递减率 10 个百分点以上。

我国新探明储量以低品位为主，动用难度大、成本高、效益差，规模建产难，形成的产量难以弥补老油田产量递减。随着勘探程度的不断增加，低品位和非常规资源将是未来我国石油增储的主体。低渗–特低渗等低品位油藏、深层–超深层油藏、深水油藏等成为石油勘探增储的重点，石油勘探难度持续增大。"十一五"以来，新增石油探明储量中低渗–特低渗储量占比 65%、低丰度–特低丰度储量占比 70%、小型油田占比 55%。目前，准噶尔、塔里木盆地石油勘探深度分别突破 5000 米和 8000 米；黄土源、戈壁、沙漠和海域成为石油勘探增储的重点。勘探储量劣质化和地表、地下条件的复杂化，给勘探开发带来严峻挑战。

低渗透、超低渗透、致密油和复杂岩性油藏在开发上表现为单井产量低、产量递减大、采收率低。例如，超低渗透油藏单井日产普遍在 2 吨以下，初期递减率普遍在 30%以上，采收率在 15%以下，开发效果远低于中高渗油藏。与中高渗油藏相比，建成相同的产能规模所需的钻井、投资和动用储量都需要大幅增加，同时还需要不断投入新井才能实现稳产，导致经济效益变差。目前，新老区所建产能仍弥补不了老油田递减，难以形成产量规模的增长。例如，受低油价影响，2017 年国内建产能 1543 万吨，所建产能无法弥补产量的递减，国内产量从 2016 年的 1.98 亿吨降至 1.92 万吨。

陆上石油勘探受环保、用地政策制约，海域油气勘探面临用海权限制，对油气上产不利。陆上因用地和环保影响已探明储量 36.7 亿吨和产量 1715 万吨（含已建成产量 700 多万吨），油气生产国家和地方自然保护区、环保敏感区受强化生态保护红线的刚性约束面临退出。海上石油勘探开发因存在军事、生态、航道划定的限制区，2010～2020 年影响储量发现 15.1 亿吨和产能 2750 万吨。这些政策性因素对油气上产不利。

因此，在目前的惯性情景下，原油产量将持续递减到 1.8 亿吨左右，如果再考虑环保区油井的关停，产量规模将减少到 1.75 亿吨左右。通过强化新区预探和老区精细勘探，做好老油田控制递减和提高采收率"两篇文章"，加强已探明未开发储量评价和动用，突出海域、新疆地区和非常规三大领域，原油产量具备 2 亿吨持续稳产基础，可实现年新建产能 2880 万吨（2014 年历史峰值的 1.2 倍），原油产量有望 2020 年回升至 2 亿吨并稳产到 2035 年。如果投入和政策支持不够，重回 2 亿吨将延后到来。

但是，由于资源劣质化严重，通过测算，2020 年 2 亿吨产量中，油价 50 美元/桶，低效无效产量 1900 万吨；油价 70 美元/桶，低效无效产量 1000 万吨左右。因此，虽然我国具备恢复 2 亿吨原油产量的资源基础，但就目前的资源品质、技术工艺和政策情景而言，即使基于不同的原油价格，也有相当一部分产量是无效益甚至亏损的，难以实现规模和经济效益的兼顾。

综上所述，我国陆上老油田多数进入特高含水、高采出程度的"双高"阶段，综合递减快、剩余油高度分散且预测难度大，提高采收率及增加可采储量主体技术面临升级挑战；新油田建产效益差，按油价 55 美元/桶平价，52% 的产能达不到建产效益标准，高效上产面临挑战。我国已开发主力气田在 2035 年前将全面进入稳产或递减期，老气田低压低产条件下，综合治水和提高采收率是面临的普遍问题；新开发气田及未来投入开发的气田以低品位和非常规储量为主，开发主体技术和开发效益面临巨大挑战。综合研判，在现有理论与技术条件下，考虑开发阶段、综合递减、老区提采、新建产能等条件，自然递减下，预计到 2035 年国内原油产量将下降至 1.5 亿吨、天然气年产量保持在 1400 亿～1600 亿立方米，对外依存度将高达 79% 和 76%。

37.3　外部油气安全形势不容乐观

海上和中亚通道是我国油气进口的主要通道。2018 年我国进口原油 4.62 亿吨，其中 84% 通过海上运输；36% 的海上进口原油通过霍尔木兹海峡，80% 经过马六甲海峡。同年，我国进口气占总供给来源的 44.4%，LNG 约占总进口量的 58.56%，LNG 进口来源中澳大利亚占 25%。中亚是我国管道天然气的最主要来源。2018 年我国进口管道气约占总进口气的 41.44%，其中 83% 来自中亚，主要来自土库曼斯坦，来源单一。在当前中美关系不稳定的条件下，如果发生我国海路、中亚油气进口通道被全面封锁的极端情况，我国油气进口将全面受到冲击，届时我国原油需求缺口约 4 亿吨，占 2020 年总进口量的 74%；天然气缺口约 694 亿立方米，占 2020 年总进口量的 49%。

37.3.1 中东在我国石油供应中具有举足轻重的作用

中东地区为我国进口石油的主要来源，进口占比达 44%，在十大原油进口来源国中，中东地区国家就占了 5 个（沙特阿拉伯、伊拉克、阿曼、伊朗和科威特），对于我国石油供应具有举足轻重的作用。[①]然而，中东–北非形势十分复杂，处在一片乱局之中。伊拉克、利比亚爆发战争后国内局势持续动荡，南北苏丹分裂后纠纷不断，阿拉伯世界发生动乱且愈演愈烈。中东乱局对我国石油稳定供应产生了较大威胁，对国际能源安全和石油市场具有直接影响。

（1）伊朗。霍尔木兹海峡为世界石油运输的主要通道，波斯湾重要产油国如沙特阿拉伯、伊拉克、科威特等国生产的石油绝大部分要通过该海峡输往世界各地，石油运输量占中东石油运输量的 80%，世界运输量的 1/3。霍尔木兹海峡对我国石油供应安全至关重要。2018 年，我国从中东进口的原油通过霍尔木兹海峡的运输量约为 1.66 亿吨，占全年进口总量的 36%。因此，伊朗局势恶化给我国能源安全带来较大的负面影响。

（2）伊拉克。伊拉克是重要的油气资源国，2018 年探明石油可采储量位列世界第四，原油出口量排名世界第三。伊拉克是我国重要的油气资源进口国家，2018 年伊拉克向我国供应原油约 4620 万吨，占我国进口原油的 10.08%。然而，伊拉克石油生产受国内安全局势影响较大，大大限制了石油工业发展。2003 年伊拉克战争至 2020 年，伊拉克石油利益分配长期难以达成统一意见，石油法案草案得不到批准，石油开采无法可依，石油产量始终无法恢复到战前水平。伊拉克紧张的安全局势和不稳定的政治环境给我国能源安全带来重大的挑战。

（3）苏丹。苏丹位于非洲东北部，曾是非洲面积最大的国家，也是非洲地区重要的产油国。在我国的援助下，苏丹建立起了整套石油工业体系，使其从非洲贫油国一跃成为石油出口国，逐渐成为我国重要的石油供应来源。1999～2010 年，苏丹出口我国原油得到显著增长；2011 年，由于苏丹发生分裂，局势动荡，出口我国原油骤降；2011 年以后，由于苏丹就石油利益分配纠纷不断，石油出口量始终处于低位。苏丹自 1956 年独立后，南北双方由于民族、宗教等矛盾，先后爆发过两次大规模内战，造成 200 多万人丧生，最终南苏丹于 2011 年独立，苏丹正式分裂为苏丹和南苏丹两个国家。油田主要分布在南北交界地区，而南苏丹独立时，在边界划分和石油资源的分配、生产及利益分成等问题上两国并未达成协议，为

① 严晓辉, 李伟起, 谢克昌. 新时期我国能源安全形势分析及对策研究[J]. 能源科技, 2020, 18（1）：3-7.

日后的纠纷埋下了巨大隐患。南苏丹占有大部分石油资源，却缺乏相应的基础设施，输运管线、炼油设施、港口主要集中在苏丹北部地区。由于石油收入分配难以达成统一意见，两国在 2012 年关系恶化，不断发生军事冲突，石油生产受到严重影响。2019 年 4 月，苏丹军方发生政变，局势动荡，给石油生产带来负面影响。苏丹和南苏丹持续不断的纠纷及苏丹的动荡局势影响我国在苏丹的能源投资效益，对我国能源安全构成威胁。

（4）阿拉伯世界动乱。自 2010 年末以来，埃及、利比亚、也门和突尼斯发生了政权更迭，利比亚和叙利亚爆发了内战，严重影响了石油供应安全。利比亚是非洲石油探明储量最大的国家，2018 年我国从利比亚进口原油约 794 万吨。利比亚在内战爆发前，每日原油产量为 160 万桶，占全球总产量的 2%。2011 年，利比亚爆发内战，对石油生产产生了破坏性影响，利比亚原油出口一度中断，我国进口利比亚原油由 2010 年的 737 万吨骤降至 2011 年的 259 万吨。2014 年，利比亚又爆发了二次内战，严重影响了石油生产。阿拉伯世界动乱对国际石油供应造成的影响还在于危及世界的主要油气资源区——海湾地区国家，如沙特阿拉伯、阿曼、也门、科威特等国。海湾地区如果发生较大的政治变革，一定会对石油供应产生更显著的影响，使我国油气供应形势更加严峻。

（5）马六甲海峡。马六甲海峡为重要的能源通道，目前我国约 80%的进口原油通过马六甲海峡运输。我国经中东运输过来的石油，几乎都要经过马六甲海峡，运输路线为波斯湾—霍尔木兹海峡—印度洋—马六甲海峡—中国。一旦马六甲海峡被别有用心的势力控制，我国的石油供应安全将面临重大威胁。综上分析可知，中东地区是我国石油供应的主要来源，对于我国能源安全具有举足轻重的作用，而中东地区的持续动荡和混乱使我国石油供应安全形势十分严峻。

37.3.2　我国管道天然气进口来源单一

进入 21 世纪以来，随着我国天然气消费的快速增长，2007 年我国首次成为天然气净进口国，其后天然气对外依存度持续攀升。2019 年 1 月 16 日，中国石油集团经济技术研究院在北京发布的《2018 年国内外油气行业发展报告》称，2018 年，我国天然气消费保持强劲增长，进口量约为 1254 亿立方米，增幅高达 31.7%，进口量首次超过日本，成为全球第一大天然气进口国，对外依存度升至 45.3%，较 2017 年的 39.1%增长 6.2 个百分点。

我国天然气对外依存度逐年提高，目前其进口形成管道气和 LNG 供应多元化格局，天然气进口结构也出现较大程度变化。近年来，LNG 进口量所占比例已逐渐超越管道气进口量。随着对外依存度的增长及进口供应结构变化，天然气供应风险也表现出新的特点。2017 年冬季，中亚"欠气"诱发了我国北方大规模"气荒"。随着供暖煤改气等需求集中释放，我国冬季供气压力将进一步增加。2018 年，我国进口气占总供给来源的 44.4%，进口管道气约占 41.44%，进口 LNG 约占 58.56%。在 2018 年，我国投产 LNG 接收站 22 座，总接收能力每年近 7000 万吨，为我国天然气进口提供了更加多样化的选择，对"气荒"有所缓解，但仍然不能满足巨大的需求。

对我国而言，土库曼斯坦是管道气输送的最主要国家。海关总署数据显示，2017 年，来自土库曼斯坦的天然气进口量为 1932.2 万吨，占同期我国管道天然气进口总量的 84.6%。这条天然气管道起点在土库曼斯坦，途经乌兹别克斯坦及哈萨克斯坦，最终到达我国的霍尔果斯。其中，土库曼斯坦境内 188 千米，乌兹别克斯坦 530 千米，哈萨克斯坦 1300 千米。设计年输气规模 300 亿立方米，未来将扩建到 400 亿米 ^{3}/年，项目总投资达 73.1 亿美元。我国的西气东输三线主要供气源地就是中亚三国。

按照最初的规划设想，来自中亚的天然气将成为我国今后天然气的绝对供应主体，但是后期出现一系列问题。2015 年 12 月，土库曼斯坦途经阿富汗、巴基斯坦到印度的 TAPI（Turkmenistan-Afghanistan-Pakistan-India）管道开工建设。该管道天然气输送规模为 330 亿米 ^{3}/年，气源主要来自土库曼斯坦南部的南约洛坦气田，该气田也是西气东输管道的主力气源。一旦 TAPI 管道建成，印度、巴基斯坦对天然气的刚性需求势必给土库曼斯坦方对我国的气源供应带来不利影响。此外，2003 年，俄罗斯天然气工业股份公司就同土库曼斯坦石油天然气公司签订了 25 年的合同。之后在 2016 年 3 月，俄罗斯暂停了合同。2019 年，合同恢复，由此导致土库曼斯坦的对华出口骤然减少。

随着土库曼斯坦出口战略的调整，我国天然气从中亚进口的保障程度下降的可能性进一步增大，目前已经出现一定的迹象。我国冬季供暖时间主要集中在 11 月至次年 3 月，这段时期是我国天然气消费需求的峰值期；4 月至 10 月天然气消费需求处于低谷期。季节性天然气短缺情况几乎每年都会发生。2004 年冬天，我国局部地区首次出现"气荒"，2009 年冬天极端天气诱发全国大范围"气荒"。2017 年出现的"气荒"恰逢《大气污染防治行动计划》十条措施第一阶段的收官之年。我国大力推进实施北方地区清洁取暖工程，煤改气工程实施力度较大，国内天然气一度出现短缺。然而恰在国内最需要天然气的时候，土库曼斯坦单方面减少给我国的天然气供应，令国内"气荒"现象进一步加剧。此外，来自乌兹别克斯坦、哈萨克斯坦的中亚管道气源也在同期出现下降，供气方减供的理由均是国内冬季用气需求增长导致气源不足。2018 年 1 月底土库曼斯坦对华减少天然气供应近半，由每天 1.2 亿立方米降至 0.7 亿立方米。在供暖季用气高峰期，中亚天然气管道对华输气量再次减少。伴随着对外依存度的持续增长，我们对管道气的依赖程度也将水涨船高，减供现象估计以后还将上演。

除此之外，LNG 价格也极易受到供需关系影响。未来我国天然气进口中 LNG

的比例将逐渐提升，这是极为不利的。2017 年 "气荒" 暴发，导致完全由市场定价的 LNG 价格短时间内出现暴涨。国家统计局数据显示：2017 年 8 月下旬全国 LNG 价格为 3129.1 元/吨，9 月同期价格为 3519 元/吨，10 月为 4337.4 元/吨，11 月为 5636.7 元/吨，12 月为 7248.9 元/吨。12 月 LNG 价格比 8 月涨幅高达 132%，比 9 月上涨 106%。

2018 年 1 月土库曼斯坦国家天然气康采恩（德语 Konzern 的音译，原义为多种企业集团）在未提前通知中国石油天然气集团有限公司的情况下，突然降低天然气供应量，导致中石油从该公司进口天然气减少约 3500 万米³/日。2020 年 1 月，国内天然气价格竞相飙涨，部分地区 LNG 价格突破 6000 元/吨。多地工厂继续上调 LNG 价格，全国有 27 家 LNG 液化厂涨价，河北、四川、内蒙古、陕西、河南、山西等地调价 50～400 元/吨。其中，西北 LNG 液化厂涨价家数占比超 66%，共有 18 家。

2009 年开始引进管道天然气，大大增加了我国天然气的进口量。虽然进口来源国越来越多，但天然气供应量悬殊。未来天然气对外依存度不断提升已是不可避免的趋势。面对风险，必须做好防范，通过价格机制改革、政策规制、技术创新及产业链优化等措施化解风险。持续巩固天然气主体能源地位，促进能源结构优化及经济社会可持续发展。

37.4　油气勘探开发与应急等政策机制不完善

37.4.1　油气勘探开发环保、用地、扶持、税收、矿权政策尚不完善

国内油气勘探开发面临日益严峻的环境保护区、生态红线区、基本农田用地与油气采矿权部分重叠等油田勘探开发用地和环保政策限制等方面的问题，造成拟建油气勘探开发项目、井位难以通过审批或审批时间过长，以及部分已建成的生产项目必须在 5 年内强制退出，影响储量 37 亿吨、产量 1700 多万吨，加剧了国内油气生产的矛盾。

37.4.2　海域石油勘探开发面临外部因素制约

近海油气勘探用海矛盾突出，海域区划制约勘探发现和储量增长。渤海受限红区、受限可协调区、非受限区面积分别占 12%、65%、23%，目前受限区石油探明储量 9.6 亿吨、潜在资源量 26.8 亿吨；南海中南部外国主权主张海域相互重叠，

美国等域外大国政治干预，外部形势复杂，周边国家九段线内探明石油地质储量 17.8 亿吨、天然气地质储量 5.8 万亿立方米，国内除开展少量地震勘探和部分探井外，勘探投入少，勘探认识和准备不足。

37.4.3　油气储备应急机制尚不完善

油气战略储备体系对国家安全至关重要。战略石油储备制度起源于 1973 年至 1974 年的第一次石油危机，石油输出国组织通过控制原油产量，使原油价格从每桶 3 美元上升至 11 美元，美国和日本的 GDP 分别下降了 4.7%和 7.0%。沉重打击了严重依赖石油进口的西方经济，从而使西方发达国家认识到石油供应的重要性。1974 年，OECD 国家联手成立了 IEA，要求成员国至少要储备 60 天进口量的石油，以应对石油危机，被称为应急石油储备，主要包括政府储备和企业储备两种形式，在必要的时候成员国之间应该互相提供储备支持。其中的政府储备也被称为战略石油储备。

20 世纪 80 年代左右以伊朗革命为主要诱因的第二次石油危机期间，油价从每桶 13 美元上升至 43 美元，进一步凸显了石油依赖经济体面对油价危机的脆弱性。于是 IEA 进一步要求成员国必须把石油储备增加到 90 天净进口量以上。石油储备制度逐步完善，规模进一步扩大。每当国际石油供应存在风险时，IEA 成员国都动用石油储备。2020 年，美国的石油储备约为 7 亿桶，可以满足 150 天的供应。日本的经济规模只有我国的一半，但是其石油储备达到 2.97 亿桶，日本的日均石油消费水平约为 445.1 万桶，其储备规模足够使用 68 天左右。

因此，国家通过油气战略储备，一是可以有效地削弱石油生产国以石油为武器对其他国家的威慑，使人为的供应冲击不至于发生或频繁发生；二是在真正发生供应危机时，通过释放原油储备，平抑危机风险，将石油供应冲击的影响降到最小，确保自身经济和政治稳定。油气战略储备已成为国家重要和有效的能源保护措施和经济武器。我国油气战略储备体系建立时间较晚、储量少，难以在非常情况下有效保障我国的油气资源供应。在 20 世纪 80 年代西方国家刚建立应急石油储备时，由于当时我国石油供大于求，未能及时建立油气战略储备体系。随着我国石油消费和进口数量的逐年增加，党中央、国务院从我国现代化建设的全局和维护国家能源安全的高度出发，对建立国家战略石油储备、保障国家能源和经济安全问题多次做出重要指示。1996 年 3 月 17 日，第八届全国人民代表大会第四次会议批准的《中华人民共和国国民经济和社会发展"九五"计划和 2010 年远景目标纲要》，提出"加强石油储备"。2000 年的中央经济工作会议要求对建立国家战略石油储备等关系全局的项目要抓紧论证，尽早实施。[①]2002 年 3 月 20 日，国家计划委员会向国务院报送了"关于增加原油储备设施建设的几点情况"。直至 2002 年底，国务院总理办公会听取并审议批准了《国家计委关于建立国家石油储备实施方案的请示》，标志着我国正式启动国家石油储备基地建设。但是，如果国际石油供给突然中断，2020 年我国政府战略储备石油和商业储备石油约 1.2 亿吨，约为 80 天的石油净进口量，未达 IEA 规定的 90 天战略石油储备能力达标线，与美国 340 天、欧盟 180 天的储备量差距巨大。

与石油战略储备相比，我国天然气储备起步更晚，天然气储气基础设施不足、天然气成本较高及天然气利用效率低也是我国目前亟须解决的问题。截至 2021 年底，我国建成地下储气库（群）20 座，与发达国家相比，处于天然气战略储备的起步阶段，导致目前季节性调峰能力较弱。我国天然气产地基本分布在西北和西南地区。从中亚进口的天然气由西部进入我国，但主要的天然气消费市场基本分布在东部和南部地区，需要长途运输，运输成本过高。我国能源强度较高，能源利用水平和效率有待提高。单位 GDP 能耗高于欧盟、日本和美国，节能降耗潜力很大。我国天然气发电存在较大的发展空间，2018 年我国天然气发电仅占国内总发电量的 3%，距离美国的 23%、英国的 44%存在较大差距。

截至 2017 年底，我国储气库有效工作气量约 80 亿米^3/年，占全年消费量的 3.4%，与美国 18%、俄罗斯 17%、欧洲 15%～35%的储气量差距甚远；与此同时，LNG 作为主要的应急调峰保供手段，其接收站总接卸周转能力及配套储备能力明显不足，受储气和运输设施的制约，我国各地方基本不具备日均 3 天用气量的储气能力，储气调峰能力较差。

总体而言，我国油气储备应急机制主要存在国家石油储备责任主体偏窄、政府战略储备管理沿袭计划经济老套路、投资来源渠道单一、企业义务储备缺乏政策扶持、储气基础设施不足、天然气调峰机制不完善等制度体系问题。

---

① 《国家战略石油储备：一个英明且及时的决策》，http://finance.china.com.cn/industry/energy/20170418/4179734.shtml[2017-04-18]。

第38章　面向2035油气发展战略规划及建议

38.1　面向2035的油气发展战略路线图

以习近平新时代中国特色社会主义思想为指导，统筹推进"五位一体"总体布局，协调推进"四个全面"战略布局，落实新发展理念和国家创新驱动发展战略；坚持习近平总书记关于国家能源安全发展的"四个革命、一个合作"战略思想，大力提升油气勘探开发力度和科技投入，大幅度提升油气科技创新和生产供给能力，推动经济社会高质量发展，保障国家油气安全。

面向2035年的油气发展，需要满足国家战略需求——满足我国未来实现社会主义现代化的巨大油气需求，筑牢国内油气产量"底线"，保障国家油气供给安全，应对国际复杂形势，原油产量保持2亿吨/年，天然气增产到2600亿～3000亿米³/年。

面向2035年的油气发展，需要满足行业战略需求——贯彻落实党中央、国务院的决策部署，围绕保障国家油气安全，攻克"瓶颈"技术，突破"战略性"技术，补齐"短板"装备，形成与科技大国相匹配的全新一代油气勘探开发理论与技术装备体系及油气科技创新体系，抢占世界油气科技制高点，实现我国油气科技向"主体领跑"的跨越，国家在世界油气行业的话语权明显提升。全面提高国内油气增储生产能力、海外权益油气生产供给能力、装备制造与技术服务能力、油气战略储备安全能力、信息智能化管控能力，带动油气相关行业跨越式发展，为我国2021～2035年新增地质储量石油150亿～180亿吨、天然气15万亿～18万亿立方米，实现2035年新增石油产量5000万吨/年、天然气1300亿米³/年以上，保障石油产量2亿吨/年以上与天然气产量2600亿～3000亿米³/年和海外权益油气产量当量2.0亿～2.5亿吨/年，提供强有力的理论与技术支撑。

具体战略包括：坚持"稳油增气"，保障国家油气供应安全；推行"节能提效"，提高国家油气利用效率；实施"开源节流"，提高国家油气安全风险应对能力；建立全国油气应急机制，保障极端情况油气供需平衡；坚持油气科技创新，推进油气的高效、安全、绿色和智能发展。

到2035年以前，分三个阶段实现战略目标。第一阶段"十四五"（2021～2025年）期间，累计新增探明地质储量：石油50亿～60亿吨，天然气5万亿～6万亿立方米。2025 年油气年产量：石油上升到 2 亿吨，天然气达到 2200 亿～2300 亿立方米。海外新增权益油气可采储量 2.0 亿吨油当量、权益油气产量每年 1.5 亿～2.0 亿吨油当量，其中 2000 万～2500 万吨油当量油气销往国内。初步建成渤海湾盆地陆海统筹、塔里木盆地深层超深层油气等创新试验基地。第二阶段"十五五"（2026～2030 年）期间，累计新增探明地质储量：石油 50 亿～60 亿吨，天然气 5 万亿～6 万亿立方米。2030 年油气年产量：石油达到 2.0 亿吨稳产，天然气达到 2400 亿～2500 亿立方米。海外新增权益油气可采储量 2.0 亿吨油当量、权益油气产量每年 2.0 亿～2.2 亿吨油当量，其中 2500 万～3000 万吨油当量油气销往国内。基本建成渤海湾盆地陆海统筹、塔里木盆地深层超深层油气等创新试验基地。第三阶段 "十六五"（2031～2035 年）期间，累计新增探明地质储量：石油 50 亿～60 亿吨，天然气 5 万亿～6 万亿立方米。2035 年油气年产量：石油达到 2.0 亿吨以上，天然气达到 2600 亿～3000 亿立方米。海外新增权益油气可采储量 2.0 亿吨油当量、权益油气产量每年 2.2 亿～2.5 亿吨油当量，其中 3000 万～3500 万吨油当量油气销往国内。全面建成渤海湾盆地陆海统筹、塔里木盆地深层超深层油气等创新试验基地。2035 年油气发展战略路线图如图 38-1 所示。

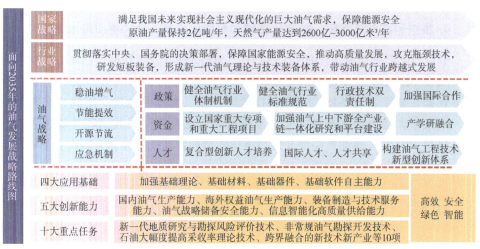

图 38-1　面向 2035 年的油气发展战略路线图

38.2　面向 2035 年的油气发展战略

38.2.1　坚持"稳油增气"，保障国家油气供应安全

1. 产量目标：努力实现原油 2 亿吨/年、天然气 2600 亿～3000 亿米³/年

面对我国油气需求增长、对外依存度攀升的紧迫形势，各大油企须进一步加

大油气勘探开发力度，攻克瓶颈技术，研发短板装备，着力推动油气增储上产，坚持"稳油"2亿吨/年、"增气"2600亿～3000亿米^3/年，保障我国油气供应安全。

2. "稳油"：稳定东部、发展西部、加快海洋，支持低品质石油开发

持续攻关东部成熟区老油田深化勘探与提高采收率技术，夯实勘探开发基础，提高可动用的可采储量；瞄准西部新区、海域深水和低品质非常规石油资源，以石油持续规模增储和石油资源高效开发为重点，聚焦石油现实增储领域瓶颈问题，攻关形成我国特色的基础理论和技术装备，为国内石油稳产提供不竭的科技动力。

3. "增气"：加快西部、扩展东部、发展海域，加强非常规气发展

立足西部塔里木盆地、中部四川盆地、东部鄂尔多斯盆地和南海北部、东海海域，加大万亿立方米级资源规模区的勘探力度，加强致密气、煤层气、页岩气等非常规气勘探开发。强化常规天然气老区稳产，加强新区前期评价与产能建设，保持产量稳定增长；加快致密气规模上产，重点突破页岩气深层和低煤阶，产量快速增长，实现对常规气的有效接替。

4. 推进科技创新战略，数字化转型和智能化发展，助力提质降本增效

坚持"创新是引领发展的第一动力"，鼓励科技创新和模式创新。针对非常规、深水、深层等油气发展的主要增长点，按照理论认识与效率提升、提高采收率和提升钻完井装备技术三大科技发展方向，聚焦石油现实增储领域瓶颈问题、未来重大接替领域准备、复杂油藏开采、大幅提高采收率和关键工程技术装备研发，大力推动油气勘探开发数字化转型和智能化发展，为国内石油稳产提供不竭的科技动力。

38.2.2 推行"节能提效"，提高国家油气利用效率

1. 建立能源节约体制

我国油气等重要能源的价格一直由政府管制，而且出于维护低物价或低通货膨胀等考虑，一直实行低价格政策，严重扭曲了其稀缺程度和供求状况，造成了油气资源的巨大浪费和过度消费。因此，应加快建立能源节约体制，改革石油、天然气价格形成机制，理顺油气资源与其他产品的比价关系；逐步建立能够反映能源稀缺程度和供求关系的价格形成机制，充分发挥价格杠杆的作用，有效抑制价格扭曲造成的能源浪费。

2. 提高能源节约意识

要将节约能源提升到事关中华民族生存和长远发展的高度，将建设能源节约型社会作为长期的基本国策；政府部门要发挥节约能源的表率作用，建立政府机构能耗统计体系和科学的政府绩效评估体系；应完善节能政策与法规，利用媒介、经济手段引导国民的节能消费观念，加强教育和宣传，使国民认识到我国虽然地大物博，但也人口众多，许多重要能源人均占有量远低于世界平均水平，要使国民认识到节约能源是每个人神圣的职责，积极倡导公共交通出行，建设资源节约型社会。

3. 完善能源节约法规政策

对于石油、天然气等重要能源，消费者消费大量能源的收益较高、成本较低，而节约能源的收益不高、成本不低，直接导致了这些油气的消耗和浪费。因此，必须加快建立健全节约能源的法规和政策，增加行为主体节约能源的收益，增加行为主体浪费能源的代价或成本，包括完善《中华人民共和国节约能源法》等法律，建立高耗能、高耗水落后工艺、技术和设备强制淘汰制度等政策。

4. 推广能源节约技术

能源节约技术对资源节约有着重要影响，能源节约技术可以提高资源节约的效率，扩大资源节约的范围。需要将节约能源的研究开发纳入"科教兴国"战略，加大国家对能源技术开发资金的投入，开发影响未来能源发展方向的重大技术，重点支持一批能源节约和综合利用技术开发、技术改造项目，加快成熟技术的推广应用，重点推广节油代油、洁净煤和节电、节水技术，鼓励企业开发能源节约型产品，加快技术改造步伐，淘汰落后工艺、设备和技术。

38.2.3　实施"开源节流"，提高国家油气安全风险应对能力

1. "开源"：强化新区风险勘探，推进战略接替资源开发

坚持资源为王，全面加强新区新领域风险勘探，突出成熟区带集中勘探，创新完善高精度三维地震成像等工程技术，提升深地领域勘探开发技术水平，发现新储量，夯实发展后劲。政策支持，从国家层面协调土地、安全、环保等方面的行政审批，规范各级政府的行政审批行为，对重点油气增储上产项目予以重点支持，在合法、合规的框架内简化、加快审批程序，加速增储上产节奏。超前谋划，围绕页岩油、煤制油、煤制气、水合物等重大战略性资源进行超前技术储备，确

保实现资源和技术的战略接续。

2. "节流"：推进"一带一路"油气合作，拓宽油气输送通道

"一带一路"沿线是全球油气最丰富的地区，2015年，除中国外，其余国家石油天然气可采资源量分别为2512亿吨和292万亿立方米，分别占世界的60%和63%，应加强与"一带一路"油气资源国的合作，扩大油气来源渠道，稳定供给量，实现运输通道的多元化，降低对马六甲海峡油气运输通道的依赖度，提高进口油气资源供给的安全系数。应开辟北极航道、中巴经济走廊等油气战略输送通道；开辟北极航道，将使我国在现有的东、西向两条主干远洋航线外，增加更为便捷的欧洲航线；开辟中巴经济走廊，能有效促进区域内国家的经济合作，使中国大幅降低能源等货物运输成本。

38.2.4 建立全国油气应急机制，保障极端情况油气供需平衡

1. 压缩需求，保国防、先生产、后生活

在战争等情况导致马六甲海峡、霍尔木兹海峡被封锁，造成我国海上油气运输通道阻断的极端情景下，应压缩油气需求，按照"保国防、先生产、后生活"和"调结构、稳日常"的战略对油气利用进行规划。即采取战时状态管理，油气供应重点保障国家机器正常运转和国防与军队用油，其次保障大中城市公共交通和民用航空用油，严格限制私家燃油车出行时间，实行化工制品用油以煤基替代。不同比例压缩工业、化工原料、交通等领域石油消费，如农林牧渔、商业、居民、工业、化工原料和交通用油用气可分别压减至和平时期的80%、50%、80%、80%、33%和33%，总油气消耗可缩至2.7亿吨。

2. 加强供应，增加陆上、开发海上、释放储备

立足陆上资源，进一步加大陆上油气勘探开发力度，尤其是塔里木、四川、鄂尔多斯等含油气盆地的勘探力度，可暂时不考虑生产效益问题，通过勘探的大突破、大发现，力争解决国内资源供应瓶颈。如果海路全面封锁，在我国加大海域油气勘探的基础上，可暂时不用顾虑地缘影响，伺机开发我国海域油气资源。我国政府战略储备和商业储备油气库存约1.2亿吨，相当于80天的石油净进口量，在紧急情况下可适当动用，缓解油气生产压力。此外，应加大国内页岩油和油页岩油等非常规石油新资源类型的开发力度，加快煤制油、煤制气的环保、经济性技术研发和储备，以备不时之需。

38.3　油气科技创新推动油气工业高质量发展

坚持油气科技创新，提高我国石油工业科技创新能力。能源安全是国家安全的基石，油气安全是能源安全的重中之重。保障国家油气安全，根本在于重大科技创新。2006～2020 年，在国家层面接续设立油气重大专项，以边界突破攻克"卡脖子"技术、以跨界融合形成颠覆性技术，整体提升油气科技创新能力，大幅度提升油气保障能力，为我国经济社会高质量发展提供强力支撑。当前，我国油气勘探开发正在由中深层向深层、由常规向非常规（页岩油气、致密油气、煤层气等）、由陆上向海洋延伸，现有工程技术水平还不能完全满足低渗透低品位储层有效动用、非常规油气经济高效开发、超深层油气资源及深海油气资源开发，在高端材料、工具、装备、软件和工艺等关键技术装备方面与国外先进水平存在较大差距，国际市场竞争力不强。坚持油气科技创新，通过再一个 15 年实现油气开发国家科技重大专项攻关，推进我国油气科技由部分领跑向主体领跑跨越，不断提升我国油气工程技术装备水平，提高我国石油工业科技创新能力，强力支撑石油工业跨越式发展，助推油气科技强国建设。

38.3.1　加强四大应用基础，提升五大创新能力

大力加强应用基础理论、应用基础材料、应用基础器件和应用基础软件的四大应用基础自主创新研究。全面提升国内油气生产能力（石油稳产 2 亿吨/年，天然气 2600 亿～3000 亿米^3/年）、海外权益油气生产能力（2.5 亿～3 亿吨/年）、装备制造与技术服务能力、油气战略储备安全能力和信息智能化高质量供给能力等五大创新能力。

38.3.2　突破十大重点任务，攻克"卡脖子"技术，研发短板装备

突破新一代地质研究与勘探风险评价技术、石油大幅度提高采收率理论技术、复杂气田大幅度提高采收率理论技术、海洋及深水油气勘探开发技术及装备、非常规油气勘探开发技术、"一带一路"地区油气勘探开发关键技术、新一代石油工程技术及装备、跨界融合的新技术新产业、油气节能技术、战略接替理论技术等十大重点任务，攻克卡脖子技术，研发短板装备，形成全新一代油气勘探开发

理论与技术装备体系，带动油气相关行业与制造业跨越发展，为我国石油产量2亿吨/年以上、天然气产量2600亿～3000亿米^3/年、海外权益油气产量2.5亿～3.0亿吨/年提供强有力的理论与技术引领和支撑。以下为重点攻关方向。

1. 新一代地质研究与勘探风险评价技术

加强我国大型含油气盆地类型、地质特征及资源分布研究，创新形成大型常规-非常规油气共生富集地质认识，形成大油气田（区）选取与风险评价技术，支撑大型油气田新发现。关键技术包括：大盆地及周缘油气地质理论认识、成熟区岩性地层油气藏高效勘探技术、海相碳酸盐岩油气勘探技术、复杂构造带地质评价及目标优选技术、油气战略选区与风险勘探技术等（图38-2）。

2. 石油大幅度提高采收率理论技术

攻克新一代化学驱油等核心技术、继续保持中高渗高含水老油田提高采收率技术国际领先；创建驱油新理论和新方法，形成低渗油藏高效开采与大幅度提高采收率技术，实现中高渗典型老油田水驱采收率再提高 10%～20%，低渗油藏通过注气等技术提高采收率 10%以上，支撑陆上原油产量达到 1.55 亿吨/年。关键技术包括：中高渗高含水油田提高采收率技术、低渗透油田提高采收率技术、稠油油藏提高采收率技术、复杂碳酸盐岩油藏提高采收率技术、难动用储量有效开发技术等。"卡脖子"技术为：纳米智能驱油、生物驱油等技术。

3. 复杂气田大幅度提高采收率理论技术

聚焦深层/超深层大气田，突破 8000 米深层智能成像、钻完井、开采等核心技术，支撑新发现一批大中型气田，提高典型气田采收率 5%～10%和复杂气田开发水平，支撑常规气稳定产量 1300 亿米^3/年以上。关键技术包括：低渗透气藏大幅度提高采收率技术、深层超深层气藏高效开发技术、复杂气藏控水开发提高采收率技术、油气地下储备库建设技术等。"卡脖子"技术：超深层气藏控水均衡开发技术等。

4. 海洋及深水油气勘探开发技术及装备

发展海洋深水勘探开发及工程技术与装备攻克水下智能机器人生产系统、海上稠油高效开发等核心技术，确保海上原油年产量 5000 万吨、天然气 300 亿立方米以上。关键技术包括：近海油气勘探开发理论技术与装备、深水油气勘探开发理论技术与装备、海域深层油气田勘探开发技术、海域智慧油田关键技术、油气生产安全保障体系和应急救援等。"卡脖子"技术：深水超深水水下生产系统、海域复杂条件准均衡驱替提高采收率、热-化学复合增效技术、1500 米水下井口、单点系泊系统制造技术等。

需求	满足我国未来实现社会主义现代化的巨大油气需求，保障能源安全，推动高质量发展
目标	保障国家能源安全，原油产量保持2亿吨/年，天然气产量达到2600亿~3000亿米³/年；攻克瓶颈技术，研发短板装备，形成新一代油气理论与技术装备体系，带动油气行业跨越式发展

2020年		2025年		2030年		2035年

四大应用基础	加强应用基础理论、应用基础材料、应用基础器件、应用基础软件
五大创新能力	国内油气生产能力、海外权益油气生产能力、装备制造与技术服务能力、战略储备安全能力、信息智能化高质量攻击能力

十大重点任务	重点技术装备	技术期望
新一代地质研究与勘探风险评价技术	六大盆地、十大勘探领域 创新大型常规-非常规油气共生富集地质认识 大型含油气盆地类型、地质特征及资源分布研究	形成大油气田选取与风险评价技术，支持大型油气田新发现
石油大幅度提高采收率理论技术	新一代化学驱油等核心技术 驱油新理论和新方法 保持中高渗高含水老油田提高采收率技术国际领先 低渗油藏高效开采与大幅度提高采收率技术	中高渗典型老油田水驱后采收率再提高10%~20% 低渗油藏通过注气等技术提高采收率10%以上 支撑陆上原油产量达到1.55亿吨/年
复杂气田大幅度提高采收率理论技术	低渗透气藏大幅度提高采收率技术 深层超深层气藏高效开发技术 复杂气藏控水开发提高采收率技术 油气地下储气库建设技术	支撑新发现一批大中型气田 提高典型气田采收率5%~10% 支撑常规气稳定产量1300亿米³/年以上
海洋及深水油气勘探开发技术及装备	近海油气勘探开发理论技术与装备 深水油气勘探开发理论技术与装备 海域深层油气田勘探开发技术 海域智慧油田关键技术 油气生产安全保障体系和应急救援	海上原油年产量5000万吨 天然气300亿立方米以上
非常规油气勘探开发技术	地质-工程一体化"甜点区"预测评价关键技术 致密油与中高成熟度页岩油可采性评价与提高采收率技术 4500米深、水平段长3000~5000米页岩气绿色开采技术	支撑非常规气产量1400亿~1700亿米³/年以上 支撑致密油产量1000万吨/年以上 实现"陆相页岩油革命"
"一带一路"地区油气勘探开发关键技术	陆上深层和被动陆缘深水油气资源评价 海外大型碳酸盐岩油田注水注气提高采收率技术 深水盐下勘探开发	支撑海外权益油气产量2.5亿~3.0亿吨/年 输向国内原油4000万~5000万吨/年
新一代石油工程技术及装备	智能化地球物理勘探开发技术与装备 地层扫描成像测井技术与装备 油气高效安全钻完井技术与装备 高效智能采油采气技术与装备	助推我国石油工程技术装备业由装备"制造大国"向"智造强国"转变
跨界融合的新技术新产业	新一代人工智能油田关键技术 勘探开发智能云网平台关键技术 石油工业与新能源、新材料、生物技术相融合的新技术	传统石油工业与信息、人工智能、新能源、深空探测、天地一体化、深海技术的跨界融合
油气节能技术	油气与可再生能源相结合的复合能源利用技术 油气与风能、太阳能、地热能等多能互补技术 油气开发过程实现电气化改造 复杂油气藏的地质工程一体化开发模式	油气开发技术向绿色化转型 节能减排成效满足2030年碳达峰要求 各项碳排放指标达到国际先进水平
战略接替理论技术	中低成熟度页岩油与未成熟油页岩原位改质技术 天然气水合物开发理论技术 地下原位煤制气理论技术 氢能综合利用技术	支撑油气工业跨越式可持续发展

图38-2 油气科技创新关键技术

5. 非常规油气勘探开发技术

建立地质-工程一体化"甜点区"预测评价关键技术，形成 4500 米深、水平段长 3000～5000 米的页岩气绿色开采技术，支撑非常规气产量 1400 亿～1700 亿米³/年、致密油产量 1000 万吨/年以上，力争实现"陆相页岩油革命"。关键技术包括：非常规油气"甜点区"富集规律理论、非海相与海相深层页岩气"甜点区"评价与开发技术、致密油与中高成熟度页岩油可采性评价与提高采收率技术、致密气提高单井产量及采收率技术、深层与中低煤阶煤层气勘探开发技术、煤层气地下高效抽采技术等。"卡脖子"技术："甜点区"地质—地球物理精细预测技术、长水平段水平井优快钻完井无限级分段压裂技术等。

6. "一带一路"地区油气勘探开发关键技术

攻克陆上深层和被动陆缘深水油气资源评价、裂缝孔隙型碳酸盐岩油藏注水调整、深水盐下勘探开发等关键技术，支撑海外权益油气产量 2.5 亿～3.0 亿吨/年，输向国内原油 4000 万～5000 万吨。关键技术包括：全球勘探领域油气资源评价与战略选区评价技术、海外大型碳酸盐岩油田注水注气提高采收率技术、海外深水超深水油气勘探开发技术、国内外油气资源勘探开发大数据建设等。"卡脖子"技术：低渗特低渗碳酸盐岩油藏注气提高采收率技术等。

7. 新一代石油工程技术及装备

发展新一代石油物探、钻井、录井、测井、压裂及智能化集输处理技术和地下储气库建设技术，助推我国石油工程技术装备业由装备"制造大国"向"智造强国"转变。关键技术包括：智能化地球物理勘探开发技术与装备、地层扫描成像测井技术与装备、油气高效开发钻完井技术与装备、高效智能采油采气技术与装备等。"卡脖子"技术：高造斜率地质旋转导向技术、恶性漏失控制技术、高性能可控中子源、以水平井为主的找堵水技术、超高温高压井筒工程井下工具仪器与工作液材料、大功率电驱智能压裂装备与设计软件、钻井自动化智能化诊断与决策平台、弹性波处理解释技术等。

8. 跨界融合的新技术新产业

实现传统石油工业技术与信息、人工智能、新能源、深空探测、天地一体化、深海技术的跨界融合，形成新一代人工智能油田关键技术，勘探开发智能云网平台关键技术，石油工业与新能源、新材料、生物技术相融合的新技术等。该领域技术需要与国家重点研发计划、国家自然科学基金及相关学科紧密衔接。

9. 油气节能技术

发展油气与可再生能源相结合的复合能源利用技术，油气与风能、太阳能、地热能等多能互补技术，油气开发过程实现电气化改造，复杂油气藏的地质工程一体化开发模式等关键技术，实现油气开发技术向绿色化转型、节能减排成效满足 2030 碳达峰要求、各项碳排放指标达到国际先进水平。

10. 战略接替理论技术

发展中低成熟度页岩油与未熟油页岩原位改质技术、天然气水合物开发理论技术、地下原位煤制气理论技术、氢能综合利用技术等，支撑油气工业跨越式可持续发展。战略性技术包括：页岩油原位改质技术、天然气水合物工厂化安全开采输送技术、地下深层煤制气制甲烷与氢技术、光催化水解制氢和二氧化碳加氢制醇技术等。

38.4　政策、资金、人才等建议

38.4.1　战略布局

（1）坚持把油气作为重要战略资源，由国家统筹制定油气发展整体规划，并列入五年计划等国家中长期发展规划。

（2）科技创新是解决油气勘探开发的根本因素，应接续设立油气开发国家科技重大专项，部署一批能够支撑未来油气工业科技革命的攻关任务。

38.4.2　政策体制

（1）探讨建立国内 LNG 联盟，提高国际话语权，利用国内天然气成本低的优势实现天然气高收益目标。

（2）当前矿权政策严重影响油气开发、制约油气长久发展，应探讨矿权下放问题，保证矿权的稳定性，保障企业加快勘探速度、提高开发产量。

（3）建议政府在"双碳"时代对石油企业加大政策支持，如老油田碳税减免、二氧化碳驱油碳汇补贴等，促进石油企业更好更快发展。

（4）推进天然气定价机制改革和税收减免，理顺产业链各环节价格，建立天然气与替代能源价格挂钩和动态调整新机制，提高上游生产积极性。

38.4.3 平台体系

（1）提高油气发展的战略定位，在已有国家重点实验室的基础上，将油气科技攻关纳入国家实验室等国家级研究平台。

（2）从国家层面启动中国油气数据资源建设和中国油气勘探开发信息化软件平台建设，打破油气勘探开发过程中的数据壁垒。

（3）完善油气国家战略科技力量的组织机制，国家科研机构、高水平大学和行业领军企业要整合创新资源，开展关键技术联合研发、成果转化及产业化，在原创基础理论、前沿技术探索、人才培养等方面发挥更大作用。

38.4.4 资金投入

（1）加大国家财政资金投入，在油气开发关键基础理论与"卡脖子"核心技术上设立攻关专项。

（2）除"三桶油"等国有力量外，鼓励金融机构、非公有制企业投资油气开发，吸引民营经济参与，拓宽资本渠道。

（3）建立创新成果转化与产业化基地，提高资源配置效率，疏通应用基础研究和产业化连接的快车道，促进油气科技创新链和产业链的精准对接，加快重大科技成果的转化和规模应用。

38.4.5 人才培养

（1）培养复合人才，建立多学科交叉、产学研用协同的人才培养模式。

（2）加强国际合作，创新对外合作模式、拓宽对外合作领域，推进国际化人才培养。